호남 구석기문화의 탐구

이기길 지음
Gi-Kil Lee

The Study
of
Paleolithic
Culture
in southwestern
Korea

혜안

〈사진 1〉 하늘에서 본 죽내리유적

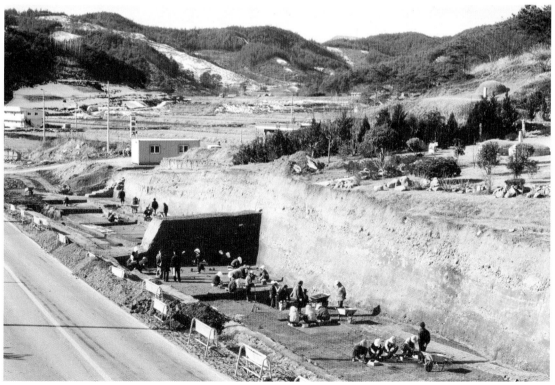

〈사진 2〉 발굴 모습

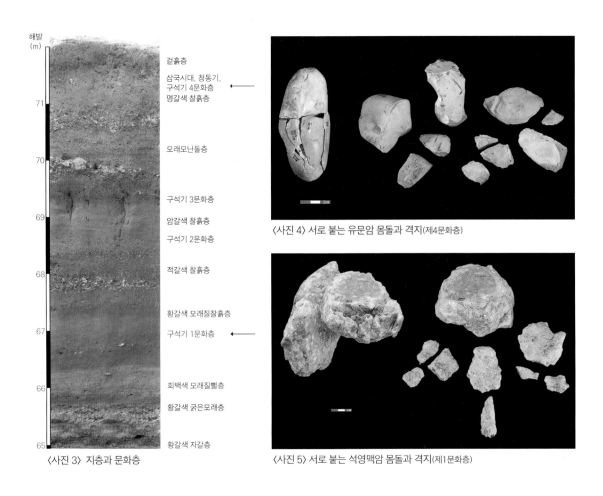

해발
(m)

겉흙층
삼국시대, 청동기,
구석기 4문화층
명갈색 찰흙층

71

모래모난돌층

70

구석기 3문화층
암갈색 찰흙층
구석기 2문화층

69

적갈색 찰흙층

68

황갈색 모래질찰흙층
구석기 1문화층

67

회백색 모래질뻘층
황갈색 굵은모래층

66

황갈색 자갈층

65

〈사진 3〉 지층과 문화층

〈사진 4〉 서로 붙는 유문암 몸돌과 격지(제4문화층)

〈사진 5〉 서로 붙는 석영맥암 몸돌과 격지(제1문화층)

① ② ③ ④ ⑤ ⑥ ⑦ ⑧ ⑨ ⑩

〈사진 6〉 제1문화층의 석기갖춤새
① 둥근몸돌 ② 버금공모양석기 ③~④ 긁개 ⑤ 톱니날 ⑥ 주먹도끼 ⑦ 주먹자르개 ⑧ 뾰족끝찍개 ⑨ 긴격지 ⑩ 대형격지

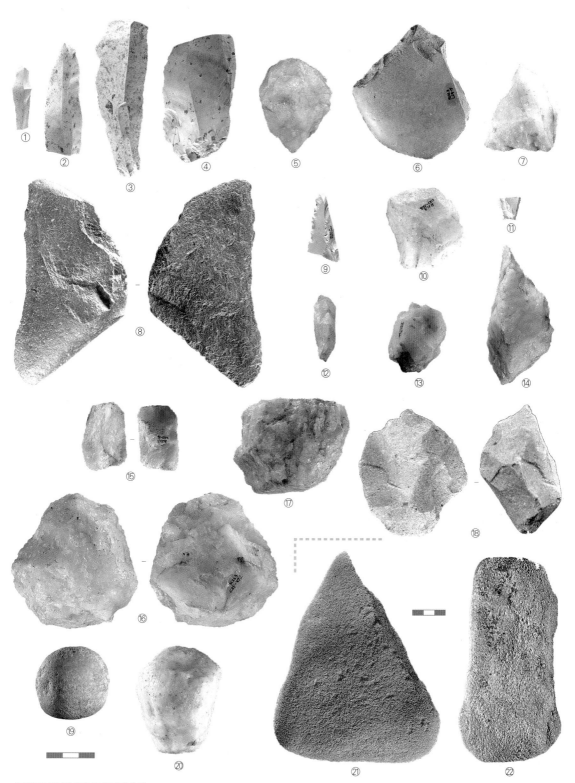

〈사진 7〉 제4문화층의 석기갖춤새

①~④ 돌날 ⑤ 밀개 ⑥ 긁개 ⑦ 홈날 ⑧ 등손잡이칼 ⑨~⑩ 톱니날 ⑪ 슴베 조각 ⑫ 새기개 ⑬ 부리날 ⑭ 뚜르개 ⑮ 모루망치떼기몸돌 ⑯ 둥근몸돌 ⑰ 몸돌 ⑱ 주판알모양몸돌 ⑲~⑳ 망치 ㉑~㉒ 모룻돌

화순 모산리 도산유적

〈사진 8〉 하늘에서 본 도산유적

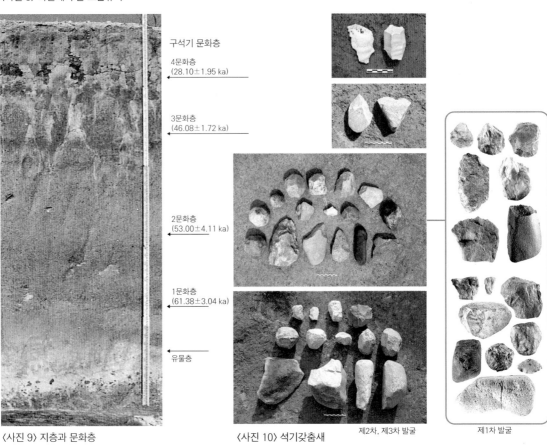

구석기 문화층

4문화층
(28.10±1.95 ka)

3문화층
(46.08±1.72 ka)

2문화층
(53.00±4.11 ka)

1문화층
(61.38±3.04 ka)

유물층

〈사진 9〉 지층과 문화층

〈사진 10〉 석기갖춤새

제2차, 제3차 발굴

제1차 발굴

〈사진 12〉 석기제작터(위)와 붙는 몸돌과 격지(아래)

〈사진 11〉 제1문화층의 유물 출토 모습

〈사진 13〉 불탄 자갈

〈사진 14〉 제2문화층의 유물 출토 모습과 주먹찌르개(오른쪽)

8

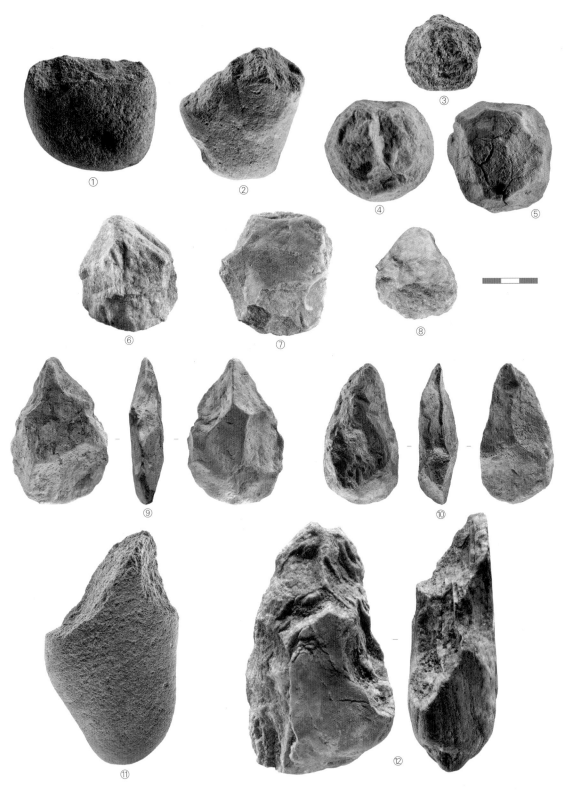

〈사진 15〉 제1, 2문화층의 석기
①~② 외날찍개 ③~⑤ 공모양석기 ⑥~⑧ 맘굽형석기 ⑨~⑩ 주먹도끼 ⑪~⑫ 주먹찌르개

〈사진 16〉 하늘에서 본 월평유적( )

〈사진 17〉 제2차 발굴 모습

〈사진 18〉 제4문화층의 좀돌날몸돌 선형 제작소

1지층:
경작층

2지층:
갈색찰흙층
4문화층

3지층:
황갈색찰흙층
3문화층

4지층:
암갈색
찰흙질모래층
중간문화층

5지층:
황갈색
모래질찰흙층
2문화층

6지층:
황갈색
찰흙질모래층
1문화층

7지층:
황색뻘층

8지층:
암갈색
자갈모래층

(남2서26구덩이 서벽)

1지층:
경작층
2지층:
갈색찰흙층
4문화층

8지층:
암갈색
자갈모래층

9지층:
기반암층

(북12서26구덩이 남벽)

〈사진 19〉 지층과 문화층

제4문화층: ①~④ 좀돌날몸돌 ⑤ 돌날몸돌 ⑥ 망치 ⑦ 주먹도끼 ⑧~⑨ 슴베찌르개 ⑩ 나뭇잎모양찌르개 ⑪~⑭ 밀개 ⑮ 톱니날 ⑯ 뚜르개 ⑰ 새기개 ⑱ 등잔 모양 석기 ⑲ 버금공모양석기

제3문화층: ① 슴베찌르개 ②~③ 밀개 ④~⑤ 뚜르개 ⑥ 주먹도끼

중간 문화층: ①~② 밀개 ③~④ 뚜르개 ⑤~⑥ 부리날 ⑦ 홈날 ⑧ 붙는 몸돌과 격지 ⑨ 여러면석기 ⑩ 찍개 ⑪ 주먹도끼

〈사진 20〉 석기갖춤새

장흥 북교리 신북유적

〈사진 21〉 하늘에서 본 신북유적

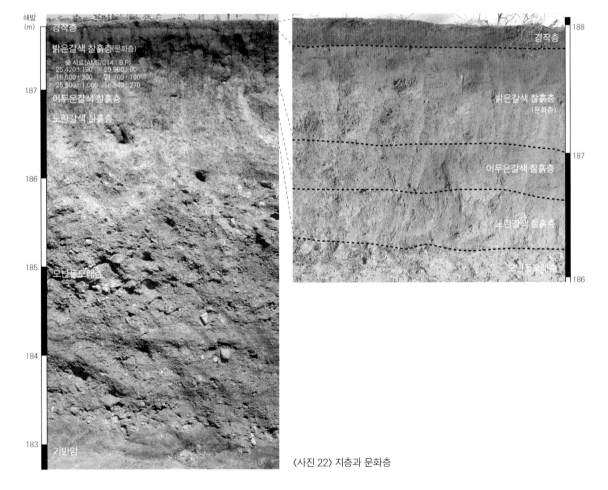

해발 (m)

경작층

밝은갈색 찰흙층(문화층)
숯 시료(AMS/C14 : B.P)
25,420±190   20,960±80
18,500±300   21,760±190
25,500±1,000 18,540±270

어두운갈색 찰흙층

노란갈색 찰흙층

모난돌모래층

기반암

경작층

밝은갈색 찰흙층
(문화층)

어두운갈색 찰흙층

노란갈색 찰흙층

모난돌모래층

〈사진 22〉 지층과 문화층

〈사진 23〉 발굴 모습

〈사진 24〉 제3호 화덕자리

〈사진 25〉 붙는 몸돌과 격지

①~③ 좀돌날몸돌 ④ 슴베찌르개 ⑤ 나뭇잎모양찌르개 ⑥ 톱니날 ⑦~⑬ 새기개 ⑭~⑳ 밀개 ㉑ 긁개 ㉒ 주먹자르개 ㉓~㉔ 주먹도끼
㉕ 고드랫돌 모양 석기 ㉖ 홈석기 ㉗~㉘ 패이고 갈린 자갈 ㉙ 떼이고 갈린 자갈 ㉚ 초벌석기 ㉛ 철석영 ㉜ 간돌자귀(국부마제석부) ㉝ 숫돌

〈사진 26〉 석기갖춤새

〈사진 27〉 하늘에서 본 진그늘유적

〈사진 28〉 지층과 문화층

〈사진 29〉 후기구석기 문화층의 석기들
①~④ 슴베찌르개 ⑤~⑥ 돌날몸돌 ⑦~⑧ 밀개

〈사진 30〉 중기구석기 문화층의 석기들

〈사진 31〉 발굴 모습

〈사진 32〉 돌날제작소

〈사진 33〉 완성된 석기 무리

〈사진 34〉 제1호 화덕자리

〈사진 35〉 하늘에서 본 하가유적

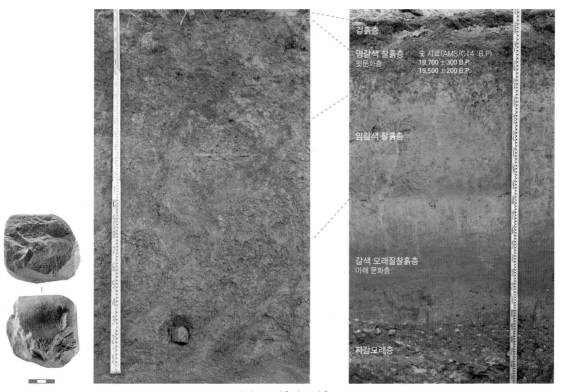

갈흙층

명갈색 찰흙층
윗문화층

숯 시료(AMS/C14 : B.P)
19,700 ± 300 B.P.
19,500 ± 200 B.P.

암갈색 찰흙층

갈색 모래질찰흙층
아래 문화층

자갈모래층

〈사진 36〉 지층과 문화층

18

〈사진 37〉 유물 출토 모습

〈사진 38〉 석기갖춤새

①~④ 좀돌날몸돌 ⑤~⑥ 새기개 ⑦~⑨ 나이프형 석기 ⑩~⑬ 슴베찌르개 ⑭ 하가형 찌르개 ⑮ 나뭇잎모양찌르개 ⑯ 모뿔석기(각추상석기) ⑰ 붙는 돌날 ⑱ 붙는 돌날몸돌과 때림면격지 ⑲~㉓ 돌날몸돌 ㉔~㉕ 밀개 ㉗ 긁개 ㉘~㉙ 홈날 ㉚ 갈린 자갈 ㉛ 돌확모양 석기

'호남 구석기문화' 탐구 4반세기

　보성강, 영산강, 섬진강과 금강이 흐르는 호남에서 고고학을 업으로 삼고 살아온 지 어느덧 4반세기가 지났다. 지연, 혈연, 학연 등 아무런 연고도 없는 호남과의 인연은 공식적으로 1991년 9월에 조선대학교 사학과 교수로 임명되면서 시작되었다. 그렇지만 최근에 들어서는 아주 오래 전에 호남에서 살았던 구석기인들과의 인연 때문은 아니었을까 하는 상상도 해본다. 그분들이 남긴 유적과 유물을 찾고 그것들을 연구하여 구석기시대의 삶과 문화를 추리해내고 그 현대적 의미를 추구하고 있으니 말이다.

　그동안 나는 1996년 순천 죽내리유적을 시작으로 광주 치평동유적, 1998년 순천 월암리 월평유적, 1999년 화순 모산리 도산유적과 영광 원흥리 원당유적, 2000년 진안 모정리 진그늘유적, 2003년 장흥 북교리 신북유적, 그리고 2005~11년의 임실 가덕리 하가유적까지 구석기학계의 이슈가 되었던 발굴조사의 책임자였다.

　전라남도 기념물 제172호인 죽내리유적은 나와 조선대 박물관의 출세작이다. 이 유적은 5m가 넘는 두터운 퇴적 속에 구석기, 청동기, 삼국시대의 물질자료를 정연하게 간직하고 있다. 이를 통해 전라남도에서 이미 중기구석기시대부터 사람이 살고 있었음이 명백하게 입증되었고, 당시까지 약 2만 년 전으로 알려진 인류 거주의 시작이 무려 5만 년 이상 소급됨을 말할 수 있게 되었다.

　2000년에 발간된《순천 죽내리유적》보고서는 국내외 연구자들에게 좋은 평을 받았고, 일본의 구석기학계가 전라남도의 구석기문화에 초미의 관심을 갖는 계기가 되었다. 그것은 고고자료의 출토 상황(Archaeological context) 및 유구, 유물의 실측도와 사진을 충실하게 제시했기 때문일 듯싶다. 여기에 일본학계로서는 당시 '전기·중기구석기 날조 사건'이 있었고, 일본열도에 가장 인접한 유적이라는 이유도 작용하지 않았나 생각된다.

　월평유적과 신북유적은 각각 국가사적 제458호, 전라남도기념물 제238호로 지정된 문화유산으로 호남의 후기구석기문화를 대표하는 유적이다. 두 유적은 특히 구석기인들이 선호했던 자연환경과 살림터의 입지, 생존하기 위해 개발했던 다양한 도구와 제작기술, 그리고 800km가 넘는 '원거리교류망'의 비밀을 밝히고 복원할 수 있는 보물창고와도 같다.

　게다가 두 유적에는 문화재 지정으로 인한 경제적인 어려움도 마다하며「순천 월평 선사유적지 보존회」와「장흥 신북 구석기유적 보존회」를 결성하고 스스로 유적을 아끼고 가꾸는 주민들이 살고 있다. 월평유적은 '박희주'(2015년말 작고), 신북유적은 '김광원' 두 분이 없었다면 국가사적과 도기념물로 지정하여 보존하기 어려웠을 것이고, 2004년과 2014년에 국제학술회의를 성공적으로 개최하는 것도 쉽지 않았을 것이다.

전라북도 진안군과 임실군에 있는 진그늘유적과 하가유적은 전남의 고고학자들이 우스개로 말하는 이른바 '북침'해서 조사한 유적들이다. 고고학은 자기 땅, 즉 '필드'라고 일컫는 조사 영역이 있는 독특한 학문이다. 그래서 아주 특별한 사정이 없는 한 자기 영역의 유적을 타 지역의 연구자가 와서 조사하는 것을 반기지 않는다.

이런 점에서 앞의 두 유적은 나와 조선대 박물관에겐 매우 특별하다. 진그늘유적의 조사는 당시 전북에 구석기 전공자가 없고, 나아가 「호남고고학」이라는 큰 깃발 아래 양해가 이뤄졌기에 실현되지 않았나 싶다. 특히 하가유적의 학술발굴을 다섯 차례(2005~2011년)나 해내는 데 있어 윤덕향 전 호남고고학회장님과 신평면장이셨던 최성미 임실문화원장님의 각별한 도움은 큰 힘이 되었다.

도산유적은 도로공사로 파괴될 지점에 대해 1999년의 첫 발굴, 2007년의 추가 발굴, 그리고 2009년의 연장 발굴 등 무려 11년에 걸쳐 집요하게 발굴조사를 완수한 경우이다. 그것은 유적의 중간 정도를 경계로 북쪽은 1999년, 남쪽은 2007년 이후 준공이라는 공사 일정 때문이었다. 신북유적으로 가는 도중에 있는 이 유적의 공사 재개 여부를 2004년에 감지할 수 있었다.

어떻게든 발굴하지 않고 공사하려는 감리단장에게 공사구간이 유적이라는 증거를 제시하고 절차를 밟아 추가발굴에 들어갔다. 그런데 예상과 달리 두 개의 문화층이 더 드러났으며 유물의 출토양도 매우 많았다. 연장발굴을 하지 않으면 안 될 상황이어서 공사감독관과 상의하였으나, 오히려 지체상환금을 물리겠다고 협박을 하였다. 황당한 일이었으나 익산지방국토관리청 도로관리국장과의 면담을 통해 이 문제를 해결하고 연장발굴을 성사시킬 수 있었다.

이런 우여곡절을 거쳐 도산유적 제1문화층과 제2문화층에서 주먹도끼, 주먹찌르개, 찍개, 주먹대패, 여러면석기류로 대표되는 석기군을 발견하였다. 그리고 두 문화층의 광여기형광연대(OSL date)는 6만3천 년 전과 5만5천 년 전으로 재어져서, 도산유적에 구석기인들이 살기 시작한 때는 후기구석기시대 이전임을 가리키고 있다. 갱신세층과 석기형식학에 관한 기존의 연구 성과에 근거하면 제1문화층의 실재 연대는 약 7~8만 년 전일 것으로 추정된다. 그런즉 도산유적은 죽내리유적과 함께 호남의 역사가 늦어도 중기구석기시대 후반(MIS 5기)부터 시작되었음을 보여주는 호남 최고의 문화유산이다.

이처럼 필자와 조선대 박물관은 지난 20여 년간 구석기유적의 조사와 연구에 집중하여 왔다. 되돌아보면, 1990년대 초까지 호남의 대학과 박물관에는 구석기 전공자가 전무하였고, 주로 청동기시대, 철기시대와 삼국시대의 전공자들이 자리 잡고 있었다. 따라서 뒤늦게 출발한 조선대 박물관은 호남 역사와 문화의 시원을 규명하는 구석기시대에 집중하는 것이 바람직하다고 판단되었다.

필자는 1995년 5월, 가족들과 낙안읍성으로 나들이를 가던 중 송광면 구룡리 영봉마을의 길가 찰흙층에서 격지를 손질해 만든 홈날을 발견하였다. 주암댐 수몰지역에서 알려진 곡천유적, 죽산유적에 인접하여 구석기유적이 존재하고 있다는 사실에 마치 몸이 감전된 듯하였다. 다음 날 박형관 관장님께 이 사실을 보고하고 보성강유역에 대한 박물관 차원의 학술지표조사를 건의하였다. 관장님의 흔쾌한 승낙을 받고 학생들과 함께 주말과 휴일마다 보성강변의 구석기유적들을 찾아 나섰다. 약 8개월 만에 월평유적, 석평유적 등 모두 41개의 유적을 발견하였고, 그 내용을 〈보성강유역에서 새로 찾은 구석기유적 예보〉라는 제목으로 《한국구석기학보》 제37집에 발표하였다.

그동안의 유적 조사를 되돌아보면, 순천에서 시작하여 화순, 영광, 진안, 장흥, 임실 등지로 조사 범위가 점차 넓어져 전라남도의 동남부에서 서북부, 남부, 그리고 전라북도의 금강과 섬진강 상류까지 이르렀다. 다양한 유적의 조사 경험이 쌓이고 또 각 유적에서 처음 마주친 유물들의 종류도 점점 늘어났다. 이런 과정을 통해 유적과 유물에 대한 이해는 더욱 커지고 연구 대상과 분야는 확대되었다.

죽내리유적에서는 붙는 유물(conjoining artifacts), 월평유적에선 좀돌날몸돌과 밀개, 진그늘유적에선 돌날석기류와 슴베찌르개, 신북유적에선 간석기류와 새기개, 하가유적에선 나이프형석기와 각추상석기(모뿔석기), 그리고 도산유적에선 주먹도끼와 주먹대패가 흥미진진한 연구 대상이 되었다. 특히 진그늘유적 현장에서 밤늦게까지 발굴 유물을 정리하다가 프랑스의 구석기책에서 본 플런징돌날(plunging blade)을 발견하고서 단원들에게 내일은 돌날몸돌의 때림면격지(rejuvenation flake)가 나올지 모른다고 한 얘기가 마치 예언처럼 현실이 되었던 기억이 생긴다.

1990년대 중반 이후 중국, 러시아, 일본에서 개최된 국제학술회의와 '수양개와 그 이웃들', 그리고 아시아구석기학회에 참가하면서 일본, 중국, 러시아, 유럽, 미국 등지의 여러 학자들과 교류하게 되었다. 2005년과 2012~13년에는 쿠마모토대학, 토호쿠대학, 토호쿠가쿠인대학에 객원연구원과 객원교수로 반년씩 머무르며 그 쪽의 연구자, 유적과 유물을 접하는 소중한 기회를 가질 수 있었다. 이를 통해 동북아시아의 구석기문화에 대해 눈을 뜨게 되었고, 〈한국 서남부와 일본 큐슈의 후기구석기문화 비교연구〉, 〈일본 토호쿠지역의 슴베찌르개〉라는 제목의 논문도 작성할 수 있었다.

이 책은 필자가 새로 쓴 글을 포함하여 국내외 학회지에 게재했던 논문과 학회에서 발표했던 것들을 일부 수정, 보완하고 다섯 개의 주제로 편집한 것이다. 제1부는 연구사, 제2부는 호남을 대표하는 구석기유적, 제3부는 구석기시대의 석기 연구, 제4부는 한반도와 일본열도의 석기군과 교류, 제5부는 유적의 보존과 활용에 관한 내용이다.

여기서 다룬 주제와 내용은 1996년 이후 직접 발굴했던 유적들과 거기서 발견한 유물들을 대상으로 분석하고 연구한 결과이다. 그런즉 현장과 정리실에서 최선을 다했던 최미노, 김은정, 박수현, 김선주, 윤정국, 왕준상, 오병욱, 김수아, 차미애(2013년 1월 귀천)님을 비롯한 많은 제자들의 수고에 힘입은 바 크다. 이와 함께 필자를 구석기라는 새로운 학문으로 이끌어주신 고(故) 손보기 선생님을 비롯하여, 고고학자의 길을 걷는 동안 따뜻한 격려와 도움을 주신 이융조, 최복규, 박영철, 박희현, 한창균 선생님들 덕분에 이와 같은 성과를 낼 수 있었다고 생각한다.

그리고 암석의 분석과 감정, 절대연대 측정과 해석 같은 고고자료의 자연과학분석과 연구를 통해 '원거리교류망'을 포함한 새로운 사실들을 밝혀내는 데 있어 공동연구를 진행한 김종찬 명예교수님(서울대학교 물리학과), 이윤수 박사님(한국지질자원연구원), 김명진 박사님(네오시스 코리아), 또한 뗀석기를 아름다운 학술사진으로 재현해주신 박명도 선생님의 노고도 잊을 수 없다. 참으로 고마운 인사를 올린다.

끝으로 지난 20여 년간 연구해온 것을 『호남 구석기문화의 탐구』로 발간할 수 있도록 지원해주신 조선대학교 인문학연구원의 나희덕 원장님과 관계자 여러분께 감사드린다. 필자의 글들이 한 권의 책으로 태어나기까지 도면과 사진 편집에 김수아 님, 참고문헌의 수정과 보완에 김은정 님과 박상준 조교가 도와주었다. 그리고 흔쾌히 출판을 맡아주신 도서출판 혜안의 오일주 사장님과 김태규, 김현숙 님께도 고마움을 표한다.

그동안 조사와 연구에 치중하느라 소원하였던 가족과 주위 분들이 너그러이 헤아려주시길 바라며……

2018년 1월 2일

이 기 길

차 례

제1부

연구사

호남 구석기문화의 조사와 연구 성과 -1986~2016년-

I. 머리말

2016년은 호남의 구석기문화 연구가 시작된 지 30주년이 되는 뜻깊은 해이다. 구석기시대의 존재를 분명하게 증거하는 뗀석기가 1986년 주암댐 수몰지역의 우산리 곡천유적(이융조 외 1988a)과 신평리 금평유적(임병태·최은주 1987)에서 처음으로 발견되었기 때문이다. 물론 이보다 빠른 1962년에 순천 바닷가의 한 언덕에서 주먹도끼와 긁개를 비롯한 많은 석기들을 찾았다는 보고(Sample and Mohr 1964)가 있었지만, 안타깝게도 유물 사진과 도면이 제시되지 않았고 유물의 소재도 알 수 없어 객관적인 평가가 어려운 상태이다.

그동안 호남의 구석기 전공자들은 광주, 전남과 전북의 곳곳에서 유적 조사와 발굴 작업을 수행하였고, 보고서 작성과 학회 발표, 논문 게재 등으로 이어지는 학문 활동을 성실히 하여왔다. 호남고고학회는 물론 한국구석기학회 같은 전국 규모의 학회뿐 아니라, 아시아와 유럽 등지의 국제학회에서 이 지역의 구석기문화에 대해 발표하고 저널에 게재하여 국내외에 호남의 구석기문화를 널리 알려왔다.

그럼에도 그동안 진행된 수많은 조사와 축적된 연구 성과물에 대한 보다 객관적인 분석과 평가는 별로 이뤄지지 않았다. 단적인 예로 지난 30년간 호남에서 찾아진 유적의 총수나 국내외 학회지에 게재된 논문의 편수가 얼마인지 분명하게 답하기는 어려운데, 이는 바로 기초 자료의 집적 작업이 이뤄지지 않았기 때문이다.

지금까지 문헌에 관한 데이터베이스 작업의 예로는 《호남 고고학 문헌목록》(국립나주문화재연구소 2006)이 유일하다. 이것은 2006년 10월까지 간행된 구석기~조선시대 고고학 관련 보고서, 논문, 단행본 등을 표지사진과 함께 필자, 발표연도, 논문제목, 책제목, 발행처, 목차 등으로 나눠 잘 정리해서 당시까지 이뤄진 연구 성과를 일목요연하게 파악하는 데 큰 도움을 주었다.

가까운 일본에서는 2003년 말 구석기학회의 발족 이후 구석기유적의 데이터베이스 작성 사업을 시작하여 7년 만인 2010년에 《日本列島の舊石器時代遺跡 - 日本舊石器(先土器·岩宿)時代遺跡のデータベース-》(日本舊石器學會 編 2010)를 발간하였다. 이 작업을 통해 2009년까지 일본열도에서 조사된 구석기유적은 모두 14,542개로 밝혀졌다. 그러나 한반도에 분포하는 유적의 수는 대략 천 개 정도로 어림짐작할 뿐이다(이선복 2000 ; 성춘택 2002).

이런 상황에서 조사와 연구 성과의 주요 항목들에 대한 통계를 내어 분석하는 작업은 30주년을 맞아 시의적절할 것으로 생각된다. 필자는 발굴유적과 지표유적에 관한 연도별 조사 개수, 조사 사유, 조사 주체, 수계별 및 행정구역별 분포, 간행된 발굴보고서와 지표조사문헌의 연도별 개수, 필자 등을 파악하여 조사 성과, 그리고 국내외 학회지 게재 논문의 연도별 편수, 저자별, 학보별 게재 편수, 연대별 연구 주제와 구성, 또 학위논문의 발표연도와 주제 등을 분석하여 연구 성과에 관한 객관적인

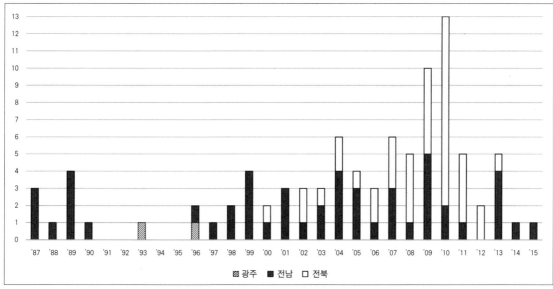

〈그림 1〉 발굴유적의 연도별 개수

평가를 시도하고자 한다.

이 작업을 통해 최근까지 진행된 유적 조사 및 구석기문화 연구의 성과와 문제점이 드러날 것이며, 그 결과는 장차 '호남 구석기학'의 바람직한 방향을 설정하는 데 있어 매우 유용할 것으로 기대된다.

II. 조사 성과

1. 발굴유적과 보고서

1.1. 발굴유적

1986~2016년에 호남에서 발굴된 유적은 모두 74개이다(부록 1). 이 유적들의 발굴 연도를 보면 한 유적이 한 번 발굴된 경우가 대부분이지만 연차 발굴된 유적도 있다. 그래서 연도별 발굴 횟수를 더해보면 발굴유적 수보다 더 많은 91개[1]로 나타난다.

---

[1] 한 번 시작하여 햇수를 넘겼더라도 계속했다면 1번, 발굴연도가 같더라도 철수했다가 다시 착수한 경우는 2번으로 계산하였다. 두 번 이상 발굴된 유적은 다음과 같다 : 가덕리 하가유적 5번, 갈산리유적 2번, 금평리 신풍유적 3번, 다송리 상마유적 2번, 모산리 도산유적 3번, 북교리 신북유적 2번, 우산리 곡천유적 3번, 월암리 월평유적 3번, 중동 유적 3번.

90년대 중반까지는 한 번도 발굴조사가 없던 해도 있었으나, 1996년 이후 한 번도 빠짐없이 유적 발굴이 이뤄졌다. 특히 1999년 이후에는 많을 경우 한 해에 3~6개, 2009년과 2010년에는 무려 10개와 13개의 발굴이 있었다. 이를 10년 단위로 보면, 1980년대 후반에 8개, 1990년대에 11개(전반기 2, 후반기 9), 2000년대에 45개(전반기에 17, 후반기에 28), 그리고 2010년대에 27개이다. 2000년대에는 90년대보다 무려 4배가 넘는 유적 발굴이 있었다. 그러나 2010년의 13개 유적 조사를 정점으로 이후 급속히 줄어들어 2014년과 2015년은 각각 하나뿐이었다(그림 1).

여기서 발굴 사유를 보면, 전남의 경우는 ① 도로공사가 23건, ② 도시개발(산업단지, 상무택지, 혁신도시, 농업센터 등)이 8건, ③ 주암댐 건설에 의한 수몰지역이 4건, ④ 경지정리 2건, ⑤ 학술발굴이 2건, ⑥ 철도공사가 1건, ⑦ 국제공항건설이 1건, ⑧ 토목공사(홍수조절지)가 1건, ⑨ 공장 신축이 1건, ⑩ 체험학습장 신축이 1건, ⑪ 채토장이 1건이다. 반면, 전북의 경우는 ① 도시개발(혁신도시, 신시가지개발, 유통단지, 의료산업단지, 아파트 건설 등)이 10건, ② 도로공사가 7건, ③ 철도공사가 6건, ④ 토목공사(농수관로 매립)가 2건, ⑤ 용담댐 건설에 의한 수몰지역이 1건, ⑥ 공장신축 1건, ⑦ 경지정리 1건, ⑧ 학술발굴 1건 등이다(그림 2).

이처럼 발굴조사의 계기는 기록보존을 위한 구제발굴

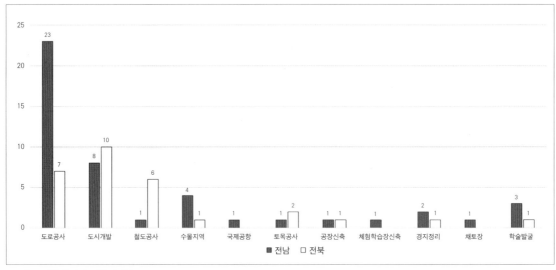

〈그림 2〉 발굴유적의 사유별 개수

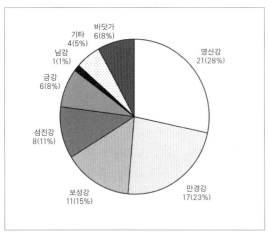

〈그림 3〉 발굴유적의 수계별 개수

이 거의 전부였으며, 도로공사, 도시개발, 철도공사, 댐건설, 토목공사, 경지정리, 공장신축의 순서로 빈도가 높았다. 한편 순수 학술 목적의 조사는 단지 네 개로 월암리 월평유적, 가덕리 하가유적, 대곡리 도롱유적과 북교리 신북유적뿐이었지만, 월암리 월평유적과 가덕리 하가유적은 각각 세 차례와 다섯 차례의 연차 발굴이 이뤄져서 매우 주목된다.

발굴유적의 수계별 분포를 보면, 영산강 21개, 만경강 17개, 보성강 11개, 섬진강 8개, 금강 6개, 남강 1개, 바닷가 6개, 기타 4개이다(그림 3). 그림에서 보듯이 유적이 많이 발굴된 유역은 영산강, 만경강, 보성강, 섬진강과 금강 유역의 순서이다. 발굴사유와 관련지어 보면, 영산강,

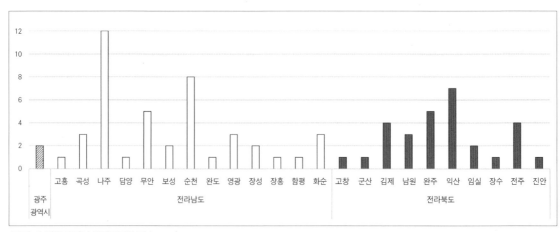

〈그림 4〉 발굴유적의 행정구역별 개수

만경강, 보성강 유역에서 건설 사업이 활발했던 결과로 해석된다.

조사연도별로는 보성강과 섬진강 유역은 1980년대 후반~2013년, 영산강유역은 1993~2014년, 금강유역은 2000~2010년, 만경강유역은 2004~2012년으로, 보성강 유역의 조사는 초반부터 최근까지, 섬진강과 영산강 유역은 그 뒤를 이어 최근까지, 그러나 금강과 만경강 유역의 조사는 2000년대 이후부터 시작되어 점차 활발해졌음을 알 수 있다.

행정구역별로는 광주광역시 2개, 전남 43개, 그리고 전북 29개이다. 전남에서 시군별로는 고흥군 1개, 곡성군 3개, 나주시 12개, 담양군 1개, 무안군 5개, 보성군 2개, 순천시 8개, 완도군 1개, 영광군 3개, 장성군 2개, 장흥군 1개, 함평군 1개, 화순군 3개이다. 한편 전북의 경우는 고창군 1개, 군산시 1개, 김제시 4개, 남원시 3개, 완주군 5개, 익산시 7개, 임실군 2개, 장수군 1개, 전주시 4개, 진안군 1개이다. 이 가운데 발굴된 유적의 수가 넷 이상인 시나 군은 곡성군, 김제군, 나주시, 무안군, 순천시, 익산시, 전주시 등 7곳이다(그림 4).

광주광역시, 전라남도, 전라북도에서 발굴된 유적의 수를 5년 단위로 통계 내어보면, 1989년까지는 전남 6개, 1990~94년은 광주광역시와 전라남도 각 1개, 1995~99년은 광주광역시 1개와 전라남도 8개, 2000~04년은 전라남도 10개와 전라북도 6개, 2005~09년은 전라

남도 11개와 전라북도 13개, 2010~14년은 전라남도 7개와 전라북도 9개, 그리고 2015년은 전라남도 1개이다. 여기서 2000년대 중반을 경계로 전라남도보다 전라북도에서 더 많은 발굴조사가 이뤄진 역전 현상이 주목되며, 이 양상은 수계별 유적의 조사연도 통계에서도 확인된다.

조사기관별 발굴유적의 수는 대학박물관이 29개, 문화재조사연구기관이 45개이다. 대학박물관에서 조사한 유적 29개 중 조선대학교가 12개, 목포대가 8개, 전북대와 원광대가 각각 1개, 충북대가 2개, 숭실대가 1개, 서울대가 3개, 경희대가 1개의 유적을 담당하였다. 그리고 문화재조사연구기관이 조사한 유적 45개 중 호남문화재연구원이 20개, 대한문화연구원이 8개, 전라문화유산연구원이 6개, 전남문화재연구원이 4개, 전북문화재연구원이 3개, 마한문화연구원이 2개, 그리고 충청문화재연구원, 영해문화유산연구원이 각각 1개를 발굴하였다. 그리고 조사기관별 발굴 회수를 살펴보니 2000년대 중반을 경계로 문화재조사연구기관이 발굴한 유적의 수가 두 배 이상 많아졌고, 2010년 이후 대학박물관의 발굴은 단 두 차례로 끝났다(그림 5).

1.2. 보고서

발굴보고서는 1988년에 처음 간행되었으며 이후 2016년까지 모두 72권이 발간되었다. 이 중 전남(광주광역시 포함)과 전북에 분포하는 유적에 대한 보고서는 각각 45권

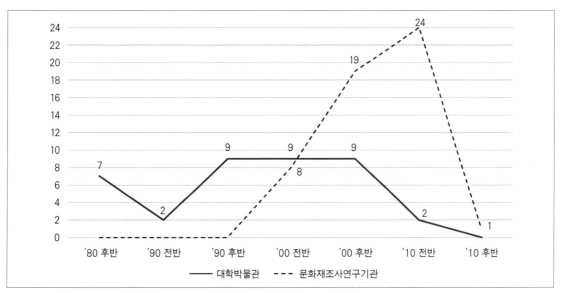

〈그림 5〉 조사기관별 유적 발굴 회수의 연대별 추이

과 27권이다. 그러나 여기에 소개된 유적의 총수는 75개로 광주, 전남이 46개, 전북이 29개이다. 이처럼 보고서의 총권수와 유적의 총수가 같지 않은 이유는《주암댐 수몰지역》보고서나《영광 마전·군동·원당·수동유적》보고서처럼 하나의 책에 몇 개의 유적이 소개된 경우가 있고, 순천 월평유적처럼 연차 발굴된 뒤 각 발굴에 대한 보고서가 따로따로 간행된 예도 있기 때문이다.

보고서가 발간된 연대와 지역별, 그리고 작성자에 대해 살펴보면 다음과 같다 :

최초의 구석기 보고서는 1988년에 발간된《주암댐 수몰지역 문화유적 발굴조사보고서(V)》이다. 뒤를 이어《주암댐 수몰지역 문화유적 발굴조사보고서(Ⅶ)》,《옥과 구석기유적》,《광주 치평동유적》을 포함하여 모두 8권이 1990년대에 간행되었다. 이 가운데 5권은 호남 밖의 연구자에 의해서, 3권은 호남의 연구자에 의해서 집필되었다.

2000년대에는《순천 죽내리유적》,《함평 장년리 당하산유적》,《익산 신막유적》,《순천 월평유적》,《장수 침곡리유적》,《전주 사근리유적》,《군산 내흥동유적》,《화순 사창유적》,《곡성 오지리유적》,《임실 하가유적》,《장흥 신북 구석기유적》,《전주 장동유적》등 32권이 발간되었다. 이 중 타지 연구자가 간행한 것은《군산 내흥동유적》뿐이어서 90년대 중반 이후 이 지역의 연구자들이 발굴조사를 주도하였음을 알 수 있다. 한편 32권 중 전남과 전북 소재 유적에 관한 것은 각각 22권과 10권이다. 발간된 보고서의 이런 구성과 비율은 구석기유적의 조사가 90년대까지 전남에 국한되다가 2000년부터 전북

에서도 시작되었기 때문이다.

2010년대에는《고창 증산 구석기유적》,《익산 쌍정리 구석기유적》,《나주 도민동·상야유적》,《보성 도안리 석평유적》,《전주 중동 구석기유적》,《완주 갈산리유적 I·Ⅱ》,《순천 복다리 신기유적》,《임실 외량유석》등 29권이 발간되었다. 이 가운데 17권이 전북 소재 유적에 대한 보고서로 전체의 58.6%를 차지한다. 2000년대에 전남의 약 1/3 수준이었는데 2010년대에 들어와 전남보다 오히려 1.4배나 증가하였다. 이 수치는 2000년대 후반 이후 오히려 전북에서 유적 조사가 매우 활발하였던 사정을 잘 보여준다(그림 6).

보고서 작성자의 구성을 보면, 90년대에는 전부 대학박물관이었으나, 2000년대에는 대학박물관과 문화재조사연구기관이 각각 18권과 14권을 간행하였다. 이것은 1999년에 '호남문화재연구원'을 시작으로 '전남문화재연구원', '전북문화재연구원', '마한문화연구원' 등 다수의 문화재조사연구기관들이 세워지고 거기에 구석기 전공자가 포진한 결과이다. 그리고 2010년대 이후 발간된 29개의 보고서는 전부 문화재조사연구기관들이 간행한 것이어서 조사의 주체가 대학박물관에서 문화재조사연구기관으로 급격히 바뀌었음을 알 수 있다.

2. 지표조사유적과 문헌

2.1. 지표조사유적

1990년대부터 최근까지 지표조사로 찾아진 유적의

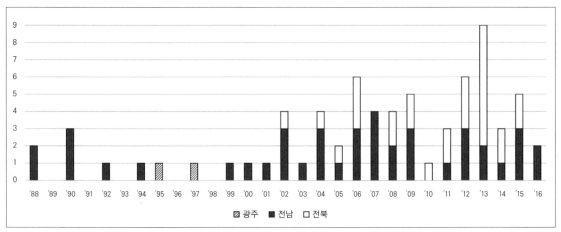

〈그림 6〉 발굴조사 보고서의 연도별 개수

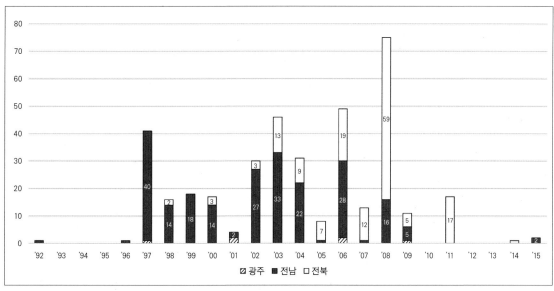

〈그림 7〉 지표조사유적의 연도별 개수

수는 모두 405개이다(부록 2). 이 중 '문화재 보존관리지도'에는 소개되어 있으나 참고문헌을 알 수 없는 24개 유적을 제외한 381개 유적을 대상으로 조사 연도(조사 연도를 모를 경우 보고된 해를 기준으로 함)를 구분해보면, 1990년대에 77개(전반기 1, 후반기 76), 2000년대에 284개(전반기 128, 후반기 156), 그리고 2010년대에 20개가 보고되었다(그림 7).

지표조사의 결과가 대개 2~3년 뒤에 보고되는 점을 고려할 때, 이 그래프는 지표조사 활동이 1990년대 중반부터 활발해지기 시작하여 2000년대의 중반을 넘도록 왕성하였으나, 2000년대 말 이후 쇠퇴하였음을 잘 보여준다. 1990년대에는 전라남도에서 찾아진 유적들이 거의 전부이며 특히 조선대학교와 목포대학교에 의해서 보성강과 영산강 유역에서 많은 발견이 있었는데 이 양상은 2000년대 전반까지 유지되고 있다. 한편 2000년대 전반에는 순창군과 남원시를 대상으로 전북대학교의 지표조사 활동이 시작되는 새로운 변화가 나타난다. 이후 전남보다 전북지역의 지표조사가 활기를 띠는데 섬진강유역의 임실군내에서만 59개의 유적, 그리고 만경강유역에서 17개의 유적이 발견되었다. 그러나 전남에서도 영산강과 보성강 유역에서 많은 수는 아니지만 꾸준히 새로운 유적들이 보고되었다.

지표조사로 유적이 발견된 계기는 크게 세 가지로 나뉘 볼 수 있다 : ① 대학의 박물관이나 관련 학과, 개별 연구자, 국립박물관의 순수한 '학술 목적', ② 정부나 지

방자치단체의 예산 지원을 받아 시, 군 단위의《문화유적》,《문화유적 분포지도》의 작성 목적, ③ 도로나 철도, 농공단지나 부대 이전지, 체육시설 조성, 밭 기반 정비, 개간, 개답 공사 같은 '건설 공사'를 계기로 공사 구간에서 찾아진 것이다. 계기별 발견 유적의 개수에 대해서는 아래의 주체별 검토에서 자세히 다루겠다.

지표조사유적의 수계별 통계치는 영산강 132개, 섬진강 89개, 만경강 51개, 보성강 46개, 금강 11개, 바닷가 40개, 기타 36개이다(그림 8). 연대를 알 수 없는 25개를 열외로 하고 큰 강과 바닷가 지역에서 조사된 지표유적의 개수를 연대별로 셈해보면, 1999년까지 영산강유역에서 50개, 보성강유역에서 24개, 만경강유역에서 2개, 바

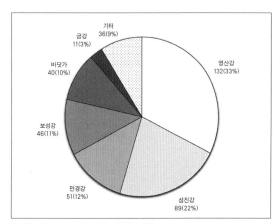

〈그림 8〉 지표조사유적의 수계별 개수

닷가에서 1개, 2000~2004년에는 영산강유역에서 39개, 보성강유역에서 3개, 섬진강유역에서 14개, 만경강유역에서 6개, 금강유역에서 6개, 2005~2009년에는 영산강유역에서 21개, 보성강유역에서 17개, 섬진강유역에서 74개, 만경강유역에서 24개, 금강유역에서 5개, 바닷가에서 15개, 2010~2014년에는 만경강유역에서 17개, 그리고 2015년에 보성강유역에서 2개가 보고되었다(그림 9).

행정구역별로는 광주광역시 6개, 전남 248개, 그리고 전북 151개이다. 전남에서 시군별로는 강진군 1개, 고흥군 5개, 곡성군 4개, 광양시 6개, 나주시 74개, 담양군 2개, 무안군 15개, 보성군 17개, 순천시 18개, 신안군 8개, 여수시 2개, 영광군 15개, 영암군 19개, 완도군 1개, 장성군 4개, 장흥군 19개, 함평군 9개, 해남군 13개, 화순군 16개이

다. 한편, 전북의 경우는 고창군 6개, 김제시 2개, 남원시 4개, 무주군 3개, 순창군 11개, 완주군 19개, 익산시 22개, 임실군 67개, 전주시 9개, 진안군 8개이다(그림 10).

이 가운데 지표조사유적의 수가 10개 이상인 시군은 나주시, 무안군, 보성군, 순천시, 영광군, 영암군, 장흥군, 해남군, 화순군, 순창군, 완주군, 익산시, 임실군 등 13곳이다. 특히 다른 시나 군보다 월등히 많은 유적들이 발견된 나주시와 임실군의 사례는 장기간에 걸친 체계적이고 집중적인 지표조사가 얼마나 중요한지를 잘 대변해준다.

지표유적을 발견한 주체별로 통계 내어보면, 대학에 소속된 연구자나 박물관이 찾아 보고한 것이 361개이지만, 문화재조사연구기관이 보고한 지표조사유적은 겨우 20개에 불과하다(그림 11). 예를 들면 조선대, 목포대, 전북대에서 보성강, 영산강, 섬진강, 만경강 유역을 조사하여 보성강유역에서 22개, 영산강유역에서 57개, 섬진강유역에서 59개, 만경강유역에서 17개의 새로운 유적들을 발견하였다. 또 유적을 발굴하면서 그 둘레의 지표조사를 병행하여 찾아낸 구석기유적은 67개나 된다. 그리고 《문화유적》 3권과 《문화유적 분포지도》 17권에 새로 발견한 유적으로 보고된 것은 각각 5개와 100개 등 모두 105개이다. 반면 도로나 철도의 공사 구간에서 찾아진 유적은 9개뿐이고, 기타 건설공사 구역에서 발견된 유적은 13개에 그친다.

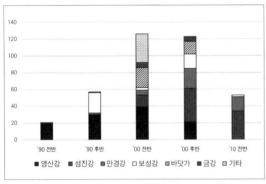

〈그림 9〉 수계별 지표조사유적의 연대별 개수

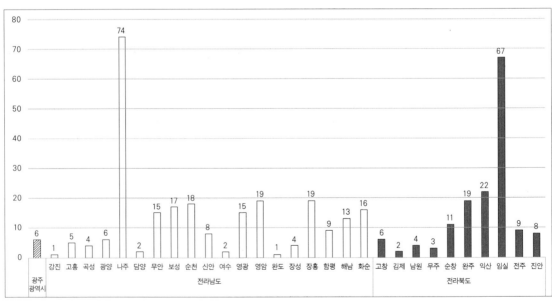

〈그림 10〉 지표조사유적의 행정구역별 개수

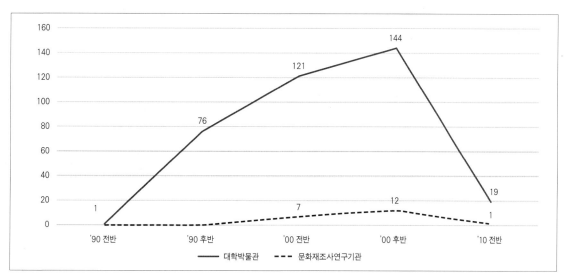

〈그림 11〉 조사기관별 지표조사유적 개수의 연대별 추이

2.2. 지표조사 문헌

지표조사 관련 문헌은 모두 63개로 크게 세 부류로 구분할 수 있다. 첫 번째는 시와 군 단위별로 문화유적을 조사하여 작성한 것으로《문화유적분포지도》가 대표적이다. 두 번째는 지표조사보고서와 발굴보고서이다. 세 번째는 개별 연구자에 의해 학보에 실린 조사보고이다(그림 12).

첫 번째 부류를 보면,《문화유적분포지도》의 전신인《○○○의 문화유적》이 1992~1999년에 세 개(순천시, 곡성군, 장성군), 그리고 1998~2007년에 익산시를 필두로 모두 17개(전남 8, 전북 9)의《문화유적분포지도》가 발간되었다. 전자에는 5개의 유적, 후자에는 95개의 지표조사유적이 보고되었다. 국가정책으로 진행된 이 사업에는 목포대, 순천대, 원광대, 전북대 같은 지역 대학의 박물관이 큰 역할을 담당하였으며, 전주역사박물관과 남도문화재연구원도 참여하였다.

두 번째 부류 중 하나는 지표조사보고서이다. 이것은 건설로 인해 파괴될 곳을 대상으로 한 것과 학술목적의 것으로 나뉜다. 전자에 해당하는 것은 1997~2009년에 대학박물관이나 문화재조사연구기관이 수행한 16개의 용역사업으로 총 22개의 구석기유적이 보고되었다. 후자에 속하는 것은 2006~2015년의 네 개뿐이지만 총 73개의 유적이 보고되었다. 특히 전북대학교 문화인류학과 BK21사업단이 주도한《임실 섬진강유역 구석기유적 지표조사 보고서》와《만경강유역의 구석기유적 지표조

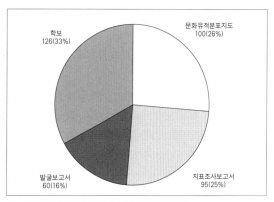

〈그림 12〉 각 문헌에 보고된 지표조사유적의 개수

사보고서》에는 각각 48개와 17개의 새로운 구석기유적에 대한 내용이 자세하게 실려 있다.

다른 하나는 유적을 발굴하면서 주변에 분포하는 구석기유적들을 찾아 보고서에 함께 게재한 것이다.《익산 영등동유적》을 포함하여 2000~2013년에 발간된 열 개의 보고서에 모두 60개의 지표조사유적이 소개되었다. 이 가운데 조선대 박물관에서 발간한《화순 도산유적》,《영광 마전·군동·원당·수동유적》,《순천 월평유적》,《장흥 신북 구석기유적》,《임실 하가유적》보고서에 55개의 지표조사유적이 보고되었다.

세 번째 부류는 1997~2009년에 여덟 개의 학회지에 게재된 13개의 논문으로 여기에 126개의 지표조사유적이 보고되어 있다. 학회지별로 보고된 지표조사유적의 개수는《한국고고학보》에 23개,《한국구석기학보》에 42

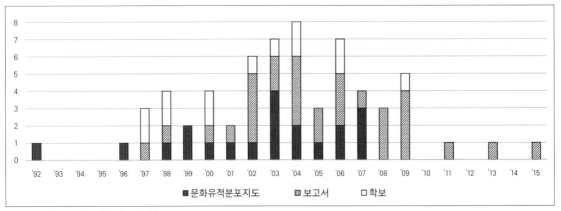

〈그림 13〉 지표조사 문헌의 연도별 개수

개,《호남고고학보》에 24개,《지방사와 지방문화》에 13
개,《도서문화》에 9개,《선사와 고대》에 10개,《한국선사
고고학보》에 1개, 그리고《현장고고》에 4개이다.

지표조사 문헌의 수량을 발행연도를 기준해 보면, 90
년대는 11개(전반 1, 후반 10), 2000년대는 49개(전반 26, 후
반 23), 2010년대는 세 개다. 통계 수치를 보면, 90년대 후
반에 비해 2000년대 전반과 후반은 두 배 이상인데 반해
2010년대는 턱없이 적다. 이 양상은 연도별 지표조사유
적의 개수 변화와 관련하여 이미 살펴본 대로, 지표조사
활동이 1990년대 중반 이후 활발해지기 시작하여 2000
년대 말까지 왕성하였으나 2010년 이후 쇠퇴하고 있다
는 진단을 지지해준다(그림 13).

III. 연구 성과

1. 학회지 논문

1.1. 국내 학회지 논문

2016년까지 전문 학회나 대학연구소에서 정기적으로
발간하는 학보에 실린 구석기 관련 논문은 총 84편이다.
연대별, 저자별, 학보별, 주제별 논문의 편수를 정리해보
면 다음과 같다.

먼저 연대별 발표 논문의 수를 보면, 1990년대에는
초두부터 논문이 발표되어 전반에 4편, 후반 8편 등 모
두 12편, 2000년대 전반기와 후반기에는 각각 24편과

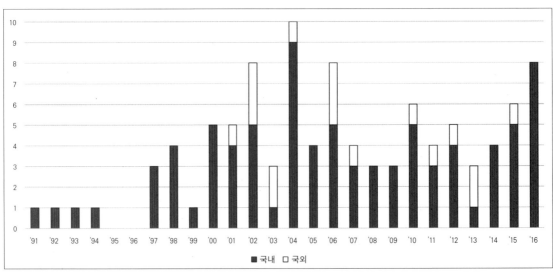

〈그림 14〉 국내외 학회지 논문의 연도별 편수

18편으로 모두 42편, 그리고 2010~2014년에는 17편, 2015~2016년에는 13편이 발표되었다. 여기서 2000년대 전반기와 후반기에는 1990년대 후반기의 8편에 비해 각각 3배와 2.5배나 증가된 수치로 연구가 매우 활발하였음을 가리킨다. 그리고 2010~2016년은 2000년대와 거의 같은 추세로 이어지고 있음을 알 수 있다(그림 14).

논문의 저자 구성을 보면, 대학교수와 강사, 전문가(자연과학자), 그리고 문화재조사연구기관의 연구원으로 대별된다. 대학교수들의 발표 논문 수를 보면, 이헌종 38편, 이기길 14편, 이형우 7편, 이영문 2편, 이융조, 이상균, 최무장 각1편으로 총 60편이다. 자연과학자의 발표 논문 수는 김주용 4편, 정철환 2편, 김정빈 1편, 정혜경 1편으로 총 8편이다. 그리고 연구원의 발표 논문 수는 최미노 3편, 이창승 3편, 김은정 2편, 차미애, 복민영, 박성탄, 은종선 각 1편으로 총 12편인데, 이 중 상당수가 석사학위논문을 학보 체제에 맞게 수정해 실은 것이다.

각 학보별 게재 편수를 보면, 《한국구석기학보》 31편(36.9%), 《호남고고학보》 13편(15.5%), 《선사와 고대》 6편(7.2%), 《한국상고사학보》 5편(6%), 《도서문화》와 《지방사와 지방문화》에 각 4편(4.8%), 《고문화》에 3편(3.6%), 《역사학연구》, 《제4기학회지》, 《야외고고학》, 《건지인문학》에 각 2편(2.4%), 그리고 《한국고고학보》, 《한국선사고고학보》, 《호서고고학》, 《동방학지》, 《경희사학》, 《문화사학》, 《남도문화연구》, 《사회과학연구》, 《한국지구과학회지》와 《한국시베리아연구》에 각 1편의 순서이다(그림 15). 이 양상은 논문 투고가 전공분야 그리고 지역

과의 연관성이 매우 큼을 보여준다.

연대별로 논문의 주제를 보면, 1990년대는 당시까지 조사된 유적의 성과를 소개하는 글이 4편, 지표조사를 통해 찾은 유적들의 보고가 4편, 새로 발굴된 유적의 내용 소개가 2편, 자갈돌석기 전통 같은 문화 계통과 기술 격지 같은 특정 석기에 관한 글이 각 1편이다.

2000년대에는 지표조사로 찾은 유적의 보고가 7편, 발굴유적의 문화상 소개가 9편, 제4기 퇴적과 지질, 테프라, 꽃가루, 방사성탄소연대의 해석, GIS기법의 활용 등에 관한 연구가 8편, 호남, 영산강, 서해안 도서지방 단위의 구석기문화 연구가 8편, 붙는 석기, 측면몸돌, 좀돌날몸돌, 포인트형석기, 사냥도구 등 특정 석기에 관한 연구가 6편, 자갈돌석기 전통, 외국과의 비교 연구, 동북아시아 중기구석기문화 소개, 유적 보존과 활용이 각 1편이다.

그리고 2010~2016년에는 접합석기, 주먹도끼, 슴베찌르개, 슴베석기, 새기개, 여러면석기, 좀돌날석기, 망치돌 등 개별석기에 관한 분석이 12편, 유적의 퇴적, 제4기 지질, 고환경 복원 연구가 5편, 지역 단위 문화상과 편년 연구가 3편, 후기구석기시대 석기군과 성격, 기원에 관한 연구가 5편, 석기제작기술과 실험고고학 비교 연구가 4편, 기타 1편이다.

주제별로 논문의 편수를 셈해보면, 개별 석기 연구 19편(22.6%), 유적의 퇴적, 고환경, 절대연대 등 자연과학자와의 공동연구 13편(15.5%), 지역 단위의 문화상 연구 12편(14.3%), 발굴유적의 문화상 연구나 지표조사유적 보고가 각각 11편(13.1%), 자갈돌석기 전통, 시대별 석기군

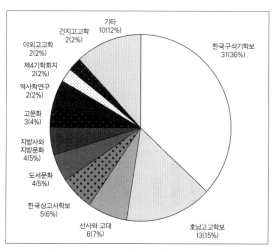

〈그림 15〉 국내 학회지 논문의 학보별 편수

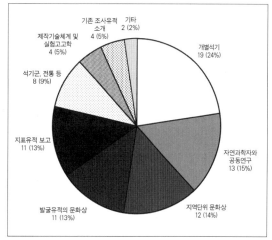

〈그림 16〉 국내 학회지 논문의 주제별 편수

의 성격과 기원 등에 관한 연구 8편(9.5%), 기존 조사유적의 소개나 석기제작기술과 실험고고학적 연구가 각각 4편(4.8%), 기타 2편(2.4%) 등이다(그림 16).

이밖에도 2009년 이후 발굴전문기관에서 발행하는 학술지에 구석기 관련 논문이 11편 게재된 바 있다. 즉《중앙고고연구》에 1편,《호남문화재연구》에 4편,《현장고고》에 4편,《전남고고》에 2편이다. 내용별로 나눠보면, 새로 조사한 유적 소개 3편, 유물에 대한 소개가 각 1편, 돌감과 석기공방에 대한 연구가 각 1편, 전남과 전북을 대상으로 한 석기의 기술형태 연구가 각 1편, 흑요석제 석기, 아라야형 새기개, 슴베찌르개 석기군에 대한 연구가 각 1편이다.

1.2. 국외 학회지 논문

국외 학보에 호남의 구석기문화에 관한 논문은 2001년을 필두로 지난 15년 동안 모두 17편이 게재되었다. 연대별로 보면 2000년대 전반에 7편(41.2%), 후반에 4편(23.6%), 2010년대에 6편(35.3%)이다. 필자별로는 이기길 8편, 이헌종 4편, 이형우 3편, 김종찬 2편이다.

이 중 반은 일본과 아시아, 나머지 반은 러시아를 포함한 유럽의 학회지에 실렸다. 자세히 보면, 일본의 '구석기문화담화회'에서 발간하는《舊石器考古學》에 1편, '큐슈구석기문화연구회'에서 간행하는《九州舊石器》에 1편, '뉴사이언스사'에서 펴내는《考古學ジャーナル》에 2편, '메이지대학 흑요석연구센터'에서 발간하는《黒曜石文化研究》에 1편, 큐슈의 '석기원산지연구회'에서 간행하는 *Stone Sources*에 2편, 그리고 *Indo-Pacific Prehistory Association Bulletion*에 1편이다. 한편 유럽 학회지의 경우는 러시아 학술원 시베리아 분소의 '민족학·고고학 연구소'가 펴내는 *Archaeology, Ethnology & Anthropology of Eurasia*에 5편, '세계제4기학회'에서 발간하는 *Quaternary International*에 2편, *Journal of Archaeological Science: Reports*와 *PLOS One*에 각 1편이다.

주제별 편수는 ① 한반도 및 서남부의 중기와 후기구석기시대의 유적과 석기군의 성격에 관한 것이 8편, ② 죽내리유적, 촌곡유적의 소개가 2편, ③ 흑요석기의 원산지 연구가 2편, ④ 흑요석기의 전체 석기에서의 역할에 관한 것 1편, ⑤ 한국의 좀돌날석기문화에 관한 것 1편, ⑥ 던지는 창에 대한 연구 1편, ⑦ 구석기시대 한·일 교류에 관한 것이 1편, ⑧ 죽내리유적 석기제작기법의 분석이 1편이다.

연대별 주제의 추이를 보면, 2000년대 전반에는 새로 조사된 유적들에 대한 소개나 석기제작기술에 관한 것이 중심이었으나, 후반에는 호남이나 한국의 석기군 성격과 제작기법을 주제로 한 연구로 나아갔으며, 2010년대에 들어서는 한국의 중기와 후기구석기시대 석기군에 보이는 특징이나 성격, 그리고 한일 양 지역의 교류 등을 다룬 글들이 선을 보인다.

2. 학위논문과 단행본

2.1. 학위논문

호남의 구석기문화를 대상으로 작성된 학위논문은 23편이다. 이것들 중 22편이 석사학위 청구논문이고 1편은 박사학위 청구논문이다. 연대별로 보면, 1990년대에 1편, 2000년대에 12편, 2010년대에 10편이다(그림 17).

첫 학위논문은 주암댐 수몰지역에서 발굴된 유적에

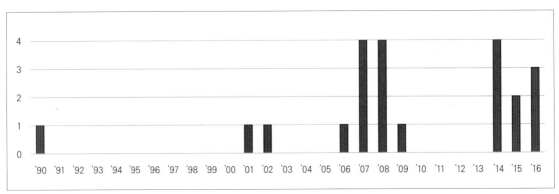

〈그림 17〉 학위논문의 연도별 편수

관한《화순 대전 구석기문화의 연구》(윤용현 1990)이다. 이후 11년이 지난 2001년에 지역의 제2세대 연구자에 의한 학위논문(최미노 2001)이 발간되었으며, 그 뒤를 이어 21편이 발표되었다. 소속 대학별로 통계를 내어보면 조선대학교 8명, 목포대학교 7명, 전북대학교 6명, 청주대학교 1명이다.

논문의 주제는 ① 좀돌날몸돌, 밀개, 주먹대패, 새기개, 주먹도끼, 찍개, 격지, 망치, 1차 생산물 등 개별 석기를 대상으로 한 것이 11편, ② 흑요석제 석기, 몸돌석기, 격지석기, 후기구석기시대 말기의 석기문화처럼 보다 큰 범주를 대상으로 한 것이 5편, ③ 돌날제작기법, 붙는 석기, 공간분포, 석기제작소 등 석기제작에 관한 연구가 4편, ④ 침곡리유적의 석기, 대전 구석기문화처럼 유적 단위 연구가 2편, ⑤ 절대연대에 근거한 편년에 관한 것이 1편, ⑥ 사냥기술과 인지능력에 관한 것이 1편이다.

학위논문 가운데 특히 좀돌날몸돌, 밀개, 새기개, 주먹도끼 같은 개별 석기에 대한 객관적이고 체계적인 분석기준과 방법을 적용한 형식 분류 연구, 그리고 돌날석기의 제작기법 복원, 붙는 유물을 대상으로 모암별 분석, 선잇기 분석을 통한 공간의 구별 사용과 유적의 성격 해석 등은 좋은 사례이다.

2.2. 단행본

호남의 구석기를 대상으로 발간된 단행본은 모두 6권이다. 조선대학교 박물관이 2004년에 펴낸《동북아시아의 구석기문화와 장흥 신북유적》을 필두로 2006년에《호남 구석기 도감》, 2010년에《빛나는 호남 10만년》, 2014년에《국가사적 월평유적의 학술 가치와 창조적 활용》, 2015년에《순천 월평유적군(群)을 활용한 '구석기인의 길' 개발》, 그리고《영산강유역의 구석기고고학과 4기지질학》(이헌종 과 2006)이다.

《호남 구석기 도감》은 1996~2005년에 발굴된 죽내리유적, 모산리 도산유적, 원흥리 원당유적, 월암리 월평유적의 조사 성과를 유적별로 제시한 것이고,《영산강유역의 구석기고고학과 4기지질학》은 1997~2006년에 진행된 영산강유역 구석기시대의 문화와 자연환경에 대한 연구 성과를 집성한 것이다. 또《빛나는 호남 10만년》은 1996~2009년까지 조사한 자료들을 '주먹도끼석기군', '돌날', '슴베찌르개', '좀돌날', '흑요석' 등등 종류별로 정리해 소개한 특별전 도록이다.

《국가사적 월평유적의 학술 가치와 창조적 활용》은 2004년에 국가사적으로 지정된 월평유적의 학술 가치와 활용 문제를 다룬 책이다. 그리고《순천 월평유적군(群)을 활용한 '구석기인의 길' 개발》의 내용은 송광천변에 분포하는 월평유적군에 적합한 활용 방안을 골자로 한 것이다.

IV. 고찰

1. 조사 성과

최근까지 한반도에 분포하는 구석기유적은 대략 천여 개 정도로 추정되었다. 그러나 데이터베이스 작업을 통해 호남에서만 479개의 구석기유적이 분포하고 있음이 확인되었다. 여기에 아직 정식으로 보고되지 않은 경우와 미처 찾아내지 못한 것들을 감안하면 더 많은 유적들의 존재가 예상된다.

지난 30년간 호남에서 발굴된 유적과 간행된 발굴보고서의 수량은 각각 74개와 72권에 이르러 큰 성과를 거두었다고 자부할 만하다. 유적 발굴은 주암댐 수몰지역의 조사를 계기로 전남에서 먼저 시작되었다. 비록 전북에서는 2000년에 처음 발굴조사가 있었지만, 호남고속철도, 전북혁신도시 같은 대규모 토목공사가 벌어진 2000년대 중반을 경계로 전남보다 더 많은 발굴조사가 이뤄지는 역전 현상이 일어났다. 두 지역에서 발간된 발굴보고서의 연대별 수량을 비교해보면, 2000년대에는 전북이 전남의 약 1/3 정도였으나 2010년대에 들어서는 전남보다 1.4배나 많았다. 한편, 수계별 통계를 보면 영산강, 만경강, 보성강, 섬진강, 금강유역의 차례로 많이 조사되었다.

발굴 사유는 거의가 건설로 인해서 사라지게 될 유적들의 구제발굴이었고, 학술발굴은 단지 월암리 월평유적, 가덕리 하가유적, 대곡리 도롱유적, 북교리 신북유적 등 네 개에 그쳤다. 처음부터 발굴을 담당한 주체는 대학박물관이었으나, 2000년대 들어 문화재조사연구기관이 참여하면서 2000년대 중반을 경계로 두 주체의 위상이 바뀌었고, 2010년대 초반 이후 문화재조사연구기관

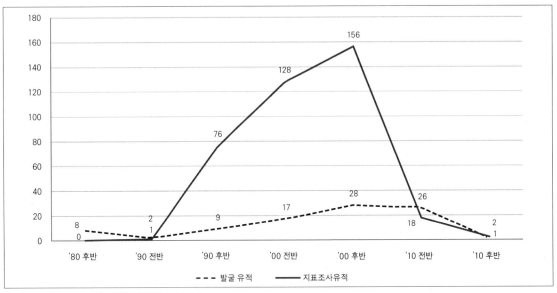

<그림 18> 발굴유적과 지표유적의 연대별 조사 추이

이 거의 모든 발굴을 수행하고 있다. 그런 탓에 2010년대 이후 발간된 보고서들은 전부 거기서 작성한 것이다. 이 것은 대학박물관의 역할을 1999년 이후 설립된 문화재 조사연구기관이 대신하도록 몰아간 사회적 압력의 결과였다.

연도별 통계를 기준으로 발굴조사의 경향을 구분해보면, 10개의 유적이 발굴된 80년대 후반~90년대 전반은 '기지개 단계', 9개와 17개의 유적이 발굴된 90년대 후반과 2000년대 전반은 '활발한 단계', 28개의 유적이 발굴된 2000년대 후반은 '절정 단계', 그리고 26개의 유적이 발굴된 2010년대 전반기는 2011년부터 그 수가 급격히 줄어들기 때문에 절정을 지나 '침체 단계'로 접어들고 있다고 하겠다(그림 18).

구석기유적의 지표조사는 1990년대 중반부터 조선대와 목포대 박물관을 중심으로 보성강과 영산강 유역에서 활발하게 이뤄졌다. 반면 전북은 2000년부터 지표조사가 시작되었는데, 조선대 박물관에 의해서 금강과 섬진강 유역이 조사되었고, 뒤를 이어 전북대 박물관이 섬진강과 만경강 유역을 집중 조사하였다. 지표유적의 수계별 통계를 보면, 영산강, 섬진강, 만경강, 보성강, 금강의 순서로 많이 찾아졌다.

지표조사유적은 모두 405개이며, 1990년대 후반에 76개, 2000년대 전반에 128개, 2000년대 후반에 156개, 2010년대 전반에 20개가 학계에 보고되었다. 문헌으로

보고된 시점이 발견 시점보다 늦은 점을 감안하면, 1990년대 중반부터 활발해지기 시작하여 2000년대 중반을 넘도록 지표조사가 매우 왕성하였음을 유추할 수 있다. 그래서 1990년대 전반은 '기지개 단계', 1990년대 후반은 '활발한 단계', 2000년대는 '절정 단계', 그리고 2010년대 전반기는 '침체 단계'로 구분할 수 있다(그림 18).

지표조사 관련 문헌은 1992년부터 발간되어 모두 63개에 이른다. 이 문헌들은 크게 세 개의 범주, 즉 정부시책에 의한 《문화유적분포지도》, 기관의 지표조사 보고서, 그리고 개인의 학회 게재 논문으로 나뉘며, 각각에 100개, 155개, 그리고 126개의 구석기유적이 소개되었다. 전체 중 361개가 대학 소속 연구자나 박물관에 의해 찾아졌고, 문화재조사연구기관이 보고한 것은 20개에 불과하다. 이와 같은 사실은 대학 박물관을 배제하고 발굴전문기관 위주로 재편된 매장문화재 조사제도의 보완뿐 아니라 현 문화재 정책 전반에 대한 재검토가 시급함을 잘 보여준다.

2. 연구 성과

호남의 구석기문화에 관해서 국내외 학회지에 게재된 논문의 편수는 각각 84편과 17편, 학위논문은 23편, 그리고 단행본은 6권으로 집계되었다(그림 19).

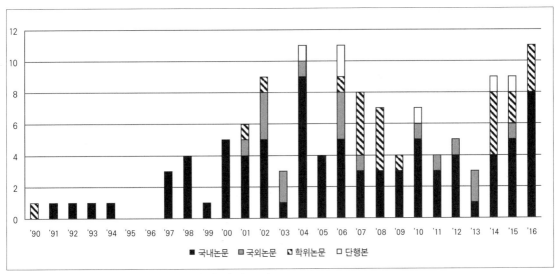

<그림 19> 국내외 학회지 논문, 학위논문, 단행본의 연도별 편수

국내 학보 게재 논문 수는 1990년대 전반 4편, 후반 8편, 2000년대 전반 24편, 후반 18편, 2010년대 전반 17편, 2015~2016년 13편이다. 여기서 2000년대 전반기에 이전보다 논문 수가 무려 3배나 급증한 점이 주목되며 이후 10년간 3/4 수준을 유지하고 있다. 그런데 고고학에서 조사유적의 증감은 향후 발표 논문의 증감에 직접 영향을 미치는 주요 요인임을 감안할 때, 2000년대 전반 이후 발굴을 주도한 문화재조사연구기관 소속 연구원의 논문 집필 비율은 대체로 10% 정도로 나타나 조사와 연구 활동의 불균형이 매우 심각함을 잘 보여준다.

연구 주제의 변화를 정리해보면, 90년대 전반기는 기존 유적의 정리 및 소개를 시작으로 중반 이후 지표조사 유적과 새로 발굴된 유적의 보고가 나타난다. 2000년대에는 내륙지역, 서해안 도서지역 같은 지역 단위 유적들의 문화상 연구와 개별 석기에 관한 심화된 연구가 비롯되고, 지표유적과 발굴유적의 보고가 지속되며, 자연과학자들과의 제4기 지질, 연대측정, 꽃가루 분석 같은 공동연구가 활발해진다. 그리고 2010년대에는 개별석기에 관한 심층 연구가 매우 많아지고, 자연과학자들과의 공동연구가 지속되며, MIS 3~MIS 2 석기군에 대한 체계적인 연구가 선보인다.

국외 학보 게재 논문의 경우는 2000년대 전반에 7편, 후반에 4편, 2010년대에 6편이다. 비록 국외 학회지에 발표된 논문의 수는 국내 논문의 약 1/5 정도이지만, 모두 유럽과 일본의 전문 학술지에 게재된 사실은 호남 구석기문화의 학술적 가치, 그리고 호남 구석기 전공자의 연구력이 국제적으로 인정받고 있는 반증일 것이다.

지역 출신 석사학위자의 배출 통계를 보면, 2000년대 전반에 2명, 후반에 10명, 2010년대 전반에 5명, 2015~2016년에 4명이고, 박사학위자는 2016년에 1명이다. 차세대 연구자의 배출은 무엇보다도 1990년대에 시작된 유적 조사와 정리 작업에 적극 참여했던 학부생들의 상당수가 대학원에 진학한 것과 연관된다. 그러나 2010년대에 들어와서 대학원 진학생은 손꼽을 정도로 줄어들었는데, 이 현상은 여러 가지 원인이 있겠지만 무엇보다도 발굴조사에서 대학박물관의 역할 축소 내지 제외, 그리고 최근의 취업 적신호와 밀접한 관련이 있어 보인다.

국내 학회지 게재 논문의 연대별 수량 변화를 보면, 2000년대 전반기에 24편으로 1990년대 후반기보다 3배나 증가하였다. 이와 함께 2001년에 '호남지역의 구석기문화'라는 주제로 호남고고학회의 정기학술대회가 개최(호남고고학회 2001)된 점을 고려하면, 2000년대 초반은 1986년부터 시작된 호남 구석기 연구의 전환점이었다고 평가할 수 있다.

그리고 2000년대 들어서 국외학술지에 호남 연구자들의 논문이 실리기 시작하며 중반 이후 그 빈도가 많아진다. 다루는 주제도 개별 유적에서 한국 서남부와 한반도, 나아가 한일 양국으로 연구 범위가 점점 더 넓어지고, 중기~후기구석기에 걸친 긴 시간대의 문화상을 다루며, 보다 과학적인 연구 방법을 동원하고, 더욱 합리적인 해석을 통해 의미 있는 결론에 이르고 있다. 이것은 연구자들의 시야가 국제적이면서 통시적인 수준으로 향상되었음을 가리키고 있다.

이런 변화를 뒷받침하는 또 하나의 보기는 2000년대 중반부터 간행된 단행본의 존재이다. 단행본이란 1차 자료의 확보와 관련 연구가 논문으로 발표되는 등 상당히 진행된 뒤에야 비로소 가능한데, 2000년대 중반은 호남에서 구석기 조사가 시작된 1986년으로부터 약 20년이 되고, 필자들이 대학교수로 임용되어 활동한 지 10년이 지났기 때문일 것이다. 앞으로도 지역의 연구 성과를 잘 담아낸 단행본들이 뒤를 이어 출판될 것으로 기대된다.

이와 같은 분석 결과를 근거로 호남 구석기 연구의 발전 과정을 다음과 같이 구분할 수 있다 : 1990년대 후반까지는 '기지개 단계', 2000년대 전반은 '급성장 단계', 2000년대 후반과 2010년대 전반은 '활발한 단계'라 하겠다.

V. 맺음말

2016년을 맞아 한국의 구석기 연구는 공주 석장리유적의 첫 발굴을 기준하면 52주년, 그리고 호남에 국한하면 30주년이 되었다. 이처럼 반세기가 지났음에도 최근까지 조사된 유적에 대한 정확하고도 자세한 데이터베이스는 아직 구축되어 있지 못하다. 이번에 호남지역을 대상으로 자료들을 정리해본 결과, 공식적으로 보고된 유적은 모두 479개, 국내외 학회지에 게재된 논문의 편수는 각각 84편과 17편, 학위논문은 23편, 단행본은 6권이다.

74개의 발굴유적 중 거의가 구제발굴된 것이고 학술목적으로 조사된 유적은 네 개뿐이라는 점과 지표유적의 대다수는 대학 소속 전공자에 의해 찾아진 사실은 매우 주목된다. 한편 국내 논문의 경우 2000년대 전반기에 90년대 후반기보다 무려 세 배나 많이 발표되었고, 이후에도 비슷한 추세를 이어가고 있다. 그리고 국제저널에도 2000년대 전반 이후 꾸준히 게재되고 있어 세계 구석기고고학에도 기여하고 있다고 하겠다.

이와 같은 사실은 지난 30년간 다양한 유적, 풍부한 유물과 보고서 같은 1차 자료가 상당하게 확보되었음을 보여주는 것이다. 그리고 호남을 제외한 채 한반도와 동북아시아의 구석기문화를 논하기 어려울 정도로 많은 연구 성과를 내었음도 인정받고 있다(한창균 2010 ; 安蒜政雄 2010).

근래 유적답사와 유물 관찰을 위해 호남을 찾아오는 학자들이 적지 않다. 특히 외국학자의 관심 정도는 유적과 유물의 단기관찰 목적의 답사뿐 아니라 국내 대학에 방문학자로 1년간 연구하러 온 경우도 있다. 그리고 주요 유적과 호남을 대상으로 자국과의 관련성을 다룬 논문까지 발표하고 있다(安蒜政雄 2010, 2014 ; 佐川正敏·佐藤祐輔 2014). 또한 2011년에는 프랑스의 저명한 학자와 국내 주요 학자들의 협력으로《Les industries du Paléolithique ancien de la Corée du Sud dans leur contexte stratigraphique et paléoécologique》(Lumley, H. et al. 2011)이 발간되었는데, 이 책에도 호남을 대표하는 유적들이 소개되어 있다.

이런 사례들은 호남의 구석기문화가 동북아시아는 물론 유럽학계에서도 관심의 대상이 되었고, 그동안 구석기 연구자들의 땀과 노력이 헛되지 않았음을 보여주고 있다. 비록 우리의 조사와 연구 여건은 점점 더 어려워지고 있지만, 호남이 한반도와 세계 구석기문화를 연구하고 해석하는 데 있어 아주 중요한 지역임을 자각하며 더욱 분발하길 희망한다.

【부록 1】발굴유적 목록

번호	유적명	행정구역명	조사기관	조사연도	발굴사유	수계
1	가덕리 하가	전라북도 임실군 신평면	조선대학교 박물관	2006, 2007, 2008, 2010, 2011	학술발굴	섬진강
2	갈산리(덕동 A, I)	전라북도 완주시 이서면	호남문화재연구원	2011, 2012	전북혁신도시	만경강
3	갈산리 덕동(덕동 G)	전라북도 완주시 이서면	전라문화유산연구원	2009~2010	전북혁신도시	만경강
4	광암리 상잉	전라남도 나주시 금천면	호남문화재연구원	2004	도로공사	영산강
5	금곡리 용호	전라남도 나주시 공산면	호남문화재연구원	2002~2003	도로공사	영산강
6	금평리 신풍 (신풍 D, E)	전라북도 완주군 이서면	호남문화재연구원	2009, 2010, 2011	전북혁신도시	만경강
7	내흥동	전라북도 군산시	충청문화재연구원	2002	철도공사	금강
8	다산리	전라남도 무안군 몽탄면	목포대학교 박물관	1997	철도공사	영산강
9	다송리 상마	전라북도 익산시 함열읍	대한문화재연구원	2008~2009, 2009	종합의료산업단지	금강
10	대곡리 도롱	전라남도 순천시 송광면	대한문화재연구원	2013	학술발굴	보성강
11	대기동 기동	전라남도 나주시 대기동	대한문화재연구원	2009	도로공사	영산강
12	덕산리 죽산	전라남도 순천시 송광면	서울대학교 박물관	1988~1989	주암댐 건설	보성강
13	도안리 석평	전라남도 보성군 겸백면	마한문화연구원	2010	도로공사	보성강
14	동악리 상야	전라남도 나주시 금천면	전남문화재연구원	2009	광주전남혁신도시	영산강
15	모산리 도산	전라남도 화순군 한천면	조선대학교 박물관	1999, 2007, 2009	도로공사	영산강
16	모정리 진그늘	전라북도 진안군 정천면	조선대학교 박물관	2000	용담댐 건설	금강
17	반교리 옥정	전라북도 완주군 이서면	전북문화재연구원	2010~2011	전북혁신도시	만경강
18	발산리 천동	전라북도 익산시 왕궁면	원광대학교 박물관	2004	경지정리	만경강
19	방산리	전라북도 남원시 대강면	전라문화유산연구원	2012~2013	도로공사	섬진강
20	보삼리	전라북도 익산시 황등면	호남문화재연구원	2010	호남고속철도	만경강
21	복다리 신기	전라남도 순천시 주암면	대한문화재연구원	2013	공장 신축	보성강
22	봉대리 봉대	전라북도 남원시 아영면	호남문화재연구원	2010	도로공사	남강
23	부곡리 증산	전라북도 고창군 고수면	호남문화재연구원	2008~2009	도로공사	주진천
24	북교리 신북	전라남도 장흥군 장동면	조선대학교 박물관 대한문화유산연구원	2003~2004, 2015	도로공사	보성강
25	사근리	전라북도 전주시 덕진구	전북문화재연구원	2004	아파트 건설	만경강
26	사수리 대전	전라남도 화순군 남면	충북대학교 중원문화연구소	1989	도로공사	보성강
27	산월동	광주광역시 광산구	조선대학교 박물관	1993	첨단과학산업단지 건설	영산강
28	산치리	전라북도 김제시 청하면	호남문화재연구원	2007	농수관로매립공사	만경강
29	삼길리 외량	전라북도 임실군 신덕면	전라문화유산연구원	2013	도로공사	섬진강
30	상동동	전라북도 김제시	전라문화유산연구원	2010~2011	호남고속철도	만경강
31	서두리 2	전라북도 익산시 삼기면	호남문화재연구원	2010	호남고속철도	만경강
32	성내리 도원	전라남도 무안군 운남면	전남문화재연구원	2005	도로공사	바닷가
33	송월동	전라남도 나주시	목포대학교 박물관	2007~2008	송월동도시개발사업	영산강
34	송전리	전라남도 곡성군 옥과면	서울대학교 박물관	1989~1990	경지정리	섬진강
35	순동	전라북도 김제시	전라문화유산연구원	2011	호남고속철도	만경강
36	신가리 당가	전라남도 나주시 금천면	목포대학교 박물관	2001~2002	도로공사	영산강
37	신도리 도민동	전라남도 나주시 산포면	전남문화재연구원	2009	광주전남혁신도시 건설	영산강
38	신도리 신평	전라남도 나주시 산포면	대한문화재연구원	2010	광주전남혁신도시 건설	영산강
39	신양리 한동	전라남도 고흥군 도덕면	호남문화재연구원	2004	도로공사	바닷가
40	신평리 금평	전라남도 순천시 송광면	숭실대학교박물관	1987	주암댐 건설	보성강
41	상림리	전라남도 장성군 진원면	호남문화재연구원	2003	도로공사	영산강

42	쌍정리	전라북도 익산시 춘포면	전라문화유산연구원	2009	공장 신축	만경강
43	안산리 이룡	전라남도 나주시 노안면	목포대학교 박물관	2008	도로공사	영산강
44	양청리	전라북도 김제시 청하면	호남문화재연구원	2007	농수관로매립공사	만경강
45	오지리	전라남도 곡성군 오곡면	마한문화연구원	2006	체험학습장 신축	섬진강
46	용흥리 운교	전라북도 완주군 용진면	호남문화재연구원	2009	도로공사	만경강
47	우봉리 사창	전라남도 화순군 춘양면	호남문화재연구원	2005	채토장	영산강
48	우산리 곡천	전라남도 순천시 송광면	충북대학교 박물관	1987, 1989	주암댐 건설	보성강
49	원동리 달도 '나'	전라남도 완도군 군외면	목포대학교 박물관	2004	도로공사	바닷가
50	원수리 신막	전라북도 익산시 여산면	호남문화재연구원	2002	농산물유통 및 가공단지 건설	금강
51	원흥리 군동	전라남도 영광군 대마면	조선대학교 박물관	1999~2000	서해안고속도로공사	와탄천
52	원흥리 마전	전라남도 영광군 대마면	조선대학교 박물관	1999~2000	서해안고속도로공사	와탄천
53	원흥리 원당	전라남도 영광군 대마면	조선대학교 박물관	1999~2000	서해안고속도로공사	와탄천
54	월암리 외록골	전라남도 순천시 외서면	조선대학교 박물관	2007	도로공사	보성강
55	월암리 월평	전라남도 순천시 외서면	조선대학교 박물관	1998, 2001, 2005	학술발굴	보성강
56	월정리	전라남도 장성군 남면	호남문화재연구원	2013~2014	도로공사	영산강
57	율동리	전라북도 익산시 황등면	호남문화재연구원	2010	호남고속철도	금강
58	장년리 당하산	전라남도 함평군 함평읍	목포대학교 박물관	1998~1999	서해안고속도로공사	영산강
59	장동	전라북도 전주시 덕진구	전북문화재연구원	2006	유통단지건설	만경강
60	주산리	전라남도 곡성군 옥과면	서울대학교 박물관	1989~1990	경지정리	섬진강
61	죽내리	전라남도 순천시 황전면	조선대학교 박물관	1996~1997	도로공사	섬진강
62	죽산리	전라남도 보성군 문덕면	경희대학교 박물관	1990	주암댐 건설	보성강
63	중동 (월평 C, 덕동 C)	전라북도 전주시 완산구	호남문화재연구원	2008, 2010, 2010~2011	전북혁신도시	만경강
64	촌곡리	전라남도 나주시 금천면	목포대학교 박물관	2001~2002	도로공사	영산강
65	치평동	광주광역시 광산구	조선대학교 박물관	1996	상무택지개발	영산강
66	침곡리	전라북도 장수군 계남면	전북대학교 박물관	2003	도로공사	금강
67	피서리	전라남도 무안군 망운면	목포대학교 박물관	2000	무안국제공항	바닷가
68	피서리 조산	전라남도 무안군 망운면	호남문화재연구원	2004	도로공사	바닷가
69	하묘리 두곡	전라남도 무안군 운남면	전남문화재연구원	2009	도로공사	바닷가
70	화정동	전라북도 남원시 대산면	대한문화재연구원	2010	도로공사	섬진강
71	화방리 물구심리들	전라남도 담양군 월산면	영해문화유산연구원	2011	홍수조절지	영산강
72	효자동 봉곡	전라북도 전주시 완산구	호남문화재연구원	2005~2006	서부신시가지 개발	만경강

【부록 2】 지표조사유적 목록

번호	유적명	행정구역명	조사 기관	보고 연도	수계
1	가덕리 하가	전라북도 임실군 신평면	조선대학교 박물관	2008	섬진강
2	각동리 문현	전라남도 나주시 봉황면			영산강
3	갈계리 갈계	전라북도 남원시 아영면	전북대학교 박물관	2004	남강
4	갈마리 해평	전라북도 임실군 임실읍	전북대학교 박물관	2008	섬진강
5	갈현리 신전	전라북도 진안군 상전면	이기길	2004	금강
6	갈현리 원주평	전라북도 진안군 상전면	이기길	2004	금강
7	감성리	전라북도 임실군 임실읍	전북문화재연구원	2006	섬진강
8	계곡리 망산 A	전라북도 완주군 구이면	전북대학교 박물관	2006	만경강
9	계곡리 염암	전라북도 완주군 구이면	전북대학교 박물관		만경강
10	계산리 계산	전라북도 임실군 지사면	전북대학교 박물관	2008	섬진강
11	고옥리 삼각	전라남도 고흥군 풍양면	순천대학교 박물관	2003	바닷가
12	곡천리 신기(곡천리)	전라남도 나주시 동강면	이헌종	1998	영산강
13	관춘리 관춘 ②	전라남도 해남군 황산면	남도문화재연구원	2004	금호호
14	관춘리 관춘 ③	전라남도 해남군 황산면	남도문화재연구원	2004	금호호
15	광승리 상부	전라북도 고창군 해리면	대한문화재연구원	2009	바닷가
16	광암리 광덕	전라남도 담양군 월산면	전남대학교 박물관	2001	영산강
17	광암리 송선동	전라북도 익산시 왕궁면	전북대학교 박물관	2001	만경강
18	광암리 태자	전라북도 순창군 팔덕면	전북대학교 박물관	2003	섬진강
19	구고리 원동	전라북도 임실군 청웅면	전북대학교 박물관	2008	섬진강
20	구룡리 영봉	전라남도 순천시 송광면	이기길 과	2015	보성강
21	구룡리 오룡	전라남도 순천시 송광면	이기길 과	2015	보성강
22	구산리 태봉	전라남도 영암군 시종면	목포대학교 박물관	1999	영산강
23	구성리 구성	전라남도 해남군 산이면	목포대학교 박물관	2002	영암호
24	구암리 덕천 B	전라북도 완주군 구이면	전북대학교 박물관	2006	만경강
25	군곡리	전라남도 해남군 송지면	이헌종 과	2006	바닷가
26	굴암리 2	전라북도 무주군 부남면	원광대학교 마한백제연구소	2007	금강
27	금곡리 3	전라남도 나주시 공산면	이헌종	1997	영산강
28	금곡리 월평 '가'(금곡리 1)	전라남도 나주시 공산면	이헌종	1997	영산강
29	금곡리 월평 '나'(금곡리 2)	전라남도 나주시 공산면	이헌종	1997	영산강
30	금기리 A	전라북도 임실군 운암면	전주역사박물관	2007	섬진강
31	금릉리 금릉	전라남도 화순군 이양면	조선대학교 박물관	2002	영산강
32	금릉리 청영동	전라남도 화순군 이양면	조선대학교 박물관	2002	영산강
33	금산리 하발	전라북도 익산시 춘포면	전북대학교 박물관	2011	만경강
34	금성리 금성	전라남도 순천시 외서면	이기길	1997	보성강
35	금성리 평지들	전라남도 순천시 외서면	이기길 · 김선주	2001	보성강
36	금성리 화성	전라북도 임실군 임실읍	전북대학교 박물관	2008	섬진강
37	금지리 송내 I	전라남도 영암군 시종면	목포대학교 박물관	1999	영산강
38	금지리 송내 II	전라남도 영암군 시종면	목포대학교 박물관	1999	영산강
39	금지리 송내 III	전라남도 영암군 시종면	목포대학교 박물관	1999	영산강
40	금지리 송내 IV	전라남도 영암군 시종면	목포대학교 박물관	1999	영산강
41	금평리 금평	전라북도 순창군 구림면	전북대학교 박물관	2003	섬진강
42	나성리 월봉	전라북도 고창군 해리면	대한문화재연구원	2009	바닷가
43	낙성리 송강동(지동리 지동)	전라남도 보성군 벌교읍	전남문화재연구원	2002	바닷가
44	남계리 황곡	전라남도 영광군 군서면	이헌종	2004	불갑천
45	남산리 발산	전라북도 임실군 청웅면	전북대학교 박물관	2008	섬진강
46	남정리 장선	전라남도 고흥군 대서면	이헌종 과	2006	바닷가
47	남평리 환교	전라남도 장성군 동화면	호남문화재연구원	2005	영산강
48	내동리 내동 III	전라북도 순창군 금과면	전북대학교 박물관	2003	섬진강

49	내동리 원내동	전라남도 영암군 시종면	목포대학교 박물관	1999	영산강
50	내정리(내정리1구봉정마을)	전라남도 나주시 세지면	이헌종	1997	영산강
51	노하리	전라남도 해남군 마산면	이헌종 과	2006	영암호
52	뇌천리 구정골	전라북도 임실군 삼계면	조선대학교 박물관	2008	섬진강
53	달성리 밀등	전라남도 장성군 북이면	조선대학교 박물관	1999	영산강
54	당호리 갈산동	전라남도 무안군 몽탄면	목포대학교 박물관	2006	영산강
55	대곡리 도롱	전라남도 순천시 송광면	이기길	1997	보성강
56	대곡리 외대곡	전라남도 화순군 도곡면	조선대학교 박물관	2002	영산강
57	대덕리 성재동	전라남도 영광군 법성면	이헌종	2004	와탄천
58	대리 대리 A	전라북도 임실군 신평면	전북대학교 박물관	2008	섬진강
59	대리 대리 B	전라북도 임실군 신평면	전북대학교 박물관	2008	섬진강
60	대비리 대비동	전라남도 화순군 청풍면	조선대학교 박물관	2002	영산강
61	대산리 해룡	전라남도 보성군 웅치면	이기길 과	2008	보성강
62	대소리 2	전라북도 무주군 부남면	원광대학교 마한백제연구소	2007	금강
63	대야리 가신	전라남도 보성군 보성읍	이기길 과	2008	보성강
64	대야리 관등	전라남도 보성군 보성읍	이기길 과	2008	보성강
65	대전(대전리 상촌)	전라남도 나주시 동강면	이헌종	1998	영산강
66	대전리 상촌(대전리 서정)	전라남도 나주시 동강면	이헌종	1998	영산강
67	대전리 송정	전라남도 고흥군 두원면	이헌종 과	2006	바닷가
68	대죽리 대치	전라남도 광양시 옥곡면	순천대학교 박물관	2000	수평천
69	대진리 월산	전라남도 해남군 산이면	목포대학교 박물관	2002	영암호
70	대천리 반월 ②(대천리 반월)	전라남도 신안군 압해면	이헌종	2000	바닷가
71	덕계리 평지뜸	전라북도 임실군 삼계면	전북대학교 박물관	2008	섬진강
72	덕동리	전라남도 나주시 다도면			영산강
73	덕산리 용산	전라남도 나주시 반남면			영산강
74	덕송리 덕곡	전라남도 해남군 산이면	목포대학교 박물관	2002	영암호
75	덕송리 황조	전라남도 해남군 산이면	목포대학교 박물관	2002	영암호
76	덕암리 덕전 A	전라북도 임실군 신평면	전북대학교 박물관	2008	섬진강
77	덕암리 덕전 B	전라북도 임실군 신평면	전북대학교 박물관	2008	섬진강
78	덕치리 척치(신기)	전라남도 보성군 문덕면	이기길	1997	보성강
79	덕흥리 고교	전라남도 영광군 묘량면	조선대학교 박물관	2003	와탄천
80	도안리 석평	전라남도 보성군 겸백면	이기길	1997	보성강
81	도장리 장사	전라남도 영암군 군서면	목포대학교 박물관	1999	영산강
82	도포리 동도포	전라남도 영암군 도포면	이헌종 과	2003	영산강
83	동계리 동계	전라남도 곡성군 죽곡면	이기길	1997	보성강
84	동교리 외판	전라남도 보성군 복내면	이기길	1997	보성강
85	동산리 당두	전라남도 무안군 현경면	이헌종	2004	바닷가
86	동악리 상야	전라남도 나주시 금천면	이헌종·이혜연	2006	영산강
87	동촌리 동촌	전라북도 익산시 왕궁면	전북대학교 박물관	2011	만경강
88	동촌리 상암	전라북도 익산시 왕궁면	전북대학교 박물관	2011	만경강
89	동촌리 석촌	전라남도 나주시 공산면	이헌종 과	2003	영산강
90	두곡리 외두실	전라북도 임실군 임실읍	전북대학교 박물관	2008	섬진강
91	둔기리 둔기 A	전라북도 임실군 오수면	전북대학교 박물관	2008	섬진강
92	둔기리 둔기 B	전라북도 임실군 오수면	전북대학교 박물관	2008	섬진강
93	둔전리 점암	전라북도 순창군 쌍치면	전북대학교 박물관	2003	섬진강
94	등수리 새터	전라남도 나주시 산포면	이헌종·이혜연	2006	영산강
95	마치리 원마치	전라북도 완주군 상관면	전북대학교 박물관	2006	만경강
96	만곡리 만곡	전라남도 영광군 군서면	이헌종	2004	와탄천
97	만수리 만년동	전라남도 화순군 능주면	이헌종·이혜연	2006	영산강
98	매산리 대조동	전라남도 담양군 대덕면	전남대학교 박물관	2001	영산강
99	매성리 쌍산	전라남도 나주시 산포면	이헌종·이혜연	2006	영산강

100	매성리 제성 I	전라남도 나주시 산포면	이헌종·이혜연	2006	영산강
101	매성리 제성 II	전라남도 나주시 산포면	이헌종·이혜연	2006	영산강
102	명덕리 평리 A	전라북도 완주군 소양면	전북대학교 박물관	2006	만경강
103	모산리 도산	전라남도 화순군 한천면	조선대학교 박물관	2002	영산강
104	모정리 모실	전라북도 진안군 정천면	이기길	2004	금강
105	몽해리 복다희	전라남도 영암군 서호면	목포대학교 박물관	1999	영산강
106	문동리 증문 '가'	전라남도 나주시 다시면			영산강
107	문동리 증문 '나'	전라남도 나주시 다시면			영산강
108	문동리 학정 '나'	전라남도 나주시 다시면			영산강
109	물우리 물우	전라북도 임실군 덕치면	전북대학교 박물관	2008	섬진강
110	반산리 내반	전라남도 장흥군 장동면	이기길 과	2008	보성강
111	반산리 중매산	전라남도 장흥군 장동면	이기길 과	2008	보성강
112	반월리 풍산	전라북도 순창군 풍산면	전북대학교 박물관	2003	섬진강
113	방계리 방계	전라북도 임실군 지사면	전북대학교 박물관	2008	섬진강
114	방산리 방산 I	전라북도 남원시 대강면	전북대학교 박물관	2004	섬진강
115	방성리 방성	전라북도 순창군 금과면	전북대학교 박물관	2003	섬진강
116	방현리	전라북도 임실군 관촌면	전주역사박물관	2007	섬진강
117	방현리 공덕	전라북도 임실군 관촌면	전북대학교 박물관	2008	섬진강
118	방현리 방등	전라북도 임실군 관촌면	전북대학교 박물관	2008	섬진강
119	방현리 방현 A	전라북도 임실군 관촌면	전북대학교 박물관	2008	섬진강
120	방현리 방현 B	전라북도 임실군 관촌면	전북대학교 박물관	2008	섬진강
121	방현리 새터	전라북도 임실군 관촌면	전북대학교 박물관	2008	섬진강
122	병동리 병동	전라남도 장흥군 장평면	이기길 과	2008	보성강
123	병동리 월곡	전라남도 장흥군 장평면	이기길	1997	보성강
124	배산리 우봉	전라남도 장흥군 장동면	이기길 과	2008	보성강
125	백련리 신촌	전라북도 임실군 강진면	전북대학교 박물관	2008	섬진강
126	복룡리 세천 ②	전라남도 신안군 압해면	이헌종	2000	바닷가
127	복룡리 송암	전라남도 나주시 공산면			영산강
128	복룡리 신동산(복룡리1)	전라남도 나주시 공산면	이헌종	1997	영산강
129	복룡리 양두(양도)	전라남도 무안군 일로읍	이헌종 과	2003	영산강
130	복룡리 용연(복룡리2)	전라남도 나주시 공산면	이헌종	1997	영산강
131	복평리 석정	전라남도 영광군 대마면	조선대학교 박물관	2003	와탄천
132	봉림리 경림	전라남도 장흥군 장평면	이기길 과	2008	보성강
133	봉림리 봉림	전라남도 장흥군 장평면	이기길	1997	보성강
134	봉림리 오산	전라남도 장흥군 장평면	이기길	1997	보성강
135	봉림리 흑석	전라남도 장흥군 장평면	이기길 과	2008	보성강
136	봉명리 중흥동	전라남도 무안군 몽탄면	목포대학교 박물관	2006	영산강
137	봉천리 대판	전라북도 임실군 오수면	전북대학교 박물관	2008	섬진강
138	봉현리 숙호	전라북도 임실군 삼계면	전북대학교 박물관	2008	섬진강
139	부동리 신흥	전라남도 해남군 산이면	목포대학교 박물관	2003	영암호
140	부흥리 부흥	전라북도 임실군 강진면	전북대학교 박물관	2008	섬진강
141	분매리 갯모실	전라남도 신안군 압해면	이헌종	2000	바닷가
142	분매리 신기	전라남도 신안군 압해면	이헌종	2000	바닷가
143	사가리 조산	전라남도 장성군 북이면	조선대학교 박물관	1999	영산강
144	사반리 각동	전라북도 고창군 해리면	대한문화재연구원	2009	바닷가
145	사반리 중모	전라북도 고창군 해리면	대한문화재연구원	2009	바닷가
146	사창리 두암	전라남도 무안군 몽탄면	이헌종 과	2003	영산강
147	사창리 사창(사창리 돈머리)	전라남도 무안군 몽탄면	이헌종 과	2003	영산강
148	산남리 감남	전라남도 함평군 손불면	이헌종	2004	바닷가
149	산수동 용산	광주광역시 광산구	호남문화재연구원	2001	영산강
150	산수리 어목	전라북도 임실군 삼계면	조선대학교 박물관	2008	섬진강

151	산정동 산정 A	전라북도 전주시 덕진구	전주역사박물관	2005	만경강
152	산정동 산정 B	전라북도 전주시 덕진구	전주역사박물관	2005	만경강
153	산제리 1	전라남도 나주시 산포면	대한문화재연구원	2009	영산강
154	산제리 2	전라남도 나주시 산포면	대한문화재연구원	2009	영산강
155	산제리 3	전라남도 나주시 산포면	대한문화재연구원	2009	영산강
156	삼길리 외량	전라북도 임실군 신덕면	전북대학교 박물관	2008	섬진강
157	상방리 석해(상방리)	전라남도 나주시 공산면	이헌종	1997	영산강
158	상하리 점등	전라남도 영광군 홍농읍	이헌종	2004	구암천
159	서성	전라북도 익산시 팔봉동	전북대학교 박물관	2011	만경강
160	서촌리 봉오 Ⅱ	전라남도 여수시 화양면	순천대학교 박물관	2003	바닷가
161	서호리 송죽동	전라남도 영암군 삼호읍	목포대학교 박물관	1999	영산강
162	석담리	전라북도 김제시 백구면	군산대학교 박물관	2002	만경강
163	석담리 봉의산	전라북도 김제시 백구면	군산대학교 박물관	2009	만경강
164	석사리 서석 Ⅰ	전라남도 광양시 봉강면	순천대학교 박물관	2000	광양서천
165	석전리 유전	전라남도 나주시 금천면			영산강
166	석정동 농막	광주광역시 남구	이헌종·이혜연	2006	영산강
167	석정동 피난	광주광역시 남구	대한문화재연구원	2009	영산강
168	석정리 화곡	전라남도 화순군 춘양면	조선대학교 박물관	2002	영산강
169	석창리 대발	전라남도 함평군 손불면	동신대학교 문화박물관	2003	바닷가
170	석창리 석계	전라남도 함평군 손불면	동신대학교 문화박물관	2003	바닷가
171	석청리 해창	전라남도 함평군 손불면	동신대학교 문화박물관	2003	바닷가
172	석현동 송현(석현동)	전라남도 나주시 석현동	이헌종	1997	영산강
173	선거리 선거	전라북도 임실군 운암면	전북대학교 박물관	2008	섬진강
174	선변리 선변	전라남도 순천시 황전면	이기길	2006	섬진강
175	성가리 하동	전라북도 임실군 임실읍	전북대학교 박물관	2008	섬진강
176	성두리 장막동	전라남도 고흥군 두원면	이헌종 과	2006	바닷가
177	성북리 남동 D	전라북도 완주군 화산면	전북대학교 박물관	2006	만경강
178	성산리 방죽골	전라남도 해남군 화원면	목포대학교 박물관	2002	금호호
179	성산리 척북 ①	전라남도 해남군 화원면	목포대학교 박물관	2002	금호호
180	성산리 척북 ②	전라남도 해남군 화원면	목포대학교 박물관	2002	금호호
181	소룡리	전라남도 곡성군 옥과면	동신대학교 문화박물관	2007	섬진강
182	송공리 상촌	전라남도 신안군 압해면	이헌종	2000	바닷가
183	송림리 송촌 '가'	전라남도 나주시 산포면			영산강
184	송림리 통정 '가'(등수리1)	전라남도 나주시 산포면	이헌종	1997	영산강
185	송림리 통정 '나'(등수리2)	전라남도 나주시 산포면	이헌종	1997	영산강
186	송정리 하수장	전라남도 무안군 망운면	이헌종	2004	바닷가
187	송천동	전라북도 전주시 덕진구	최무장·이상균	2002	만경강
188	송천리 송산	전라남도 순천시 월등면	이기길	2006	섬진강
189	송평리 신기	전라남도 영암군 영암읍	이헌종 과	2003	영산강
190	수동리 외송	전라북도 진안군 상전면	이기길	2004	금강
191	수산리 조감	전라남도 영암군 도포면	목포대학교 박물관	1999	영산강
192	슬치리	전라북도 임실군 관촌면	전주역사박물관	2007	섬진강
193	슬치리 슬치	전라북도 임실군 관촌면	전북대학교 박물관	2008	섬진강
194	신가리 당가	전라남도 나주시 금천면	조선대학교 박물관	2002	영산강
195	신기리 신기 A	전라북도 임실군 신덕면	전북대학교 박물관	2008	섬진강
196	신기리 신기 B	전라북도 임실군 신덕면	전북대학교 박물관	2008	섬진강
197	신기리 원신기 A	전라북도 진안군 성수면	전주대학교 박물관	2007	섬진강
198	신도리 당촌 '나'(신도리 송림)	전라남도 나주시 산포면	이헌종	1997	영산강
199	신도리 도민촌 '가'	전라남도 나주시 산포면		1997	영산강
200	신도리 원동(신도리 솔안)	전라남도 나주시 산포면	이헌종	1997	영산강
201	신동리 탑동	전라남도 나주시 봉황면	이헌종	1997	영산강

202	신리 신흥	전라북도 완주군 상관면	전북대학교 박물관	2006	만경강
203	신성리	전라북도 익산시 황등면			만경강
204	신안리 낙촌	전라북도 임실군 임실읍	전북대학교 박물관	2008	섬진강
205	신안리 정잔	전라북도 임실군 임실읍	전북대학교 박물관	2008	섬진강
206	신양리 성암 B	전라북도 진안군 주천면	전주대학교 박물관	2007	금강
207	신양리 신광석	전라북도 진안군 주천면	전주대학교 박물관	2007	금강
208	신연리 꼬막동	전라남도 영암군 시종면	목포대학교 박물관	1999	영산강
209	신원리 봉학 '나'	전라남도 나주시 왕곡면			영산강
210	신월리 신성	전라북도 완주군 동상면	전북대학교 박물관	2006	만경강
211	신월리 율지	전라남도 순천시 월등면	이기길	2006	섬진강
212	신전리 신전	전라북도 임실군 관촌면	전북대학교 박물관	2008	섬진강
213	신촌리 월상 A	전라북도 완주군 소양면	전북대학교 박물관	2006	만경강
214	신촌리 월상 B	전라북도 완주군 소양면	전북대학교 박물관	2006	만경강
215	신평리 신기	전라북도 남원시 송동면	전북대학교 박물관	2004	섬진강
216	신하리 하라	전라남도 영광군 영광읍	이헌종	2004	와탄천
217	신학리 망축(신학리신흥)	전라남도 완도군 군외면	이헌종	1998	바닷가
218	신학리 우암	전라남도 영암군 시종면	목포대학교 박물관	1999	영산강
218	신흥리 사가소	전라북도 임실군 신덕면	전북대학교 박물관	2008	섬진강
220	신흥리 신흥	전라북도 임실군 신덕면	전북대학교 박물관	2008	섬진강
221	쌍암리 운암	전라북도 임실군 운암면	전북대학교 박물관	2008	섬진강
222	쌍옥리 옥계	전라남도 화순군 도곡면	조선대학교 박물관	2002	영산강
223	쌍옥리 용강	전라남도 화순군 도곡면	조선대학교 박물관	2002	영산강
224	쌍정리 쌍정	전라북도 익산시 춘포면	전북대학교 박물관	2011	만경강
225	쌍제리 쌍제 A	전라북도 익산시 왕궁면	전북대학교 박물관	2011	만경강
226	쌍제리 쌍제 B	전라북도 익산시 왕궁면	전북대학교 박물관	2011	만경강
227	쌍제리 쌍제 C	전라북도 익산시 왕궁면	전북대학교 박물관	2011	만경강
228	쌍제리 쌍제 D	전라북도 익산시 왕궁면	전북대학교 박물관	2011	만경강
229	안정리 I	전라북도 순창군 구림면	전북대학교 박물관	2003	섬진강
230	안정리 II	전라북도 순창군 구림면	전북대학교 박물관	2003	섬진강
231	양지리 광암	전라남도 나주시 동강면			영산강
232	양촌리	전라남도 장흥군 장평면	이기길 과	2008	보성강
233	양학리 모촌 ②	전라남도 무안군 현경면	목포대학교 박물관	2004	바닷가
234	여의동 양마	전라북도 전주시 덕진구	전주역사박물관	2005	만경강
235	연산동 금곡 '다'	광주광역시 광산구	호남문화재연구원	2001	영산강
236	연천리 선원	전라북도 임실군 지사면	전북대학교 박물관	2008	섬진강
237	영등동	전라북도 익산시	원광대학교 마한백제연구소	2000	만경강
238	영천리 B	전라북도 임실군 지사면	군산대학교 박물관	2006	섬진강
239	영천리 실곡	전라북도 임실군 지사면	전북대학교 박물관	2008	섬진강
240	영천리 영천	전라북도 임실군 지사면	조선대학교 박물관	2008	섬진강
241	영흥리 월산	전라남도 함평군 엄다면	대한문화재연구원	2009	영산강
242	예덕리 만가촌	전라남도 함평군 월야면	동신대학교 문화박물관	2003	영산강
243	예회리 예회	전라남도 고흥군 두원면	이헌종 과	2006	바닷가
244	오강리 금구	전라남도 나주시 금천면			영산강
245	오량동 동방	전라남도 나주시 오량동			영산강
246	오봉리 장갓	전라북도 순창군 쌍치면	전북대학교 박물관	2003	섬진강
247	오산리 D	전라북도 임실군 오수면	전주역사박물관	2007	섬진강
248	오산리 금산동	전라북도 임실군 오수면	조선대학교 박물관	2008	섬진강
249	오산리 상신	전라북도 임실군 오수면	전북대학교 박물관	2008	섬진강
250	오유리 대수터	전라남도 화순군 이양면	조선대학교 박물관	2002	영산강
251	오유리 조평	전라남도 화순군 이양면	조선대학교 박물관	2002	영산강
252	오촌리	전라북도 임실군 오수면	조선대학교 박물관	2008	섬진강

253	옥마리 용소	전라남도 보성군 노동면	이기길	1997	보성강
254	옥석리 조항	전라북도 임실군 청웅면	전북대학교 박물관	2008	섬진강
255	옥실리 상해	전라남도 영광군 염산면	이헌종	2004	바닷가
256	옥야리 남해포 I	전라남도 영암군 시종면	목포대학교 박물관	1999	영산강
257	옥야리 남해포 II	전라남도 영암군 시종면	목포대학교 박물관	1999	영산강
258	옥전리 명동	전라북도 임실군 청웅면	조선대학교 박물관	2008	섬진강
259	옥정리 '가'(옥정리 II)	전라남도 나주시 동강면	이헌종	1998	영산강
260	옥정리 '나'(옥정리 I)	전라남도 나주시 동강면	이헌종	1998	영산강
261	옥정리 복룡1	전라남도 나주시 동강면	이헌종 과	2003	영산강
262	옥정리 복룡2	전라남도 나주시 동강면	이헌종 과	2003	영산강
263	옥정리 화정	전라남도 나주시 동강면	이헌종 과	2003	영산강
264	온수리	전라북도 익산시 왕궁면	이형우·이영덕	2000	만경강
265	온수리 온수 A	전라북도 익산시 왕궁면	전북대학교 박물관	2011	만경강
266	온수리 온수 B	전라북도 익산시 왕궁면	전북대학교 박물관	2011	만경강
267	온수리 온수 C	전라북도 익산시 왕궁면	전북대학교 박물관	2011	만경강
268	와룡리 용암	전라북도 고창군 대산면	조선대학교 박물관	2003	와탄천
269	와우리 화정동	전라남도 영암군 시종면	목포대학교 박물관	1999	영산강
270	용곡리 옥동	전라남도 광양시 옥룡면	순천대학교 박물관	2000	광양동천
271	용곡리 홍룡	전라남도 광양시 옥룡면	순천대학교 박물관	2000	광양동천
272	용당동 망북 I	전라남도 순천시 용당동	순천대학교 박물관	1992	순천동천
273	용당리 아산	전라남도 영암군 삼호읍	대한문화재연구원	2009	영산강
274	용두리 새터	전라남도 화순군 춘양면	조선대학교 박물관	2002	영산강
275	용반리 동고지	전라남도 보성군 웅치면	이기길	1997	보성강
276	용봉동 용봉	광주광역시 광산구	이헌종·이혜연	2006	영산강
277	용산리 농원	전라북도 임실군 관촌면	조선대학교 박물관	2008	섬진강
278	용산리 우도	전라남도 영암군 덕진면	이헌종 과	2003	영산강
279	용산리 화천	전라남도 보성군 겸백면	이기길	1997	보성강
280	용암리 북창	전라북도 임실군 신평면	전북대학교 박물관	2008	섬진강
281	용암리 산정	전라북도 완주군 상관면	전북대학교 박물관	2006	만경강
282	용정리 월두 I	전라남도 무안군 망운면	이헌종	2004	바닷가
283	용정리 월두 II	전라남도 무안군 망운면	이헌종	2004	바닷가
284	용정리 활천(살내)	전라남도 보성군 미력면	이기길	1997	보성강
285	용천리 대흥	전라남도 보성군 조성면	이헌종 과	2006	바닷가
286	용평리 평은	전라북도 진안군 상전면	이기길	2004	금강
287	용포리 2	전라북도 무주군 무주읍	원광대학교 마한백제연구소	2007	금강
288	용포리 노리목	전라남도 무안군 삼향면	이헌종 과	2003	영산강
289	우봉리 사창	전라남도 화순군 춘양면	조선대학교 박물관	2002	영산강
290	우봉리 우매기	전라남도 화순군 춘양면	조선대학교 박물관	2002	영산강
291	우산리 구암동	전라남도 장흥군 장평면	이기길 과	2008	보성강
292	우산리 석수동	전라남도 장흥군 장평면	이기길 과	2008	보성강
293	우산리 우산	전라남도 장흥군 장평면	이기길	1997	보성강
294	우평리 궁산	전라남도 영광군 대마면	조선대학교 박물관	2003	와탄천
295	우평리 우평	전라남도 영광군 대마면	조선대학교 박물관	2003	와탄천
296	운곡동 기능	전라남도 나주시 운곡동			영산강
297	운곡리 지암	전라북도 완주군 용진면	전북대학교 박물관	2006	만경강
298	운당리 영당	전라남도 영광군 묘량면	조선대학교 박물관	2003	와탄천
299	운림리 숙호	전라남도 보성군 겸백면	이기길	1997	보성강
300	운산리 용산	전라남도 나주시 동강면	이헌종 과	2003	영산강
301	원곡리 삼거리	전라남도 나주시 금천면	이헌종·이혜연	2006	영산강
302	원수리 신막	전라북도 익산시 여산면	이형우·이영덕	2000	금강
303	원장동	전라북도 전주시 덕진구	전북문화재연구원	2013	만경강

304	원천리 시암내 A	전라북도 임실군 신평면	전북대학교 박물관	2008	섬진강
305	원천리 시암내 B	전라북도 임실군 신평면	전북대학교 박물관	2008	섬진강
306	원흥리 원당 2	전라남도 영광군 대마면	이헌종	2004	와탄천
307	월량리 연화	전라남도 나주시 동강면	이헌종 과	2003	영산강
308	월량리 옥동	전라남도 나주시 동강면			영산강
309	월량리 학동	전라남도 나주시 동강면	이헌종 과	2003	영산강
310	월산리 반월	전라남도 순천시 송광면	이기길	1997	보성강
311	월산리 월산	전라남도 순천시 황전면	이기길	2006	섬진강
312	월암리 구암	전라남도 순천시 외서면	조선대학교 박물관	2004	보성강
313	월암리 월암 ①	전라남도 무안군 일로읍	목포대학교 박물관	2006	영산강
314	월암리 월평	전라남도 순천시 외서면	이기길	1997	보성강
315	유곡리 버드실	전라남도 나주시 노안면	이헌종	1997	영산강
316	유곡리 유림	전라남도 나주시 노안면	이헌종·이혜연	2006	영산강
317	유정리 유정 II	전라북도 순창군 풍산면	전북대학교박물관	2003	섬진강
318	율어리 진목	전라남도 보성군 율어면	동신대학교 문화박물관	2004	보성강
319	율촌리	전라북도 익산시 황등면	원광대학교 마한백제연구소	2002	만경강
320	의산리 옥계	전라남도 무안군 일로읍	목포대학교박물관	2006	영산강
321	의암리 의암 A	전라북도 완주군 상관면	전북대학교 박물관	2006	만경강
322	이문리 산정 E	전라북도 완주군 이서면	호남문화재연구원	2005	만경강
323	이읍리 이읍	전라남도 순천시 송광면	조선대학교 박물관	2004	보성강
324	이읍리 인덕	전라남도 순천시 송광면	이기길	1997	보성강
325	인동리 월산	전라남도 나주시 동강면	이헌종 과	2003	영산강
326	임성리 장재동	전라남도 무안군 삼향면	이헌종 과	2003	영산강
327	입석리 독베기	전라남도 영광군 영광읍	조선대학교 박물관	2003	와탄천
328	입석리 신대	전라남도 영광군 영광읍	조선대학교 박물관	2003	와탄천
329	장감리 터골	전라남도 신안군 압해면	이헌종	2000	바닷가
330	장교리 월봉	전라남도 함평군 함평읍	동신대학교 문화박물관	2003	바닷가
331	장구리 역기	전라북도 완주군 봉동읍	전북대학교 박물관	2011	만경강
332	장년리 당마산	전라남도 함평군 함평읍	동신대학교 문화박물관	2003	바닷가
333	장년리 미출	전라남도 함평군 합평읍	이헌종	2004	바닷가
334	장동 부동 B	전라북도 전주시 덕진구	국립전주박물관	1998	만경강
335	장동리 수량골 '가, 나'(월량리)	전라남도 나주시 동강면	이헌종	1998	영산강
336	장동리 수문 '가'(장동리 수문 I)	전라남도 나주시 동강면	이헌종	1998	영산강
337	장동리 수문 '나'(장동리 수문 II)	전라남도 나주시 동강면	이헌종	1998	영산강
338	장동리 용동	전라남도 나주시 동강면	이헌종	1998	영산강
339	장동리 월감 '가'(장동리 월감 II)	전라남도 나주시 동강면	이헌종	1998	영산강
340	장동리 월감 '나'(장동리 월감 I)	전라남도 나주시 동강면	이헌종	1998	영산강
341	장동리 일반(장동리 연화)	전라남도 나주시 동강면	이헌종	1998	영산강
342	장선리 덕동	전라북도 완주군 운주면	전북대학교 박물관	2006	만경강
343	장수동 장산등	광주광역시 광산구	호남고고학회	1997	영산강
344	장안리 장동	전라남도 순천시 송광면	이기길	1997	보성강
345	장재리 장재 A	전라북도 임실군 임실읍	전북대학교 박물관	2008	섬진강
346	장재리 장재 B	전라북도 임실군 임실읍	전북대학교 박물관	2008	섬진강
347	장재리 장재 C	전라북도 임실군 임실읍	전북대학교 박물관	2008	섬진강
348	전미동 월곡	전라북도 전주시 덕진구	전주역사박물관	2005	만경강
349	제내리 제내 A	전라북도 완주군 봉동읍	전북대학교 박물관	2006	만경강
350	제산리 금산	전라남도 장흥군 장평면	이기길	1997	보성강
351	제천리	전라북도 남원시 주생면	전북대학교 박물관	2004	섬진강
352	조성리 조성	전라남도 보성군 조성면	이헌종 과	2006	바닷가
353	주송리 가흥	전라남도 나주시 동강면	이헌종 과	2003	영산강
354	죽내리 죽동	전라남도 순천시 황전면	이기길	2006	섬진강

355	죽동리 대머리 '가'(죽동리)	전라남도 나주시 세지면	이헌종	1997	영산강
356	죽동리 대머리 '나'	전라남도 나주시 세지면			영산강
357	죽천리 죽림	전라남도 광양시 옥룡면	순천대학교 박물관	2000	광양동천
358	중동 중리 A	전라북도 전주시 완산구	전주역사박물관		만경강
359	중산리 중촌	전라남도 보성군 웅치면	이기길 과	2008	보성강
360	중평리 강선	전라남도 장성군 북하면	조선대학교 박물관	1999	영산강
361	지산리 후동	전라남도 영광군 백수읍	이헌종	2004	불갑천
362	지원리 창촌	전라남도 광양시 진상면	순천대학교 박물관	2000	수어천
363	진천리 내동(진천리)	전라남도 나주시 동강면	이헌종	1998	영산강
364	진천리 옥동	전라남도 나주시 동강면			영산강
365	진포동 진부	전라남도 나주시 진포동			영산강
366	창인리 창인	전라북도 임실군 신평면	조선대학교 박물관	2008	섬진강
367	창평리 엽동	전라북도 익산시 춘포면	전북대학교 박물관	2011	만경강
368	창평리 창평	전라북도 익산시 춘포면	원광대학교 마한백제연구소	1998	만경강
369	창평리 창평(구래뜰)	전라북도 익산시 춘포면	전북대학교 박물관	2011	만경강
370	청룡리 석정 '가'	전라남도 장흥군 장평면	이기길 과	2008	보성강
371	청룡리 석정 '나'	전라남도 장흥군 장평면	이기길 과	2008	보성강
372	청룡리 안산	전라남도 장흥군 장평면	이기길 과	2008	보성강
373	촌곡리 촌곡	전라남도 나주시 금천면	조선대학교 박물관	2002	영산강
374	축내리 부도(부도리)	전라남도 장흥군 장평면	이기길	1997	보성강
375	축내리 사마정	전라남도 장흥군 장평면	이기길	1997	보성강
376	충평리 신평	전라남도 해남군 문내면	목포대학교 박물관	2002	금호호
377	탑리 II	전라북도 순창군 인계면	전북대학교 박물관	2003	섬진강
378	태평리 태평 '가'	전라남도 곡성군 죽곡면	전남대학교 박물관	1996	보성강
379	태평리 태평 '나'	전라남도 곡성군 죽곡면	이기길	1997	보성강
380	팔복동 반용 A	전라북도 전주시 덕진구	전주역사박물관	2005	만경강
381	평산동 옥산	전라남도 나주시 평산동			영산강
382	평장리 근남	전라북도 익산시 왕궁면	전북대학교 박물관	2011	만경강
383	풍산리 은사	전라남도 나주시 다도면			영산강
384	피서리 정착	전라남도 무안군 망운면	이헌종	2004	바닷가
385	학교리 목교 III	전라남도 신안군 압해면	이헌종	2000	바닷가
386	학교리 월포(동서리 월포)	전라남도 신안군 압해면	이헌종	2000	바닷가
387	학암리 학산	전라북도 임실군 운암면	조선대학교 박물관	2008	섬진강
388	항가리 내무지 B	전라북도 완주군 구이면	전북대학교 박물관	2006	만경강
389	항가리 마음 B	전라북도 완주군 구이면	전북대학교 박물관	2006	만경강
390	해룡리 반월	전라북도 고창군 대산면	조선대학교 박물관	2003	와탄천
391	호암리 B	전라북도 임실군 신평면	전주역사박물관	2007	섬진강
392	호암리 E	전라북도 임실군 신평면	전주역사박물관	2007	섬진강
393	호암리 두류(호암리 C+D)	전라북도 임실군 신평면	조선대학교 박물관	2008	섬진강
394	호암리 하두	전라북도 임실군 신평면	전북대학교 박물관	2008	섬진강
395	화동리 화동	전라남도 여수시 화양면	이헌종 과	2006	바닷가
396	화림리 광대촌	전라남도 화순군 춘양면	조선대학교 박물관	2002	영산강
397	화성리 외양촌	전라남도 나주시 공산면			영산강
398	화성리 청룡	전라남도 나주시 공산면			영산강
399	화성리 화산 '가'(화성리2)	전라남도 나주시 공산면	이헌종	1997	영산강
400	화성리 화산 '나'(화성리1)	전라남도 나주시 공산면	이헌종	1997	영산강
401	화죽리 두곡	전라남도 보성군 회천면	이헌종 과	2006	바닷가
402	황학리 황학	전라남도 순천시 황전면	이기길	2006	섬진강
403	회문리 망월	전라북도 임실군 덕치면	전북대학교 박물관	2008	섬진강
404	효산리 효자촌	전라남도 화순군 도곡면	조선대학교 박물관	2002	영산강
405	홍학리 중흥	전라남도 강진군 칠량면	남도문화재연구원	2004	바닷가

제2부

호남을 대표하는 구석기 유적

제1장

순천 죽내리유적 - 호남 역사의 시원을 중기구석기시대로 -

I. 머리말

1996년부터 1997년에 걸쳐 약 8개월간 발굴된 순천 죽내리유적은 한국 남부지역에서 사람이 언제부터 살았으며, 그들의 석기문화는 어떤 양상이었던가를 아주 잘 보여주는 유적이다. 특히 약 5m 두께의 퇴적 속에 네 개의 구석기 문화층이 비문화층과 교대로 층위를 이루고 있어 구석기문화의 변천을 자세히 살펴보는 것이 가능하다(원색사진 1, 2).

전라남도 순천시 황전면 죽내리에 위치한 이 유적은 지리산과 섬진강 생태계에 속하는 황전천 분지의 중심에 자리하고 있다. 길이 약 18.5km인 황전천은 섬진강의 제1지류로 그 유역은 구석기인과 동물이 이동하는 주요 길목이었다고 생각되며, 유역의 둘레에 솟아있는 해발 700m 내외의 산들은 마치 천연의 울타리 같은 기능을 하였을 것이다(그림 1).

황전천과 봉성천이 만나는 두물머리에 있는 죽내리유적은 현재 황전천에서 약 80m 떨어져 있는데, 성암마을 뒤로 내려뻗은 산자락이 북풍을 막아주어 아늑할 뿐 아니라 그 일대에서는 오랫동안 햇볕이 들어 따뜻한 곳이다. 또 천의 상류 지역에는 응회암, 유문암, 석영맥암의 노두가 분포하고 있으며, 현재 유적 근처의 천변에서 그런 종류의 자갈을 볼 수 있다. 양질의 돌감을 얻기 쉬운 환경이 구석기인들을 몇 번이고 이 유적으로 오게 한 중요한 요인이었을 것이다.

II. 지층과 문화층

지층의 제4기 퇴적물의 분석 결과에 따르면, 유적은 제2단구 위에 자리한 것으로 해석되었다. 지층의 맨 아래 층인 모래자갈층과 뻘층은 강물쌓임층이며 마지막 간빙기에 형성된 것이고, 그 위의 찰흙이 주성분인 지층들은 중력에 의한 비탈쌓임층으로 마지막 빙하기 초기부터 오늘날까지 퇴적된 것으로 추정되었다(이동영·김주용 2000).

퇴적은 모두 아홉 개의 지층으로 나뉘는데, 이 가운데 네 개의 구석기문화층이 비문화층을 사이에 두고 정연한 층위를 이루고 있다(원색사진 3). 또 각 문화층 유물의 평면 분포 범위도 뚜렷하게 구분되어 있을 뿐 아니라, 일정한 기울기를 이루며 상당히 안정되게 퇴적된 모습을 보여준다(그림 2). 각 지층의 이름, 두께, 문화층 여부와 분포 범위는 〈표 1〉과 같다.

III. 석기갖춤새와 변화상

석기갖춤새, 쓰인 돌감의 종류, 몸돌의 종류, 격지의 제작기법, 잔손질기법, 망치와 모룻돌, 그리고 붙는 석기를 중심으로 각 문화층의 내용을 비교해보면 다음과 같다.

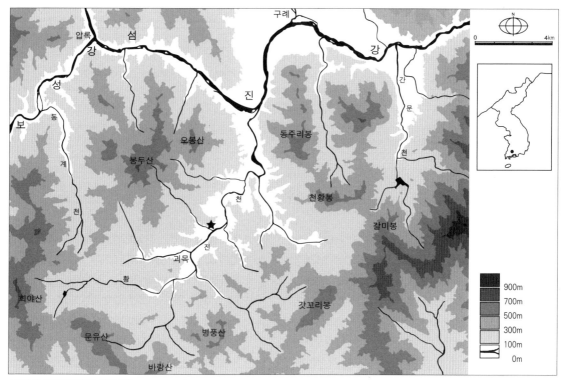

〈그림 1〉 죽내리유적(★)의 자리

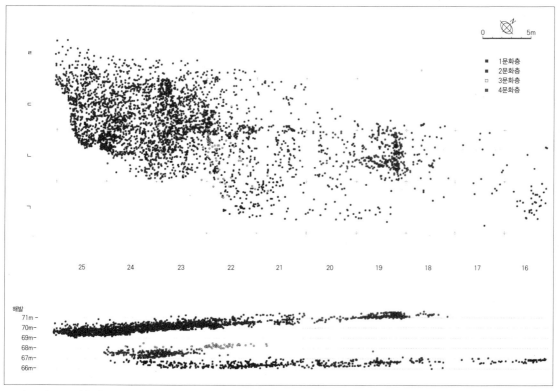

〈그림 2〉 제1~4문화층의 유물분포도

<표 1> 지층과 문화층의 관계(ㄴ23 구덩이)

번호	지층 이름	두께(cm)	문화층 이름	유물분포 범위(면적, 두께)
1	겉흙층	20	흐트러진(교란)층	
2	명갈색 찰흙층	70	삼국시대, 청동기시대, 구석기 4문화층	90여 평, 20~60cm
3	모난돌모래층[1]	100	비문화층	
4	암갈색 찰흙층	100	구석기 2, 3문화층	약 20평, 약 15cm
	(상부에 토양쐐기 포함)		(얇은 잔자갈층을 경계로 구분됨)	약 30평, 약 25cm
5	적갈색 찰흙층(토양쐐기 포함)	70		
6	황갈색 모래질찰흙층	90	구석기 1문화층	110여 평, 약 30cm
7	회백색 모래질뻘층	65	비문화층	
8	황갈색 굵은모래층	90	비문화층	

제1문화층에서 발굴된 석기는 596점, 제2문화층은 340점, 제3문화층은 95점, 그리고 제4문화층은 3,126점이다. 각 문화층의 석기 구성 중 몸돌, 격지, 조각돌(부스러기 포함)처럼 버려지는 종류의 비율이 82~97%로 대부분이고, 완성된 석기의 비율은 10% 이하로 매우 낮다. 격지 중에는 첫격지(opening flakes)도 포함되어 있다. 제1문화층 석기의 주된 돌감은 석영맥암과 응회암 자갈이며, 제2문화층에서도 같은 양상이다. 유물 수가 대단히 적은 제3문화층에선 석영맥암 자갈이 이용되었다. 제4문화층에선 석영맥암, 응회암 이외에 새로 유문암이 등장하는데, 그 점유 비율은 약 11%이다.

유문암은 응회암보다 훨씬 고운 입자로 이뤄져 있으며, 유리질인 SiO_2를 60% 이상 함유하고 있어 석영맥암과 비교하면 경도는 비슷하고 강도는 더 세다. 한편 응회암제 석기는 발굴 당시 무르고 푸석푸석한 것들이 적지 않아 마치 니암처럼 보이기도 하였다. 제4문화층의 경우 응회암 유물 중 21.9%가 그런 상태였고, 제1문화층의 응회암 석기 중에도 그런 예들이 있었다. 본래 군청색의 유문암은 풍화를 받아 상아색의 녹(patina)이 형성되어 있다. 이 현상은 응회암이나 유문암 석기들이 버려진 다음 오랫동안에 걸쳐 유리질의 석기가 빠져나가면서 일어난 변화일 뿐, 석기가 만들어졌을 당시에는 단단하고 날카로워 아주 좋은 석재였다(이윤수 2000).

이처럼 죽내리유적에서 살았던 구석기인들이 애용한 석재는 석영맥암과 응회암, 그리고 유문암이다. 석재의 크기는 제1문화층의 경우 소형, 중형, 대형이었고, 제2, 3문화층의 석영맥암은 소형과 중형, 제4문화층의 유문암

은 소형이 많고 중형은 적었으며, 응회암과 석영맥암은 소~대형이 모두 쓰였다.

제1문화층에서 석영맥암 격지는 소형(길이 3~7cm)이 주류이지만, 응회암 격지는 소형, 중형(길이 7~12cm), 대형(길이 12~20cm)이 고루 생산되었다. 이런 점은 석재별로 주로 만드는 석기의 종류가 달랐음을 암시한다. 응회암 대형 격지로 만든 주먹도끼, 주먹자르개, 중형 격지에 만든 긁개, 홈날, 톱니날이 있다. 그리고 석영맥암 자갈로 만든 뾰족끝찍개[2], 여러면석기 등이 있다(원색사진 6).

제4문화층에서 새로 등장한 유문암은 특히 돌날을 만드는 데 사용되었다. 석영맥암은 제1문화층보다 좀 더 작은 소형 격지를, 응회암은 제1문화층처럼 소, 중, 대형의 격지를 얻는 데 사용되었다. 그리고 석영맥암 중에 제1문화층에서 보이지 않던 우유 빛을 띠는 양질의 석영맥암은 모루망치떼기의 석재 및 중심점떼기 몸돌과 잔손질석기의 돌감으로, 그리고 고운 입자의 사암은 잔손질석기의 석재로 이용되었다. 이런 변화는 제4문화층에서 더 정교한 석기를 만들려는 의도에 걸맞게 석재의 양질화가 추구된 결과로 생각된다.

몸돌의 종류로는 특정한 모양을 띠지 않는 단순몸돌과 일정한 형태의 둥근몸돌, 주판알모양몸돌, 모루망치떼기몸돌(Bipolar core)이 있다. 제1문화층에선 한 방향 떼기의 석영맥암 단순몸돌과 여러 방향으로 마구 뗀 응회암 단순몸돌이 수점씩 있으며, 응회암 둥근몸돌이 1점 있다(원색사진 6-①). 제4문화층에는 단순몸돌 이외에 석영맥암제 모루망치떼기몸돌과 응회암과 석영맥암의 주

---

1 보고서와 원문에는 '모래모난돌층'이란 명칭을 썼으나 '모난돌모래층'이 퇴적물의 구성 비율을 더 잘 반영하는 이름이다.

2 보고서와 원문에는 '주먹찌르개'로 소개하였으나, 박영철 교수가 '뾰족끝찍개'로 구분하는 것이 더 타당하다는 의견을 제시하였다.

〈표 2〉 돌감별 격지의 격지각, 굽 종류와 등면 모습의 비율

돌감	문화층	격지각		굽 종류		등면 모습		
		90~100	100~125	자연면	뗀면	자연면	뗀면	자연면+뗀면
석영맥암	1	55.8	39.5	45.5	22.7	9.1	65.2	19.7
	2	33.3	37.5	37.5	12.5	10.0	80.0	5.0
	4	33.5	36.3	12.1	45.7	4.4	68.3	21.8
응회암	1	15.5	77.6	13.6	70.1	8.6	64.2	25.9
	4	22.9	75.0	9.1	56.8	6.8	61.4	25.0
유문암	4	19.2	75.4	3.8	57.3	8.4	67.8	20.5

판알모양몸돌, 원반 모양의 둥근몸돌이 새롭게 등장한다(원색사진 7-⑯~⑱).

격지 얻은 방법을 살펴보면, 혹이나 맞은점의 특징으로 보아 돌망치 직접떼기가 주로 쓰인 것으로 추정되나, 석재별로 격지의 굽 종류와 격지각의 크기 분포가 달라 석재에 따라 직접떼기 방법의 차이가 엿보인다. 즉 제1, 2문화층의 석영맥암은 자연면굽의 비율이 다른 석재보다 높고, 격지각은 둔각의 비율이 낮은 반면, 응회암이나 유문암은 뗀면굽의 비율이 높고 격지각은 둔각의 비율이 높다. 이는 석재의 질에 따라 제작기술이 차별 적용된 결과로 해석된다. 그리고 제4문화층 석영맥암의 경우 뗀면굽의 비율이 높아진 점은 제1문화층보다 양질의 석영맥암이 채택된 결과로 볼 수 있다. 한편 등면의 상태를 보면 세 석재는 자갈면, 뗀면, 자갈면과 뗀면(켜면+뗀면 포함)의 비율이 10% 이내, 60여%, 20% 내외로 비슷하여, 어느 석재나 연속해서 격지를 얻은 것으로 풀이된다(표 2).

한편 제4문화층의 석영맥암 유물 중 양 끝에 혹이나 부딪쳐 패인 자국이 뚜렷한 석기가 있어 모루망치떼기(bipolar technique)의 결과로 생각된다(원색사진 7-⑮). 이것은 잘 알려져 있듯이 돌감을 모루에 수직으로 세우고 망치로 쳐서 깨는 방법이다. 그런데 이런 특징을 지닌 몸돌과 격지들의 크기는 대부분 5cm 이내로 소형이어서, 직접 손으로 잡지 않고 고정시키는 방법이 고안되어야 했을 것이다. 이 방식으로 얻은 격지의 모양은 얇고 긴 편으로 일반 격지보다 돌날에 더 가깝다. 아마도 독특한 쓰임새가 있었을 것이다.

모루와 망치를 이용하였지만, 격지와 몸돌에 충격 결과가 하나씩 따로 남아있는 경우가 유문암 자갈로 복원되는 예에서 확인되었다. 이것은 몸돌을 모루에 비스듬히 받치고 타격하였을 때, 힘은 직접 맞은점에서 퍼져나

가 격지가 떼어지는 한편 그 반작용의 힘이 모루에 닿아 있는 몸돌에 전달되어 흠집을 남기기 때문으로 해석된다. 이 방법으로 얻은 격지가 돌망치 직접떼기의 격지와 별 차이가 없음에도 이 방법이 사용된 것은 소형 석재에서 최대한 격지를 떼어낼 수 있는 이점 때문으로 보인다.

제4문화층의 돌날은 그 이전의 문화층에서 볼 수 없었던 것으로 형태 특징에 따라 두 가지로 구분 된다.[3] 하나는 혹이 뚜렷하게 볼록하고 두께와 굽이 두터우며 평면 모습이 긴세모이고 자른면 모습도 세모인 것이 많다. 다른 하나는 혹이 밋밋하고 두께와 굽이 얇으며 평면 모습은 긴네모, 자른면 모습은 사다리꼴이 많다(원색사진 7-①~④, ⑪).

전자에 속하는 돌날은 가장자리에 얇게 이빨 빠진 자국들이 군데군데 잇달아 있어 자연날 그대로 사용된 경우가 있었다고 생각되며, 일부는 잔손질이 넣어져 있어 잔손질석기의 몸체로 이용되었음을 보여준다. 한편 후자의 돌날은 토막 난 예가 있어 끼움날연장(composite tool)의 '날'을 이루는 부품으로 쓰였다고 생각한다. 얇은 돌날 토막 중에는 두 가장자리가 가파르게 잔손질된 것[4]도 있어 독립된 연장으로 만들어지기도 하였음을 알 수 있다(원색사진 7-⑪).

잔손질 수법으로 제1문화층에서는 긁개에 넣어진 비늘모양의 자국이 두세 번 겹치는 잔손질, 홈날을 만드는 데 쓰인 얇은 잔손질과 클락토니안식 수법 등이 있

---

3 돌날의 형태 특징을 바로 제작기법의 차이로 추정한 것은 검증되지 않은 섣부른 결론이었다. 예를 들어 직접떼기의 경우만도 망치의 종류(굳은 망치, 무른 망치, 유기질 망치 등)에 따라 돌날에 생긴 혹의 크기나 모양, 굽의 모양 등이 다르다. 그러므로 돌날 형태에 따른 제작기법의 추정은 향후의 연구 과제라고 하겠다. 여기서 중요한 것은 죽내리유적 제4문화층 출토 돌날은 형태가 두 가지로 뚜렷하게 구별된다는 점이다.

4 진그늘유적의 슴베찌르개를 연구해본 결과 슴베찌르개의 '슴베' 부위였음을 알게 되었다.

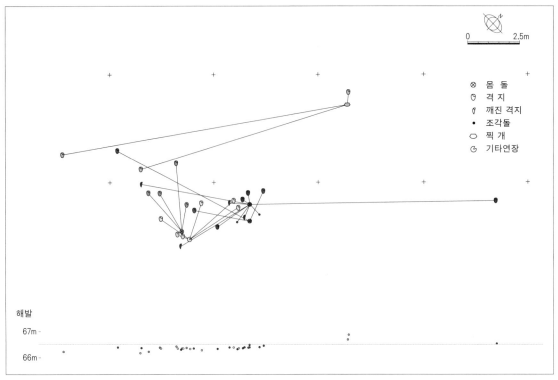

〈그림 3〉 제1문화층 붙는 유물 분포도

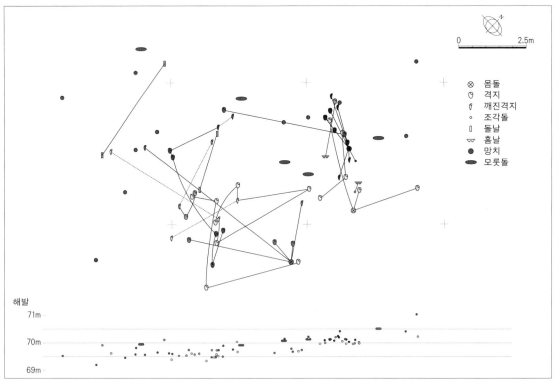

〈그림 4〉 제4문화층 붙는 유물 분포도

다. 제4문화층의 석기에도 제1문화층의 잔손질 수법이 밀개, 긁개, 홈날, 부리날, 톱니날 등에서 관찰되며, 새로 새기개식 떼기(Burin blow) 수법이 나타난다(원색사진 7-⑤~⑭).

이처럼 제4문화층의 석기 제작기법은 더욱 다양해졌는데, 이는 무게와 생김새에 따라 대형(747~525g), 중형(360~247g), 소형(143~126g)으로 구분되는 11점의 망치와 중형(3,900~2,140g), 소형(965~517g)인 5점의 모룻돌이 함께 나와서 이해를 돕는다(원색사진 7-⑲~㉒). 망치의 재료로 편마암, 석영맥암, 응회암, 유문암, 반암 자갈이 쓰였고, 모룻돌은 편마암과 응회암 자갈이 이용되었는데, 두 연장 모두 편마암의 비율이 높은 편이다. 망치와 모룻돌은 대부분 '붙는 석기(접합석기, 부합 유물)'들 둘레에 분포하는데, 특히 서로 다른 암석의 중, 소형 망치 그리고 소형 모룻돌이 짝을 이뤄 '붙는 석기들'의 좌우에서 두 벌이나 드러난 정황은 이곳에서 석기제작이 체계 있게 이뤄졌음을 잘 보여준다.

죽내리유적의 가장 큰 특징은 '붙는 석기'들이 층마다 있다는 점이다. 제1문화층에선 응회암 및 석영맥암제 몸돌과 격지들이 붙는 예가 다섯, 안팎날찍개와 뾰족끝찍개에 격지들이 붙는 예가 하나씩 있다(원색사진 5. 그림 3). 제4문화층에도 유문암 석기 중 몸돌과 격지들이 붙는 예가 넷, 격지끼리 붙는 예가 넷 있고, 석영맥암 석기 중에도 몸돌과 격지들이 붙는 예가 다섯, 격지끼리 붙는 예가 셋 있다(원색사진 4. 그림 4). 제2, 3문화층에도 적지만 붙는 예들이 있다.

이러한 예들을 통해 구석기인들이 돌감의 선택에서부터 불필요한 부분의 제거, 때릴면의 선정과 마련, 떼어낸 방향과 방법, 잔손질로 연장 만들기 등 일련의 석기 만든 과정을 복원할 수 있다. 그리고 제1문화층의 특징 유물인 대형 격지는 던져떼기(throwing)나 모루부딪쳐떼기(anvil technique)가 아니라, 뉴기니아의 민속자료에서 볼 수 있듯이 큰 자갈을 두 손으로 잡고 다리 사이에 놓인 대형 자갈을 내려쳐서 떼어낸 것(Schick and Toth 1993)으로 추정된다.

IV. 시기 추정

각 문화층의 시기에 대해 층위, 제4기 학자의 견해, 석기 형식 및 제작기법, 그리고 화산재 연대 등을 검토해 추정해보고자 한다.

제4문화층은 겉흙층 바로 아래에 있어 다른 문화층들보다 가장 나중 시기임은 명확하다. 이 문화층의 유물 중 부채꼴의 밀개, 유문암제 돌날이 포함되어 있어 후기 구석기로 보는 데 이의는 없을 것이다. 이러한 석기 종류와 유문암 석재의 사용은 전남지역에서 후기구석기시대에 널리 나타나는 것이다.

제4문화층의 퇴적을 시료로 화산재 분석을 한 결과 명갈색 찰흙층 하부에서부터 아이라 탄자와(AT) 화산재가 몇 점씩 극소량 들어있어, 명갈색 찰흙층은 AT 화산재가 떨어진 후 퇴적된 것으로 해석되었다(早田勉 2000). AT 화산재는 약 2.4~2.5만 년 전에 분출한 것[5]으로 알려져 있어, 이에 따르면 4문화층의 연대는 약 2.4만 년 전 이후로 셈된다. 한편 제4기학자는 제4문화층의 퇴적을 마지막 빙하기의 최후기 또는 전신세 초기에 형성된 것으로 보고 있다(이동영·김주용 2000).

화산재를 근거로 한 연대 추정은 일본에서는 상당히 믿을만하지만, 우리나라 지역에서는 좀 더 신중할 필요가 있다. 그것은 일본에서처럼 층을 이뤄 발견된 사례가 아직 없고, 또 무엇보다도 그것이 과연 일본에서 기원한 화산재인지 아닌지에 관한 충분한 검증도 이뤄지지 않았기 때문이다. 이런 상황에서 제4문화층의 연대를 추정하는 데 가장 신빙할 만한 근거는 층서와 석기 형식 및 제작기법이라고 하겠다.

제3문화층의 석기 중에 돌날이나 유문암제 석기가 보이지 않아 그런 석기들이 유행한 시기보다 빠른 연대라는 상한선은 그을 수 있지만, 특정 시기를 대표하는 종류가 없어 형식학에 근거한 연대 추정은 매우 어렵다. 그러나 제3문화층은 암갈색 찰흙층의 상부로 제4문화층과 약 1m가 넘는 두터운 모난돌모래층을 사이에 두고 있다. 이 모난돌모래층은 자세히 보면 모난돌과 모래, 뻘, 찰흙이 하나의 주기를 이루며 적어도 5번쯤 쌓인 것이다. 그래서 비슷한 두께의 찰흙층보다는 더 짧은 동안

---

5 일본학계에서는 아이라 탄자와 화산재의 분출 연대를 2만9천 년 전 (다시 계산한 연대임)으로 공인하고 있다.

에 쌓인 퇴적이겠지만, 일정한 시간 차이를 반영하고 있다고 생각한다.

그런데 대전 노은동유적의 암갈색 찰흙층(문화층)은 죽내리유적의 암갈색 찰흙층과 같은 지층으로서, 그 상부에서 나온 숯으로 잰 방사성탄소연대가 22,870±110 B.P.로 측정되었다(한창균 2000). 또한 석장리유적에서는 상부 토양쐐기가 포함된 층의 방사성탄소연대가 20,830B.P.로 재어진 바 있다(손보기 1993). 이러한 절대연대는 죽내리 제3문화층의 시기를 추정하는 데 도움이 된다. 한편, 제4기학자는 3문화층 상부의 토양쐐기 형성 연대를 약 1.8~1.5만 년 전[6]경으로 추정하고 있다(이동영·김주용 2000).

제2문화층의 연대 또한 석기 형식으로 추정하기는 쉽지 않다. 다만 제1문화층에서 사용된 석영맥암과 응회암이 변함없이 쓰였고 유문암 같은 새로운 석재가 선택되지 않았으며, 석기 제작기법도 직접떼기인 점에서 제4문화층보다 제1문화층에 근접한 양상으로 보아도 무방할 것이다. 그러나 층위상 제3문화층이 포함된 암갈색 찰흙층의 하부이고 또 기준 층위 면에서 제1문화층과 약 0.7m 두께의 적갈색 찰흙층을 사이에 두고 있어, 제3문화층의 연대에 가까울 것으로 여겨진다. 석장리유적에서는 상부 토양쐐기 포함층 아래에 놓인 층의 방사성탄소연대가 30,690B.P.로 재어진 바 있어, 제3문화층의 연대를 추정하는 데 참고자료가 된다.

제1문화층의 연대는 4개의 문화층 중 가장 아래에 있어 상대적으로 제일 오래되었음은 물론이며, 특히 제4문화층과 약 4m의 두께 차이는 그만큼의 시간 차이를 반영하는 중요한 대목이다. 제1문화층은 제2단구층 위에 놓여있는 황갈색 모래질찰흙층에 들어있는 점에서 마지막 빙하기 초인 6만 년 전 경으로 추정되었다(이동영·김주용 2000).

석장리유적에서 하부 토양쐐기 포함층 밑의 지층에서 나온 숯으로 잰 방사성탄소연대는 50,270B.P. 이전(손보기 1993)으로 재어졌고, 대전 노은동유적에서는 기반암 풍화토 위층의 방사성탄소연대값이 54,720B.P.보다 더 오래된 때로 측정되었다(한창균 2000). 이 같은 절대연대값은 강물쌓임층 바로 위에 놓여있고 하부 토양쐐기층보다 아래에 있는 죽내리 제1문화층의 연대를 미뤄보는

데 좋은 참고가 된다.

한편, 제1문화층의 석기 구성에서 독특한 종류는 응회암 대형 격지이다. 이처럼 대형 격지들이 나오는 곳으로 임진-한탄강유역의 전곡리(鄭永和 1983), 금파리(배기동 1999), 주월리(이선복·이교동 1993) 유적이 있다. 이들 유적의 석재는 양질의 개차돌(규암)이며, 자갈돌과 대형 격지들은 주먹도끼, 주먹자르개 등으로 제작되었다.

죽내리 제1문화층에는 대형 격지로 만들어진 주먹도끼가 있으며, 대형 격지들 중에는 날카로운 날이 형성되어 있어 클리버처럼 사용될 수 있는 기능을 지닌 것도 있다. 그리고 여러면석기, 찍개류, 긁개, 홈날, 톱니날 등의 석기 종류도 임진-한탄강유역 유적들의 석기 구성과 매우 유사하다. 다만, 수량 면에서 차이가 나는 점은 유적 규모 및 입지와 밀접한 관련이 있다고 생각된다. 현재 전곡리, 금파리, 주월리 유적들은 전기나 중기구석기시대로 추정되고 있다.

죽내리유적의 구석기층은 숯이나 유기물질을 찾지 못해 방사성탄소연대측정을 할 수 없었지만, 앞에서 살펴본 층서와 퇴적 두께, 제4기퇴적 분석과 화산재 분석 결과, 다른 유적들과의 석기 종류와 제작기법 비교 및 방사성탄소연대 참조 등으로 시기나 연대 추정이 어느 정도 가능하다. 즉 제1문화층은 마지막 간빙기의 후반~빙하기 초로 생각되며, 전남에서 최근까지 조사된 유적의 문화층들 중 가장 오래된 중기구석기시대에 속한다고 하겠다. 제4문화층은 유문암 돌날을 근거로 후기구석기 후반기[7]로 가늠되며, 함께 나온 석영맥암과 응회암 석기들은 그 시대의 석기갖춤새를 온전하게 보여주는 적절한 예라고 하겠다.

V. 맺음말

죽내리유적은 한국에서 중기~후기구석기시대에 걸친 구석기인들의 삶을 자세히 밝힐 수 있는 보고이다. 대형

---

6 근래에는 상부 토양쐐기의 형성 연대를 2만2천~2만3천년으로 보고 있다(김명진 2010).

7 후기구석기시대 중 후반기(MIS 2기)로 보려면 좀돌날이 있어야 하는데 죽내리유적의 제4문화층에서는 눌러떼기(pressure percussion)로 만든 좀돌날은 나오지 않았다. 즉 돌날류만 존재하고 슴베찌르개가 있는 점을 고려하면 전반기로 올라갈 가능성도 있다.

격지가 특징인 제1문화층의 석기갖춤새는 전곡리, 금파리, 주월리유적 등과 함께 중기구석기시대, 그리고 제4문화층의 유문암제 돌날과 석영맥암제 밀개, 사암제 긁개 등의 석기들은 진안 진그늘(이기길 2000), 밀양 고례리(박영철·서영남 1998) 유적처럼 후기구석기시대의 문화상을 잘 대변하고 있다.

네 개의 구석기 문화층은 모두 몸돌, 격지, 조각돌과 부스러기, 잔손질석기와 몸돌석기 그리고 서로 붙는 석기들을 포함하고 있어, 오랫동안 변함없이 '석기제작터(workshop)'로 이용되었음을 보여준다. 이는 유적의 자리가 일일 생활권인 소규모 분지의 중심에 있으며, 석기 만들기 알맞은 석재를 손쉽게 구할 수 있고, 황전천 일대에서는 햇빛이 오래 들며 차가운 북풍을 가로 막아주는 따뜻한 곳이라는 이점이 크게 작용하였을 것으로 생각된다.

한편 각 층마다 완성된 석기의 비율이 낮은 점은 그것들이 다른 곳에서 사용되었을 가능성을 생각하게 한다. 특히 대형 격지가 특징인 제1문화층에서 전곡리나 금파리유적에서 볼 수 있는 찍개, 주먹도끼, 주먹찌르개, 사냥돌 등의 수가 매우 적은 점은 이와 관련된 현상일 수 있다.

제1문화층은 석기들의 놓인 자리와 붙는 석기들의 붙는 비율 등의 분석에서도 석기제작이 주로 이뤄진 살림터의 성격을 띠는 것으로 나타났다(최미노 2001a, b). 그리고 제4문화층의 불먹은 돌들은 후기구석기인들이 일상에서 불을 사용하고 있었음을 보여준다. 이러한 점들을 종합해보면, 석기가 많이 나온 1, 4문화층은 '장기 캠프(base camp)' 그리고 수량이 적은 제2, 3문화층은 '임시 캠프(temporary camp)'로 해석된다.

제2장

화순 도산유적-영산강유역의 중기~후기구석기문화-

Ⅰ. 머리말

　전라남도 화순군 한천면 모산리 도산마을 뒤편에 있
는 이 유적은 조선대학교 박물관에 의해 1997년에 처음
발견된 이래, 1999년, 2007년, 그리고 2009년에 한 번씩
모두 세 차례 발굴되었다.

　제1차 발굴(1999년)에서 '화순-능주간 도로 확포장공
사' 구간에 포함된 약 1,675m²(약 508평)가 조사되었고,
두 개의 구석기문화층이 확인되어 화순군과 지석천 유
역의 역사가 구석기시대까지 올라가는 사실이 처음으로
밝혀졌다(이기길 2002b).

　제2차 발굴(2007년)은 '이양-능주 도로 확포장공사'
구간에 포함된 범위 약 3,745m²(약 1,133평)를 대상으로
하였는데, 이미 알려진 두 개 문화층의 위와 아래에서 새
로운 문화층이 발견되었다. 그래서 도산유적은 모두 4
개의 문화층이 층위를 이루고 있으며, 특히 제2문화층에
서 주먹도끼와 주먹찌르개, 그리고 제4문화층에서 후기
구석기 유물이 나와 영산강유역의 구석기문화를 편년하
는 데 있어 매우 중요하다(이기길 2008a, b).

　제2차 발굴 시 새로운 문화층이 확인되었고 또 출토
유물이 매우 많아서 절반도 조사하지 못한 상황에서 예
산과 기간이 다하여 중단할 수밖에 없었다. 이에 익산지
방국토관리청과 협의하여 2009년 2월말부터 7월 하순
까지 제3차 발굴을 진행하였다. 이와 같이 무려 11년에
걸쳐 세 차례의 발굴조사를 함으로써 도로건설로 인해
파괴되는 구간에 대한 학술자료를 최대한 확보할 수 있
었다.

Ⅱ. 자연환경과 고고환경

　도산유적은 용암산(544.7m)의 북서쪽 지맥인 비호
산(飛虎山, 129.5m)의 북서쪽 비탈에 있으며 해발 높이는
50m 내외이다. 유적의 남쪽과 서쪽 앞으로 지석강이 굽
이쳐 흐르고, 북동쪽으로 1km쯤에 지석강으로 합류하는
한천이 흐른다(원색사진 8).

　비호산 자락을 지나 지석강 건너편으로 이어지는 29
번 지방국도는 1983년에 만들어진 것이다. 도로가 나고
다리가 세워지기 전에는 유적 위쪽의 송전탑이 있는 곳
을 지나 물가로 내려갔으며, 징검다리를 건너 다녔다고
한다. 언저리에는 요즘에도 고라니와 멧돼지가 흔하고
1960년대까지 호랑이가 살았었다고 하며, 지석강에는
물고기가 많았다고 한다. 천변에는 변성암, 변성퇴적암,
퇴적암, 화산암, 맥암 등 매우 다양한 암석들이 풍부한
사실이 지질자원연구원의 지질조사로 밝혀졌다.

　지석천을 따라 18군데의 구석기 유물산포지가 발굴
조사와 지표조사로 알려져 있다(그림 1). 이것들은 모두
지석강변의 완만한 언덕에 자리하는데, 도산유적보다
상류 쪽에는 화순군 이양면의 대비동, 조평, 봉화촌, 대

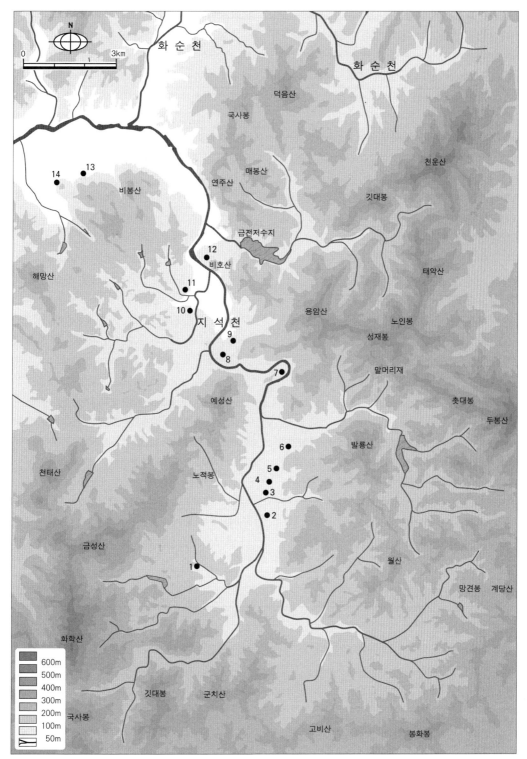

〈그림 1〉 지석천 둘레의 구석기유적 분포도

1. 대비리 대비동유적 2. 오유리 조평유적 3. 품평리 대수터유적 4. 품평리 대우기 5. 품평리 청영동유적 6. 금릉리 금릉유적 7. 용두리 새터유적 8. 우봉리 사창유적 9. 우봉리 우매기유적 10. 석정리 화곡유적 11. 화림리 광대촌유적 12. 모산리 도산유적 13. 대곡리 외대곡유적 14. 효산리 효자촌유적

우기, 청영동, 금릉 유적, 춘양면의 새터, 사창, 우매기, 화곡, 광대촌 유적이 있고, 하류 쪽에는 도곡면의 외대곡, 효자촌, 용강, 옥계 유적, 나주시 금천면의 당가, 촌곡 유적 등이 분포한다. 이 중 나주·당가·촌곡 유적(이헌종 과 2004)은 2001년에, 화순·사창유적(최미노 2007 ; 이영철·이혜연 2007)은 2005년에 발굴조사가 이루어졌다.

이 유적들에서 발견된 유물은 석영맥암, 규암, 안산암질용암 등의 자갈로 만들어진 것이 많고, 산성화산암(유문암과 응회암)제는 적다. 석기의 종류는 몸돌과 격지를 비롯하여 찍개, 주먹도끼, 주먹찌르개, 여러면석기, 공모양석기, 긁개, 홈날, 톱니날, 뚜르개 등이 있고, 특히 산성화산암으로는 주로 돌날과 좀돌날석기가 만들어졌다.

III. 지층과 문화층

1. 지층

도산유적의 전체 퇴적은 사면기원 퇴적층과 하성기원 퇴적층으로 구분되는데, 하성기원 퇴적층은 한천 쪽 구덩이(ㄴ22칸으로 3차 발굴의 가37칸에 해당)에서 확인되었다. 기준지층으로 삼은 두 곳(ㄱ18칸과 ㄴ22칸)의 지층 양상을 종합하여 소개한다(원색사진 9. 표 1).

① 제1지층 : 회갈색의 겉흙층으로 경작 탓에 유기물이 많이 섞인 층이며 두께는 지점에 따라 5~46cm이다.

② 제2지층 : 명갈색의 찰흙층(7YR 4/4)으로 두께는 20~60cm이며, 밑에 있는 암갈색찰흙층보다 성글고 푸석푸석한 편이다. 이 층의 하부에서 토양쐐기가 시작되는데 그 부분은 밝은 황갈색(10YR 5/4)으로 색깔 변화가 느껴진다(제2b층). 25칸 이후부터 잘 남아있다. 하부에서 유물이 출토하였다. 제4문화층이다.

③ 제3지층 : 암갈색의 찰흙층(10YR 3/4)으로 두께는 20~80cm이며, 찰흙은 곱고 치밀하며 점성이 강하고 마를 경우 모난 덩어리로 떨어진다. 토양쐐기 현상이 뚜렷하다. 이 층은 '가'지점과 '나'지점 일부에 잘 남아있다. 이 층의 하부에서 뗀석기가 나왔다. 제3문화층이다.

④ 제4지층 : 갈색의 모래질찰흙층(10YR 6/4)으로 입자가 치밀하며 매우 단단하다. 이 층은 유적 전체에 잘 남아있으며, 층의 두께는 70~160cm로 매우 두텁다. 자세히 보면, 수평쐐기(엽상조직)의 영향에 의한 색깔변화에 따라 위, 아래 두 개의 층결로 구분된다. 즉 밝은 4a층과 보다 어두운 4b층으로 4a층에는 망간 농집대가 일정한 두께에 걸쳐 점점이 분포하고, 4b층에는 하성기원의 강자갈이 포함되어 있다. 유물은 지점에 따라 밀집 분포 범위가 다르다. '가'지점에서는 하부, '나'와 '다' 지점에서는 중하위에 분포한다. 유물의 대다수는 주로 '나'와 '다'지점에서 나왔다. 제2문화층이다.

⑤ 제5지층 : 적갈색의 모래질찰흙층(5YR 4/4)으로 그 하부에 기반암에서 기원한 돌조각들이 포함되어 있다. 두께는 약 30~80cm이다. 상부에 토양쐐기 현상이 보인다. 하부에서 다량의 유물이 나왔다. 제1문화층이다.

〈표 1〉 도산유적의 지층과 문화층

번호	지층 이름	지층 두께(cm)		문화층 구분(두께)	출토 유물과 절대연대(B.C.)
1	회갈색 겉흙층	5~46			
2	명갈색 찰흙층	20~60		제4문화층(30cm)	돌날몸돌 등 77점 OSL : 28.10±1.95ka
3	암갈색 찰흙층 (토양쐐기 현상)	20~80		제3문화층(20cm)	주먹찌르개, 찍개 등 53점 OSL : 46.08±1.72ka
4	갈색 모래질찰흙층	70~160	4a : 95 4b : 65	제2문화층 (80cm 또는 30~50cm)	주먹도끼석기군 1,832점 OSL : 53.00±4.11ka
5	적갈색 모래질찰흙층 (토양쐐기 현상)	30~80		제1문화층(40cm)	주먹찌르개, 찍개 등 1,869점 OSL : 61.38±3.04ka
6	황갈색 찰흙층 (토양쐐기 현상)	25~100		유물포함층	
7	돌모래층	200내외		비문화층	
8	기반암				

⑥ 제6지층 : 황갈색찰흙층으로 두께는 25~100cm 내외이다. 위의 지층과 경계를 이루는 면에서 토양쐐기가 시작되며 제7지층까지 내려가는데 제3지층의 토양쐐기보다 가늘고 촘촘하다. 소량의 유물이 상부에서 발견되었다.

⑦ 제7지층 : 돌이 낀 모래층으로 주로 모래가 여러 겹으로 수평을 이루며 쌓여있다. 그 두께는 2m 내외이다. ㄴ22칸에는 두텁게 퇴적되어 있으나 ㄱ18칸에는 이런 구성의 퇴적물 대신 회색의 뻘질찰흙층이 남아있다. 과거 강물의 영향을 많이 받는 지점과 그렇지 않은 지점에 따라 자갈이 섞인 모래층이 두텁게 쌓이기도 하고 물웅덩이 같은 곳은 호수의 퇴적처럼 뻘이 생성된 것으로 생각된다. 비문화층이다.

⑧ 제8지층 : 유문암질 응회암의 기반암 풍화대이다.

2. 문화층

이 유적에서 유물이 발견된 지층은 제2지층부터 제6지층까지 모두 다섯 개이다. 이 중 제6지층은 소량의 유물이 출토하여 유물층으로 구분하였고, 나머지는 밑에서부터 제1, 2, 3, 4 문화층으로 이름 하였다(원색사진 9, 10).

① 제1문화층

제5지층의 하부에 위치한다(원색사진 11). 기반암이 도랑처럼 패인 부분에 두텁게 남아있다. 예를 들면, 나4칸-다4, 5칸-라4, 5칸-마5칸-마6칸의 폭 2.5m, 길이 14m 범위에 석기와 자갈돌들이 줄지어 뒤섞인 양상으로 드러났다. 이 현상은 구석기인들이 떠난 후 퇴적과정에서 물의 영향을 일부 받았음을 보여주는 것으로 생각된다.

유물이 드러난 양상을 보면, 짝이 맞는 규암제 대형 몸돌 1점과 격지 8점, 망치돌이 3.8×2.4m 범위 안에 분포하며, 그 둘레에 안산암질용암제 몸돌과 격지들도 분포한다(원색사진 12). 그리고 '다' 지점에서는 한 사람이 옮기기 힘든 매우 큰 자갈이 석기들과 함께 드러났고, 그 아래편에 불의 영향을 받은 돌들이 일정한 범위에서 드러났다(원색사진 13).

나온 유물의 수는 1,869점으로 자갈돌을 한두 번 뗀 것과 조각돌이 많고, 몸돌과 격지, 망치와 모룻돌을 비롯하여 도구의 비율은 낮다. 격지 중에는 초대형의 안산암질용암 격지(21.4×20.1×6.3cm, 2,805g)가 있어 눈길을 끈다. 도구의 종류는 찍개, 안팎날찍개, 주먹찌르개, 여러면석기, 공모양석기, 밀개, 긁개, 홈날 등이다(원색사진 10, 15). 쓰인 돌감은 편암이 가장 많고, 규암, 석영맥암, 안산암질용암, 사암, 규장암, 응회암 순이다. 이 층의 OSL 연대는 61.38±3.04ka이다.

② 제2문화층

유적 전체에 걸쳐 두텁게 쌓여 있는 제4지층의 중부와 하부에서 드러났다. 이 층은 천 쪽으로 갈수록 두터워지고 유물의 출토 빈도도 높다. 조사 구역 중 훼손된 지점을 빼고 전부 유물이 나왔으며 그 수직 분포는 최대 약 100cm, 최소 약 20cm이다(원색사진 14).

'다'지점 전체에 유물이 분포하나 북쪽으로 갈수록 빈도가 떨어진다. '나'지점은 마열의 8~12칸에 집중되고, '가'지점은 '라'와 '마'열에서 나온다. 이것은 가파른 '가~다'열보다 완만한 '라~마'열에서 구석기인들의 행위가 이뤄졌기 때문이 아닐까 생각된다. 그리고 북서쪽으로 가면서 퇴적이 두터워지지만 유물 수가 뚜렷하게 줄어드는 반면 강자갈의 빈도는 늘어난다. 유물이 집중된 곳에는 다양한 돌망치들이 함께 드러나 석기 제작이 빈번하였던 것으로 추리된다.

출토 유물 수는 1,832점이다. 사용된 돌감의 종류는 제1문화층과 같지만 가장 많이 쓰인 것은 석영맥암이다. 유물 구성은 제1문화층과 비슷하며, 몸돌과 격지, 망치와 모룻돌, 그리고 도구는 적다. 도구의 종류는 찍개, 안팎날찍개, 주먹도끼, 주먹찌르개, 여러면석기, 공모양석기, 긁개, 뚜르개 등이다(원색사진 10, 15). 이 층의 OSL 연대값은 53.00±4.11ka이다.

③ 제3문화층

제3지층의 하부에 위치한다. 나온 유물은 53점으로 매우 적다. 쓰인 돌감의 종류는 규암, 편암, 안산암질용암, 응회암, 사암, 석영맥암 등이다. 유물의 종류는 몸돌, 격지와 조각돌, 찍개, 주먹찌르개, 홈날 등이다(원색사진 10). 이 층의 OSL 연대값은 46.08±1.72ka이다.

④ 제4문화층

제2지층의 하부에서 드러났다. 이 층은 밭 경작이나 도로공사 등으로 훼손된 '나'와 '다'지점에는 거의 남아 있지 않지만, '가'지점의 25칸 이후부터 잘 남아있다. 출토 유물은 77점이며, 사용된 돌감은 석영맥암, 편암, 규암, 안산암질용암, 사암, 응회암, 유문암 등이다. 유물의 종류는 돌날몸돌, 좀돌날몸돌, 격지, 조각돌, 망치, 긁개 등이다(원색사진 10). 이 층의 OSL 연대값은 28.10±1.95ka 이다.

Ⅳ. 조사 성과

세 차례의 발굴조사를 통해 4개의 문화층이 넓은 범위에 걸쳐 남아있는 사실이 확인되었다(표 1). 즉 제1문화층은 1~23칸, 제2문화층은 1~40칸, 제3문화층은 16~40칸, 제4문화층은 29~35칸에 걸쳐 분포한다. 따라서 도로가 나는 길이 약 200m, 폭 약 20m 중 상당한 면적에 유물이 분포하며, 지석천이 흐르는 서쪽으로 문화층이 이어져서 최소 2만m²가 넘는 대규모 유적으로 추정된다.

제1문화층에서 구석기인의 행위를 알려주는 몇 가지의 흥미로운 대목이 있다. 하나는 석기를 제작한 흔적으로 대형의 규암 자갈 몸돌과 거기에 붙는 격지들이 망치돌과 함께 좁은 범위에서 드러난 것이다. 두 번째는 불의 영향을 받은 흔적이 있는 돌들이 일정한 범위에 흩어져 있어 불의 사용을 알려주는 점이다. 세 번째는 혼자서는 옮기기 힘든 커다란 자갈(40×38×30cm)이 유적 안에 그것도 붙는 석기들이 분포하는 지점에 인접해 있다는 점이다. 걸터앉기 적당하여 혹 의자처럼 이용되었을지 모른다. 한편, 제2문화층에서 유물은 황갈색 모래질찰흙이나 자갈 속에서 발견되는데, 이는 구석기인들이 언덕 기슭과 물가에서 석기를 만들었던 사정을 반영하는 것이 아닐까 생각된다.

제1문화층과 제2문화층의 석기 갖춤새는 몸돌석기와 격지석기로 이뤄져 있다. 두 문화층 사이에 석기의 종류는 뚜렷한 차이가 없으며 단지 제2문화층에 잘 만든 주먹도끼 몇 점과 아주 큰 주먹찌르개가 포함되어 있다는 정도이다. 그래서 두 문화층을 남긴 사람들은 같은 생계방식과 기술을 지녔을 것으로 추정된다.

먼저 몸돌석기를 보면, 다양한 찍개류와 주먹대패, 그리고 버금공모양석기와 공모양석기의 수량이 많고, 주먹도끼와 주먹찌르개의 개수는 적다(원색사진 15). 주먹도끼는 중형의 크기로 정교하게 만들어져서 좌우대칭과 양면대칭의 모습을 지니고 두께도 얇다(표 2. 원색사진 15-⑨, ⑩). 보르드의 형식분류에 따르면 심장형에 속한다 (Bordes, F. 1981). 그런데 도산유적에서 3km 거리에 있는 사창유적에서 비슷한 심장형의 주먹도끼가 보고되어 흥미롭다(최미노 2007 ; 이영철·이혜연 2007).

주먹찌르개는 양 옆 가장자리를 등 방향으로 다듬어서 만든 삼능선의 날을 지녔다. 이것은 주먹도끼보다 더 크다. 가장 큰 주먹찌르개는 무게가 약 3kg에 이르는데, 양 옆 전체를 큼직큼직하게 떼어 평면 모습이 이등변삼각형에 가까우며 날의 끝은 홈날 모양이다(표 2. 원색사진 15-⑫). 이와 비슷한 것이 파주 장산리유적(이선복 2004), 청원 만수리유적(박영철 2005), 그리고 연천 구미리유적(국립대구박물관 2008)에서 보고되었다.

한편 버금공모양석기와 공모양석기는 지름이 약 7~10cm로 크기가 다양하며, 무게는 315g, 985g, 1,100g 등의 분포를 보인다(표 2. 원색사진 15-③~⑤). 격지석기를 대표하는 것으로 긁개와 홈날이 있다. 이것들의 몸체는 거의가 중간 크기의 격지나 조각돌이다. 긁개의 날은 후기구석기시대의 것만큼 정교하게 다듬어지지 않았다.

제3문화층은 암갈색 찰흙층의 하부에 위치하며, 출토 유물 수는 53점으로 아래 문화층들보다 대단히 적다. 석기 중에 주먹찌르개와 찍개가 포함되어 있고 유문암 석기는 없어 제4문화층보다 제2문화층에 가까운 양상이다. 제4문화층은 명갈색 찰흙층에서 드러났다. 여기서

〈표 2〉 몸돌석기의 크기와 무게

석기	출토 유적	길이(cm)	너비(cm)	두께(cm)	무게(g)
주먹도끼	도산유적 제1문화층	15.3	8.6	4.2	600
	도산유적 제2문화층	15.9	9.9	4.0	580
	사창유적	12.8	6.4	3.2	-
주먹찌르개	도산유적 제1문화층	20.1	11.9	4.1	1,200
	도산유적 제2문화층	22.2	14.1	8.3	3,060
	만수리유적	23.9	12.5	9.4	-
	장산리유적	23.3	12.2	8.6	2,805
	귀미리유적	30.4	?	?	?
공모양석기	도산유적	9.4	9.0	9.0	1,100
버금공모양석기	도산유적 제1문화층	6.8	6.9	6.7	315
	도산유적 제2문화층	9.8	10.1	9.1	985

〈표 3〉 문화층별 돌감 종류의 비중

문화층	편암	석영맥암	규암	사암	안산암질용암	응회암	규장암	반암	화강암	세일	유문암
1	●	●	◎	⊕	○	○	○	○	○	○	
2	●	●	◎	⊕	○	○	○	○	○	○	
3	●	○	⊕	◎	●	○	○				
4	◎	●	◎		○	⊕	○				○

(●〉●〉◎〉⊕〉○)

77점의 유물이 나왔는데, 돌날몸돌, 좀돌날몸돌 등이 있어 후기구석기 후반에 속한다.

제1문화층부터 제4문화층에 이르기까지 규암과 안산암질용암은 초대형을 비롯한 다양한 크기의 격지를 직접떼기로 만드는 데 쓰였다. 이 방식으로 무게가 2.8kg이나 되는 초대형 격지가 만들어졌다. 이와 비슷한 특징을 지닌 것이 죽내리유적의 제1문화층에서 보고되었는데, 차이는 응회암 자갈이 채택되었다는 점이다(이기길 과 2000).

편암, 규암, 석영맥암, 사암, 안산암질용암, 그리고 응회암 자갈로 만든 석기들이 모든 문화층에서 나왔다. 그러나 유문암은 오직 제4문화층에서만 나타났으며, 돌날과 좀돌날을 만드는 데 쓰였다(표 3). 이처럼 제1~4문화층에서 보이는 돌감 선택의 변화는 한반도의 중기~후기 구석기시대의 유적들에서 공통으로 나타나는 경향이다.

각 문화층의 광여기형광연대(OSL) 측정값은 아래부터 61.38±3.04ka, 53.00±4.11ka, 46.08±1.72ka, 28.10±1.95ka이다. 그런데 제1문화층의 연대로 보고된 61.38±3.04ka는 토양쐐기를 활용한 갱신세층의 연대 추정(한창균 2003)보다 젊은 것으로 판단된다. 옛지형(김주용 과 2002), 갱신세층의 구성과 두께, 석기의 형식에 따른 상대연대 및 광여기형광연대를 종합해보면, 도산유적은 MIS 4기 후반부~MIS 2기 동안에 구석기인들이 자주 찾아와 살던 곳으로 추정된다.

이처럼 도산유적은 화순 사창, 나주 당가유적과 함께 영산강유역 구석기문화의 변화 과정을 이해하고 편년을 세우는 데 있어, 그리고 한반도와 동북아시아에서 주먹도끼석기군과 좀돌날석기군의 분포 범위와 존속 시간을 논하는 데 있어 중요하다고 생각한다.

제3장

순천 월평 후기구석기유적 - 보성강 구석기인들의 아늑한 보금자리 -

I. 머리말

순천 월평유적은 전라남도 순천시 외서면 월암리 204-2 일대에 자리한다. 이 유적은 조선대학교 박물관이 「보성강유역 구석기유적의 학술지표조사」 사업을 진행하던 1995년 7월에 처음 발견되었다(사진 1). 지표조사 시 유문암과 석영제 석기가 흩어져 있었고, 그 중에는 특히 슴베찌르개, 좀돌날몸돌 등 후기구석기시대를 대표하는 유물이 포함되어 있어 매우 중요한 유적이라는 인상을 받았다.

틈날 때마다 들러 지표조사를 하면서 이 유적에 문화층은 잘 남아있는지, 그 범위는 얼마나 되는지 매우 궁금하였고 이것을 파악하는 것이 일차 목표라고 생각되었다. 다행히도 전라남도의 지원으로 '유적의 성격 파악과 보존계획 수립'을 위한 제1차 발굴이 1998년에 이뤄질 수 있었다(사진 2). 언덕 전체에 걸쳐 모두 20개의 시굴 구덩이를 배치하여 조사한 결과 유적은 7만여m²나 되는 대규모로 밝혀졌다(이기길 2002a, 그림 1).

이후 '정비사업'의 이름 아래 제2차 발굴을 2001년에 진행하였다(원색사진 17). 문화층의 분포 범위가 어느 정도 파악되었으므로 이제 몇 개의 문화층이 남아있는가를 밝히는 것이 중요하였다. 그래서 제1차 발굴 시 4개의 문화층이 확인된 제1구역을 대상으로 조사를 진행하였다. 그 결과 유물의 밀집도가 대단히 높은 석기제작소와 특정 석기의 분포 양상을 잘 보여주는 생활면(living floor)

이 찾아졌고, 두 개의 문화층에서 8,986점의 유물이 드러났다(이기길 과 2004).

상부에서 너무나 많은 유물이 출토하여 하부를 조사하지 못했으므로 제1구역을 대상으로 한 제3차 발굴이 2005년 여름에 진행되었다(사진 3). 그런데 예상과 달리 제3문화층 아래 비문화층으로 추정했던 지층에서 3,005점의 석기가 드러났으며, 이 중에는 격지는 물론 도구의 제작 과정을 낱낱이 보여주는 다수의 붙는 유물들이 포함되어 있었다. 이미 명명한 제1~4문화층의 이름을 바꿀 수 없어 이것은 '중간문화층'으로 부르기로 하였다. 이런 사정으로 제3차 발굴은 원래 목적했던 제1~2문화층을 조사하지 못한 채 끝났다(이기길 · 김수아 2009).

현재까지 유적의 전체 규모와 5개의 문화층이 확인되었다. 그리고 가장 안쪽인 제1구역에서 하부 문화층을 제외한 3개의 문화층이 조사되었으며, 발굴유물의 수량은 제4문화층 9,570점, 제3문화층 1,399점, 중간문화층 3,005점 등 모두 13,974점이다(표 1, 그림 2).

II. 자연환경과 고고환경

조계산의 지맥인 고동산(해발 709.4m) 자락의 낮은 언덕에 자리한 월평유적은 송광천과 외서천이 세 면을 감싸 흘러 마치 해자로 둘러싸인 성 같은 인상이며, 그 바

〈사진 1〉 하늘에서 본 월평유적

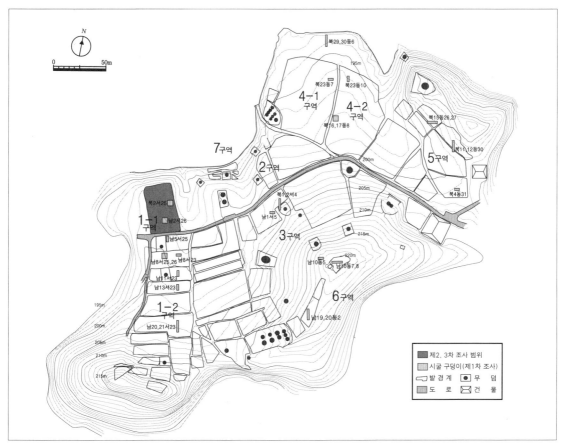

〈그림 1〉 유적의 구역, 시굴구덩이와 발굴 범위

〈사진 2〉 제1차 발굴 모습

〈사진 3〉 제3차 발굴 모습

〈표 1〉 제1~3차 발굴조사 내용

조사명	조사 기간	발굴 면적	유물 개수		조사 성과
1차 발굴	1998. 11~12.	85평(280m²)	제4문화층	1,765점	유적의 전체 규모 확인
2차 발굴	2001. 9~11.	353평(1,165m²)	제4문화층 제3문화층	7,805점 1,181점	4개 문화층의 확인
3차 발굴	2005. 7~8.	2차 발굴 범위의 하부	제3문화층 중간문화층	218점 3,005점	새 문화층의 확인
합계	약 5달	약 1,445m²		13,974점	

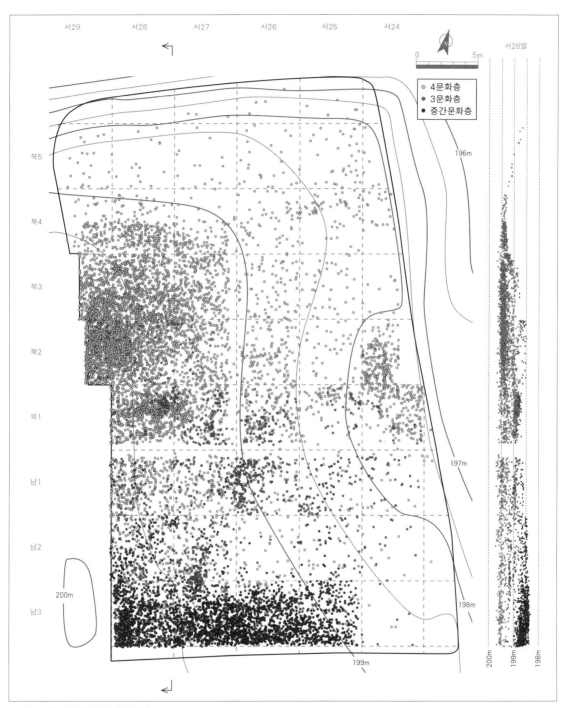

〈그림 2〉 제4~중간문화층의 유물분포도

깔을 해발 600m 내외의 산봉우리들이 서 있어 병풍을 두른 듯하다. 유적의 가장자리는 천보다 10m 정도 높으며, 천까지의 최단거리는 100m쯤 된다. 그리고 겨울에도 해질 무렵까지 햇빛이 비쳐 그 언저리에서 제일 따뜻한

곳이다(원색사진 16). 이와 같은 입지는 각종 식물과 사냥감이 풍부한 산으로 접어드는 길목이면서 마시고 씻을 물이 충분하고 맹수나 침입자를 경계할 수 있어, 채집과 사냥으로 살던 구석기인들의 살림터로 안성맞춤이었을

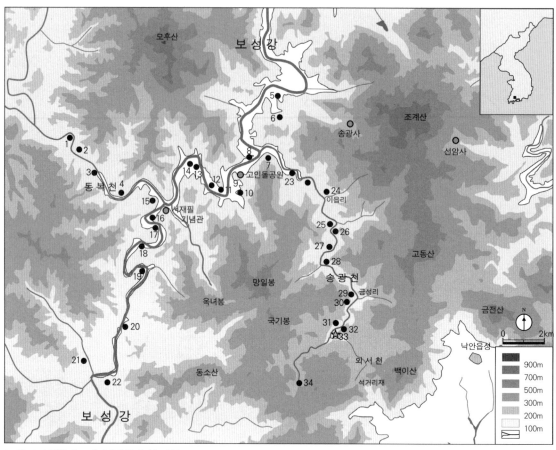

〈그림 3〉 송광천과 보성강변의 구석기유적 분포도

1. 사수리 사수 2. 사수리 대전 3. 주산리 주산 4. 복교리 복교 5. 신평리 금평 6. 신평리 평촌 7. 우산리 곡천 8. 대곡리 도롱 9. 우산리 내우 10. 우산리 외우 11. 월산리 반월 12. 월산리 사비 13. 덕치리 신기 14. 운곡리 척치 15. 죽산리 하죽 16. 죽산리 임동 17. 죽산리 새터 18. 운곡리 병치 19. 운곡리 무탄 20. 봉정리 반송 21. 봉천리 유동 22. 동교리 외판 23. 덕산리 죽산 24. 이읍리 이읍 25. 이읍리 인덕 26. 장안리 장동 27. 구룡리 오룡 28. 구룡리 영봉 29. 금성리 금성 30. 금성리 평지들 31. 월암리 구암 32. 월암리 외록골 33. 월암리 월평 34. 반용리 가용

것이다.

길이 약 18km인 송광천변의 크고 작은 언덕에서 알려진 구석기유적은 모두 13개이다(그림 3). 그 가운데 4개는 발굴되었으며, 10개는 지표조사로 확인되었다. 이 유적들은 층위와 출토 유물의 형식에 근거할 때, 대체로 중기구석기시대 늦은 단계부터 후기구석기시대에 속하는 것으로 생각된다. 이처럼 유적의 밀집도가 높으며 오랫동안 구석기인들이 찾아왔던 송광천 일대는 그들의 생활터전으로 적합한 환경이었을 것이다. 오늘날 산지의 좁은 골짜기를 따라 흐르는 송광천은 구석기시대에도 현재처럼 거의 같은 지점을 흘렀을 터이지만, 빙하기였던 당시는 침엽수가 우세한 식생이었고 아한대성 짐승들이 많았을 것이다.

Ⅲ. 지층과 문화층

유적이 위치한 외서분지의 지질(그림 4)은 반상변정질 편마암으로 이뤄져있고, 군데군데 석영맥암이 소규모로 관입하여 있다. 송광천변에 분포하는 자갈들은 화강편마암류와 석영맥암이 대부분이다. 제4기층은 골짜기를 따라 형성되어 있는데, 강물쌓임층(하성층)과 비탈쌓임층(사면붕적층)으로 이뤄져 있다(이상만·김형식 1996 ; 이민성 과 1989 ; 이윤수 2000, 2004).

전체 층위는 기반암인 화강암 풍화층 위에 크게 두 개의 퇴적 단위, 즉 약 1.5m 두께의 '자갈 섞인 모래층'과 1.5m가 넘는 '찰흙과 모래로 된 퇴적층'으로 구분된다

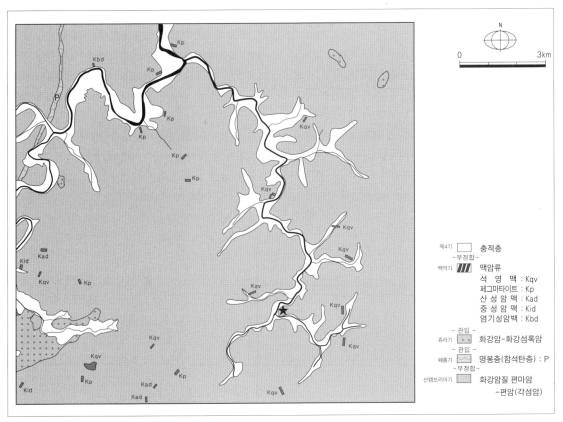

〈그림 4〉 월평유적(★) 둘레의 지질

〈표 2〉 월평유적의 절대연대측정값

문화층	지층	방사성탄소연대측정값 (서울대 AMS연구실)	OSL연대측정값	
			(한국기초과학연구원)	(네오시스코리아 방사성기술연구소)
제4문화층	2a지층	10,840±350 (SNU05-685)		
	2b지층	21,500±300 (SNU05-686)		
제3문화층	3a지층	18,200±100 (SNU05-687)		
	3b지층	27,500±150 (SNU05-688)		
	3c지층	36,000±400 (SNU05-689)	41±3ka	37.25±1.85ka
중간문화층			40±6ka	39.65±1.35ka
제2문화층			31±5ka	41.20±1.40ka
제1문화층			37±6ka	42.65±1.75ka

(원색사진 19). 자갈, 모래, 뻘로 이뤄진 하부의 퇴적물은 물의 작용으로 쌓인 것이나, 유물이 포함된 찰흙질 모래층이나 모래질 찰흙층은 중력에 의한 비탈쌓임의 결과로 해석된다.

지금까지의 발굴조사에서 숯 등의 유기물질을 찾지 못해서 토양을 시료로 방사성탄소(AMS)연대측정과 광여기형광(OSL)연대측정을 하였다. 그 결과 제1~3문화층은 OSL연대측정으로 42~37ka, 제3~제4문화층은 AMS연대측정으로 36,000~10,840년 전으로 보고되었다(표 2). 이 절대연대들은 구석기인들이 후기구석기시대의 이른 시기부터 늦은 시기까지 적어도 다섯 번이나 이 유적에서 살았음을 의미한다.

IV. 돌감과 석기갖춤새

돌감의 종류는 석영맥암, 유문암, 응회암, 수정, 흑요석, 화강편마암, 안산암 등이다. 이 중 석영맥암이 가장 많이 이용되었는데 각 층별로 제4문화층이 90.2%, 제3문화층은 95.4%, 중간문화층은 99.5%이고, 전체 평균은 92.8%나 된다. 그 다음은 산성화산암(유문암과 응회암)인데, 제4문화층이 8.3%, 제3문화층이 3.6%이고, 중간문화층은 0%이다. 이 밖에 수정, 흑요석, 화강편마암 등이 쓰였지만 그 비율은 아주 낮다(그림 5). 이와 같은 현상

은 유적의 지질환경과 밀접한 관련이 있다고 생각된다. 즉, 양질의 석영맥암은 송광천변에서 쉽게 구할 수 있지만, 유문암이나 응회암은 유적에서 10km 이상 먼 곳에 분포하며, 흑요석 산지는 근처에 아예 없기 때문이다.

돌날, 좀돌날, 슴베찌르개, 나뭇잎모양찌르개 같은 종류는 산성화산암으로만 제작되었다. 나머지 종류들은 주로 석영맥암으로 만들어졌다. 석영맥암은 특히 켜면이 발달하여 면의 가장자리에 볼록날, 오목날, 곧은날 같은 다양한 날을 만들기 쉬운 이점이 있다. 그래서 밀개, 긁개, 홈날, 톱니날, 부리날석기 등을 만드는 데 적절하였다. 그러나 등방향성이 뛰어난 산성화산암은 더욱 정교

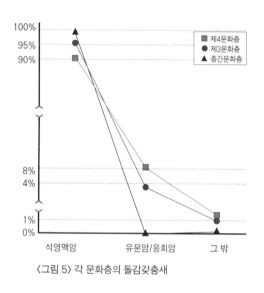

〈그림 5〉 각 문화층의 돌감갖춤새

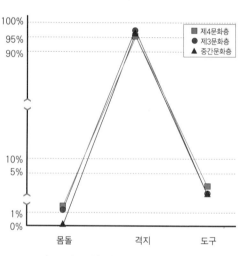

〈그림 6〉 각 문화층의 석기갖춤새

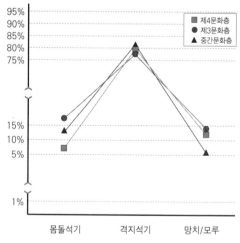

〈그림 7〉 각 문화층의 도구갖춤새

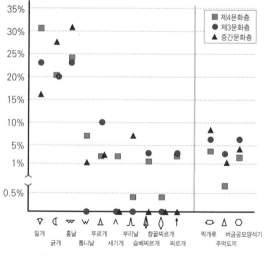

〈그림 8〉 각 문화층의 도구 종류와 비율

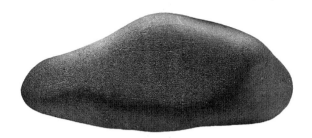

〈사진 4〉 나란한 줄자국이 또렷한 자갈(왼쪽)과 등잔 모양 석기(오른쪽)

한 도구를 만드는 데 적합하였다.

완성된 도구의 종류로는 밀개, 새기개, 부리날, 뚜르개, 슴베찌르개, 나뭇잎모양찌르개, 홈날, 톱니날, 외날찍개, 안팎날찍개, 주먹도끼, 버금공모양석기 등이 있다. 전체 유물 중 이것들의 비율은 제4문화층이 3.3%, 제3문화층이 2.6%, 중간문화층이 2.6%로 매우 낮다. 반면, 몸돌, 격지, 조각과 부스러기 같은 부산물(waste)은 제4문화층이 96.7%, 제3문화층이 97.4%, 중간문화층이 97.4%로 매우 높다(그림 6).

도구는 크게 잔손질석기와 몸돌석기로 나뉘는데, 세 문화층의 것들을 합한 비율은 각각 79.8%, 8.0%이다(그림 7). 잔손질석기 중에는 밀개, 긁개, 홈날의 비율이 높고 (31.0%, 23.6%, 26.2%), 톱니날, 뚜르개, 새기개, 부리날의 비율은 낮다(6.0%, 3.5%, 2.0%, 1.7%). 사냥용에 속하는 슴베찌르개, 찌르개, 나뭇잎모양찌르개는 더 낮다(1.4%, 2.3%, 0.3%). 한편 몸돌석기인 찍개, 주먹도끼, 여러면석기류의 수량은 각각 20점, 4점, 11점이다(그림 8). 그리고 연장 중에는 돌망치가 35점이고 돌모루는 19점이다. 이 밖에 제4문화층에서 갈린 줄자국이 뚜렷한 중대형의 자갈이 3점, 등잔으로 추정되는 것이 1점 있다(사진 4).

붙는 석기들이 제4문화층과 중간문화층에서 많이 확인되었다. 제4문화층에서는 좀돌날몸돌의 선형을 만드는 과정(원색사진 17), 중간 문화층에서는 격지를 떼어내는 과정을 보여주는 몸돌과 격지뿐 아니라 밀개, 긁개, 홈날, 톱니날, 부리날, 주먹도끼처럼 다양한 도구를 완성하는 과정을 잘 보여주는 사례들이 있다(사진 5, 6, 그림 9, 10). 또한 붙는 유물들의 깊이 차이가 대부분 10cm 내외에 불과한 점에서 구석기인들이 떠난 후 별다른 영향을 받지 않으면서 매우 안정된 여건에서 후퇴적이 진행되었음을 추측할 수 있다.

끝으로 후기구석기시대 늦은 단계에 속하는 제4문화층의 석기갖춤새를 보면, 좀돌날석기, 돌날석기, 격지석기와 몸돌석기로 나뉜다(원색사진 20의 위). 가장 최신 기법의 좀돌날석기가 포함되어 있고, 그 전부터 제작되었던 돌날석기도 지속되고 있을 뿐 아니라 격지석기는 더욱 정교해졌으며 크기와 모양도 다양해졌다. 반면 전기/중기구석기시대의 주류였던 몸돌석기는 줄었지만 남아 있다. 이와 같은 양상은 월평유적의 구석기인들이 혁신적인 좀돌날 기술을 도입 또는 개발하고 이전 단계의 기술을 발전시켰던 것으로 해석된다.

V. 유적의 성격

여기서는 월평유적에서 이뤄졌을 주인공들의 살림에 대해 추정해보려고 한다.

각 문화층의 돌감 구성을 보면 모두 석영맥암의 비율이 90% 이상인 반면, 산성화산암은 8.3~0%로 1할이 안 된다. 그리고 석기의 종류에 따라 사용된 돌감의 종류가 다름을 볼 수 있는데, 예를 들어 돌날이나 좀돌날은 산성화산암으로만 제작되었다. 즉 각 문화층의 주인공들은 주로 토박이(재지) 돌감을 사용하여 도구를 제작하였으며, 그것으로 만들 수 없는 종류에 한해 바깥(외래) 돌감을 이용한 것이다. 비록 구석기인들은 서로 다른 시기에 월평유적에서 살았지만, 같은 방식으로 암석환경에 적응하였던 것이다.

가장 많이 쓰인 석영맥암은 인근의 송광천변에서 구할 수 있으나, 산성화산암은 유적에서 약 10km 이상 떨

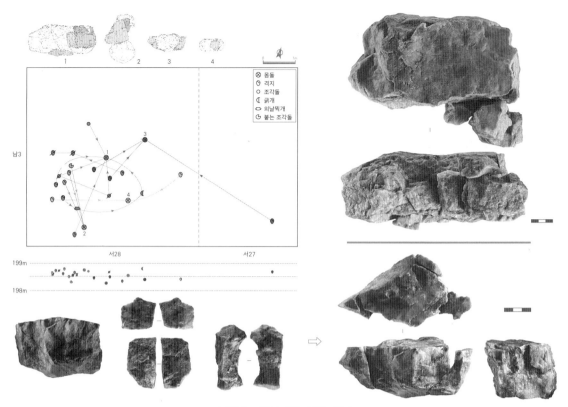

〈사진 5. 그림 9〉 몸돌과 붙는 격지

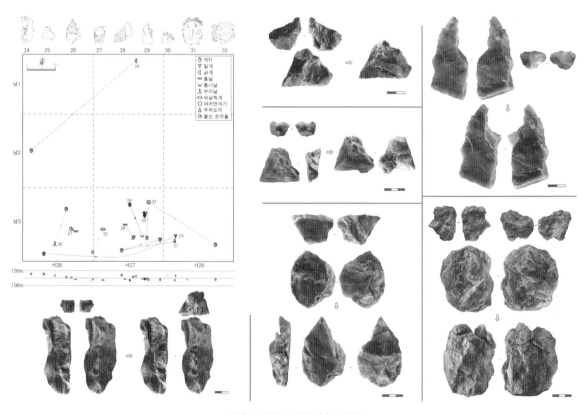

〈사진 6. 그림 10〉 도구와 붙는 격지

〈사진 7〉 부러지고 수리된 도구들

어진 보성강변이나 벌교까지 나가야 얻을 수 있다. 한편 제4구역에서 발견된 흑요석제 격지를 화학분석(LA-ICP-MS)해 보니 원산지가 큐슈의 코시타케/하리오지마산으로 추정되었다. 그렇다면 월평유적의 구석기인들은 송광천과 보성강 유역을 오갔을 뿐 아니라 일본 큐슈와 교류하고 있었던 것으로 볼 수 있다.

　전체 유물 중 부산물의 비율은 세 문화층 모두 97% 내외로 매우 높으며, 돌망치와 모룻돌이 출토되었고, 붙는 석기들의 종류와 수량이 다양하고 많다. 그리고 슴베찌르개, 뚜르개와 밀개 중에는 부러진 것들이 있다. 특히 밀개는 크기(길이 33~82mm)가 아주 다양한데, 처음부터 크기가 달랐겠지만 이 중에는 날이나 잡이의 재가공 탓에 작아진 경우도 포함되어 있을 것이다(사진 7). 이런 예들을 통해 유적 안에서 석기제작과 사용, 그리고 수리 등이 이뤄졌음을 엿볼 수 있다.

　각 층의 도구 구성을 보면 그 종류가 다양한데(원색사진 20), 이 중 잔손질석기의 비중이 매우 높고 몸돌석기의 비중은 아주 낮다. 이것은 유적에서 여러 가지의 일들이 벌어졌으며 큰일보다는 정교한 작업이 많았던 사정과 관련될 것이다. 특히 전체 도구 중 밀개의 비율이 31%로 매우 높고, 뚜르개와 부리날을 합한 비율이 5.2%로 드러나서 가죽을 무두질하고, 또 구멍 뚫는 행위와 관련된

일, 즉 가죽옷 짓기가 연상된다. 이 밖에 갈린 줄자국들이 잘 남아있는 중형의 자갈돌들과 등잔으로 추정되는 유물도 발견되었는데, 열매 같은 식량의 가공, 그리고 어두운 밤에 막집 안에서 불을 밝혔을 모습이 상상된다.

　이런 점들을 종합해볼 때 월평유적은 후기구석기인들이 도구 제작과 수리, 가죽 처리, 식량의 가공 등등의 살림을 하였던 보금자리(base camp)였을 뿐 아니라, 일본 큐슈와도 원거리교류를 하고 있었던 거점유적으로 추정된다.

VI. 맺음말

　2004년에 국가사적 제458호로 지정된 순천 월평유적은 무엇보다도 구석기시대의 지형이 거의 그대로 잘 남아있어 당시의 경관과 구석기인들이 선호한 입지를 이해하기 좋은 곳이다. 또한 송광천변에 점점이 흩어져 있는 14개의 유적들은 구석기인들의 이동생활 방식을 잘 보여주어 유적군 형성 연구 및 각 유적들의 서로 다른 기능을 규명하기 좋은 대상이다.

한편 2만여 평이나 되는 유적 안 곳곳에서 서로 붙는 석기들과 수정석기, 밀개 등의 집중 지점, 등잔 모양 유물, 갈린 자갈 등이 드러나서 구석기인들의 다양한 살림살이를 구체적으로 복원할 수 있는 커다란 잠재력을 지니고 있다. 나아가 층위를 이루는 5개의 문화층과 표지 유물은 구석기문화의 변천 과정을 연구하고 편년을 세우는 데 있어 매우 중요한 자료이다. 더군다나 큐슈 코시타케/하리오지마산으로 밝혀진 흑요석은 한국 남부와 일본열도 사이에 형성된 원거리교류망의 존재를 입증하고 있다. 마지막 빙하기의 혹심한 환경에서 다양한 정보와 물자의 교류와 교환을 통해 생존의 확률을 높이려고 했던 구석기인들의 지혜를 엿볼 수 있다.

이처럼 월평유적은 한국 남부에서 생활하였던 후기구석기인들이 선호한 자연환경과 입지, 도구의 제작기법과 변화 양상, 형식학 연구와 편년 구축, 유적의 구조와 기능 연구, 생존 전략, 그리고 문화교류를 규명할 수 있는 매우 소중한 문화유산이라고 하겠다.

제4장

장흥 북교리 신북유적-한반도 북부와 일본열도를 잇는 거점-

Ⅰ. 머리말

장흥 신북유적은 2002년 5월 6일에 발견되었다(이기길 2004 ; 조선대학교 박물관 2008). 그 날 조선대 박물관 연구원들은 「배산-세산 농어촌도로 건설」 구간의 지표조사를 하다가, 인근 「장흥-장동간 도로 신설」 구간에 속한 '반산 1교'의 건설로 파헤쳐진 갈색 찰흙층에서 유문암제 좀돌날, 돌날몸돌, 밀개, 새기개, 창끝찌르개 등이 드러나 있는 모습을 본 것이다. 이곳은 인터체인지가 들어설 예정이어서 대규모로 파괴될 처지였다(사진 1).

자초지종을 확인해보니 도로 건설구간에 대한 환경영향평가, 지표조사도 없이 공사가 진행된 것이었다. 이에 도로공사 중지 요청 공문을 해당 관청에 보내고, 현장사무소를 찾아가 발굴조사가 이뤄질 때까지 작업하지 말 것을 당부하였다. 발주처의 요청으로 지표조사를 다시 하고 문화재청의 허가를 받아 2003년 7월말부터 발굴에 착수하였다(원색사진 23). 그런데 예상 외로 유물의 출토량이 대단히 많아서 동절기인 1, 2월만 쉬고 연장발굴까지 하여 2004년 5월 하순에야 현장조사를 마칠 수 있었

〈사진 1〉 장흥-장동간 도로 신설 공사 초기 모습(반산 1교)

〈사진 2〉 국제학술대회 모습

〈사진 3〉 장동초교 발굴 모습

〈사진 4〉 구석기가 발견된 다목적회관 신축터

〈사진 5〉 표지석 지점의 발굴 모습

다. 무려 230여 일에 걸친 대장정이었다.

신북유적의 중요성이 부각되면서 장흥군 주민들도 유적의 보존과 활용에 관심을 갖게 되었으며, 김광원(전 장흥군의회 부의장)님과 김창남(전 전라남도의회 행정자치위원장)님을 중심으로 2004년 5월 11일에 '장흥 신북 구석기유적 보존회'가 만들어지는 뜻깊은 진전이 있었다. 이어서 신북유적을 기념하는 국제학술대회가 2004년 6월 22~24일에 장흥군 문화예술회관과 전라남도 일대에서 개최되었다(이기길 과 2004. 사진 2). 이처럼 학술 가치가 높고 문화자산으로서의 잠재력이 큰 신북유적은 2008년 3월에 전라남도 기념물 제238호로 지정되었는데, 그 범위는 신북마을과 장동초등학교를 제외한 67,224m²(20,371평)이다.

한편, 2009년 11~12월에는 장동초등학교 내 강당 신축터 800m²에 대한 시굴조사를 하였다(사진 3). 그 결과 도로공사 지점과 동일한 층위와 문화층을 확인할 수 있었다. 그리고 2014년 7월 28일에 필자는 민족문화유산연구원이 표본조사를 하였던(한성욱 과 2014) 장동다목적회관 신축지에서 유문암제 몸돌을 비롯한 뗸석기를 발견하였다(사진 4). 그런즉 문화층의 분포 범위는 지정 면적의 두 배 이상일 것으로 추정된다. 그리고 2015년 2월 9일~3월 30일에는 대한문화유산연구원이 도로공사 지점에 인접한 국유지 1,700m²를 대상으로 발굴조사를 하였는데 기존 조사와 동일한 내용이 확인되었다(사진 5. 이영철 과 2017).

II. 자연환경과 고고환경

이 유적은 장흥군 장동면 북교리
신북마을이 자리한 '검은둥이'라는
길고 얕은 언덕(해발 190~165m)에 있
다(원색사진 21). 이 언덕의 길이는 약
1km, 너비는 약 100~350m이며, 그
것의 동쪽과 서쪽은 논으로 부쳐지
고 개울이 하나씩 흐른다. 검은둥이
는 '거문고'의 등과 비슷하다고 하여
붙여진 이름이며, 양쪽의 개울은 거
문고의 줄로 비유되고 있다. 발굴조
사가 이뤄진 지점은 언덕의 남쪽이
고, 중간쯤에 장동초등학교, 그리고
북쪽에는 신북마을이 자리한다.

시야를 넓혀 살펴보면, 검은둥이
는 해발 685.4m인 설산(망산)을 포
함한 주로 200~400m대의 산으로
둘러싸인 분지(지름 약 2km)의 중앙
서편에 치우쳐 있다. 그렇지만 검은
둥이의 동편 약 400m 거리에 중매
산이라고 불리우는 남북으로 길게

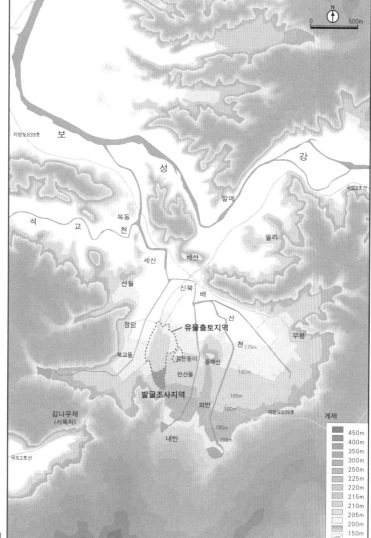

〈그림 1〉 신북유적의 자리와 환경

〈사진 6〉 신북유적의 분지형 입지

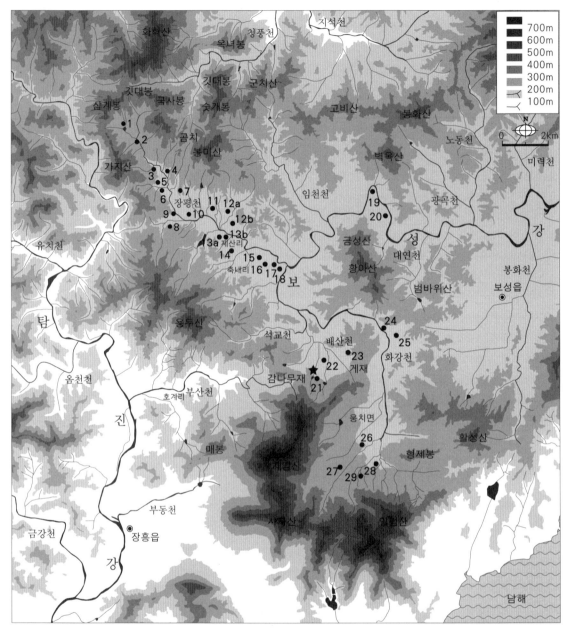

〈그림 2〉 신북유적(★) 둘레의 구석기유적 분포도

1. 월곡유적 2. 병동유적 3. 우산유적 4. 노루목유적 5. 석수동유적 6. 구암동유적 7. 오산유적 8. 경림유적 9. 흑석유적 10. 봉림유적 11. 안산유적
12. 석정유적 13. 금산유적 14. 사마정유적 15. 새재등유적 16. 운수동유적 17. 부도리유적 18. 양촌유적 19. 용소유적 20. 영구유적 21. 내반유적
22. 중매산유적 23. 우봉유적 24. 관등유적 25. 가신유적 26. 서촌유적 27. 해룡유적 28. 동고지유적 29. 덕림유적

뻗은 해발 200.9m의 언덕이 울타리 역할을 하므로, 검은
등이의 자리는 아늑하며 분지 안으로 오가는 짐승과 사
람들을 살필 수 있는 이점을 지니고 있다. 그러면서 남쪽
은 제암산(해발 778m)으로 그리고 북쪽은 보성강 본류로
이어진다(그림 1. 사진 6).

장흥군에서 구석기유적이 처음으로 알려진 때는 1995
년으로 거슬러 올라간다. 당시 조선대학교 박물관에서
보성강유역의 구석기유적에 대한 학술조사를 하면서
1997년 1월까지 보성강 최상류 지역에 속하는 장평천 일
대에서 월곡, 병동, 우산, 오산, 봉림, 금산, 사마정, 부도

리 등 8곳의 유적을 찾았고, 이와 함께 보성군에 위치한 용소와 동고지유적도 발견하였다(이기길 1997a).

그 뒤 2002년 5월에 신북유적의 발견을 계기로 2004년 5월까지 주변 지역에 대한 추가 정밀지표조사를 한 결과, 석수동, 구암동, 흑석, 경림, 안산, 석정, 양촌리, 내반, 중매산, 우봉, 가신, 중촌, 해룡유적 등 모두 12곳의 유적을 더 찾게 되었다. 이후 철도청의 의뢰로 2006년 4월에 보성-임성리 제2공구(장흥-장동간) 철도 공사구간의 지표조사를 나갔다가 관등유적을 발견하였다(조선대

교 박물관 2006). 또한 2016년에 장평천 최하류 일대의 지표조사에서 운수동유적과 양촌유적을 새로 찾아내었다.

이런 과정으로 신북유적을 중심으로 반경 약 12km 안에 적어도 30개의 구석기유적이 남아있음을 알게 되었다. 발견된 유적들을 수계별로 보면 장평천변에 오산유적을 포함하여 18개, 배산천변에 신북유적을 비롯하여 4개, 화강천변에 동고지유적을 포함하여 6개, 그리고 보성강 본류에 용소유적 등 2개가 자리한다(그림 2).

이 중 장평천은 하천연장이 겨우 11.2km이지만, 양지바른 언덕이면 거의 빠짐없이 구석기유적이 위치하고 있다. 총 18개의 유적이 약 250~1,500m마다 있어 밀집도가 매우 높다. 그리고 신북, 중매산, 내반, 우봉유적이 위치한 배산천유역, 그리고 해룡, 동고지, 중촌유적이 자리한 화강천유역은 하나의 독립된 분지를 이룬다. 이런 점에서 양지바른 언덕이 점점이 분포하는 좁은 골짜기, 그리고 소규모 분지는 후기구석기인들이 매우 선호한 환경이었다고 생각된다.

현재까지 지표조사로 알려진 구석기유적들에 대해 행정구역명, 출토 유물, 유적 현상, 조사연도를 정리해보면 〈표 1〉과 같다.

〈표 1〉에 제시된 유적들의 규모는 지표조사만 된 상태여서 정확하게 말하기 어렵다. 그러나 1/2.5만 지도에 표시하여 얼추 셈해보면, 신북유적처럼 6만평이 넘는 초대형, 내반유적처럼 3만평 내외의 대형, 해룡이나 동고지유적처럼 1만평 내외의 중형, 그리고 금산이나 양촌유적처럼 5천평 이하의 소형 등 크기가 다

〈표 1〉 신북유적 둘레의 구석기유적

번호	유적명	행정구역명	대표 유물	유적 현상	조사연도
1	월곡	장흥군 장평면 병동리 월곡	몸돌(A, B), 격지(A)	밭	1995
2	병동	장흥군 장평면 병동리 병동	몸돌(B)	논과 밭	2003
3	우산	장흥군 장평면 우산리 우산	밀개(A), 격지(A)	밭	1995
4	노루목	장흥군 장평면 우산리 노루목	주먹찌르개(B)	밭	1995
5	석수동	장흥군 장평면 우산리 석수동	격지(B)	논과 밭	2003
6	구암동	장흥군 장평면 우산리 구암동	격지(A, B), 긁개(B)	밭	2003
7	오산	장흥군 장평면 봉림리 오산	몸돌(A), 격지(B), 여러면석기(B), 밀개(A, B)	밭	1995
8	경림	장흥군 장평면 봉림리 경림	밀개(A)	수목원	2003
9	흑석	장흥군 장평면 봉림리 흑석	격지(A, B), 몸돌(B)	밭과 숲	2003
10	봉림	장흥군 장평면 봉림리 봉림	새기개(A), 뚜르개(B), 긁개(B), 홈날(B)	밭	1995
11	안산	장흥군 장평면 청용리 안산	몸돌(A), 격지(B)	밭과 과수원	2003
12	석정	장흥군 장평면 청용리 석정	긁개(A)	밭과 과수원	2003
13	금산	장흥군 장평면 제산리 금산	뚜르개(B)	밭과 과수원	1995
14	사마정	장흥군 장평면 축내리 사마정	홈날(B), 몸돌(B)	밭과 마을	1995
15	새재등	장흥군 장평면 축내리 새재등	버금공모양석기(B), 홈날(B)	밭과 무덤	1995
16	운수동	장흥군 장평면 축내리 운수동	버금공모양석기(B)	밭과 무덤	2016
17	부도리	장흥군 장평면 축내리 부도리	밀개(C), 격지(B), 몸돌(B)	밭	2003
18	양촌	장흥군 장평면 양촌리 양촌	밀개+부리날(B)	밭	2016
19	용소	보성군 노동면 옥마리 용소	좀돌날몸돌(A), 슴베찌르개(A), 찍개(B)	논과 밭	1995
20	영구	보성군 노동면 금호리 영구	격지(A, B)	논과 밭	2013
21	내반	장흥군 장동면 반산리 내반	긁개(C)	밭과 수목원	2003
22	중매산	장흥군 장동면 반산리 중매산	몸돌(B), 격지(A)	밭과 숲	2002
23	우봉	장흥군 장동면 배산리 우봉	격지(B)	밭	2002
24	관등	보성군 보성읍 대야리 관등	밀개(A)	밭	1995
25	가신	보성군 보성읍 대야리 가신	격지(A), 긁개(B), 홈날(B)	밭	1995
26	서촌	보성군 웅치면 중산리 서촌	격지(B)	밭	1995
27	해룡	보성군 웅치면 대산리 해룡	몸돌(A, B), 격지(B), 망치(B), 좀돌날몸돌(A), 슴베찌르개(A), 주먹자르개(A)	밭	2003
28	동고지	보성군 웅치면 용반리 동고지	좀돌날몸돌(A), 격지(A)	밭과 축사	1995
29	덕림	보성군 웅치면 용반리 덕림	몸돌(B)	밭	2013

※ A : 산성화산암, B : 석영맥암, C : 규암

양하다.

한편 석기가 발견된 지층은 대부분의 유적에서 밝은 갈색 찰흙층이었다. 그러나 용소유적에서는 그보다 더 밑에서, 그리고 중매산유적에선 적갈색 찰흙층에서도 석기가 나와 유물층이 적어도 3개 이상으로 추정된다. 이 유물층들은 보성 도안리 석평유적의 조사와 연구 결과 (김진영·송장선 2012)를 참고할 때, 후기~중기구석기시대에 해당될 것으로 생각한다.

석기와 돌감의 구성을 보면, 거의 모든 유적에서 산성 화산암과 석영암으로 제작된 석기가 나왔다. 산성화산암으로 만든 좀돌날몸돌, 슴베찌르개, 밀개, 새기개, 주먹자르개 그리고 양질의 규암으로 제작된 밀개와 긁개, 석영맥암으로 만든 밀개, 긁개, 홈날, 톱니날, 부리날, 뚜르개, 찍개, 여러면석기, 버금공모양석기 등이 있다.

이런 점에서 지표유적의 상당수는 좀돌날석기를 주체로 하는 신북유적과 거의 같은 시기이며, 비슷한 기술과 문화를 가진 무리들이 남긴 유적들로 볼 수 있다. 앞으로 지표유적들에 대한 자세한 조사와 분석이 이뤄지면, 신북유적을 중심으로 하는 유적군에 대한 이해뿐 아니라 보성강 최상류 지역에서 펼쳐졌던 후기~중기구석기시대 사람들의 문화를 더 자세히 밝힐 수 있을 것이다.

III. 지층과 문화층

1. 지층

신북유적의 발굴 범위 중 중간 지점이면서 중요 유물이 나온 제1구역 21~22열이 전체 퇴적을 잘 살필 수 있는 곳이었으나, 발굴 전 진행된 반산1교의 공사로 인해 겉흙부터 문화층의 일부까지 파괴되었다. 그래서 조사 범위 중 남쪽이지만 전 지층이 잘 남아있는 제2구역의 137칸을 기준 층위 단면으로 삼았다. 전체 층위는 기반암 위에 모난돌모래층, 노란갈색 모래질찰흙층, 어두운갈색 찰흙층, 밝은갈색 찰흙층, 그리고 겉흙층의 순서이다(원색사진 22).

제1지층 : 겉흙층이다. 경작으로 인해 검은 회색을 띠며 두께는 약 10cm이다.

제2지층 : 점성이 높은 밝은갈색 찰흙층으로 수분이 증발하면 쵸콜릿 조각처럼 갈라지는 현상을 볼 수 있다. 이 층의 두께는 50여cm인데, 그 상부는 검은 물감에 물든 듯 위에서 아래로 가면서 검은 색이 옅어진다. 검은색 부위의 두께는 약 10~15cm이다. 이와 같은 현상은 아마도 후대의 식생이나 경작으로 인해 유기물이 스며들었기 때문이 아닐까 싶지만, 정확한 원인을 밝히는 연구가 필요하다. 유물은 검은색을 띠는 부위의 하부부터 아래 지층인 어두운갈색 찰흙층의 경계 지점까지 출토하였다.

제3지층 : 어두운갈색 찰흙층으로 제2지층과 퇴적물의 구성은 거의 같으나 색깔이 보다 짙다. 두께는 약 20~25cm이다. 유물은 발견되지 않았다.

제4지층 : 노란갈색 모래질찰흙층으로 위의 지층보다 모래 성분이 더 포함되어 있는데 위로 갈수록 점차 줄어든다. 층의 두께는 약 20~30cm이다. 퇴적물의 구성으로 볼 때 그 밑의 모난돌모래층보다 훨씬 안정된 환경에서 형성되었다고 생각된다. 여기서 찾아진 유물은 없다.

제5지층 : 지름이 수~12cm 내외의 모난돌과 모래가 뒤섞여 있는 모난돌모래층이다. 기반암 위에 약 4m 가량 쌓여있으며, 군데군데 뻘이 렌즈 모양으로 끼어있다. 이 층은 내반, 외반마을과 중매산의 북쪽 기슭에도 분포하고 남쪽 즉 산 방향으로 갈수록 두터워진다. 구성물과 층의 두께 흐름을 감안하면 물의 영향을 받아 상당히 짧은 동안에 갑작스럽게 쌓인 퇴적으로 보인다. 유물은 발견되지 않았다.

제6지층 : 화강편마암의 기반암층으로 상부는 이른바 석비례층이다. 모난돌모래층과의 경계면은 남북방향으로는 점점 낮아지고 동서방향으론 거의 수평을 이루어 과거 큰 힘에 의해 침식된 면으로 판단된다.

2. 문화층

도로공사 지점의 조사면적은 21,331m²(약 6,464평)이지만, 이미 공사나 채토 행위로 상당한 면적이 파괴되어서 실제 발굴된 면적은 10,425m²(약 3,159평)였다. 이 가운데 유물이 나온 면적은 6,224m²(약 1,886평)이다. 밝은갈색 찰흙층에서 화덕자리와 석기제작터, 특정 석기 밀집 지점 등이 찾아졌다. 발견된 유물은 31,000여 점으로 평당 출토 유물수는 약 17점이다. 그렇지만 전체 유물분포 양상을 참고하면 채토지와 반산1교의 석기 밀집도가 높았을 가능성이 매우 커서 그 빈도는 더 올라갈 것이다.

유물은 언덕의 흐름을 따라 남-북 방향으로 약 3.2도의 완만한 기울기로 분포하며, 수직분포는 대체로 20~30cm의 두께를 이룬다(그림 3). 뗀석기들은 발굴 범위 전체에 걸쳐 고루 분포하는 편이지만, 갈린 석기와 초벌석기는 주로 능선을 중심으로 좁은 범위(약 40×70m와 10×15m)에서 나왔다. 몸돌과 격지들을 포함하여 서로 붙는 석기들이 많아서 문화층은 거의 원 상태를 유지하였던 것으로 추정된다.

2.1. 유구

유구로는 화덕자리와 석기제작소가 있다.

붉은 색으로 변하였고 실금처럼 갈라지거나 터진 모습의 모난돌들이 도처에서 발견되었다. 이것들은 주로 응회암이고 석영맥암도 일부 있다. 이 중 모난돌을 둥글게 1~2단 정도 쌓아 만든 것은 화덕자리로 판단되는데 모두 6개가 찾아졌다. 화덕자리 주변의 흙은 붉게 변하거나 또는 익어서 단단하게 구워진 변화는 뚜렷하지 않지만 작은 숯 조각들이 남아있었다.

특히 사방 4.5×13.2m 범위에 4개의 화덕자리가 모여 있었는데 남쪽부터 제1~4호로 이름 붙였다(그림 4). 제1호는 지름이 33~45cm, 제2호는 불탄 돌들이 사방 200×207cm 범위에 흩어져 있다. 그리고 제3호의 경우 불 먹은 돌들이 사방 105×100cm에 분포하는데, 그 중 둥글게 모여 있는 부분의 지름은 55~57cm로 정형성을 띤다. 그 둘레에 밀개, 좀돌날몸돌 등의 뗀석기들과 숫돌이 같이 있었다(원색사진 24).

한편, 곳곳에서 망치가 드러났고, 군데군데 몸돌과 격지가 서로 붙는 예들도 있으며, 좀돌날과 좀돌날몸돌이 집중된 곳도 있고, 새기개나 밀개, 갈리거나 쪼인 석기류 등이 분포하는 곳도 있어 도처에서 석기제작이나 특정 행위가 있었던 것으로 추정된다. 이 중 몸돌과 격지가 서로 붙는 예 두 가지를 소개한다.

초대형의 응회암 자갈에서 중, 소형의 격지를 제작한 모습이 H4~5칸에서 드러났다(원색사진 25. 그림 5. 사진 7). 몸돌의 무게는 7.66kg이며, 격지 7점의 무게는 45~125g이다. 격지들은 몸돌을 중심으로 북동에서 동쪽 사이에 주로 분포하는데, 각각은 최소 21cm, 최대 760cm 떨어져 있다. 이외에도 같은 돌감의 격지와 조각돌이 5점 더 있

지만 붙이지는 못하였다.

석영맥암 몸돌과 격지의 예는 2.4×4.5m 범위에서 드러났다. 모두 18점인데 이 중 16점이 서로 붙는다. 이것들은 4kg이 넘는 모난 석영맥암에서 격지를 떼어낸 것으로, 우선 두 덩어리로 크게 깨뜨린 뒤 각각에서 격지를 떼었다. A무리의 경우 몸돌은 1.065kg, 5점의 격지들은 35~125g, B무리는 몸돌이 2.170kg, 9점의 격지와 조각돌은 5~125g이다.

2.2. 돌감 및 석기갖춤새

석기들은 크게 뗀석기와 갈린 석기로 나뉘지만, 거의가 뗀석기이다(원색사진 26의 위). 뗀석기의 재료로는 유문암, 응회암, 수정, 흑요석, 옥수, 규암, 양질 석영맥암 등이 쓰였다. 이 종류들은 앞 시대의 돌감들보다 더 곱고 균질한 특징을 지닌다. 그 비율을 보면, 양질의 석영맥암이 67%, 산성화산암(유문암+응회암)이 31%를 차지한다. 유문암은 돌날과 좀돌날을 만들고, 새기개, 밀개, 슴베찌르개, 창끝찌르개, 뚜르개, 칼, 주먹도끼 같은 정교한 석기를, 그리고 응회암은 주먹도끼, 주먹자르개, 식칼모양의 자르개, 대형밀개처럼 큰 도구를 제작하는 데 쓰였다. 그러나 수정과 흑요석은 좀돌날, 새기개, 밀개를 만드는 데 국한되었다. 한편 양질의 석영맥암은 긁개, 밀개, 홈날, 톱니날 등을 만드는 데 이용되었다.

대표 석기 중 좀돌날몸돌은 100여 점에 이른다. 그 형식을 보면 유베츠형이 많으며, 이것과 관련된 타원형의 양면 몸체(preform)와 때림면을 형성할 때 떼어진 첫 번째 스폴과 스키모양 스폴 등이 있다. 밀개는 250여 점으로 격지, 돌날, 조각돌 등의 몸체(blank)에 만들어졌는데, 여러 형식으로 세분될 뿐 아니라 엄지손톱 정도에서 어른 손의 반 정도까지 크기가 다양하다. 그리고 새기개가 80여 점으로 다른 유적에서 보고된 것보다 아주 많다. 이것들의 몸체는 크고 작은 격지와 돌날이다. 크게 모서리새기개와 중심축새기개 두 가지이며, 하나 또는 여러 개의 날을 지니고 있다. 창끝찌르개는 비록 중간이 부러진 것이지만, 최대너비와 두께는 각각 30mm, 13mm이고, 추정 길이는 130mm이다.

갈린 석기의 수량은 적지만 종류는 다양하다(원색사진 26의 아래). 즉 간돌자귀 2점(105×50×14mm, 111×59×21mm)과 숫돌 2점(194×63×58, 138×37×18), 갈리고 패인 자갈, 둥근 홈석기(발화석?), 고드랫돌모양 석기, 갈린 판석 등

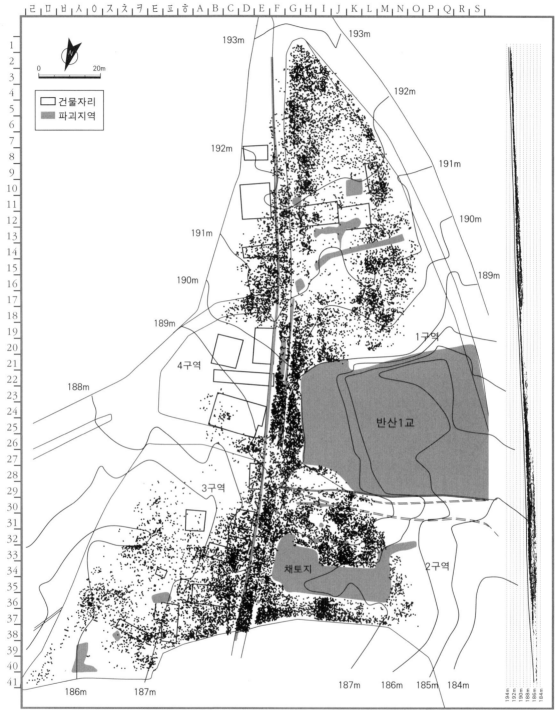

<그림 3> 유물분포도

이 있다. 갈린 판석 중에는 가장자리를 다듬어 원하는
크기로 만든 뒤 간 것도 있다. 돌감은 산성화산암, 반상
변정편마암, 편마암, 편암, 사암, 니암, 규암 등이다.

또 신석기시대의 초벌석기처럼 판상의 긴네모꼴 몸체
의 가장자리를 뒤지개의 날처럼 안팎으로 다듬은 것이
두 점(174×76×15mm, 163×66×21mm) 있는데, 한 점은 편평

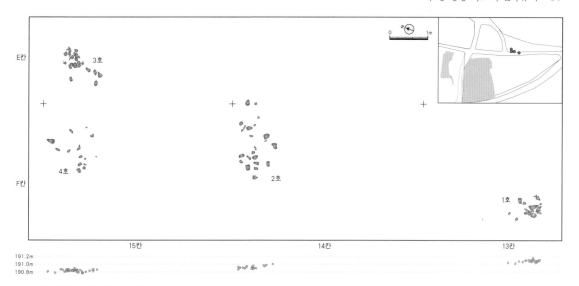

〈그림 4〉 화덕자리분포도(1~4호)

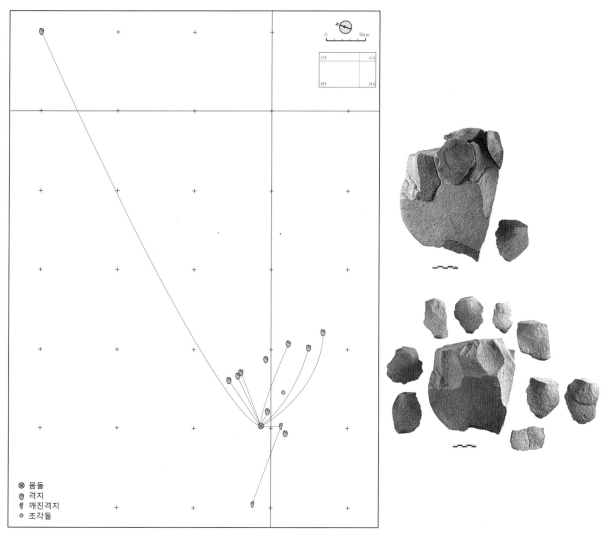

〈그림 5〉 붙는 몸돌과 격지 분포도

〈사진 7〉 몸돌과 붙는 격지돌

한 면의 일부가 갈렸다. 그리고 붉은 안료로 쓰인 철석영 자갈(원색사진 26-③)이 나왔다. 철석영 안료는 니가타현(新潟縣)의 아라사와(荒澤)유적(小熊博史 2003)과 홋카이도의 카와니시(川西)C유적에서 보고된 바 있다(北海道帶広市教育委員會 1998).

측정 결과도 신북유적의 방사성탄소연대의 신뢰도를 짚어보는 데 참고가 된다. 집현유적의 숯 시료 5개를 서울대 AMS 연구실과 Beta 분석실에 나눠 보내 얻은 10개의 방사성탄소연대값 중 7개가 18,730±80B.P., 19,480±540B.P., 19,490±90B.P., 19,640±100B.P., 20,150±100B.P., 20,480±800B.P., 22,170±120B.P.로 보고되었다.

IV. 절대연대

화덕자리, 붙는 몸돌과 격지, 철석영, 갈린 판석처럼 특정 유구나 유물과 같이 또는 근처에서 나온 숯을 골라 서울대학교 AMS연구실에 방사성탄소연대 측정을 의뢰하였다. 그 결과는 〈표 2〉와 같다.

숯을 가지고 AMS 방법으로 잰 7개의 방사성탄소연대는 18,500±300~25,500±1,000B.P.이며, 이것들을 보정한 역연대(calendar year)는 약 22,000~30,000B.P.이다. 7개의 연대가 모두 후기구석기시대에 속하는데, 그 시대를 대표하는 좀돌날몸돌, 밀개, 새기개 같은 종류가 이 유적에서 주류라는 점에서 이 측정값은 적합하다고 판단된다. 이 지층에서는 3만 년 전 무렵에 분출한 것으로 알려진 AT화산재도 찾아져서 방사성탄소연대값의 신뢰도를 높여준다. 그런데 가장 오래된 연대와 젊은 연대의 폭이 거의 8천 년이나 되며, 크게 세 시기에 집중되는 양상이다(이기길·김명진 2008). 그래서 조사 범위 내의 여러 지점들이 각기 다른 시점에 점유되었다고 전제하고 연구를 진행하는 것이 바람직하다.

그리고 간돌자귀, 좀돌날몸돌, 밀개 등의 유물들이 발굴된 진주 집현 장흥리유적(박영철·서영남 2004)의 연대

V. 유적의 성격

신북유적은 최소 4만 평이 넘는 광대한 면적, 31,000여 점에 이르는 방대한 유물, 다양한 종류의 석기와 많은 화덕자리 등으로 볼 때, 보성강 상류 지역에 살던 큰 무리의 보금자리로 추정된다. 그리고 국부마제석부와 그 밖의 쪼이고 갈린 도구들이 뗀석기들과 함께 발견되어 후기구석기시대에 마제석기가 이미 사용되고 있었음을 보여준다.

슴베찌르개, 창끝찌르개, 끼움날연장 등의 사냥도구와 식칼모양의 자르개, 밀개, 긁개, 새기개, 뚜르개 등의 연장을 통해 신북유적의 주인공들이 사냥한 짐승을 해체하고 가죽을 손질하며 뼈나 뿔, 나무 등을 가공하는 등 식량 확보와 빙하기의 추위에서 살아남기 위해 노력했던 모습을 그려볼 수 있다. 또 간돌자귀, 숫돌, 초벌석기, 갈린 판석, 갈리고 패인 자갈과 둥근 홈석기, 고드랫돌모양석기 등은 동시대의 다른 유적에서는 별로 보고되지 않은 종류들로서 후기구석기시대의 전체 생활상을 제대로 이해하는 데 있어 중요한 자료로 평가된다.

〈표 2〉 신북유적의 방사성탄소연대

측정기관번호	방사성탄소연대 (B.P., 1s SD)	실연대 (cal B.P., 1s SD)	나온 칸 (유구)	출토 상황
SNU03-912	18,500±300	22,170±410	H5	붙는 몸돌과 격지 주변
SNU03-913	21,760±190	26,060±370	G25	철석영(광물안료) 주변
SNU03-914	25,500±1,000	30,270±1,010	G33	갈린 판석 주변
SNU03-569	20,960±80	24,910±80	M16	1구역 석기 출토면 바로 밑
SNU03-915	18,540±270	22,210±400	ㅍ30	3구역 석기 출토면 바로 밑
SNU04-338	23,850±160	28,730±350	E15	3호 화덕자리
SNU03-568	25,420±190	30,250±210	L17	5호 화덕자리

한편 보성강의 발원지와 장평천을 따라 분포하는 25 개의 구석기 출토 지점들에서는 주로 후기구석기시대의 유물이 발견되었다. 그런데 각 유적들의 입지와 규모 및 유물 출토량을 비교해보면 신북유적은 이 유적군에서 아주 중요한 자리에 있었다고 생각된다. 한편 신북유적 에서는 서일본과 동일본에서 보고된 슴베찌르개와 유베 츠형 좀돌날몸돌이 모두 나왔고, 백두산 및 큐슈의 흑요 석이 함께 나왔다(Lee and Kim 2015). 이를 근거로 신북유 적의 주인공들은 한반도의 끝인 백두산, 그리고 바다 건 너 남쪽에 있는 일본열도와 원거리 교류를 하였음이 인 정된다(安蒜政雄 2005, 2010). 그러므로 신북유적은 후기구 석기시대의 생활 방식, 유적 점거 방식 그리고 한국과 주 변국에 걸친 교류망과 상호 작용을 복원할 수 있는 중 대한 잠재력을 지니고 있다고 하겠다.

VI. 맺음말

신북유적의 전체 범위 중 도로공사에 포함된 약 6천 평을 대상으로 발굴하여 동북아시아의 후기구석기문화 를 밝힐 수 있는 많은 자료를 확보하였다. 앞으로 유물, 유구, 유적군에 대하여 다음과 같은 다양하고도 자세한 연구가 이어져야 할 것이다.

유물 연구로는 ① 석기로 쓰인 돌감의 종류와 산지 연 구, ② 좀돌날몸돌, 새기개, 밀개 같은 특정 석기의 형식 연구, ③ 중·대형의 자르개, 신석기형의 초벌석기 등 새 로운 종류의 뗀석기 연구, ④ 간돌자귀, 숫돌, 갈돌, 갈린 판석, 갈리고 패인 자갈, 둥근 홈석기, 고드랫돌모양석기 등의 쓴자국(usewear) 연구, ⑤ 철석영의 분석, ⑥ 화덕자 리의 유형과 쓰임새 연구 등이 필요하다.

한편 유적 구조, 예를 들면 갈린 유물, 붙는 유물, 같은 돌감, 새기개처럼 특정 석기, 화덕자리 등의 분포 양상에 근거한 연구, 그리고 신북유적과 인근 25개 구석기 출토 지점과의 연관성을 밝히는 유적군 형성 과정 연구가 요 망된다. 나아가 진주 집현 장흥리(박영철·서영남 2004), 일 본 나가노현(長野縣) 칸노키(貫ノ木), 히나타바야시(日向林) B유적(大竹憲昭 2002) 등 국내외 같은 형식의 유물이 발굴 된 유적들과의 비교 연구도 진행되어야 할 것이다.

끝으로 신북유적은 우리나라 남부지역의 후기구석기 문화뿐 아니라 일본을 포함한 동북아시아의 후기구석기 문화를 이해하는 데 매우 중요한 학술 가치를 지니고 있 으므로 다음과 같이 유적의 보존과 활용에도 힘을 써야 할 것이다. 첫째, 유적의 정확한 범위를 파악하기 위해 검 은둥이 언덕 전체 및 외반, 내반마을과 중매산을 대상으 로 한 시굴조사, 둘째, 현재 도기념물에서 국가사적으로 격상, 셋째, 역사체험 및 문화관광자원으로 활용 방안 제 시, 넷째, 전시관을 세워 유적 조사와 연구의 중심이 되도 록 하는 것이 바람직하다.

제5장

진안 진그늘유적 –금강 최상류의 사냥 캠프–

I. 머리말

금강의 최상류 지역은 섬진강과 낙동강의 최상류 지역과 인접하여 각 수계의 문화가 교류하기 쉬운 접점이므로 고고학자들이 관심을 기울이고 있는 곳이다. 이 일대는 400~900m의 산들이 어깨동무하듯 늘어서 있고 천을 따라 좁은 들이 이어져 있는 깊은 산골로 저평한 지대와는 사뭇 다르다.

용담댐 수몰지역에서 발굴된 구석기유적은 진안 진그늘유적이 유일하고, 진안군 상전면 수동리 외송, 용평리 평은, 갈현리 신전과 원주평, 정천면 모정리 모실 등 5군데의 유물산포지가 알려져 있다. 이 유적들은 금강 본류와 진안천 및 정자천변에 자리하고 있으며, 사방 약 3×8km 범위에 분포하여 유적의 밀도가 높은 편이다(표 1. 그림 1).

유물산포지에서 발견된 유물의 종류는 유문암이나 석영맥암, 또는 변성암질 규암으로 만들어진 격지, 몸돌, 긁개 등이다(그림 2). 석기들이 들어있던 지층은 갈색 찰

흙층을 비롯한 갱신세층이나 조사가 충분치 못하여 자세한 내용은 잘 알 수 없는 상황이다.

진그늘유적은 조선대 박물관에 의해 2000년 봄에 발견되었으며, 그 해 여름부터 4개월 남짓 발굴되었다(이기길 2001a ; Lee 2002. 원색사진 27, 31). 그 결과 이 유적은 전북에서 최초로 발굴된 구석기유적으로 전북지역 고고학 연구에서 시간적 외연을 확대하였을 뿐 아니라(윤덕향 2003), 후기구석기시대의 표식유물인 슴베찌르개가 가장 많이 나온 대규모 유적으로 동북아시아 구석기연구에서 매우 중요하다(松藤和人 2001, 2003)고 평가되고 있다.

아래에서 진그늘유적의 지층과 문화층 그리고 유적의 구조와 기능에 대해 살펴보고 나아가 그 의미를 생각해 보고자 한다.

II. 지층과 문화층

진그늘유적은 전라북도 진안군 정천면 모정리 진그늘마을의 남서쪽에 있는 농고리들과 보제들(해발 245m 내외)에 자리하는데, 여기는 해발 420여m인 앞산의 북서쪽 완만한 비탈이다. 뗀석기의 최대 분포범위는 북동-남서 방향으로 약 250m, 남동-북서 방향으로 약 180m에 이르나, 이 중 유물이 집중된

〈표 1〉 용담댐 수몰지역의 구석기시대 유적

번호	이름	행정구역명	자리	찾은 유물
1	외송	진안군 상전면 수동리	금강	석영맥암 석기, 규암 몸돌
2	신전	진안군 상전면 갈현리	금강	유문암 격지, 석영맥암 긁개
3	평은	진안군 상전면 용평리	금강	석영맥암 석기
4	원주평	진안군 상전면 갈현리	진안천	유문암 격지
5	진그늘	진안군 정천면 모정리	정자천	유문암 돌날, 석영맥암 규암 석기
6	모실	진안군 정천면 모정리	정자천	유문암 격지, 석영맥암 몸돌

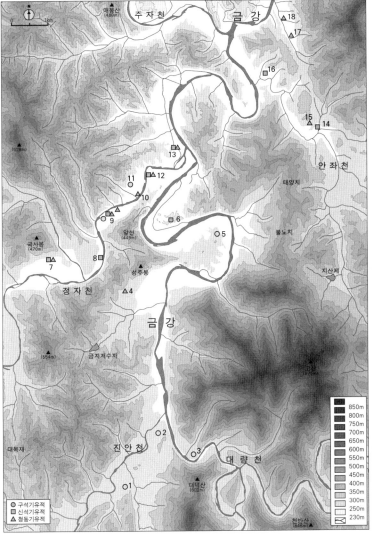

〈그림 1〉 금강 최상류지역의 선사유적 분포도(1 : 25,000)

1. 갈현리 원주평 2. 갈현리 신전 3. 수동리 외송 4. 월포리 5. 용평리 평은 6. 용평리 용은 7. 갈룡리 농산 8. 갈룡리 갈머리 9. 모정리 진그늘 10. 모정리 모곡 11. 모정리 모실 12. 모정리 망덕 13. 모정리 여의곡 14. 삼락리 풍암 15. 삼락리 안자동 16. 삼락리 승금 17. 경대리 수좌동 18. 경대리 구곡

문화층의 면적은 약 3,000여 평이다. 그리고 발굴된 유물의 해발고도는 237~253m이다.

이 유적의 층위를 북2동6구덩이에서 살펴보면, 밑에서부터 기반암 → 모래자갈층 → 적갈색 모래질찰흙층 → 암갈색 모난돌모래질찰흙층 → 적갈색 모래질찰흙층 → 암갈색 찰흙층 → 명갈색 찰흙층 → 겉흙층의 차례이다(원색사진 28). 각 지층의 특징과 두께, 문화층 여부, 퇴적 요인 등을 정리하면 〈표 2〉와 같다.

여기서 모래자갈층의 높이는 해발 약 243m로 현재 강바닥보다 10m쯤 높아 제2단구로, 그리고 유적 중심에서 남서쪽으로 해발 약 252m 지점에는 남29서29구덩이에서 확인되듯이 모래자갈층이 분포하는데 정자천보다 20m쯤 높아 제3단구로 추정된다(이동영 1996). 따라서 진그늘유적의 지층은 제2단구인 강물쌓임층(하성퇴적층) 위에 여러 개의 비탈쌓임층(사면봉적층)이 퇴적되어 이뤄진 것으로 해석되며, 비탈쌓임층에 포함된 돌은 모난돌로 산기슭의 노두에서 기원한 것으로 보인다.

유물은 두 개의 지층에서 나온다. 먼저 아래쪽 유물은 겉흙에서 약 2.5m 깊이인 암갈색 모난돌모래질

〈표 2〉 진그늘유적의 지층과 문화층(북2동6구덩이 남벽 기준)

번호	지층	두께(cm)	문화층/유물포함층	퇴적 요인
1	겉흙층	약 30	비문화층	비탈 쌓임
2	명갈색 찰흙층	40	하부에 후기구석기문화층	〃
3	암갈색 찰흙층(상부에 토양쐐기 현상, 하부에 모난돌이 얇게 낌)	100	비문화층	〃
4	적갈색 모래질찰흙층(상부에 토양쐐기 현상)	70	비문화층	〃
5	암갈색 모난돌모래질찰흙층(상부에 토양쐐기 현상)	130	최상부에 유물 포함	〃
6	적갈색 모래질찰흙층(망간 끼임 현상)	180	비문화층	〃
7	모래자갈층	400	비문화층	강물 쌓임
8	기반암			

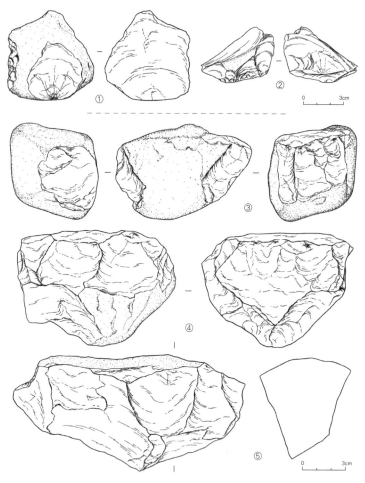

platform)', '모서리돌날(crested blade)' 등 돌날 만든 과정을 자세하게 복원할 수 있는 것들(Inizan *et al* 1999)이 포함되어 있다. 그리고 부러진 슴베찌르개, 미완성이거나 완성된 슴베찌르개 등 슴베찌르개의 제작 과정을 보여주는 예들이 있으며, 대형밀개 여러 점을 포함하여 긁개, 홈날, 새기개, 뚜르개 등의 완성된 석기가 함께 나왔다(원색사진 29. 그림 3).

한편, 갈색 찰흙층의 제1호와 제2호 화덕자리에서 나온 숯을 AMS방법으로 잰 결과 22,850±350B.P.(SNU 01-028)와 17,310±80B.P.(SNU 04-113) 그리고 문화층 아래 있는 암갈색 찰흙층의 상부에서 나온 숯으로 잰 AMS연대는 42,000±2,000 B.P.(SNU 01-029)이다.

〈그림 2〉 지표유적의 뗀석기
① 긁개(갈현리 신전유적) ② 격지(갈현리 원주평유적) ③ 몸돌(모정리 모실유적) ④ 몸돌(용평리 평은유적) ⑤ 몸돌(수동리 외송유적)

찰흙층 상부의 굵은 모래 속에서 나오는데, 석영자갈로 만들어진 찍개, 여러면석기, 대형긁개 등 겨우 4점뿐이다(원색사진 30). 이 유물들은 서로 75~113m나 떨어져서 띄엄띄엄 드러났고, 여러면석기 중 한 점은 모서리가 닳은 상태이고 또 굵은 모래 속에서 나왔기 때문에 제자리(*in situ*)를 벗어난 것으로 판단된다. 그렇지만 이 석기들은 층위상 이른 시기의 인간 활동을 입증하는 점에서 큰 의미를 지니며, 그 형식과 나온 지층을 고려하면 늦어도 중기구석기시대로 추정된다.

이보다 약 1.8m 높이에 있는 갈색 찰흙층 하부에서 돌날석기들이 주류인 유물들이 드러났는데, 그 수는 12,000여 점에 이른다. 이 중에는 유문암으로 만들어진 돌날몸돌과 돌날, '때림면격지(rejuvenation flake of striking

III. 유적의 구조와 기능

후기구석기문화층에서 드러난 12,000여 점의 유물과 화덕자리에 대해서, 구석기인들은 돌감을 어디서 구했으며, 유적으로 어떤 상태의 돌을 가져왔나? 구석기인들이 처음 석기를 제작한 지점은 어디였고, 그 다음 옮긴 자리와 맨 끝에 작업했던 곳은 어디인가? 그들은 어떤 방법으로 석기를 제작하였으며, 주로 만들려고 했던 석기는 무엇이었나? 이것들은 한 번에 만들어졌는가 아니면 여러 번에 걸쳐 제작되었나? 그대로 남겨진 것인가 아니면 쓰레기처럼 모아져 다시 버려진 것인가? 몇 사람이 작업하였나? 이것들을 남긴 이들은 동일한 무리인가 아니면 서로 다른 무리들인가? 다른 곳에서 가지고 온 석기도 있는가? 화덕자리는 왜 있으며, 그것은 집안 또는 집밖에 있었나? 등 갖가지 궁금증이 생긴다.

이처럼 석기의 형식이나 유적의 연대 규명과는 다른 관점의 물음들을 통해 진그늘유적이 어떻게 이용되었으

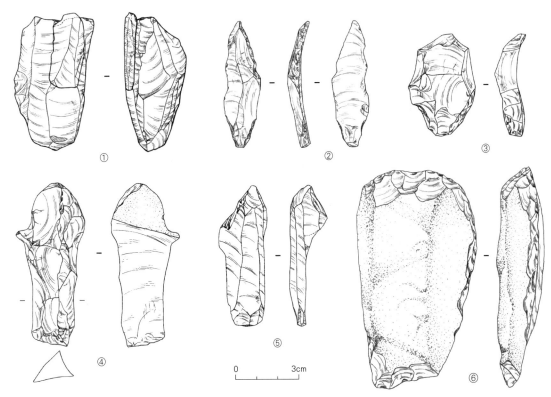

〈그림 3〉 후기구석기문화층의 석기
① 붙는 돌날몸돌과 돌날 ② 슴베찌르개 ③ 때림면격지 ④ 모서리돌날 ⑤ 플런징돌날 ⑥ 밀개

며 그 성격이 무엇인지도 추리해낼 수 있을 것이다. 이와 관련된 연구들이 최근 일본학계에서 활발하게 이뤄지고 있어 여러 모로 참고가 된다(高橋章司 2003 ; 絹川一德 2003 ; 山田哲 2003 ; 栗島義明 2003 ; 伊藤建 2003).

여기서는 아직 유물분석이 진행 중이므로 유적의 구조와 기능에 관해 간략하게 살펴보려 한다.

1. 유적의 구조

여기서 '유적의 구조'란 석기의 무리, 갈린 자갈돌, 화덕자리 등 개별 행위를 반영하는 현상이 시간과 공간 속에 배열되어 있는 관계를 뜻한다.

진그늘유적에서 석기가 일정한 범위에 몰려있는 단위들이 26개나 되는데, 그 하나하나를 '석기 무리(cluster)'라고 부르고자 한다(그림 4). 다양한 크기의 석기 무리들은 발굴 당시 서로 떨어진 상태로 드러나 개별 행위를 반영하고 있다고 추정된다. 이 점은 유물의 분포도에서도

확인되는데 평면상 몇몇 석기 무리가 둘레의 다른 석기 무리와 구분이 어렵거나 겹쳐 보이지만 단면 분포를 살펴보면 깊이 차이가 뚜렷하여, 각각의 석기 무리는 시기를 달리 한 행위의 결과라고 하겠다(그림 5). 이는 구석기인들이 진그늘유적을 어느 한 때 한 번만 이용한 것이 아니고 필요할 때마다 수시로 찾아왔음을 뜻하는 것이다.

여기서 석기 무리의 유물 구성을 보면 크게 두 가지로 나뉜다. 하나는 돌날몸돌, 돌날, 격지와 부스러기로 이뤄져있거나 소량의 완성된 석기가 함께 나오는 것이고, 다른 하나는 격지나 부스러기가 드물고 주로 완성된 석기들이 분포하는 것이다(원색사진 32, 33). 먼저 번 경우가 거의 전부이며, 이것들은 석기를 만들던 석기제작소(workshop)로 가늠된다. 각 무리의 석기들을 짝맞춰봄으로써 어떤 크기와 상태의 석재를 몇 개나 가지고 어떤 방법으로 석기를 만들어갔는지를 밝혀낼 수 있을 것이다. 반면 나중에 속하는 예는 하나뿐이며, 여기에는 여러 점의 대형밀개, 긁개, 뚜르개 등이 포함되어 있어 석기를 사용한 공간일 가능성이 높다.

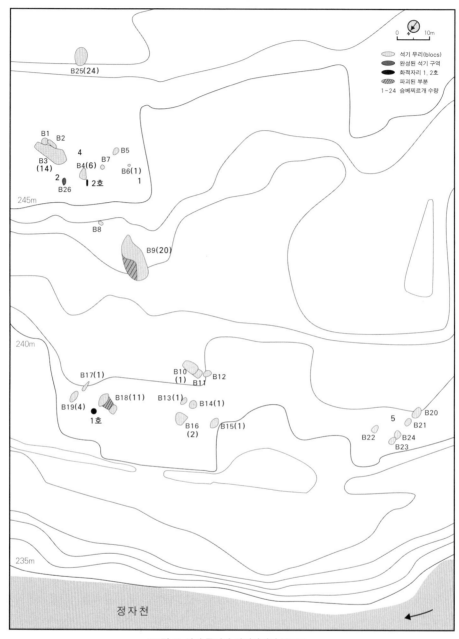

<그림 4> 석기 무리와 화덕자리의 분포도

그리고 가장자리에 고운 줄자국들과 가운데 약하게 패인 홈집들이 있는 둥글고 납작한 안산암 자갈돌(221× 159×41mm, 2,005g)이 있다(사진 1. 그림 6). 그런데 석기 중에 갈린 유물은 한 점도 없어 고운 줄자국은 돌 이외의 것을 갈 때 생긴 것으로 볼 수 있다. 여기에 남아있는 작고 얕은 홈집들을 고려하면 아마도 뼈나 뿔 같은 것을 깨거나 가는 데 쓰였던 것이 아닐까 생각된다.

한편 붉게 색이 변하고 터진 응회암 자갈돌들이 두 군데서 드러났다. 돌 밑의 흙에서 숯 부스러기들이 나왔고, 한 군데에선 불먹은 돌 둘레의 남서쪽에 석기의 조각돌이나 부스러기가 7점 있어, 석기를 만들던 사람들이 사용하던 화덕자리(hearth)로 해석된다.

제1호 화덕자리는 모난돌과 그 조각 20여 점이 지름 약 1m의 범위 안에 흩어져 있었는데, 위편에 돌들이 주로

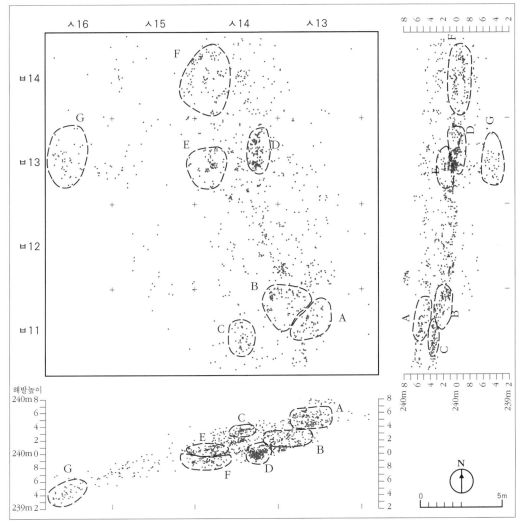

〈그림 5〉 석기 무리의 평단면도

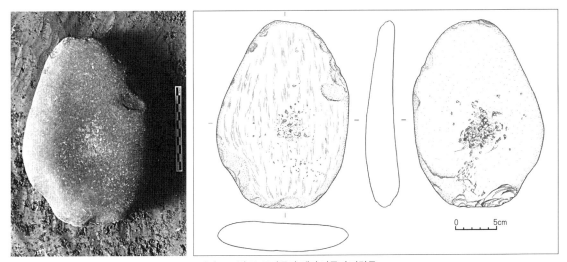

〈사진 1. 그림 6〉 줄자국과 패인 자국의 자갈돌

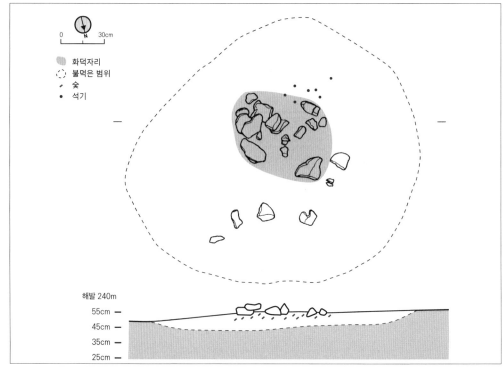

<그림 7> 제1호 화덕자리

모여 있고 아래쪽에 몇 점이 띄엄띄엄 흩어져 있다. 이것은 원래 돌을 한두 겹으로 쌓아 만든 화덕이 버려진 뒤에 비탈면을 따라 일부 흘러내린 것으로 생각되며, 원래의 크기와 모습은 지름 약 0.7m 정도의 원형이었을 것으로 추정된다. 그리고 화덕을 중심으로 반지름 약 1m 이내의 흙이 바깥의 흙보다 더 굳어진 느낌이다(원색사진 34. 그림 7).

그리고 제1호 화덕자리로부터 약 66m 위쪽에 응회암 모난돌이 불을 맞아 터진 상태로 길게 띄엄띄엄 드러났는데, 역시 화덕(제2호)을 이루던 돌들로 생각된다. 비록 이들 화덕자리의 둘레나 가까이에 집자리의 흔적인 기둥구멍은 찾아지지 않았지만, 간단한 구조의 막집을 사용하였을 가능성을 배제할 수 없다.

2. 유적의 기능

사방 약 250×180m나 되는 넓은 범위에 군데군데 퍼져있는 크고 작은 20여 개의 석기 무리들은 앞에서 검토하였듯이 서로 다른 시기에 형성된 것이었다. 그리고

두 화덕자리의 숯으로 재어진 절대연대가 22,850±350 B.P.와 17,310±80B.P.이므로, 적어도 약 5천5백 년 동안 후기구석기인들이 여러 차례 찾아왔던 것으로 헤아릴 수 있다. 그렇다면 후기구석기인들은 왜 이 곳을 자주 찾아왔을까? 그 실마리를 발굴된 석기들의 돌감이 대부분 유문암이고 그것의 자갈면이 남아 있는 석기들에서 찾을 수 있다.

유적 일대의 지질도(김정환·이인기 1973)를 보면(그림 8), 정자천의 상류 지역은 유문암과 석영반암이 주된 산성 화산암류로 이뤄져 있다. 그래서 자연스럽게 노두에서 떨어져 나온 돌들이 물에 실려 하류쪽으로 굴러오게 되어 있다. 암석학자의 현지조사 결과 정자천을 따라 양질의 유문암 자갈이 풍부한 사실이 확인되었고, 필자가 유적 앞 천변의 유문암 자갈을 깨어보니 유물과 같은 질임을 알 수 있었다. 이처럼 진그늘유적의 입지는 양질의 돌감(석재)을 쉽게 얻을 수 있는 환경이었다.

한편 진그늘유적의 건너편에는 천을 향해 열린 좁고 긴 두 개의 골짜기가 있는데, 이 중 하나의 이름은 '활골'(國立地理院 1996)로 산줄기가 활처럼 길다고 해서 붙여진 이름이다(한글학회 엮음 1998). 마을 분들은 여기서

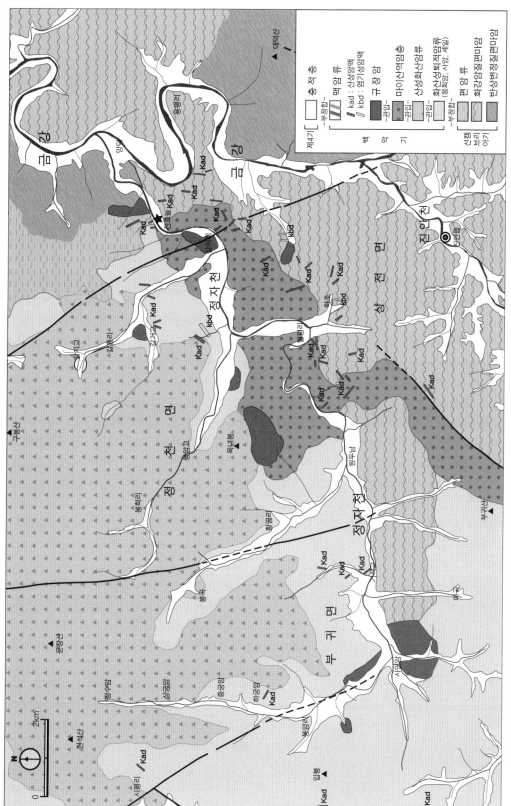

〈그림 8〉 진그늘유적(★) 둘레의 지질

사냥을 하였다고 하며, 최근에도 사냥꾼이 멧돼지를 잡으려다 다쳤다는 얘기도 전해지고 있다. 건너편만 아니라 유적 인근에는 이런 형태의 골짜기들이 아주 많이 분포하는데, 몰이사냥하기에 안성맞춤이었을 것으로 생각된다.

25개의 석기 무리는 주로 돌날을 제작하고 슴베찌르개를 만든 뒤 버려진 것들이다. 각 무리에 발견된 슴베찌르개는 1~25점으로 합하면 무려 99점이나 되는데, 이것들의 상태는 완성품, 미완성품, 파손품 등으로 나뉜다. 이 중에는 충격에 의해 생기는 특징 자국들(impact fracture traces)이 뚜렷하게 남아있는 것도 있다(Lee and Sano 2016). 그런즉 유적에서 석기의 제작뿐 아니라 사용한 도구의 수리까지 이뤄졌던 것으로 추정된다. 폐기된 석기 무리 속에 남아있는 슴베찌르개의 수량이 99점이라면 여기서 만들어서 가지고 간 수량도 상당했을 것이다.

완성된 석기 무리에는 대형밀개 여러 점과 뚜르개가 포함되어 있다. 그런즉 구석기인들은 사냥한 짐승을 유적으로 가져와 해체하고 가죽을 가공하는 일을 했을 개연성이 크다. 돌을 쌓아 만든 두 개의 화덕자리는 도구 제작과 수리뿐 아니라 요리, 나아가 하룻밤 이상 머물렀을 모습까지 추리해볼 수 있는 자료이다.

이 유적은 그늘이 길다는 의미의 지명에서 알 수 있듯이 여느 구석기유적에 비해 햇빛이 비치는 시간이 꽤 짧다. 만약 월평유적이나 신북유적처럼 양지바른 입지라면 사냥감과 식물 자원이 풍부한 산골의 맑은 천을 낀 이곳은 주살림터(base camp)로 전혀 손색이 없었을 것이다. 일조량이 부족한 여건에서 구석기인들은 양질의 돌감을 손쉽게 구할 수 있고 몰이사냥이 수월한 지세인 이곳을 사냥도구의 제작과 사냥 캠프로 이용하였던 것이다.

IV. 맺음말

진그늘유적은 전라북도에서 처음으로 발굴된 구석기유적으로 그 역사가 구석기시대부터 시작되었다는 사실을 입증하는 점에서 의의가 크다고 하겠다. 그리고 금강 최상류 지역에 자리하여 구석기문화가 금강 중·하류의 충청도 지역과 어떻게 연결되며, 섬진강·영산강 유역의 전라남도 및 낙동강유역의 경상도 구석기문화와 어떻게 관련되는지를 비교 연구할 수 있는 문화 교류의 꼭지점 같은 곳이다.

그뿐 아니라 석기제작터, 석기 사용 공간, 화덕자리 등이 함께 발견되어 구석기시대 사람들이 공간을 어떻게 사용하였으며 얼마나 여러 번 이용하였는가에 대한 궁금증을 불러일으켰다. 그래서 여태까지 석기의 형식 분류, 지층의 퇴적 특징과 절대연대값을 통한 유적의 편년 등에 치중하여 왔던 연구(박영철 1992 ; 한창균 2003 ; 이선복 2000)에서 유적의 구조 연구로 눈을 돌리는 계기가 되었다.

또한 여기서 드러난 26개의 석기제작터와 99점의 슴베찌르개는 이 유적이 양질의 석재가 풍부한 곳에 자리하여 특정 석기를 생산한 '원산지유적'이었음을 보여주고 있다. 이와 같은 예로 단양 수양개유적(이융조 1985)과 밀양 고례리유적(朴英哲·徐姈男 1998)을 들 수 있다. 이런 유적들은 일본학계에서 언급하고 있는 '소비지(사용지)유적', '중간연계유적' 등과 함께 후기구석기시대 석기와 관련된 경제활동을 밝히는 데, 그리고 석재 이용과 석기 기술(lithic technology)을 규명하는 데(이형우 2001 ; 성춘택 2001) 매우 중요하다.

그런데 진그늘유적의 인근에는 용담댐 담수로 물에 잠겨 발굴되지 못한 모실, 원주평 같은 구석기시대의 유물산포지가 여러 곳 있다. 과거 파라호의 상무룡리유적(최복규 1989)이나 주암댐, 충주댐수몰지역 유적들의 예에서 보듯이 물을 빼거나 가물 때 많은 유물들이 드러나, 물속에 잠긴 유적은 보호되는 것이 아니라 계속 파괴되고 있음을 증거하고 있다. 그런즉 용담댐 수몰지역도 갈수기나 물을 뺄 때를 대비하여 미조사된 유적의 조사 대책을 강구해야 할 것이다.

제6장

임실 가덕리 하가유적 - 섬진강 상류 구석기인들의 터전 -

I. 머리말

2000년 3월에 용담댐 건설로 인한 수몰 예정지역에서 진안 진그늘유적을 발견하면서 금강 상류뿐 아니라 섬진강의 중, 상류 지역에 대한 학술지표조사의 필요성을 절감하였다. 그것은 섬진강의 큰 지류인 보성강유역에 분포하는 구석기문화를 이해하는데 있어 반드시 참고해

야 할 지역이기 때문이었다. 조선대 박물관이 그 해 6월까지 진행한 지표조사에서 모두 40여 개의 구석기 출토 지점을 발견하였으며, 그 중의 하나가 바로 하가유적이다.

하가유적(임실군 신평면 가덕리 687-23번지 일대)은 2000년 5월에 처음 발견되었는데, 당시 지표에는 돌날몸돌, 슴베찌르개, 밀개를 포함하여 수많은 석기들이 드러나 있었다(사진 1). 이것들은 거의가 유문암제 석기로 밭갈이나

〈사진 1〉 지표조사 모습

수확하는 과정에서 문화층이 파괴되면서 땅 위로 올라온 것이었다.

걸흙에 드러난 석기들은 온전한 것도 있지만 긁히거나 깨진 것들이 많았다. 석영암제 석기들보다 풍화가 아주 빠르게 진행되는 유문암제 석기들은 훼손 정도가 매우 심각하였다. 땅 속에서 농기구에 부딪친 탓도 있고, 드러난 이후 햇빛이나 추위로 인한 열 충격을 받아 풍화된 겉면이 터져 나갔기 때문이다. 이보다 더 큰 문제는 논을 만들거나 흙을 파서 문화층이 통째로 없어지는 곳도 있었다.

그런즉 유적이 더 이상 파괴되기 전에 문화층의 범위를 파악하고 그 성격을 밝히는 학술조사가 시급하다고 판단되었다. 당시 여러 모로 매우 어려운 여건이었지만 2006년부터 2011년까지 모두 다섯 차례의 학술발굴을 수행하였다. 이와 같은 학술조사는 전북대학교 윤덕향, 이형우 교수님과 최성미 신평면장님, 김진억 임실군수님의 협조와 지원이 없었다면 불가능하였을 것이다. 이에 각별한 감사의 말씀을 올린다.

II. 자연환경과 고고환경

1. 자연환경

하가유적의 언저리는 해발 300~400m대인 진안고원의 일부이고, 그 중심을 섬진강의 상류가 북동에서 남서 방향으로 흐르고 있다. 유적의 남서쪽에는 옥정호가 있고 운수봉과 용요산(490m), 백이산(530.7m), 백련산(754.1m)이 있으며, 북동쪽에는 오원천이 흐르고 신평면과 관촌면 소재지를 경계로 주로 300~400m대의 봉우리들이 솟아 있다. 그리고 북서쪽에는 옥녀동천이 흐르고 노적봉(430.0m), 갈미봉(539.9m)이 있다(그림 1. 2 참조).

유적 둘레의 지질(그림 1)을 시대별로 살펴보면, 선쥬라기에 생긴 편암, 석회암, 규암 등의 변성퇴적암류는 임실천의 상류에 자리한다. 쥬라기의 대보화강암류는 임실천의 상류 대부분과 둔남천유역 그리고 옥녀동천유역에 넓게 분포한다. 백악기에 생성된 사암, 셰일, 역암 등의 진안층군은 관촌면, 성수면, 신평면, 신덕면 일대 등 대체

로 하가유적보다 상류 쪽에, 그리고 중성화산암층인 안산암과 안산암질응회암은 하가유적의 하류 쪽에 넓게 분포한다. 한편 유문암, 유문암질응회암, 석영반암, 규장반암 등의 산성화산암류는 하가유적의 상류 쪽인 상월천 하류와 운암면 학인리 일대에 자리한다. 그리고 맥암류는 하가유적보다 상류 지역에 군데군데 흩어져 있다. 이러한 지질환경에서 석기의 돌감으로 쓰인 유문암이나 석영맥암이 섬진강 본류와 지류 주변에 분포하여 손쉽게 구할 수 있었던 여건이었음을 짐작할 수 있다.

하가유적의 자리를 가까이 보면, 용요산의 북서쪽 지맥인 해발 369m의 봉우리에서 서쪽으로 뻗어 내린 긴 능선의 완만한 끝자락이다(지도 1. 원색사진 35). 유적의 북쪽과 서쪽은 섬진강, 그리고 남쪽은 작은 개울이 흐르는데, 동쪽에서 흘러온 섬진강 본류가 남쪽으로 휘어 흐르는 안쪽에 유적이 자리하므로 평소 물의 피해를 입을 염려가 없는 곳이다. 유물이 나오는 지역의 해발높이는 약 214~227m이고, 현 강물 높이는 약 200.7m로 높이차는 14m 이상이다. 그리고 물가에는 다양한 크기의 유문암 자갈들이 분포한다.

2. 고고환경

1990년대 후반까지만 해도 임실군내에서 구석기시대나 신석기시대와 관련된 자료는 찾아진 바 없기에 임실군의 역사는 청동기시대부터 시작된 것으로 알려져 있었다(전영래 1997). 그러나 2000년에 조선대 박물관의 지표조사를 통해 가덕리 하가유적을 비롯한 11곳의 구석기 출토 지점이 임실군에서 발견되었고(이기길 과 2008), 2006~2007년에는 전북대학교 고고문화인류학과의 지표조사로 슬치리 슬치유적을 포함한 48개의 구석기 출토 지점이 더 찾아졌다(이형우 와 2008, 2009). 그리고 청동기시대~조선시대의 유구와 유물이 중심이 되는 대곡리 유적을 발굴하는 과정에서 뗀석기가 찾아진 사례도 있었다(김규정 과 2012).

이처럼 2000년 이후, 임실군의 역사가 이미 구석기시대부터 시작되었다는 사실을 알게 되었다. 그러나 문화상과 편년 등에 대한 보다 자세한 내용은 2006년부터 2011년까지 다섯 번의 학술발굴이 이뤄진 하가유적, 그리고 2013년과 2015년에 각각 발굴된 삼길리 외량유적

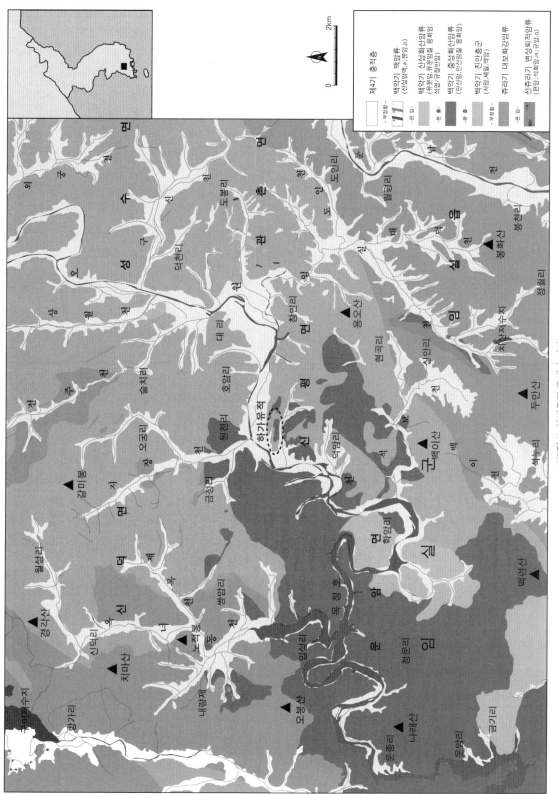

제4기 충적층

백악기 퇴적암류
(신성리역암, a, 분암;p)

백악기 산성화산암류
(유문암;유문암질 응회암·
석영/규장반암)

백악기 중성화산암류
(안산암;안산암질 응회암)

백악기 진안층군
(서암/세일;역암)

쥬라기 대보화강암류

선캠브리아 변성퇴적암류
(편암·석회암;s·규암;q)

〈그림 11〉 하가유적 둘레의 지질

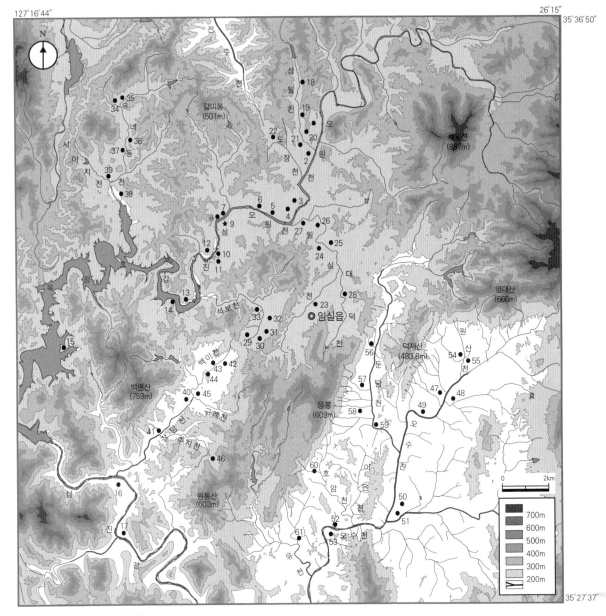

〈그림 2〉 임실군의 구석기유적 분포도

1. 방등 2. 공덕 3. 대리 A 4. 대리 B 5. 하두 6. 두류 7. 시암내 A 8. 시암내 B 9. 하가 10. 덕전 A 11. 덕전 B 12. 북창 13. 학산 14. 선거 15. 금기 16. 망월 17. 물우 18. 신전 19. 새터 20. 방현 A 21. 방현 B 22. 슬치 23. 하동 24. 외두실 25. 화성 26. 농원 27. 창인 28. 해평 29. 장재 A 30. 장재 B 31. 장재 C 32. 정잔 33. 낙촌 34. 신기 A 35. 신기 B 36. 사기소 37. 신흥 38. 운암 39. 외량 40. 신촌 41. 부흥 42. 명동 43. 청룡 44. 원동 45. 발산 46. 조항 47. 방계 48. 실곡 49. 계산 50. 둔기 A 51. 둔기 B 52. 구정골 53. 어목 54. 선원 55. 영천 56. 대판 57. 오촌리 58. 금산동 59. 상신 60. 평지뜸 61. 숙호

(박영민 과 2015)과 갈마리 해평유적(고금님 과 2017)을 통해 파악될 수 있었다.

최근까지 보고된 유적들의 행정구역명, 현상과 출토 유물, 조사연도와 기관은 다음과 같다(표 1).

유적들의 위치를 지도에 표시해보면 임실군 전역에 걸처 분포하며 밀집도가 매우 높음을 알 수 있다. 그 입지는 거의가 강이나 천에서 200m 내외에 위치한 나지막한 언덕들에 자리한다(그림 2). 이것은 무엇보다도 산지로서 하천이 발달한 임실군이 채집과 사냥으로 식량을 마련 했던 구석기인들의 터전으로 적합하였기 때문으로 해석

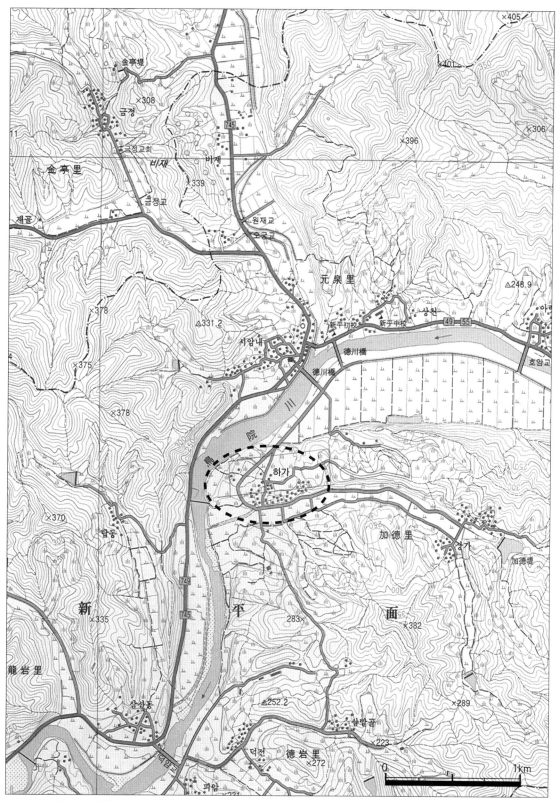

〈지도 1〉 하가유적 자리(⬭)

〈표 1〉 임실군의 구석기유적

번호	수계별	유적명	행정구역명	대표 유물	유적 현상	조사연도	조사기관/참고문헌
1	오원천	방등	관촌면 방수리 533-3	격지(A, B)	밭, 가옥	2007	이형우 와 2008
2		공덕	관촌면 방현리 35	격지(A, B)	고속도로	2007	이형우 와 2008
3		대리A	신평면 대리 353	격지(B)	논	2007	이형우 와 2008
4		대리B	신평면 대리 산 96	격지(A, B)	밭	2007	이형우 와 2008
5		하두	신평면 호암리 산 62	여러면석기(A), 격지(B)	밭	2007	이형우 와 2008
6		두류	신평면 호암리 588-20	몸돌(B)	밭, 가옥	2007	이기길 과 2008
7	섬진강	시암내A	신평면 원천리 372	찍개(A), 격지(B)	밭	2007	이형우 와 2008
8		시암내B	신평면 원천리 381	격지(C)	밭	2007	이형우 와 2008
9		하가	신평면 가덕리 687-23	각추상석기(B), 슴베찌르개(B)	밭	2007	이기길 과 2008
10		덕전A	신평면 덕암리 506-2	몸돌(B), 격지(B)	숲, 가옥	2007	이형우 와 2008
11		덕전B	신평면 덕암리 429-1	찍개(A), 격지(B)	논	2007	이형우 와 2008
12		북창	신평면 용암리 180	격지(B)	논	2007	이형우 와 2008
13		학산	운암면 학암리 583-5	몸돌(A), 밀개(B)	밭, 가옥	2007	이기길 과 2008
14		선거	운암면 선거리 산 202	몸돌석기(A), 격지(B)	도로, 밭	2007	이형우 와 2008
15		금기	운암면 금기리 193-18	몸돌석기(B)	밭	2007	전주역사박물관 2007
16		망월	덕치면 회문리 산 32-1	격지(B)	논	2007	이형우 와 2008
17		물우	덕치면 물우리 산 271	격지(B)	숲, 무덤	2007	이형우 와 2008
18	상월천	신전	관촌면 신전리 산 42	돌날몸돌(B), 격지(B)	숲, 밭	2007	이형우 와 2008
19		새터	관촌면 신전리 산 74-1	격지(B)	숲, 밭	2007	이형우 와 2008
20		방현A	관촌면 방현리 278	격지(B)	숲, 밭, 무덤	2007	이형우 와 2008
21		방현B	관촌면 관촌리 728	격지(B)	밭	2007	이형우 와 2008
22	도장천	슬치	관촌면 슬치리 277-1	좀돌날몸돌(B), 돌날(B)	밭	2007	이형우 와 2008
23	임실천	하동	임실읍 성가리 75-10	긁개(A)	밭	2007	이형우 와 2008
24		외두실	임실읍 두곡리 303	여러면석기(A)	제조업 공장	2007	이형우 와 2008
25		화성	임실읍 금성리 산 17-1	몸돌(A)	숲	2007	이형우 와 2008
26		농원	관촌면 용산리 294-5	몸돌(B), 돌날(B)	밭, 가옥	2007	이기길 과 2008
27		창인	신평면 창인리 237-2	격지(A, B)	밭	2007	이기길 과 2008
28	대덕천	해평	임실읍 갈마리 568-1	격지(B)	공사중	2007	이형우 와 2008
29	석보천	장재A	임실읍 장재리 19-8	격지(A), 찍개(A), 격지(B)	밭	2007	이형우 와 2008
30		장재B	임실읍 장재리 283	여러면석기(A)	밭	2007	이형우 와 2008
31		장재C	임실읍 신안리 산 1008	격지(A)	밭	2007	이형우 와 2008
32		정잔	임실읍 신안리 86-2	몸돌(A), 격지(A)	밭, 창고	2007	이형우 와 2008
33		낙촌	임실읍 신안리 산 70	찍개(A)	숲	2007	이형우 와 2008
34	옥녀 동천	신기A	신덕면 신덕리 산 33	돌날(B)	무덤	2007	이형우 와 2008
35		신기B	신덕면 조월리 산 85	몸돌(B), 격지(A, B)	태양광 발전소	2007	이형우 와 2008
36		사기소	신덕면 신흥리 27-11	격지(B)	무덤	2007	이형우 와 2008
37		신흥	신덕면 신흥리 222	격지(B)	숲, 밭	2007	이형우 와 2008
38		운암	운암면 쌍암리 산 13	격지(B)	숲	2007	이형우 와 2008
39	서이 치천	외량	신덕면 삼길리 산 11-1	격지(B)	밭	2007	이형우 와 2008
40	갈담천	신촌	강진면 백련리 385-4	격지(B)	마을	2007	이형우 와 2008
41		부흥	강진면 부흥리 236-4	격지(A, B)	숲, 밭, 무덤	2007	이형우 와 2008
42	백이천	명동	청웅면 옥전리 산 65-2	격지(A), 톱니날(A)	무덤	2007	이기길 과 2008
43		청룡	청웅면 향교리 산 45	격지(B)	숲, 무덤	2017	조선대학교 박물관 2017
44		원동	청웅면 구고리 산 8	격지(A, B)	숲	2007	이형우 와 2008
45	구례천	발산	청웅면 남산리 857	격지(A, B)	밭	2007	이형우 와 2008
46	주지천	조항	청웅면 옥석리 993	격지(B)	밭	2007	이형우 와 2008

47	오수천	방계	지사면 방계리 701	몸돌(A)	무덤	2007	이형우 와 2008
48		실곡	지사면 방계리 93-3	격지(A)	숲, 밭, 무덤	2007	이형우 와 2008
49		계산	지사면 계산리 116	몸돌(A)	밭	2007	이형우 와 2008
50		둔기A	오수면 대정리 557	찍개(A)	밭	2007	이형우 와 2008
51		둔기B	오수면 둔기리 285	몸돌·석기(A)	숲, 무덤	2007	이형우 와 2008
52		구정골	삼계면 뇌천리 801	좀돌날몸돌(B), 밀개(B), 홈날(A)	밭	2007	이기길 과 2008
53		어목	삼계면 산수리 산 52	몸돌(A)	숲, 밭	2007	이기길 과 2008
54	원산천	선원	지사면 원산리 84	여러면석기(A)	밭	2007	이형우 와 2008
55		영천	지사면 영천리 311	몸돌(A)	농장	2007	이기길 과 2008
56	둔남천	대판	오수면 봉천리 46	격지(B)	농축산 창고	2007	이형우 와 2008
57		오촌리	오수면 오암리 276	홈날(A), 밀개(B)	숲, 무덤	2007	이기길 과 2008
58		금산동	오수면 오산리 99	몸돌(A), 밀개(B)	숲, 무덤	2007	이기길 과 2008
59		상신	오수면 대명리 산 73-1	격지(B)	고속도로	2007	이형우 와 2008
60	호암천	평지뜸	삼계면 덕계리 235	격지(B)	숲	2007	이형우 와 2008
61	유천	숙호	삼계면 홍곡리 800	몸돌(A)	무덤	2007	이형우 와 2008

(A : 석영맥암, B : 산성화산암, C : 기타)

된다. 그리고 양질의 돌감인 유문암이 풍부한 환경도 그들에게는 매우 중요한 요인이었을 것이다.

각 유적들에서 찾아진 석기들의 종류를 보면, 산성화산암(유문암과 응회암의 통칭)제 석기의 경우 돌날몸돌과 돌날, 좀돌날몸돌, 그리고 슴베찌르개와 밀개, 새기개 등이 대표되고, 석영맥암제 석기로는 몸돌과 격지, 찍개류, 여러면석기류, 긁개, 홈날, 톱니날 등이 있다. 이와 같은 석기구성은 기존의 연구 성과에 비춰볼 때 주로 후기구석기시대에 속하고, 일부는 중기구석기시대에 해당하는 것이다.

한편 유적이 위치한 언덕들은 대부분 깨, 고구마, 율무, 인삼 같은 작물을 경작하는 밭이나 또는 과수원 그리고 일부 논으로 부쳐지고 있다. 그래서 겉흙에 가까운 유물층의 파괴가 계속되고 있으며, 그 과정에서 드러난 유물은 심하게 훼손되고 있는 안타까운 실정이다.

Ⅲ. 지층과 문화층

제1차 발굴에서는 하가마을이 있는 언덕과 그 건너편의 두 언덕에 각각 5개, 1개, 3개의 시굴구덩이를 배치하여 조사하였다(그림 3). 그런데 각 구덩이의 지층 구성은 똑같지 않았다. 즉 제1~4구덩이에서는 경작층 아래 명갈색찰흙층, 암갈색찰흙층(상부 토양쐐기 포함층)이 공통되었으나, 제5, 6, 8구덩이에서는 경작층 아래 바로 기반암 풍화토양층과 기반암의 순서였고, 제7구덩이는 경작층 아래 자갈, 뻘, 모래가 뒤섞인 강물쌓임층이 두텁게 남아있었다.

8개의 구덩이 중 제7구덩이가 해발 208m로 가장 낮고, 제1~3구덩이는 해발 214m 내외, 제4, 6구덩이는 219~220m, 제8구덩이는 235m로 가장 높은 데 있다. 그런즉 강물의 영향을 받는 정도가 서로 달랐을 것이다. 여기서 제3, 7구덩이에서 강물쌓임층이 확인되었고, 제3구덩이의 경우 강물쌓임층 위에 찰흙층이 퇴적되어 있으며, 제1, 2구덩이는 기반암까지 조사되지 않아 강물쌓임층의 유무를 알 수 없다. 그리고 제1, 2, 4구덩이의 명갈색찰흙층에서 구석기가 발견되었다.

이 내용을 바탕으로 유적 형성 과정을 추리해보면, 과거 한 때 해발 214m 부근까지 강물의 영향을 받았고, 그 뒤 강물이 멀어지면서 찰흙층이 쌓이는 동안 구석기인들이 찾아와 살림터로 이용하였던 것으로 볼 수 있다. 그런데 제1~3구덩이와 비슷한 높이이거나 더 높은 데 있는 제6, 8구덩이에는 유물을 포함하는 찰흙층이 전혀 남아있지 않은 점은 매우 특이하다. 아마도 이것은 자연작용보다는 인위적인 영향을 받았을 것으로 생각되나 더 검토가 필요하다.

구덩이들의 층위와 기준 단면인 남18칸 서벽의 층위를 종합해보면, 전체 층위는 겉흙층(경작층) 아래 명갈색찰흙층, 암갈색찰흙층(상부 토양쐐기 포함층), 갈색모래질찰흙층, 자갈뻘모래층 또는 기반암 풍화토양층, 기반암

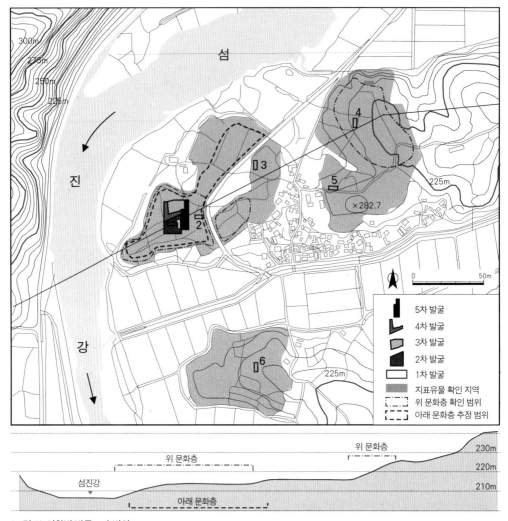

〈그림 3〉 연차별 발굴조사 범위

의 순서로 정리된다. 각 지층에 대해 살펴보면 아래와 같다(원색사진 36).

① 제1지층 : 경작층으로 회갈색이며 두께는 15~20cm이다. 경작으로 뒤섞인 층이며 후기구석기시대의 뗀석기와 신석기시대의 간석기, 삼국시대의 경질도기, 최근의 자기 및 옹기 조각들이 포함되어 있다. 또 밭 가장자리에 쌓여있는 돌들 사이에서도 뗀석기가 눈에 띈다.

② 제2지층 : 명갈색찰흙층(7.5YR brown 4/3)이며, 두께는 40~50cm 정도이다. 이 층의 밑에서 토양쐐기가 시작되는데, 쐐기가 시작되는 부분은 밝은 황갈색으로 색깔 변화가 보이며, 찰흙 내에 모래가 다소 끼어 있다. 이 토양쐐기 시작면보다 더 위쪽에서 뗀석기들이 나왔다.

③ 제3지층 : 토양쐐기가 발달한 암갈색찰흙층(7.5YR strong brown 4/6)으로, 그 두께는 120~130cm이다. 이 층의 찰흙은 입자가 매우 곱고 치밀하며 점성이 강하다. 토양쐐기 현상이 뚜렷하고 망간이 군데군데 보인다. 이 층의 하부는 모래가 더 포함되어 있으며, 1cm 이하의 잔자갈도 끼어 있다.

④ 제4지층 : 갈색 모래질찰흙층(10YR yellowish brown 5/6)이다. 30cm 이상의 두께로 쌓여 있다. 산성화산암제 뗀석기 1점이 제2구덩이 동벽의 194cm 깊이에 있었다.

⑤ 제5지층 : 뻘, 모래와 자갈이 뒤섞인 강물쌓임층으로 아래로 갈수록 굵은 모래와 자갈이 많다. 두께는 130cm 이상이다.

⑥ 제6지층 : 기반풍화토양층으로 토양화된 기반암 풍화물이 중력 작용으로 쌓인 것이다. 층 두께는 적어도

65cm 이상이다.

　⑦ 제7지층 : 기반암

　이 중 문화층은 명갈색찰흙층의 하부(제1문화층)와 갈색모래질찰흙층(제2문화층)이다. 제2구덩이의 제1문화층 즉 토양쐐기의 시작 면보다 위쪽에서 석기와 함께 드러난 숯으로 잰 방사성탄소연대는 19,700±300B.P.(SNU 06-971. 보정연대 21,500 B.C.), 19,500±200B.P.(SNU 06-972. 보정연대 21,300 B.C.)이다.

　아래 문화층은 제대로 발굴되지 않았고 논둑의 깎인 면(원색사진 35)과 시굴구덩이에서만 확인되어 위 문화층처럼 자세한 양상은 알 수 없다. 그렇지만 위 문화층보다 1.5m쯤 아래, 그리고 상부 토양쐐기를 포함하는 암갈색찰흙층보다 먼저 쌓인 갈색찰흙층에서 석기가 발견되었으며, 그것이 버금공모양석기(원색사진 35)라는 점에서 중기구석기시대의 늦은 단계에 속할 가능성이 크다.

IV. 학술발굴의 내용

　2006년에 첫 조사에 들어가서 2007년과 2008년, 그리고 2010년과 2011년에 걸쳐 모두 다섯 차례의 학술발굴을 마쳤다. 아래에 연차별 조사의 목적과 주요 내용에 대해 소개하겠다.

　제1차 발굴(이기길 과 2006, 2008)은 문화층의 분포 범위와 층위를 파악하는데 주안점을 두었다. 그래서 지표에서 유물이 발견된 세 언덕에 모두 8개의 탐색구덩이를 배치하여 조사하였다(사진 2). 그 결과 문화층은 하가마을이 들어선 언덕의 제1, 2, 4구덩이에서 확인되었고, 마을 건너편의 두 언덕에는 남아있지 않은 것으로 드러났다.

　제1차 조사의 주된 성과는 다음과 같다 : ① 지표조사 시 뗀석기가 발견된 범위와 탐색 조사의 결과를 감안할 때 문화층의 규모는 약 10만m²가 넘을 것으로 추산되었다(그림 3). ② 유적의 층위는 기반암을 포함하여 7개의 지층으로 구성되어 있으며, 여기서 두 개의 구석기문화층이 확인되었는데 제2구덩이에서 두 문화층의 깊이 차이는 약 1.3m이다. ③ 가로, 세로 각각 2m, 5m인 제1, 2, 4구덩이에서 모두 360점의 석기가 나와 유물의 밀집도가 높은 편이다. ④ 서로 붙는 석기들이 다섯 세트나 있

어 석기제작지의 면모를 보이는 동시에 문화층이 원래의 상태를 유지하고 있다고 하겠다. ⑤ 제1구덩이에서 슴베찌르개와 각추상석기(모뿔석기)가 불과 60cm 떨어진 채, 또 각추상석기에 붙는 잔격지가 32cm 거리에서 발견되었다(사진 3). 이것은 각추상석기가 유적 안에서 제작되었고, 그것이 슴베찌르개와 동 시기에 존재했음을 알려준다.

　이처럼 제1차 발굴은 조사 면적이 작아 전체 문화상을 이해하기 어려운 수준이었고, 더군다나 한일 구석기문화의 교류를 시사하는 슴베찌르개와 각추상석기가 함께 발견되어 추가 조사의 필요성이 제기되었다. 그래서 제2차 발굴(조선대학교 박물관 2007)은 이것들이 출토된 제1구덩이를 중심으로 동서로 20m, 남북으로 최대 20m를 조사 대상으로 삼았다(사진 4). 조사 결과, ① 약 330m²에서 2,600여 점의 유물이 나와 밀집도가 높은 것으로 드러났다. ② 도구의 종류는 밀개, 새기개, 톱니날, 슴베찌르개, 각추상석기, 버들잎모양찌르개, 갈린 자갈 등이다. ③ 신석기시대의 유물과 유구가 새롭게 확인되었다.

　제3차 발굴(이기길 2008c ; 이기길 과 2008)은 제2차 발굴지의 북쪽(동서 20m, 남북 최대 15m)을 대상으로 하였다(사진 5). 조사 결과, ① 약 250m²에서 4,900여 점의 유물이 나와 제2차 발굴지보다 밀집도가 더 높은 것으로 나타났다. ② 여러 곳에 몸돌과 돌날, 격지, 부스러기 등이 모여 있는 제작 지점들이 분포한다. ③ 일본학계에서 이측연 가공 나이프형석기로 분류하는 석기가 처음으로 발견되었다. ④ 두 손을 오목하게 붙인 크기의 돌확모양석기와 소프트볼만한 갈돌이 함께 드러났다(사진 6).

　제4차 발굴(이기길 과 2010)에서는 제2차 발굴지와 제3차 발굴지 사이의 동서 최대 약 18m, 남북 최대 약 20m의 범위를 조사하였다(사진 7, 원색사진 37). 그 결과, ① 약 125m²에서 1만여 점의 유물이 발굴되어 제3차 발굴지보다 밀집도가 4배나 높았다. ② 크고 작은 석기제작소가 분포하며 각각에는 몸돌부터 부스러기까지 전체 제작 과정의 부산물이 잘 남아있다. ③ 석기제작소의 유물 가운데 완성, 미완성, 파손된 상태의 슴베찌르개들이 많아서 돌날 제작의 주목적이 사냥도구와 긴밀하게 관련됨을 추정할 수 있었다.

　제5차 발굴(이기길 2011b ; 이기길 과 2011a, b)은 제2, 3차 발굴지의 동쪽 지점에서 동서 약 10m, 남북 약 30m의 범위를 대상으로 하였다(사진 8). 조사 결과, ① 약 250m²에

〈사진 2〉 제1차 발굴 모습

〈사진 3〉 슴베찌르개(왼쪽)와 각추상석기(오른쪽)가 나온 제1구덩이

〈사진 4〉 제2차 발굴 모습

〈사진 5〉 제3차 발굴 모습

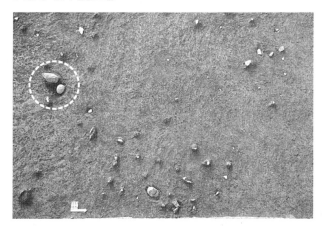

〈사진 6〉 돌확모양석기가 나온 모습

〈사진 7〉 제4차 발굴 모습

〈사진 8〉 제5차 발굴 모습

〈사진 9〉 신석기시대 유물

서 9,000점의 석기를 찾아내었다. ② 제3, 4차 발굴지처럼 크고 작은 석기제작소가 분포한다. ③ 좀돌날몸돌과 좀돌날이 문화층 내에서 처음으로 찾아졌는데, 조사 범위 중 가장 동쪽인 언덕의 정상부와 그 인근에 분포하고 있었다. ④ 신석기시대의 유구를 조사하였고, 뾰족밑을 포함한 겹전(이중구연), 찍거나 새긴무늬의 그릇 조각과 소형의 뗀화살촉, 팔찌로 추정되는 치레걸이 등이 나왔다(사진 9). ⑤ 삼국시대의 유구선을 확인하였으나 내부 조사는 하지 못했다. 이 유구는 지표조사 시 발견한 회청색의 경질도기 파편들과 관련될 것이다.

이처럼 다섯 차례의 발굴에서 조사된 범위는 동서, 남북 축으로 각각 30m와 35m이나, 이 중 일부는 조사하지 못했다. 제1~5차 발굴의 조사 기간, 발굴 면적, 유물의 수량, 조사 성과 등을 정리하면 〈표 2〉와 같다.

V. 석기제작소와 뗀석기

이처럼 하가유적은 구석기시대, 신석기시대, 그리고 삼국시대의 유구와 유물이 남아있어 오랜 동안 사람들이 살았던 터전으로 밝혀졌다. 세 시대 중 신석기시대와 삼국시대 문화층은 일부만 조사된 반면, 구석기시대 문화

〈표 2〉 제1~5차 발굴조사 내용

차수	조사 기간	발굴 면적	유물 점수	조사 성과
1차	2006. 8. 7~9. 13	80m²	360여 점	규모는 10만m² 이상으로 추정, 두 개의 구석기문화층 확인
2차	2007. 10. 18~11. 23	330m²	2,700여 점	돌날제작소, 신석기문화층 확인
3차	2008. 9. 5~10. 2	250m²	4,900여 점	대규모 석기제작터, 나이프형석기와 돌확모양석기 출토
4차	2010. 6. 21~8. 5	125m²	10,000여 점	대규모 석기제작터, 다양한 찌르개류 출토
5차	2011. 9. 15~12. 13	250m²	9,900여 점	대규모 석기제작터, 좀돌날몸돌 출토, 신석기시대 및 삼국시대 유구 확인
모듬		1,035m²	27,000여 점	

층은 대규모 석기제작소를 포함하여 27,000여 점의 유물이 찾아졌다. 아직 현장에서 기록한 자료와 찾은 유물들에 대한 정리와 분석 작업이 충분히 진행되지 못한 상태여서 여기서는 구석기문화층에 국한하여 석기제작소와 돌감의 구성, 석기갖춤새에 대해 언급하고자 한다.

몸돌, 격지, 부스러기, 돌망치 등으로 이뤄진 석기 무리(석기 집중부)는 하나의 석기제작 단위를 의미한다. 이것은 지름이 대체로 1~2m쯤 되는 타원형의 모습을 띤다. 이런 단위들이 조사 범위 중 남21열의 북측인 동서 30m, 남북 25m 면적에 몰려 있어 적어도 약 750m²(약 230평)에 이르는 대규모 석기제작지로 평가된다. 그런데 유물의 분포 양상을 살펴보면 서23칸으로 더 연장될 가능성이 크다(그림 4).

석기제작 단위를 구성하는 것들은 크고 작은 자갈들과 한두 번 떼어진 자갈들, 그리고 몸돌, 돌날, 격지, 부스러기, 망치돌과 모룻돌 등이며, 서로 붙는 몸돌과 격지, 슴베찌르개와 부러진 조각, 밀개, 긁개, 새기개 같은 도구도 포함되어 있다. 이것들은 석기의 재료인 자갈돌부터 돌날이나 격지를 만드는 과정의 부산물, 그리고 완성, 또는 미완성 그리고 파손된 도구로 대분된다.

이러한 구성은 구석기인들이 천변에서 고른 돌감을 유적 안으로 가져와서 몸체(blank)로 쓸 돌날이나 격지를 생산한 뒤 이어서 도구로 완성한 이른바 석기제작의 전 과정을 잘 반영하고 있다. 따라서 후기구석기시대 사람들의 인지능력과 석기제작기술을 복원하는데 있어 매우 중요한 학술자료로 평가된다. 한편 석기제작 단위는 거의가 돌날을 만들던 장소였으나 가장 동쪽의 정상부와 그 인근인 서22, 남16~18칸을 중심으로 5점의 좀돌날몸돌과 11점의 좀돌날이 발굴되었다. 이는 좀돌날 제작지가 돌날제작지보다 공간적으로 한정되었음을 보여준다.

다음으로 석기 27,000여 점의 돌감 구성을 보면, 산성화산암이 70~90여%, 석영암과 규암이 6~20%, 그리고 사암, 편암, 셰일, 수정, 화강암이 조금 있다. 하가유적의 돌감 구성은 같은 시기로 편년되는 죽내리유적 제4문화층, 신북유적, 월평유적에서 산성화산암의 비율이 약 10~30%이고 석영맥암의 비율이 70~90%인 점과 극명하게 대비된다. 이것은 무엇보다도 유적의 석재환경과 밀접한 관련이 있는데, 신북유적이나 월평유적과 달리 하가유적 앞 물가에는 양질의 유문암이 아주 풍부하다. 이처럼 하가유적에서 두드러진 유문암의 편중 양상은 진안 진그늘유적에서도 볼 수 있는데, 그것은 석재환경이 거의 같은 점에 기인할 것이다.

석기갖춤새를 살펴보면, 격지와 돌날, 조각돌과 부스러기의 비율이 70~90여%로 대부분을 차지하는 반면 도구의 비율은 아주 낮다. 이 비율은 하가유적에서 석기제작이 매우 활발하였던 사정을 반증하는 자료이다.

한편, 완성된 도구의 종류로는 슴베찌르개, 나뭇잎모양찌르개, 버들잎모양찌르개(창끝찌르개), 하가식찌르개, 나이프형석기, 각추상석기, 밀개, 긁개, 새기개, 부리날, 뚜르개, 홈날, 톱니날 등이 있다(원색사진 38). 이 가운데 사냥용 도구에 속하는 찌르개류는 네 가지나 되고 수량도 많다. 또 가죽 가공용인 밀개도 많으며, 새기개도 많은 편이다.

각추상석기는 비록 1점이지만 삼리유적(한창균 과 2003)과 수양개유적(이융조 1985)에서 보고된 각추상석기에 비해 8배쯤 크며, 돌감도 흑요석이 아닌 유문암이어서 뚜렷하게 구별된다. 그리고 나이프형석기는 일본학계에서 이측연가공 나이프로 분류하는 전형에 속하는 것으로 여러 점 출토하였다. 이 각추상석기와 나이프형석기는 구석기시대에 한반도와 일본열도의 교류를 검토하는 데 있어 상당히 중요한 자료이다.

이밖에 돌확모양석기, 위와 아랫면이 갈린 자갈, 또 갈

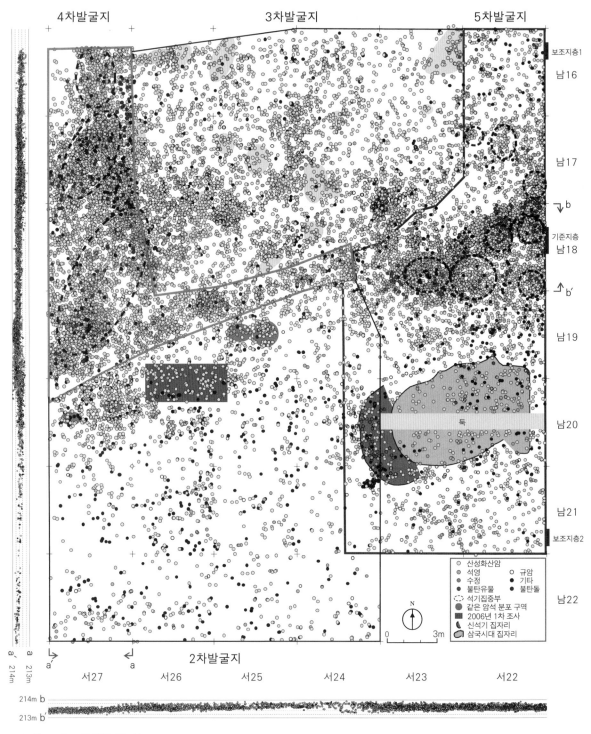

〈그림 4〉 제1~5차 발굴 유물분포도

리거나 쪼인 흠집이 있는 자갈이 있다. 돌확모양석기는 공모양의 갈돌과 짝을 이뤄 드러나서 무언가를 갈거나 빻는데 쓰였을 것으로 추정된다. 그리고 곱게 갈려 평편한 면을 지닌 자갈도 역시 가는 데 이용되었을 것이다.

VI. 맺음말

2000년 봄에 처음 발견된 임실 하가유적은 2006년부터 2011년까지 모두 다섯 차례의 학술발굴을 통해 구석기시대, 신석기시대, 삼국시대의 생활상을 규명할 수 있는 유구한 삶의 터전으로 밝혀졌다. 유적의 규모는 약 10만m²로 추정되어 최근까지 전라북도에서 조사된 구석기시대 유적 중 최대급이다.

섬진강을 따라 탁 트인 경관 속에 위치한 임실 하가유적에서 사방을 둘러보면 아늑한 순천 월평유적(국가사적 제458호)이나 너무 광활하여 황량한 느낌마저 드는 전곡리유적(국가사적 제268호)과 달리 산, 내, 들이 잘 어우러진 느낌을 받는다. 무엇보다도 구석기시대 이래의 지형이 잘 남아있어 구석기인들이 선호한 자연환경을 이해하는 데 최상이다.

두 개의 구석기문화층 중 위 문화층은 방사성탄소연대측정 결과 기원전 21,300~21,500년 전으로 후기구석기시대 후반에 속한다. 이 층의 약 1,000m²에서 27,000여 점의 뗀석기가 나왔다. 이처럼 유물의 밀집도가 대단히 높은 이유는 돌날을 포함한 석기제작이 매우 활발했던 탓이다. 특히 석기제작지는 도구를 만들기 위해 원석 마련에서 도구 완성까지의 전 과정에서 생기는 부산물과 결과물이 잘 남아있어, 후기구석기인의 석기제작기술과 인지능력을 규명할 수 있는 커다란 잠재력을 지니고 있다.

슴베찌르개를 포함한 다양한 사냥도구, 다량의 밀개와 새기개, 갈린 자갈, 돌확모양석기와 공모양의 갈돌 등을 통해 하가유적은 석기제작과 더불어 짐승의 사냥, 잡은 짐승의 처리, 가죽과 뼈, 뿔, 나무 등의 가공, 식량의 가공 등 일상의 살림이 이뤄진 장소로 추정된다. 그런즉 구석기인들의 생활 모습과 문화를 복원하는데 있어 매우 소중한 학술자료이다. 그뿐 아니라 일본열도의 고유한 석기로 알려진 각추상석기(모뿔석기)와 나이프형석기가 슴베찌르개와 함께 발견되어, 구석기시대 한·일 양 지역의 문화교류와 인류의 이동 등을 규명하는 열쇠가 된다.

이처럼 학술과 문화재 면에서 가치가 매우 큰 하가유적은 경작 등으로 더 이상 파괴되지 않도록 문화재 지정이 하루 속히 이뤄져야 하며, 나아가 전라북도의 유구한 역사와 문화를 체험 학습하는 장으로 활용할 방안을 모색하는 것이 필요하다.

제3부

구석기시대의 석기 연구

제1장

중기~후기구석기시대의 석기 제작기술과 변천

I. 머리말

지난 10년간 중기~후기구석기
시대의 석기 제작기술의 점진적인
발전을 잘 보여주는 중요한 유적
들이 한국에서 발굴되었다(그림 1).
예를 들면, 순천 죽내리유적(이기
길 과 2000), 화순 도산유적(이기길
2002b), 밀양 고례리유적(박영철·서영
남 2004), 순천 월평유적(이기길 2002a
; 이기길 과 2004), 대전 용호동유적
(한창균 과 2002), 대전 노은동유적
(한창균 2003), 진안 진그늘유적(이기
길 2004a), 홍천 하화계리유적(최복규
2004), 진주 장흥리유적(박영철·서영
남 2004), 남양주 호평동유적(홍미영
과 2002), 연천 전곡리유적(배기동 과
2001), 파주 금파리유적(배기동 1999
; 배기동·김대일 2004), 장흥 신북유적
(이기길 2004c) 등이다.

죽내리유적, 용호동유적과 하화
계리유적은 중기~후기구석기시대
에 속하는 4개의 문화층, 그리고 고
례리유적, 진그늘유적, 호평동유적,
장흥리유적, 신북유적과 월평유적

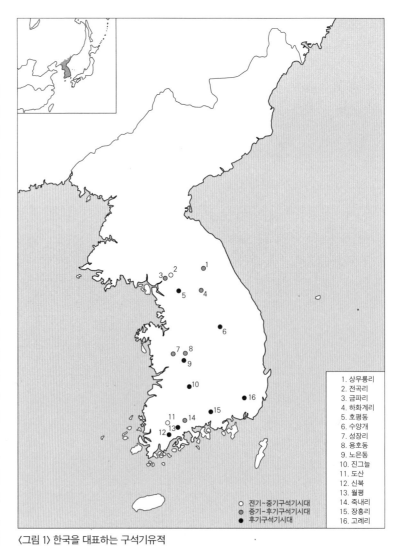

1. 상무룡리
2. 전곡리
3. 금파리
4. 하화계리
5. 호평동
6. 수양개
7. 성장리
8. 용호동
9. 노은동
10. 진그늘
11. 도산
12. 신북
13. 죽내리
14. 월평
15. 장흥리
16. 고례리

○ 전기~중기구석기시대
◑ 중기~후기구석기시대
● 후기구석기시대

〈그림 1〉 한국을 대표하는 구석기유적

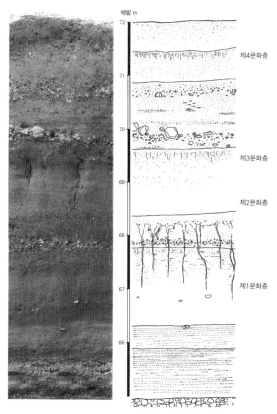

〈사진 1. 그림 2〉 죽내리유적의 지층과 문화층

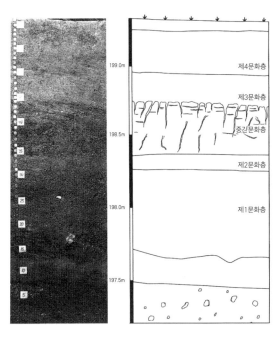

〈사진 2. 그림 3〉 월평유적의 지층과 문화층

은 후기구석기시대에 속하는 1~5개의 문화층을 포함하고 있다(사진 1, 2, 그림 2, 3). 상당수의 유적에서 돌날몸돌, 좀돌날몸돌, 밀개, 새기개, 슴베찌르개처럼 전형의 석기가 발굴되었다. 그리고 최근 많은 유적들에서 믿을 만한 방사성탄소연대측정값이 얻어졌다.

새 자료들로 인해 연구자들은 한국 구석기시대의 편년을 과학적으로 제시하고, 문화 발달 과정을 이해하는 것이 가능하게 되었다. 이 글에서는 한국에서 중기~후기구석기시대에 걸쳐 돌감 선택, 떼기 기법과 석기 종류가 어떻게 변해갔는가를 다루고자 한다.

II. 돌감 선택

중기~후기구석기시대에 석기의 재료인 돌감 종류의 변화가 있었다. 중기구석기시대 동안에는 맥석영, 개차

돌(규암), 응회암이 돌감에서 주류였으나, 후기구석기시대에 들어와 유문암, 혼펠스, 규질셰일, 흑요석, 수정, 그리고 양질의 맥석영 등이 새로 추가되었다.

흔히 양질의 맥석영이 유문암, 혼펠스, 규질셰일, 흑요석, 수정보다 얻기 쉬운 편이었다. 그래서 맥석영은 찍개류, 공모양석기류, 주먹도끼, 밀개, 긁개, 홈날, 뚜르개 같은 도구를 만드는 데 쓰였다. 켜면이 발달한 맥석영은 그렇지 않은 돌감과 달리 힘의 전달을 왜곡시키는 단점을 지녔지만, 오히려 판판한 바닥면이 필요한 긁개와 밀개 등을 만드는 데는 장점으로 활용되었다. 또 다른 종류들보다 흔하기 때문에 부피가 큰 석기를 만드는 데도 선뜻 이용되었다. 유문암, 혼펠스, 규질셰일, 흑요석, 수정은 입자가 거친 석영암보다 더 작고 균질하여 슴베찌르개, 나뭇잎모양찌르개, 새기개처럼 정교한 도구의 몸체가 되는 돌날과 좀돌날을 만드는 데 주로 쓰였다.

죽내리유적, 호평동유적, 월평유적의 후기구석기문화층 석기갖춤새에서 양질의 맥석영으로 제작된 석기의 비율은 70~90%인 반면, 유문암, 혼펠스, 규질셰일, 흑요석, 수정 등으로 만들어진 석기의 비율은 10~30%이다.

호남이나 영남에 위치한 유적들의 경우 양질의 맥석영 돌감에 더해 유문암이 주요한 돌감으로 그리고 수정과 흑요석이 부수적인 돌감으로 선택되었다. 반면 중부

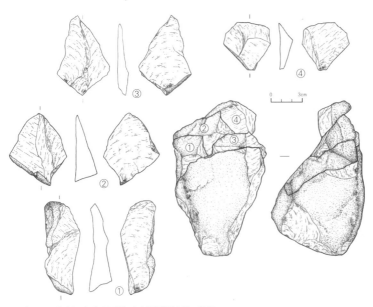

〈그림 4〉 죽내리유적 제1문화층의 석영맥암 붙는 유물

〈사진 3〉 두 손으로 내려쳐떼기(swing method)

석기를 만드는 데 쓰였다. 대부분의 돌감은 유적 근처의 천변에서 마련되었지만, 흑요석은 원거리에서 들어오거나 교환되었던 것으로 보인다.

Ⅲ. 떼기 기법

세 개의 주요한 몸체(blank), 즉 격지, 돌날, 좀돌날을 만드는 기법과 서너 개의 잔손질 기법이 중기와 후기구석기시대의 석기들에서 확인된다.

중기구석기시대에는 두 가지의 격지 떼기 기법을 볼 수 있다. 하나는 보통 격지를 얻기 위한 굳은망치떼기이고(그림 4), 다른 하나는 지름 20cm가 넘는 커다란 자갈돌에서 길이가 12cm보다 큰 격지를 떼어내는 내리쳐떼기 방법(swing method)이다. 이 기법은 두 다리 사이에 큰 자갈을 놓고 두 손으로 잡은 커다란 망치돌로 내려치는 것이다(사진 3. Schick and Toth, 1993 : 246-247). 죽내리유적에서 내리쳐떼기로 격지를 떼어낸 응회암 몸돌은 먼저 떼어진 격지의 자국면을 때림면으로 이용하여 떼기를 계속함으로써 결국 한 방향 또는 마주 방향이 아닌 여러 방향에서 격지를 땐 몸돌의 특징을 지니고 특히 우묵점이 매우 크다. 여기서 떼어진 격지들은 대형과 중형(12~7cm), 그리고 소형 등 다양한 크기인데 혹이 아주 발달하였다는 공통점을 지니며, 긴격지와 옆격지가 섞여 있다(그림 5). 이 방법은 일정한 크기와 모양의 격지를 연속해서 얻기보다 두텁고 큰 격지를 얻는 데 적합하다고 생각된다.

에 있는 충청도에서는 규질셰일과 혼펠스가 주, 흑요석이 부, 그리고 강원도와 경기도에서는 흑요석이 주, 수정이나 유문암이 부의 위치를 차지한 것으로 보인다. 이와 같은 경향은 돌감의 분포 지역과 밀접하게 관련되어 있다. 즉 흑요석 원산지는 백두산으로 대표되는 한반도의 최북단에 위치한 반면, 유문암은 호남과 영남지역에 넓게 분포한다.

중기구석기부터 후기구석기시대 동안 주로 자갈들이

중기와 후기구석기시대의 격지를 비교해보면, 후기구

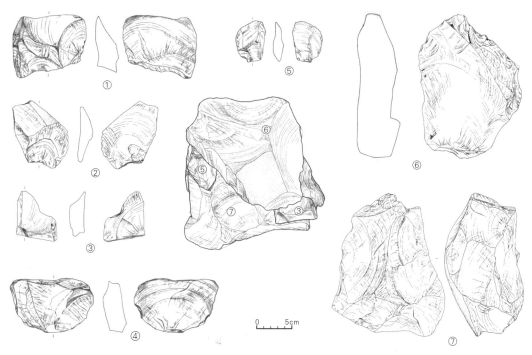

〈그림 5〉 죽내리유적 제1문화층의 응회암 붙는 유물
① ~ ⑥ 격지 ⑦ 몸돌

〈사진 4〉 모루망치떼기 몸돌과 격지(죽내리유적 제4문화층)

석기시대에 작은 격지들의 비율이 더 높으며, 굽의 크기가 더 작고, 준비 작업을 한 흔적이 더 분명하며, 혹의 크기가 더 작은 경향이 뚜렷하다. 이런 특징들은 격지 떼는 기술이 확실히 더 발전하였음을 보여준다.

죽내리유적의 후기구석기 문화층에서 격지를 얻는 방법으로 모루에 원석을 수직으로 받치고 망치로 쳐서 격지를 떼내는 제1 모루망치떼기(anvil technique)와 모루에 원석을 비스듬하게 받치고 망치로 쳐서 떼는 제2 모루

망치떼기가 존재하였다. 전자는 양질의 맥석영에서 작고 좁으며 얇은 격지를 떼어내는데, 후자는 유문암처럼 작고 단단한 원석에서 격지를 최대한 떼어내려고 할 때 적용되었다(사진 4. 원색사진 4).

후기구석기시대에는 전형의 돌날떼기 기법이 나타나서 널리 쓰였다. 고례리유적과 진그늘유적에서 돌날 몸돌, 돌날, 모서리돌날(crested blade), 때림면재생격지(rejuvenation flake), 플런징 돌날(plunging blade), 그리고 서

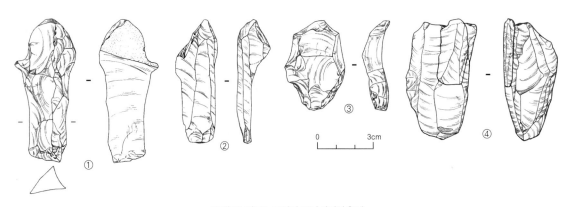

〈그림 6〉 진그늘유적의 돌날석기갖춤새
① 모서리돌날 ② 플런징 돌날 ③ 때림면 재생격지 ④ 돌날몸돌과 붙는돌날

로 짝이 맞는 돌날과 돌날몸돌이 발견되었다(그림 6).

돌날몸돌의 형식은 피라미드모양, 모기둥모양, 불규칙한 모양 등으로 나뉠 수 있다. 고례리유적의 아래층에서 나온 돌날은 길이가 10cm 정도이지만, 위층에서 나온 돌날은 약 20cm나 된다. 이 돌날을 가지고 손질하여 슴베찌르개, 새기개, 밀개 등을 만들었다(박영철·서영남 2004).

수양개유적(이융조 1985), 신북유적, 장흥리유적, 호평동유적, 석장리유적(손보기 1993), 상무룡리유적, 월평유적 등에서 다량의 좀돌날몸돌들이 발굴되었다. 몸돌과 더불어 스키 스폴, 모서리 돌날, 그리고 때림면격지 등도 발견되었다(그림 7). 양면이 조정된 것이나 격지, 돌날이 좀돌날몸돌의 몸체로 이용되었다. 좀돌날몸돌은 크게 배모양, 쐐기모양, 원추형, 불규칙형의 4가지로 구분된다. 이 가운데 일본학계에서 분류하는 유베츠형, 호로카형, 랑코시형, 토게시타형, 히로사토형이 포함되어 있다(그림 8).

Ⅳ. 도구 종류

중기구석기시대의 도구갖춤새에는 외날찍개, 안팎날찍개, 주먹도끼, 주먹자르개, 주먹찌르개, 여러면석기, 공

모양석기 같은 몸돌석기(heavy duty tools)와 긁개, 홈날, 톱니날, 뚜르개 같은 잔손질석기(light duty tools)가 포함된다(그림 9). 반면 후기구석기시대에는 몸돌석기의 비율이 급격히 줄어들고 주먹도끼도 작아진다. 그리고 슴베찌르개, 나뭇잎모양찌르개(창끝찌르개), 밀개, 새기개 같은 새로운 종류의 도구들이 나타난다(그림 10). 이것들은 짐승을 사냥하고 가죽, 나무, 뼈, 뿔 등을 다루는 데 아주 적합하였다.

밀개와 새기개는 격지와 돌날에 만들어졌다. 밀개는 부채꼴, 배모양, 콧등날, 엄지형, 원형 등 다양하다(그림 11). 새기개는 모서리새기개와 중심새기개로 크게 나뉘며, 날이 하나 또는 여러 개인 것으로 세분된다(그림 12). 이런 종류들은 유럽의 후기구석기시대 석기들과 닮았다.

신북유적에서는 특이하게도 날 부위를 간 돌자귀(도끼), 숫돌, 떼어지고 갈린 판석, 쪼이고 갈린 중소형의 자갈이 좀돌날석기군과 함께 발견되었다(그림 13). 같이 나온 숯으로 잰 7개의 방사성탄소연대는 18,500~25,500B.P.이다. 갈린 날의 돌자귀(도끼)는 진주 장흥리유적(박영철·서영남 2004)과 전주 사근리유적(이형우·안효성 2006)에서도 보고되었다. 지금까지 간돌자귀(도끼)는 유일하게 일본에서만 후기구석기시대 초반부터 등장한 것으로 알려져 있으나(大竹憲昭 2004), 인접한 한반도에서도 같은 종류의 석기가 분포하는 사실이 확인되어 그 분포 범위가 확대되었다는 점에 의미가 있다.

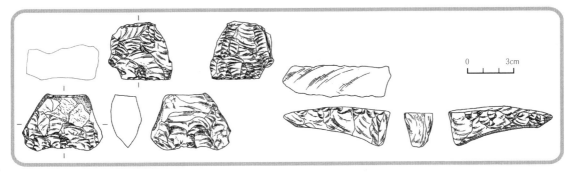

선형(preform)

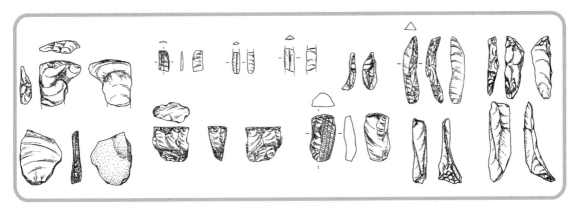

좀돌날과 부산물(products and byproducts)

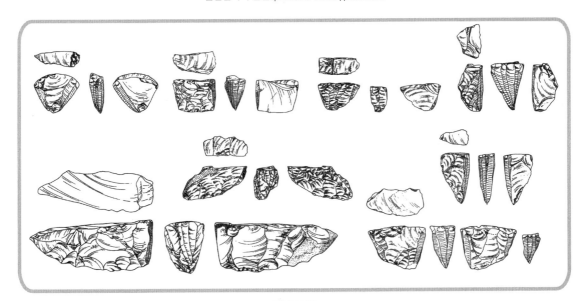

좀돌날몸돌

〈그림 7〉 좀돌날 제작의 전 과정(월평유적)

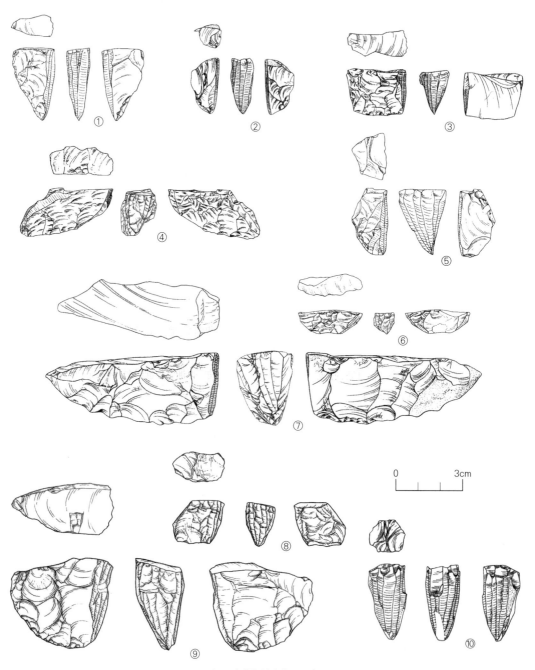

〈그림 8〉 다양한 형식의 좀돌날몸돌

①~⑦ 월평유적   ⑧, ⑨ 신북유적   ⑩ 금성유적

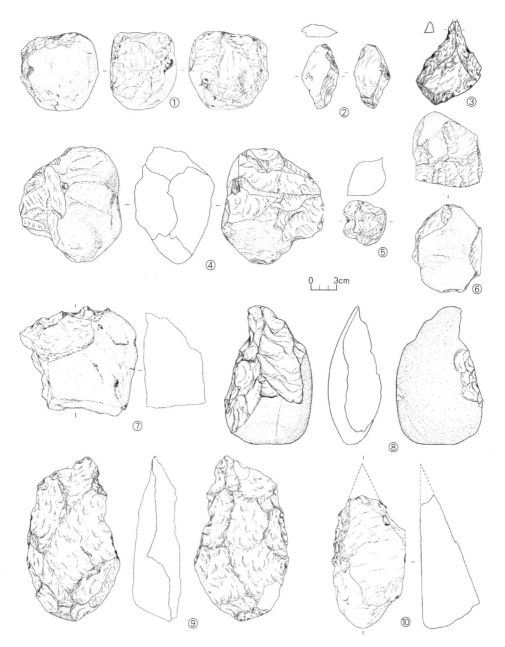

0   3cm

〈그림 9〉 중기구석기시대 석기갖춤새(③ : 죽내리유적, ⑧ : 내우유적, ⑨ : 화곡유적, 나머지는 도산유적)
① 버금공모양석기 ② 긁개 ③ 뚜르개 ④ 안팎날찍개 ⑤ 홈날 ⑥ 큰긁개 ⑦ 찍개 ⑧ 주먹도끼 ⑨ 주먹자르개 ⑩ 주먹찌르개

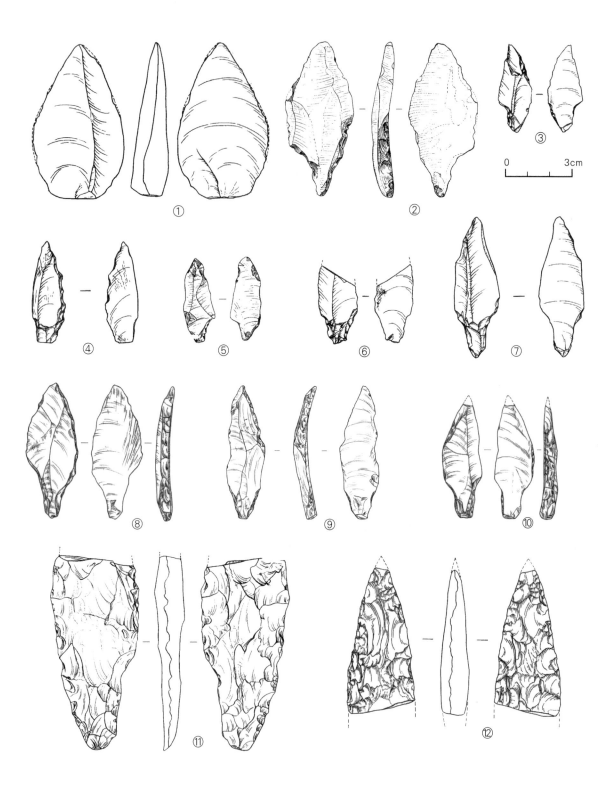

〈그림 10〉 다양한 종류의 찌르개
①~⑥, ⑪ : 월평유적 ⑧~⑩ : 진그늘유적 ⑦·⑫ : 신북유적

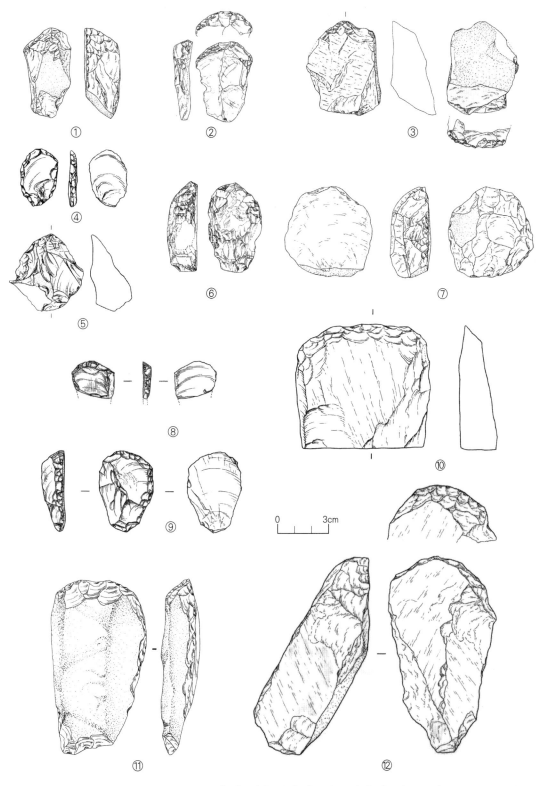

〈그림 11〉 다양한 형식의 밀개(①~⑦ : 월평유적, ⑧~⑩ : 신북유적, ⑪~⑫ : 진그늘유적)

①, ③ 콧등날 밀개 ② , ⑨ 부채꼴 밀개 ④ , ⑧ 엄지형 밀개 ⑤ , ⑥ 배모양 밀개 ⑦ 원형 밀개 ⑩~⑫ 큰밀개

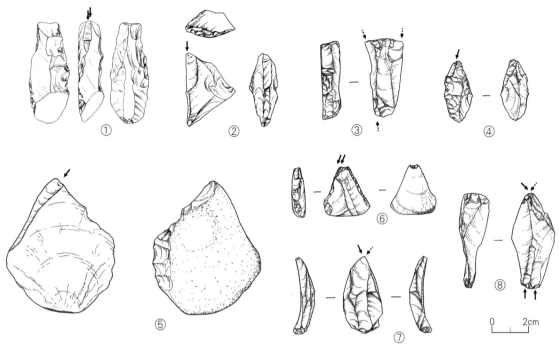

〈그림 12〉 다양한 형식의 새기개(①·② : 월평유적, ③~⑧ : 신북유적)

①~⑥ 모서리 새기개 ⑦·⑧ 중심축 새기개

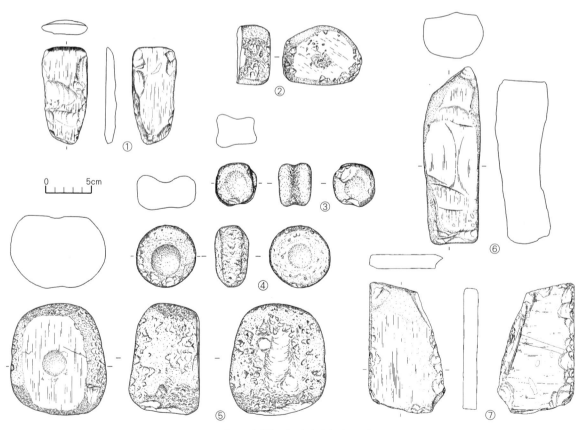

〈그림 13〉 다양한 종류의 간석기(신북유적)

① 간돌자귀 ②~⑤ 쪼이고 갈린 자갈 ⑥ 숫돌 ⑦ 떼어지고 갈린 판석

V. 맺음말

중기구석기에서 후기구석기로 전환하면서 특히 떼기 수법, 돌감의 선택, 그리고 도구의 종류에서 변화가 뚜렷하다. 첫째는 무엇보다도 12cm보다 큰 격지는 거의 사라지고 돌날과 좀돌날이 성행한다. 둘째는 더 균질하고 고운 입자의 단단한 돌들, 예를 들면 유문암, 규질셰일, 흑요석, 수정 같은 것들이 쓰이는데, 이 가운데 흑요석은 외부에서 가져왔거나 들어온 것이다. 셋째는 정교하게 만들어진 밀개, 새기개, 다양한 찌르개류가 나타난다.

후기구석기인들은 새로운 떼기 기법의 발전과 그것에 알맞은 돌감을 마련함으로써 더 정교하고 작은 도구들을 만들 수 있었다. 돌날은 슴베찌르개, 새기개, 밀개를 제작하는 데 쓰인 주된 몸체였으며, 좀돌날은 끼움날도구를 만드는 데 있어 기본 부품이었다. 게다가 갈기 수법까지 적용하고 있었다.

한반도의 중기구석기시대의 석기갖춤새는 중국 정촌 유적과 매우 비슷하다(裴文中 等, 1958 ; 王建 等, 1994). 반면, 시베리아에서 성행했던 르발루아 기법이 한반도에서 아직 확인되지 않은 점은 주목된다(Derevianko et al. 2000). 이후 후기구석기시대에 한반도는 좀돌날석기가 널리 퍼진 동북아시아의 구석기 문화권에 포함되었음을 보여주지만, 한편으로 슴베찌르개의 성행, 그리고 좀돌날석기, 슴베찌르개, 간돌자귀(도끼)의 존재에서 보듯이 지역성도 발현되었다.

제2장

죽내리유적의 돌감과 석기 만듦새

I. 머리말

석기가 구석기인들의 삶에서 매우 요긴했던 연장이었음을 부인하는 사람은 없을 것이다.이런 맥락에서 석기의 재료 마련은 구석기인들이 살림터를 정하거나 일을 계획할 때 고려해야 할 중요한 요소였다고 하겠다. 이것은 전곡리(배기동 2002), 수양개(이융조 1985)나 진그늘유적(이기길 2001c)처럼 상당수의 구석기유적이 석기 만들기 좋은 돌이 분포하는 곳에 있거나 그 인근에 자리하고 있는 것으로도 반증되고 있다.

구석기인들의 행동과 의사 결정에 큰 영향을 미쳤을 돌감(석재) 연구(Inizan *et al.* 1999)에 최근 우리 학계도 관심을 기울이며 체계 있게 접근하려는 시도가 나타나고 있다. 곧 돌감의 동종, 물리 성질, 석기로 쓰인 원석의 생김새와 크기 및 무게, 그리고 돌감의 희소성과 석기 종류의 관련성 따위를 살핀 글들이 바로 그렇다.

그간 돌감의 종류를 보고한 글들이 적지 않았지만, 거의 다 맨눈관찰에 근거한 것이었다. 그 중에는 호남지역에서 흔히 쓰인 후기구석기의 돌감을 퇴적암의 하나인 '니암'으로 잘못 판단한 경우도 있었는데(이선복 과 1990), 그것은 편광현미경 관찰을 거쳐 '유문암'으로 확인되었다(이윤수 2000). 이처럼 돌감을 박편으로 만들어 편광현미경으로 확인한 방법은 우리 구석기학의 기초를 제대로 세우는 작업의 하나라고 생각한다.

구석기시대에 사용된 여러 돌감의 물리성질에 대한 글(어해남 1994)은 돌감의 깨짐을 이해하는 데 도움을 준다. 그리고 시대별 석재 종류의 변화도 제작기술과 연결지어 잘 설명되었는데, 다만 여러 보고서에 언급된 돌감의 종류를 그대로 인용한 점은 한계로 여겨진다.

한편 임진-한탄강유역에서 찾은 몸돌을 대상으로 돌감의 모양, 크기와 무게 따위를 비롯한 여러 항목의 분석이 시도되어 수치화된 자료가 제시된 바 있다(박성진 1998). 이와 같은 연구가 다른 유적에도 적용되어 기본 자료를 쌓아가는 것은 매우 중요하다. 또한 좋은 돌감을 얻기 쉽거나 힘든 정도에 따라 석기별 제작 난이도에 따른 석재의 선택, 재가공된 석기의 유무, 잔손질된 석기의 빈도 차이가 보인다거나(이형우 2001), 석재의 질과 희소성을 강조한 글(성춘택 2001)은 매우 흥미롭다. 이는 구석기 연구에서 돌감의 경제성과 중요성을 잘 드러내고 있다.

돌감과 석기 만듦새의 변화상을 추적해볼 대상으로 한 지점에서 시대를 달리하는 구석기문화층이 덧쌓여 있는 유적이 알맞은데, 그 중의 하나가 순천 죽내리유적이다(이기길 과 2000). 죽내리유적은 약 5m 두께의 퇴적 속에 구석기, 청동기, 삼국시대의 물질자료를 간직하고 있으며, 이 중 4개의 구석기문화층은 우리나라 구석기문화의 발달상을 자세히 밝힐 수 있는 좋은 자료로 여겨진다.

네 개의 문화층 가운데 약 4m의 깊이 차이가 있는 제1, 제4 문화층은 석기의 형식과 제작기법의 차이에서 중기와 후기구석기시대로 추정된다. 두 문화층에선 공통되거나 새로운 돌감이 쓰였으며, 유물의 종류가 풍부하고 서로 붙는 몸돌과 격지, 몸돌석기와 잔손질석기가 있어 구석기인들의 돌감 선택과 석기 만듦새의 변화를 검토하기에 적합하다.

〈표 1〉 제1문화층 출토 유물의 돌감별 모양, 크기와 무게

돌감	유물 종류	모양	크기	유물 무게	추정 무게
석영맥암	몸돌+격지 등	모난 자갈	16.2×17.0×18.9㎝	3,821g	
	몸돌	모난 자갈	16.8×24.3×15.9㎝	8,300g	
	주먹찌르개+격지	모난 자갈	11.0×11.1× 5.2㎝	819g	
응회암	몸돌+격지	둥근 자갈	20.1×21.4×14.5㎝	5,521g	약 10㎏
	몸돌+격지	모난 자갈	11.1×15.2×14.9㎝	2,348g	

II. 돌감의 종류와 특징

1. 제1문화층

유물과 현지조사에서 찾은 암석을 박편으로 만들어 편광현미경으로 관찰한 결과 석기로 사용된 돌감의 종류는 대부분 석영맥암과 응회암으로 밝혀졌다(이윤수 2000). 석영맥암이나 응회암은 힘을 받으면 조가비 모양으로 깨지며 날카로운 날을 형성하는 공통점을 지닌다. 그러나 석영맥암은 돌을 이루는 알갱이가 더 크고 여러 방향의 켜면이 발달해서 다소 불규칙하게 깨지는 편이고, 응회암은 알갱이가 곱고 균일하여 제작자가 뜻한 대로 더 일정하게 깨진다.

석영맥암이나 응회암, 편마암 등은 조금 모난 상태부터 아주 둥근 자갈면을 지니고 있어, 채석하거나 산돌을 가져다 쓴 것이 아니고 물가에서 구했다고 생각된다. 유적 둘레의 지질도(유환수 와 1993)를 보면 황전천과 봉성천의 상류 지역에는 응회암과 석영맥암 산지가 분포하며, 유적 앞 천변에서 이런 종류의 자갈을 볼 수 있다(이윤수 2000).

유물 596점 가운데, 석영맥암제 유물이 423점으로 71%, 응회암제는 143점으로 24%, 그리고 편마암, 수정 등 기타 돌감의 유물은 30점으로 5%를 차지한다(그림 1).

구석기인들이 사용한 돌감의 모양, 크기와 무게를 추정해볼 자료로 몸돌 자체 또는 몸돌+격지, 도구+격지

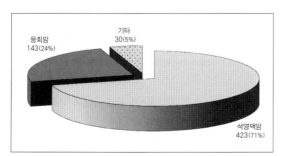

〈그림 1〉 제1문화층의 돌감갖춤새

같이 서로 붙는 유물들이 있다(표 1).

석영맥암의 경우 몸돌의 무게가 8.3㎏ 짜리인 것, 몸돌과 격지 및 조각돌이 붙는 예의 무게는 3,821g, 몸돌과 격지가 붙는 예는 662g, 630g, 주먹찌르개와 격지가 붙는 예는 819g 등이다. 한편 응회암은 몸돌과 붙는 격지의 합한 무게가 5,521g, 2,348g, 967g 등 세 경우가 있다. 이들 예는 완전하게 복원되지 않으므로 원석의 크기는 더 컸다고 생각되며, 구석기인들은 아마도 1㎏ 내외에서 10㎏ 전후의 자갈을 가져다 쓴 것으로 추리된다.

한편 무게가 3,821g인 석영맥암 유물은 붙인 크기(길이×너비×두께)가 162×170×189㎜여서 원석은 세 변의 크기가 20㎝ 전후한 육면체에 가까운 모난 자갈이었고, 무게가 5,521g인 응회암 유물은 붙인 크기가 201×214×145㎜여서 원래는 지름이 20㎝가 넘는 자갈이었다고 추정된다.

2. 제4문화층

제1문화층과 마찬가지 방법으로 동종한 결과 석영맥암, 응회암, 그리고 새로운 돌감으로 유문암, 사암 따위가 쓰였다(이윤수 2000). 유문암은 유리질인 SiO_2를 60% 이상 지니고 있으며 고온에서 형성되어 조직이 치밀하기 때문에 응회암보다 경도와 강도가 더 높은 편이다. 그리고 알갱이가 균일하며 어느 방향으로 쳐도 똑같이 조가비 모양으로 깨지며 아주 날카로운 날을 형성한다.

세 가지 모두 조금 둥글거나 아주 둥근 자갈면으로 덮여 있어 천변에서 구한 것으로 생각된다. 유문암 역시 황전천의 상류 지역에 분포하며(유환수 와 1993), 황전천과 봉성천변의 현지조사에서 이런 종류의 자갈을 찾을 수 있었다(이윤수 2000).

전체 유물 3,126점 중 석영맥암제 유물이 2,259점으

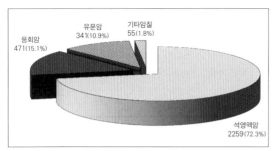

〈그림 2〉 제4문화층의 돌감갖춤새

로 72.3%, 응회암제는 471점으로 15.1%, 유문암제는 341점으로 10.9%, 그리고 사암, 편마암 등 기타 돌감의 유물은 55점으로 1.8%를 차지한다(그림 2).

석영맥암은 제1문화층과 마찬가지로 가장 많이 쓰였는데, 그때부터 써오던 것과 더 양질인 것 두 종류가 있다. 후자는 입자가 더 곱고 유백색을 띠며, 소형 석기를 만드는 데 쓰였다. 한편 응회암과 유문암을 합한 비율은 26%로 제1문화층에서 응회암 석기의 점유비율과 비슷한 수치이다.

여기서 붙는 석기, 몸돌, 모룻돌 따위를 통해 쓰인 돌감의 무게와 크기를 추리할 수 있다(표 2).

석영맥암으로 된 몸돌과 격지가 붙는 예들 중 거의 원래의 모습으로 복원되는 자갈의 무게는 380g이고 크기는 77×95×65mm이다. 부분으로 복원되는 예의 무게는 1,700g, 1,145g, 1,314g, 794g 등이 있다. 자갈의 일부로 복원되는 예들은 원래 2kg이 넘는 것이 적지 않을 것이다. 또한 약 7개의 격지 자국(scar, negative of removal)이 있는 몸돌의 무게는 1,990g이다. 따라서 석영맥암의 경우 400g부터 2kg이 훨씬 넘는 자갈을 이용한 것으로 여겨진다.

응회암 석기 중에 약 20개의 격지 자국을 지니고 있는 몸돌은 무게가 2,160g이고 크기는 86×187×123mm이며, 야구공만한 몸돌은 무게가 413g이고 크기는 72×79×56mm이다. 대형 격지는 무게가 776g이고 크기는 170×129×39mm이며, 중형 격지로 만든 긁개는 무게가 311g이고 크기는 98×76×40mm이다. 이를 감안하면, 응회암은 400여g부터 3kg이 넘는 원석이 쓰였다고 생각된다.

유문암 석기의 경우, 몸돌과 격지가 붙어 하나의 소형 자갈로 복원되는 것의 무게는 207g이고, 크기는 109×43×51mm이다. 몸돌과 격지로 붙지만 자갈의 일부인 예들의 무게는 66g, 144g, 248g, 그리고 격지 8점이 붙는 예의 무게는 360g이다. 여기서 자갈의 일부로 복원되는 것들은 크기 비례를 고려해보면 원래의 석재 무게가 약 1kg 내외일 것으로 추리된다. 따라서 유문암의 경우 약 200g부터 1kg 정도의 자갈이 주로 이용된 것으로 볼 수 있다.

편마암은 모룻돌로 쓰인 예가 셋 있는데, 원래의 자갈을 그대로 이용한 것 중 하나는 무게가 965g이고 크기는 186×93×40mm이며, 다른 하나는 무게가 3,900g이고 크기는 217×245×53mm이다. 그리고 손질된 모룻돌은 무게가 2,140g이다. 그래서 대개 1~4kg짜리의 납작한 자갈이 이용되었음을 알 수 있다.

Ⅲ. 돌감과 석기 만듦새

서로 붙는 몸돌과 격지는 구석기인들의 석기 만든 기법을 잘 보여주는 자료들이다. 아래에서 붙는 유물과 특징 유물을 대상으로 제작기법을 살펴보겠다.

1. 제1문화층

가) 대형 응회암 몸돌과 6점의 격지들이 붙는 예 (사진 1-③~⑤)

몸돌은 한쪽에 둥근 자갈면이 남아 있고 나머지 면들은 모두 격지 자국들

〈표 2〉 제4문화층 출토 유물의 돌감별 모양, 크기와 무게

돌감	유물 종류	모양	크기	유물 무게	추정 무게
석영맥암	몸돌+격지	둥근 자갈	7.7×9.5×6.5cm	380g	약 400g
	몸돌+격지 등	모난 자갈	9.6×13.0×7.3cm	1,145g	
	몸돌+격지	모난 자갈	10.6×12.2×9.2cm	1,700g	
응회암	몸돌	둥근 자갈	8.6×18.7×12.3cm	2,160g	
	몸돌	둥근 자갈	7.2×7.9×5.6cm	413g	
	격지	둥근 자갈	17.0×12.9×3.9cm	776g	
유문암	몸돌+격지	둥근 자갈	10.9×4.3×5.1cm	207g	
	몸돌+격지	둥근 자갈	3.7×4.4×3.9cm	66g	
	격지+격지	둥근 자갈	8.3×10.1×9.0cm	269g	약 1kg
	몸돌+격지	둥근 자갈	9.9×10.0×5.1cm	198g	

〈사진 1〉 제1문화층의 붙는 몸돌과 격지
①·② 붙는 석영맥암 몸돌과 격지 ③ 응회암 몸돌 ④·⑤ 응회암 중형·대형 격지

로 되어 있다. 그 무게는 3,490g이고, 크기는 160×208×110mm이다. 때림면은 격지 자국을 그대로 이용하였으며 미리 다듬은 흔적은 없다. 격지를 뗀 방향이 한 방향 또는 마주보는 방향 따위의 규칙성을 띠지 않는 점은 이와 관련이 있다.

격지들의 크기는 대형(최대크기 12cm 이상), 중형(7~12cm), 소형(7cm 이하)으로 여러 가지이다. 대형 격지의 무게는 1,310g이나 되고, 중형은 107~278g, 소형은 30~66g이다. 등면의 격지 자국은 뗀 방향이 대부분 여러 가지이다. 굽(Butt)은 모두 한 번 뗀면으로 기운 평면이며 중·대형의 격지에서는 굽턱조정 같은 손질 흔적은 보이지 않는다. 이는 몸돌의 때림면에서 관찰된 특징과 일맥 상통한다. 격지각은 100~115도이다. 대형 격지에는 두 개의 혹이 불거져 있고 중형 격지는 배면의 대부분이 혹으로 되어있는데, 이는 매우 강한 힘을 받은 결과로 해석된다.

남자어른 손보다 큰 격지는 한 손으로 석재를 잡고 망치로 치는 방법으로 얻기가 불가능하다. 아마도 뉴기니아의 민속자료에서 볼 수 있듯이 '다리 사이에 돌감을 놓고 두 손으로 잡은 큰 자갈로 내려치는 방법'(Schick & Toth 1993)이 가장 가능성이 크다. 이 방법으로 격지를 뗄 때, 격지가 떨어진 판판한 면이 그 다음 때림면으로 적당하기에 석재를 돌려가며 작업하게 되었을 것이다. 따라서 몸돌의 최종 형태는 마구 떼기(여러 방향 떼기)의 양상을 띠게 될 것이며, 몸돌의 크기가 작아짐에 따라 격지의 크기도 비례하여 작아졌을 것이다.

나) 석영맥암 몸돌과 격지들이 붙는 예

모두 세 가지가 있다. 이 중 하나는 몸돌의 무게가 1,520g, 크기는 93×110×118mm이다. 이것과 붙는 유물들을 붙인 크기는 162×170×189mm로 원래 이보다 더 큰 대형 자갈을 골랐을 것이다. 먼저 석질이 나쁜 부분을 켜면(벽개)을 이용하여 제거하고 사방을 다듬어 뒷면을 한 손으로 쥘만하게 만들었다. 이어서 편평한 자갈면을 때림면으로 삼아 짧은 변에서 타점을 좌우로 옮겨가며 격지를 아래 방향으로만 떼었다(원색사진 5).

나머지 몸돌의 무게와 크기는 각각 527g과 78×80×85mm, 465g과 72×92×66mm이다. 이 둘 역시 뒷면을 한 손으로 잡기 좋게 다듬었고, 편평한 자갈면을 때림면으로 이용하였으며, 때림면의 짧은 변을 택해 타점을 좌우로 바꿔가며 격지를 한 방향으로만 계속 떼어 들어가는 방법으로 격지를 떼었다(사진 1-①, ②). 그래서 석영맥암에 적용된 격지 떼는 절차와 방법은 한 가지였음을 알 수 있다.

세 개의 몸돌에서 떼어진 격지들의 크기는 소형이며 무게는 거의 9~42g에 들며, 71g, 91g, 159g짜리가 1점씩 있다. 굽은 모두 판판한 자갈면이고, 굽턱손질은 거의 보이지 않으며, 맞은점이 또렷하고 혹이 작다. 격지각은 95~108도가 대부분이다.

몸돌과 격지의 특징에서 석영맥암에 적용된 떼기 방법은 한 손으로 석재를 잡고 망치로 치는 '굳은 망치 직접 떼기'(hard hammer percussion)로 추정된다.

다) 응회암과 석영맥암 격지

응회암과 석영맥암 격지의 최대 길이별 비율을 비교해보면, 응회암은 소형(3~7cm)이 38.8%, 중형(7~12cm) 37.5%, 대형(12cm 이상)이 17.5%의 구성을 보이나, 석영맥암은 소형이 78.8%를 차지한다(그림 3). 무게 면에서도 석영맥암 격지는 40g 이하의 가벼운 것이 70% 이상이고, 응회암 격지는 100g이 넘는 무거운 것이 44%나 되어 뚜렷하게 차이가 난다(그림 4). 이런 점은 돌감별로 만들기 적합한 석기의 구분 및 제작기법이 있었음을 보여준다.

2. 제4문화층

가) 유문암 몸돌과 격지들이 붙는 예 (원색사진 4)

몸돌과 격지가 짝이 맞아 하나의 작은 유문암 자갈로 완전하게 복원된다. 원석의 크기는 109×43×51mm이고, 무게는 207g이다. 몸돌의 때림면은 길쭉한 자갈을 가로로 부러뜨리듯 쪼개서 얻었다. 이어서 시계 반대 방향으로 돌리면서 격지를 떼어내었는데 격지를 떼기 전 때

릴면을 다듬은 자국도 남아있다. 이 몸돌에서 눈길을 끄는 것은 때림면의 맞은편 자갈면의 흠집들이다. 몸돌의 크기는 65×43×32mm이고, 무게는 83g이다.

격지들은 모두 소형으로 가장 큰 것의 길이가 56mm이다. 격지들의 무게는 0.5~17g인데, 무게가 0.5g, 2g, 3g짜리는 굽턱을 손질하면서 떼어진 잔격지, 10g 내외가 얻고자 했던 참 격지로 여겨진다. 굽은 모두 뗀면이며 맞은점에서 혹이 또렷하고 방사선도 선명하여 굳은망치 직접떼기의 결과로 생각된다.

몸돌에서 보이는 흠집들은 패인 자국으로 자갈을 모룻돌에 비스듬히 받치고 격지를 얻으려고 타격했을 때 그 반작용으로 생긴 것으로 추정된다. 그리고 격지의 모양이나 특징이 돌망치 직접떼기의 격지와 별 차이가 없는데도 모룻돌을 이용한 떼기가 쓰인 것은 소형 석재에서 격지를 최대한 떼어낼 수 있는 이점 때문으로 여겨진다.

나) 유백색 석영맥암 몸돌과 격지 (사진 2)

입자가 고운 유백색 석영맥암 유물 중 크기가 대부분 5cm 이내의 소형이며 양끝에 혹이나 부딪친 자국이 뚜렷한 것들이 있다. 이 가운데 양끝이 선을 이루고 충격으로 으깨진 자국이 뚜렷하며, 양면의 위, 아래에 작은 격

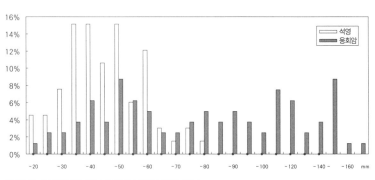

〈그림 3〉 제1문화층 출토 격지의 돌감별 길이 분포

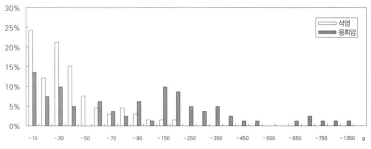

〈그림 4〉 제1문화층 출토 격지의 돌감별 무게 분포

지가 떨어진 면이 남아있고 옆모습
이 볼록렌즈 꼴인 것은 몸돌로 생각
된다. 한편 좁고 길며 얇은 것은 옆
모습이 조금 휘었는데 격지로 여겨
진다. 이런 특징의 유물들은 모루
위에 석재를 수직으로 세우고 망치
로 쳐서 얻는 모루망치떼기(bipolar
technique)의 산물이라고 생각한다.

다) 응회암 몸돌과 격지

응회암 석기 중 대형의 몸돌과 격
지가 있다.

〈사진 2〉 모루망치떼기 몸돌과 격지(bipolar cores and flakes)

몸돌은 크기가 86×187×123mm이고 무게는 2,160g
이다(사진 3-①). 평면과 둥근 자갈면으로 된 대형 자갈의
가장 큰 평면을 때림면으로 삼아 세 변을 돌아가며 한
방향으로 격지를 떼었다. 남아있는 격지 자국의 수는 약
20개이고, 이 중 가장 큰 것은 길이 90mm, 너비 65mm이
다. 맞은점은 우묵하게 패어 굳은망치로 떼어졌다고 생
각한다.

대형 격지는 크기가 170×129×39mm이고 무게는
776g이다(사진 3-②). 등면의 위끝과 오른쪽 가장자리만
자갈면이고 거의가 뗀면으로 세 개의 격지 자국이 남아
있는데, 가운데 대형 격지가 떨어져 나간 자국이다. 굽
은 떼어진 평면이고, 굽턱은 손질되지 않았다. 배면에는
혹이 불룩하고 힘이 퍼져나간 모습이 뚜렷하다. 격지각
은 115도이다. 왼쪽 변은 45~47도, 오른쪽 변은 60~65
도이다.

라) 격지와 돌날

이 문화층의 격지를 살펴보면 제1문화층의 격지들보
다 작아졌는데, 석영맥암 격지에서도 이 현상은 매우 뚜
렷하다. 즉 제1문화층의 경우 3~7cm 크기가 78.8%를 차
지하나 4문화층에선 98.4%로 더 증가하며, 그 중 3cm
보다 작은 것들이 반 이상이다. 크기뿐 아니라 굽의 형
태에서도 제1문화층의 경우 자갈면굽과 뗀면굽이 각각
45.5%, 22.7%이나, 제4문화층에선 12.9%, 48.8%로 뗀면
굽의 비중이 커졌다. 이 수치는 같은 석재라도 후기구석
기시대에 더 발전된 기술이 적용되었음을 보여준다(사진
4-①~③).

그리고 두 가지 형태의 돌날이 새로 나타났는데, 모두

〈사진 3〉 응회암 몸돌과 대형격지

유문암으로 만들어졌다(사진 4-④~⑬). 혹이 뚜렷하게 발
달하고 두께가 두껍고 굽이 넓은 것과 혹이 밋밋하고 두
께가 얇으며 굽이 좁은 것으로 나뉘는데, 앞의 경우는 굳
은망치 직접떼기, 뒤의 예는 무른망치 직접떼기의 산물
로 해석된다.

0   3cm

〈사진 4〉 격지와 돌날
①~③ 손질된 굽턱의 격지 ④~⑧ 굳은망치 직접떼기 돌날 ⑨~⑬ 무른망치 직접떼기 돌날

Ⅳ. 맺음말

제1문화층의 중기구석기시대인들이 사용한 돌감은 편광현미경 관찰 결과 석영맥암과 응회암이었으며, 그 비율은 71%와 24%이다. 석영맥암은 모난 자갈, 응회암

은 둥근 자갈의 형태이며 유적 앞을 흐르는 봉성천과 황전천의 상류 지역에 암괴로 분포하고 있어, 구석기인들이 물가에서 주워서 쓴 것으로 추정된다.

제4문화층의 후기구석기시대인들이 사용한 돌감은 석영맥암과 응회암, 그리고 유문암이었으며, 그 비율은 72.3%, 15.1%, 10.9%이다. 석영맥암과 응회암은 제1문화

층의 것들과 같으며,
다만 석영맥암 중에는
유백색의 더 고운 종류
가 포함되어 있다. 새
로 쓰인 유문암은 둥
근 자갈로 역시 황전
천의 상류 지역에 암괴
로 분포하고 있다. 결
국 돌감을 마련한 장
소는 중기구석기시대
와 마찬가지였다고 생각된다.

〈표 3〉 제1, 4문화층의 돌감별 석기 만든 기법

문화층	돌감	석기 만든 기법	주로 생산된 것
제1문화층	석영맥암	굳은망치 직접떼기	소형 격지(7㎝ 이하)
	응회암	굳은망치 직접떼기	
		내리쳐떼기(swing method)	대형(12㎝ 이상), 중형(12~7㎝), 소형 격지
제4문화층	석영맥암	굳은망치 직접떼기	소형 격지(7㎝ 이하로 1문화층보다 더 작다)
	양질의 석영맥암	수직 모루망치떼기	
	응회암	굳은망치 직접떼기	
		내리쳐떼기(swing method)	대형(12㎝ 이상), 중형(12~7㎝), 소형 격지
	유문암	엇비슷 모루망치떼기	소형 격지
		직접떼기(굳은망치, 무른망치)	돌날

죽내리 구석기인들은 필요한 돌감을 유적 앞에서 손쉽게 그리고 넉넉히 얻을 수 있는 지질환경에 있었다. 그런데 중기~후기구석기시대에 걸쳐 더 거친 돌감인 석영맥암이 전체의 약 7할로 주류를 이루는 점은 의문스럽다. 왜 보다 양질인 응회암을 더 많이 사용하지 않았을까? 왜 중기구석기 문화층에선 유문암이 사용되지 않았는가?

돌감별 석기 종류를 살펴보면 혹 답을 찾을 수 있을지 모른다. 제1문화층에선 응회암으론 대형과 중형 격지가 주로 생산되었으며, 그 중엔 주먹자르개(cleaver)나 양면석기(biface)의 기능을 가진 석기가 포함되어 있다. 석영맥암으론 주로 소형 격지, 그리고 찍개, 버금 공모양석기(spheroids) 같은 자갈돌석기, 소형자갈에 잔손질하여 날을 만든 석기가 있다. 그리고 긁개, 홈날, 톱니날 같은 소형석기는 두 석재가 모두 활용되었다.

제4문화층의 경우 유문암은 주로 돌날과 소형 격지를 만드는 데 쓰였으며, 잔손질석기는 톱니날, 긁개, 밀개 따위로 각 1점씩이다. 응회암은 유문암과 석영맥암보다 큰 격지를 얻는 데 쓰였고, 중소형의 홈날, 톱니날이나 안팎날찍개 등 몇 점의 손질된 석기가 있을 뿐이다. 석영맥암은 소형 격지를 생산하는 데 이용되었고, 밀개, 긁개, 홈날, 부리날, 톱니날, 뚜르개 같은 다양한 잔손질석기로 만들어졌는데 여기에는 제1문화층의 석영맥암보다 더 양질인 유백색 석영맥암의 비율이 높다. 그리고 자갈돌석기류인 찍개와 여러면석기 및 양면석기 따위가 몇 점 있다.

이 양상에서 구석기인들이 돌감의 질에 따라 다른 종류의 석기를 만들었음을 알 수 있다. 즉 응회암은 중·대형의 격지를, 석영맥암은 소형 격지를, 그리고 유문암은 더 작은 소형 격지와 돌날의 재료로 쓰인 분화가 뚜렷하다. 이것은 돌감의 물리 성질과 밀접한 관련이 있고, 또 시대별 새로운 필요성이 반영된 것이라고 하겠다. 돌감의 질에 따라 석기 만드는 기법도 달랐고, 시대별 요구에 따라 새로운 기법이 개발되었다(표 3).

소형 격지 얻기는 한 손에 돌감을 들고 망치로 치는 방법으로 가능하였다. 그런 예가 석영맥암에 주로 적용된 기법으로 자갈면인 때림면의 짧은 변을 선택해 한 방향으로만 격지 떼는 방식이다. 대형 격지는 이와 다르게 다리 사이에 돌감을 두고 두 손으로 잡은 자갈로 세게 내려치는 방법으로 얻을 수 있었다. 이를 보여주는 것이 대형의 응회암 몸돌인데, 이것은 먼저 떨어진 격지의 자국을 때림면으로 삼아 격지를 얻었기에 결국 여러 방향 떼기가 되었다. 소형 돌감에서 작은 격지를 얻을 때는 모루에 비스듬히 받치고 망치로 치는 기법, 얇고 긴 격지는 모루에 수직으로 세우고 망치로 치는 기법으로 생산되었다.

각 기법에 적용된 돌감의 크기와 무게도 차이가 드러난다(표 1, 2 참조). 제1문화층에서 쓰인 석영맥암과 응회암 원석의 추정 무게는 1~10km이고, 그 중 최대크기는 석영맥암이 20cm 전후, 응회암은 20cm 이상이었다. 제4문화층에서 석영맥암은 400g~2kg 남짓, 응회암은 400여 g~3kg 이상, 유문암은 200g~1kg 정도로 제1문화층보다 돌감이 눈에 띄게 작아졌음을 잘 보여준다. 이 현상은 나중 시대로 올수록 석기의 소형화 경향을 잘 반영하고 있으며, 유문암은 그런 흐름을 충족시켜주는 돌감의 하나였던 것이다.

응회암제 대형 격지가 제1, 제4 문화층에서 모두 나타나는 점에서 석기제작 기술이 이어져 내림을, 그리고 모루를 이용한 소형 격지나 얇고 긴 격지를 떼내는 점과 돌날의 등장에서 새로운 기술이 개발되었음을 알 수 있다.

제3장

진그늘유적의 슴베찌르개

I. 머리말

　한국의 거의 전 지역에서 발견된 슴베찌르개는 우리나라 후기구석기시대의 시작을 알리는 석기이자 늦은 시기까지 남아있어 그 시대를 대표하는 종류로 일컬어지고 있다. 또한 이것은 일본열도로 전해진 것으로 해석되어(松藤和人 1987 ; Matsufuji 2004 ; 安蒜政雄 2010) 한일 양 지역의 교류 양상을 규명하는 데 중요한 위치에 있다.

　일본학계에서는 슴베찌르개를 ① '끝이 뾰족한 긴격지의 때림면 양옆을 오목하게 만들어 기부(基部)로 한 것'(淸水宗昭 1973, 375~376쪽), ② '끝이 가는 대·중형의 돌날을 소재로 기부(基部)의 양 옆을 등 방향으로 오목하게 잔손질하여 경부(莖部)를 만든 박편석기'(舊石器文化談話會 編 2001, 136쪽)라고 정의한 바 있다.

　한편 우리 학계에서는 ① '위는 뾰족하고 아래 부분에 중심축을 좁게 한 슴베가 있는 연모'(이융조 와 1999, 7쪽), ② '격지(또는 돌날)의 양 변 측선이 격지축을 중심으로 대칭하여 예각으로 만나 위끝이 뾰족한 모양을 이루며, 아래쪽 부분은 격

〈표 1〉 슴베찌르개가 발견된 유적과 수량

번호	유적이름	조사연도	수량	절대연대(시료 종류, 측정법)
1	공주 석장리	1970~72	1	20,830±1,880B.P.(숯)
2	단양 수양개 1지구	1983~85	48	18,600~16,800B.P., 15,410±130B.P., 15,350±200B.P.(숯)
	3지구	2008	1	
3	순천 덕산리 죽산	1988~89	2	
4	순천 죽내리	1996	1	
5	밀양 고례리	1996	10	AT 아래
6	순천 이읍리 인덕	1996(지표)	1	
7	순천 월암리 월평	1998~2005	7	
8	대전 용호동	1999~2001	2	38,500±1,000B.P. 이전, 약 30,000~25,000B.P.(숯)
9	진안 진그늘	2000	99	22,850±350B.P., 17,310±80B.P.(숯)
10	포천 화대리 쉼터	2001~03	7	31,200±900B.P.(숯), 30±1.7ka B.P.(OSL)
11	남양주 호평동	2002~04	3	30,000~27,000B.P.(숯)
12	대전 용산동	2003~04	39	24,430±870B.P.(흙)
13	보성 대산리 해룡	2003(지표)	1	
14	장수 침곡리	2003	1	
15	문경 반곡리	2003(지표)	1	
16	전주 봉곡	2005	2	41,500±1,500~31,000±1,500B.P.(흙)
17	장흥 북교리 신북	2003~04	10	25,500±1,000~18,500±300B.P.(숯)
18	청원 노산리	2005~06	5	25,200±200B.P., 22,700±200B.P.(숯)
19	임실 가덕리 하가	2006~10	28	19,700±300B.P., 19,500±200B.P.(숯)
20	제천 두학동 중말	2007	1	
21	보성 옥마리 용소	2008(지표)	1	
모듬			71	

* 슴베찌르개의 수량은 보고서에 제시된 것 그대로이나, 연구자에 따라 다르게 분류할 수도 있으며 그럴 경우 수량은 차이가 날 수 있다.

지축을 중심으로 양 어깨선이 좁아지도록 양 변에 잔손질을 가하거나 홈

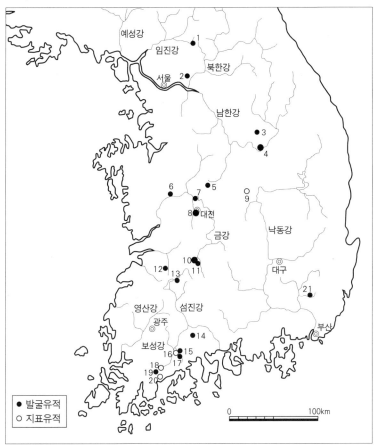

<그림 1> 슴베찌르개가 발견된 유적

1. 화대리 쉼터 2. 호평동 3. 두학동 중말 4. 수양개 5. 노산리 6. 석장리 7. 용호동 8. 용산동 9. 반곡리 10. 진그늘 11. 침곡리 12. 봉곡 13. 가덕리 하가 14. 황전면 죽내리 15. 덕산리 죽산 16. 이읍리 인덕 17. 월암리 월평 18. 옥마리 용소 19. 북교리 신북 20. 대산리 해룡 21. 고례리

슴베찌르개의 자세한 분석 내용은 소개되지 않은 상태이다.

그래서 이 글은 진그늘유적 출토 슴베찌르개의 제작기법과 형식, 무게와 크기 등에 대한 자료를 학계에 보고하고, 나아가 수양개유적(이융조 1985 ; 李隆助·安蒜政雄 編 2004), 용산동유적(김환일·육심영 2007)과 비교하여 슴베찌르개의 전반적인 성격을 파악해보고자 한다. 이 결과는 국내외에서 보고된 슴베찌르개와의 비교뿐 아니라 나아가 교류, 문화권, 편년, 쓰임새 같은 중요한 주제(淸水宗明 2000 ; 2010 ; 朴英哲 2000 ; 한창균 2002 ; 장용준 2004 ; 金正培 2005b ; 宮田榮二 2006)를 연구하는 데 널리 활용될 것으로 기대된다.

Ⅱ. 연구 대상

글쓴이는 슴베찌르개를 '몸체(blank)가 돌날 또는 긴 격지로서 한 끝의 양쪽이 잔손질되어 오목하거나 빗금 모양이고, 다른 한 끝은 잔손질되지 않거나, 또는 한 변이나 양 변의 일부나 전부가 잔손질되어 뾰족한 연모'로 정의하고자 한다.

연구 대상인 슴베찌르개의 상태는 크게 '완형', '파손', '훼손'으로 구별된다. 여기서 완형은 완성된 상태 그대로인 것을 가리키고, 원래의 면과 색이나 질감(때, patina)의 차이가 없는 경우 파손, 있는 경우 훼손으로 구분하였다. 파손은 대개 석기가 만들어질 당시 구석기인들에 의해, 훼손은 묻힌 뒤에 자연 작용 또는 발굴자에 의해 일어난 것이다. 혹 파손품 중에 사용으로 인한 것도 포함되었을 가능성이 제기될 수 있지만 모두 석기제작 단위에서 나왔기에 그럴 리는 없어 보인다.

이 기준으로 99점의 상태를 분류해보면, 완형(그림 2-①) 16점, 찌르개 부위 일부가 부러진 것(그림 2-②) 20점,

날을 만든 석기'(朴英哲 2000, 43쪽), ③ '석인 또는 종장박편을 이용하여 80~90도에 가까운 급한 각도의 blunting 조정을 베풀어 슴베를 만들고 …… 그 후 선단부 조정을 통해 끝을 뾰족하게 한 뒤 point로 사용한 결합식 석기'(장용준 2002, 38쪽)로 정의하였다.

최근까지 슴베찌르개가 발견된 곳은 단양 수양개, 대전 용산동, 밀양 고례리 유적을 비롯하여 21곳에 이르며, 여기서 보고된 슴베찌르개의 총 수량은 271점에 이른다(표 1, 그림 1).

진그늘유적에서는 99점이나 되는 다량의 슴베찌르개가 찾아졌다. 그렇지만 그것들은 돌날몸돌, 돌날, 격지, 부스러기 등이 무리를 이룬 20여 개의 제작 단위들에서 나왔고, 그 문화층의 AMS연대가 22,830±350B.P., 17,310±80B.P.라는 점(이기길 2004a ; 2007)이 알려졌을 뿐,

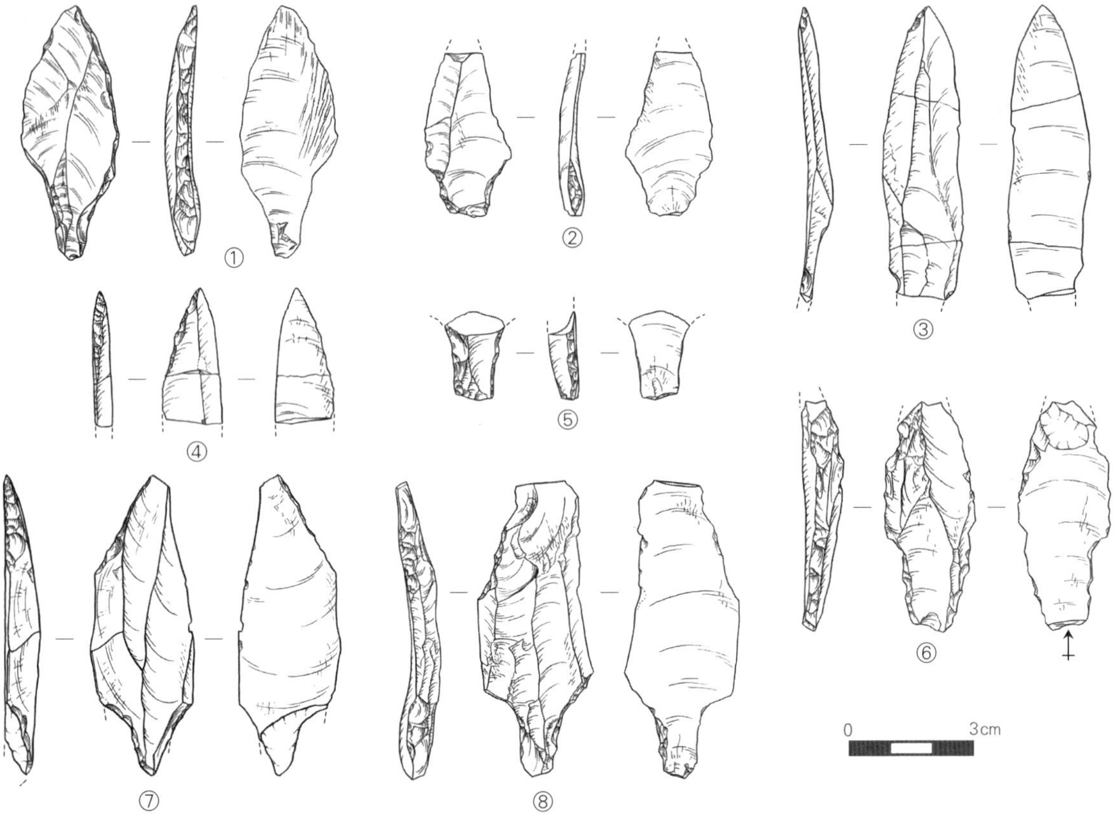

〈그림 2〉 슴베찌르개 상태
① 완형 ② 찌르개 부위 일부 부러진 것 ③ 슴베 부위 일부 부러진 것 ④ 찌르개 조각 ⑤ 슴베조각 ⑥ 찌르개 부위 일부 훼손된 것 ⑦ 슴베 부위 일부 훼손된 것 ⑧ 미완성품

슴베 부위 일부가 부러진 것(그림 2-③) 1점, 찌르개 조각(그림 2-④) 5점, 슴베 조각(그림 2-⑤) 22점이며, 찌르개 부위의 일부가 훼손된 것(그림 2-⑥) 30점, 슴베 부위의 일부가 훼손된 것(그림 2-⑦) 2점, 그리고 훼손되어 슴베 부위만 남은 것이 3점이다.

16점의 완형 중 찌르개 부위가 뾰족한 11점은 완성품(그림 2-①), 찌르개 부위가 덜 마무리된 5점은 미완성품(그림 2-⑧)으로 추정되며, 찌르개 부위의 일부가 훼손된 30점과 슴베 부위의 일부가 훼손된 2점은 여러 정황에서 모두 완성품일 가능성이 높다. 따라서 99점 중 완성품은 43점(43.4%), 미완성품은 5점(5.1%), 그리고 51점(51.5%)은 파손품이었다고 생각된다(표 2).

이처럼 슴베찌르개의 상태가 완성품, 미완성품, 그리고 여러 가지의 파손품으로 구분되고, 99점이나 되는 슴베찌르개가 20여 개의 석기제작단위에서 두루 출토되었

〈표 2〉 슴베찌르개의 상태별 수량

상태	구분			
	완성품	미완성품	파손품	모듬
완형	11	5		16
찌르개 부위 일부 부러짐			20	20
슴베 부위 일부 부러짐			1	1
찌르개 조각			5	5
슴베 조각			22	22
찌르개 부위 일부 훼손	30			30
슴베 부위 일부 훼손	2			2
훼손된 슴베 조각			3	3
모듬	43	5	51	99

으며, 석기제작단위의 수직 분포 양상이 위, 아래로 중복되고(이기길 2004, 14~15쪽), 절대연대가 22,830~17,310 B.P.인 점 등을 고려할 때, 진그늘유적은 후기구석기 후반에 슴베찌르개를 주로 제작했던 곳으로 판단된다.

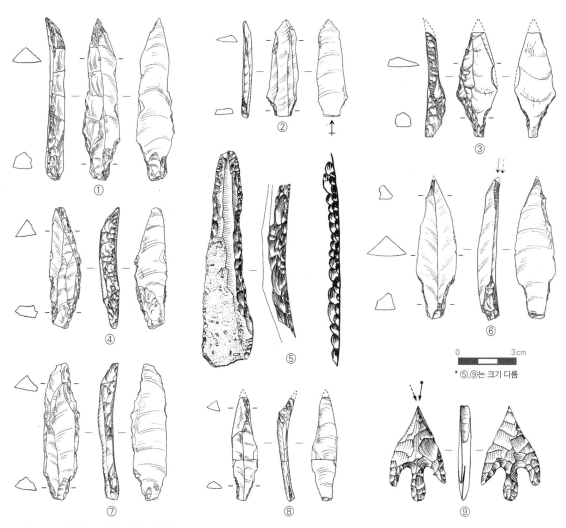

〈그림 3〉 슴베찌르개의 제작기법을 알려주는 예
① 모서리돌날 다음에 떼어진 돌날 ② 굽 부위를 부러뜨리고 슴베를 제작한 예 ③ 위끝 부위에 슴베를 만든 예 ④ 오리냐시앙식 잔손질을 닮은 예 ⑤ 오
리냐시앙식 잔손질(Piel-Desruisseaux 1986, 48쪽, Brézillon, 1983, 109쪽) ⑥ 새기개식 잔손질로 끝을 다듬은 예 ⑦ 한 변이 톱니날인 예 ⑧ 능선을 잔손
질로 곧게 한 예 ⑨ 새기개식 잔손질로 끝을 다듬은 화살촉(Inizan *et al.* 1999, 133쪽)

III. 제작기법

여기서는 슴베찌르개의 몸체 종류와 부위 선정, 그리
고 부위별 제작기법에 대해 살펴보겠다.

1. 몸체 종류와 부위 선정

슴베찌르개의 몸체를 구분해보면 돌날이고, 그것의

돌감은 유문암과 응회암 자갈이다. 이것들 중 자갈면
(cortex)이 남아있는 예는 하나도 없어 모두가 몸돌의 안
쪽에서 떼어진 것임을 보여준다. 이 가운데 한 점은 모
서리 돌날(crested blade, Inizan *et al.* 1999, 137~139쪽)의 뒤
를 이어 떼어진 것으로 등면의 왼편에 모서리를 만들
려고 다듬은 나란한 자국이 잘 남아있다(그림 3-①). 그
리고 몸체로 쓰인 돌날의 등면과 배면의 떼어진 방향
을 알 수 있는 54점 중 한 방향은 32점(59.3%), 맞선 방
향은 16점(29.6%), 그리고 엇갈린 방향은 6점(11.1%)으로
구분된다.

99점을 대상으로 몸체의 어떤 부위를 찌르개 또는 슴베로 선정하였는가를 살펴보았다. 먼저 굽 부위(proximal part)를 잔손질하여 슴베를 만든 것은 96점(97%)이다. 이 중에는 굽 부위를 부러뜨린 뒤 슴베를 만든 예(그림 3-②)가 8점 있다. 반면 위끝 부위(distal part)에 만든 것은 3점뿐이지만, 이 경우는 굽 부위보다 위끝 부위가 더 두터운 특징을 지닌다(그림 3-③).

한편 슴베와 찌르개 부위 중 무엇을 먼저 만들었는지 검토하였다. 미완성품으로 구분된 5점은 모두 슴베가 완성된 상태이나 찌르개 부위는 손질되지 않았다. 특히 2447번(그림 2-⑧)을 보면 슴베는 이미 완전하게 만들어졌으나 찌르개 부위는 일부 다듬어진 상태로 마무리되지 않았다. 이런 점에서 상대적으로 공이 많이 들고 파손되기 쉬운 슴베를 간단한 손질의 찌르개보다 먼저 만든 것으로 추정된다.

2. 슴베와 찌르개 부위의 제작기법

슴베와 찌르개 부위에 남아있는 잔손질 자국은 모두 비늘모양인데 큰 자국과 작은 자국이 위, 아래로 겹치는 예가 많다(그림 3-③, ④, ⑥). 이것은 1차 잔손질 뒤에 세밀한 잔손질로 마무리한 결과이며, 그 모습은 여러 가지의 잔손질 중 직접 다듬기의 '비늘모양 잔손질'(scaled retouch. 그림 3-⑤. Piel-Desruisseaux 1986, 48쪽 ; Brézillon 1983, 109쪽) 자국과 흡사하다.

2.1. 슴베

슴베 전체를 제대로 관찰할 수 있는 것은 91점이다. 이것들의 잔손질 방향(position of removals)은 등(direct), 밑(inverse), 엇갈린(alternating) 등밑(bifacial)의 4 가지로 나뉜다(그림 4. Inizan *et al.* 1999, 152쪽). 이 중 슴베의 왼쪽과 오른쪽이 모두 등 방향인 것은 76점(83.5%)이고, 양쪽 중 하나는 등 방향이고 나머지는 밑 방향이나 엇갈린 또는 등밑 방향인 경우는 13점(14.3%), 양쪽의 잔손질 방향이 모두 엇갈린 예는 1점, 그리고 하나는 엇갈리고 하나는 등밑 방향인 것이 1점 있다(그림 5). 그리고 슴베의 양쪽 즉 왼쪽과 오른쪽의 잔손질 각도를 재어본 결과, 56~80도에 65.8%나 몰려있어 이것이 슴베의 보편적인 각도로 생각된다(그림 6).

2.2 찌르개

찌르개 부위를 제대로 관찰할 수 있는 것은 35점이다. 먼저 잔손질의 유무와 분포(distribution of removals along an edge)를 살펴보면, 잔손질이 없는 자연날은 15점(42.9%), 잔손질이 들어간 날은 20점(57.1%)이다. 후자는 다시 한 변 또는 양 변이 잔손질된 두 가지로 나뉜다. 먼저 한 변이 잔손질된 것은 16점(45.7%)인데, 이 중 10점은 일부, 6점은 전부 잔손질되었다. 한편 양 변이 잔손질된 경우는 4점뿐이며, 이 가운데 2점은 양 변의 거의 전부가 잔손질되었다(그림 7).

잔손질 방향을 살펴보면 다음과 같다. 한 변의 일부가 잔손질된 것 중 9점은 등 방향, 1점은 등밑 방향이다. 한 변의 전부가 잔손질된 것 중 5점은 등 방향, 1점은 엇갈린 방향이다. 한편 양 변의 일부 즉 왼쪽은 등밑 방향, 오른쪽은 등 방향인 것, 그리고 왼쪽 끝은 등 방향, 오른쪽 끝은 '새기개식 잔손질'(burin blow technique, Inizan *et al.* 1999, 132~133쪽)로 다듬은 경우가 1점씩 있다(그림 3-⑥). 또한 양 변의 거의 전체를 등잔손질한 것과 왼쪽은 밑잔손질, 오른쪽은 등잔손질한 예가 1점씩 있다. 이처럼 잔손질은 75% 이상 등 방향으로 이뤄졌다(그림 8).

잔손질된 날의 모양(delineation of the edge)은 대부분 직선이고 톱니날은 2점(그림 3-⑦)뿐이다. 찌르개의 평면각을 잴 수 있는 33점의 각도를 보면 28~98도의 분포이며, 이 중 44~79도에 속하는 것이 71.7%이다(그림 9). 한편 능선을 잔손질하여 곧게 만든 예(그림 2-⑥, 3-⑧)가 4점 있다.

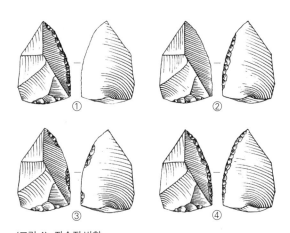

〈그림 4〉 잔손질 방향
① 등잔손질 ② 밑잔손질 ③ 엇갈린잔손질 ④ 등밑잔손질
(Inizan *et al.* 1999, 152쪽)

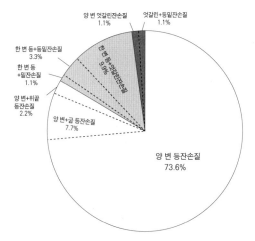

〈그림 5〉 슴베의 잔손질 방향

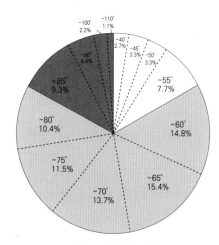

〈그림 6〉 슴베의 잔손질 각도

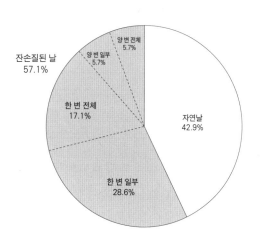

〈그림 7〉 찌르개의 잔손질 유무와 분포

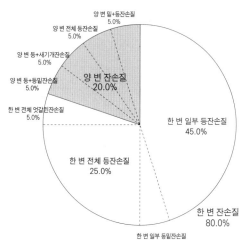

〈그림 8〉 찌르개의 잔손질 방향

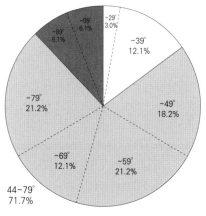

〈그림 9〉 찌르개의 평면각

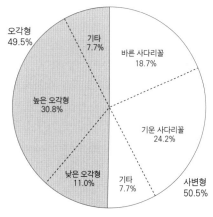

〈그림 12〉 슴베의 단면 모습

Ⅳ. 형식 분류

형식 분류의 적합한 요소를 찾기 위해 슴베와 찌르개 부위를 대상으로 평면과 단면 모습, 잔손질의 유무와 분포 등을 검토하였다.

슴베의 평면 모습은 슴베의 양끝에 직선자를 대었을 때 오목하게 휜 '오목형'과 거의 나란한 '빗금형'으로 대별된다. 그런데 슴베는 양 변으로 이뤄졌으므로 (가) 양 옆 오목형, (나) 한 쪽은 오목형이고 다른 쪽은 빗금형인 것(이하 오목+빗금형), (다) 양 옆 빗금형의 세 경우로 나뉜다. 슴베의 평면 모습을 관찰할 수 있는 67점 중 '가'형은 33점(49.3%), '나'형은 23점(34.3%), 그리고 '다'형은 11점(16.4%)이다. 한편 슴베의 끝 모습은 모난형, 둥근형, 뾰족형의 세 가지가 있다(그림 10).

슴베의 단면 모습은 크게 '사변형'과 '오각형'으로 구별되고, 사변형은 바른 사다리꼴, 기운 사다리꼴, 기타, 그리고 오각형은 낮은 것, 높은 것, 기타로 세분된다(그림 11). 슴베의 단면을 관찰할 수 있는 91점 중 사변형은 46점(50.5%), 오각형은 45점(49.5%)이다. 그리고 사변형 중 바른 사다리꼴은 37%, 기운 사다리꼴은 47.8%, 기타는 15.2%이고, 오각형 중 낮은 것은 22.2%, 높은것은 62.2%, 기타는 15.6%이다. 따라서 '기운 사다리꼴'과 '높은 오각형'이 주류임을 알 수 있다(그림 12).

찌르개의 평면 모습은 대체로 '좌우 대칭의 긴 세모' 또는 '유선형'을 닮은 두 가지, 그리고 단면은 크게 '세모', '사다리꼴'과 '오각형'의 세 가지로 나뉜다(그림 11). 여기서 찌르개의 단면을 관찰할 수 있는 66점을 분류해보면, 세모는 27점(40.9%), 사다리꼴은 37점(56.1%), 오각형은 2점(3.0%)이며, 사다리꼴 중 바른 사다리꼴과 기운 사다리꼴은 각각 16점과 21점이다(그림 13).

한편 찌르개 부위에 대해 잔손질 유무와 분포를 검토해보면, ① 자연날, ② 한 변 일부 잔손질, ③ 한 변 전부 잔손질, ④ 양 변 일부 잔손질, ⑤ 양 변 거의 전부 잔손질 등 다섯 가지로 뚜렷하게 나뉜다(그림 10).

앞에서 검토해본 요소 중 슴베는 세 가지로 나뉘는 평면 모습, 찌르개는 다섯 가지로 구분되는 잔손질의 유무와 분포 항목이 변별력이 뚜렷하였다. 그래서 이 두 가

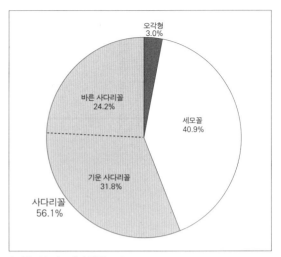

〈그림 13〉 찌르개의 단면 모습

〈표 3〉 슴베찌르개의 형식별 수량

슴베 형식	찌르개 형식					
	①	②	③	④	⑤	모듬
가	5	4	3	2		14
나	7	1	2		1	11
다	3	3	1			7
모듬	15	8	6	2	1	32

지를 형식 분류의 기준으로 삼고 슴베와 찌르개 부위를 모두 살펴볼 수 있는 32점을 대상으로 형식을 구분해보았다(사진 1. 그림 14. 표 3).

위의 표에서 보듯이 슴베의 '가'형식은 43.8%, '나'형식은 34.4%, '다'형식은 21.9%를 차지한다. 이것은 앞에서 슴베의 평면 모습을 관찰할 수 있는 67점을 대상으로 분석해본 결과와 상당히 비슷하다. 한편 찌르개의 ①형식은 46.9%, ②형식은 25%, ③형식은 18.8%, ④형식은 6.3%, ⑤형식은 3.19%를 차지한다.

나아가 슴베가 '가'형식이면서 찌르개가 ①형식인 것은 5점(15.6%), ②형식인 것은 4점(12.5%), ③형식인 것은 3점(9.4%), ④형식인 것은 2점(6.3%)이다. 슴베가 '나'형식이면서 찌르개가 ①형식인 것은 7점(21.9%), ②와 ③형식인 것은 각각 1점과 2점(6.3%)이며, ⑤형식인 것은 1점이다. 그리고 슴베가 '다'형식이면서 찌르개가 ①, ②형식인 것은 3점(9.4%)씩이고, ③형식인 것은 1점(3.1%) 뿐이다.

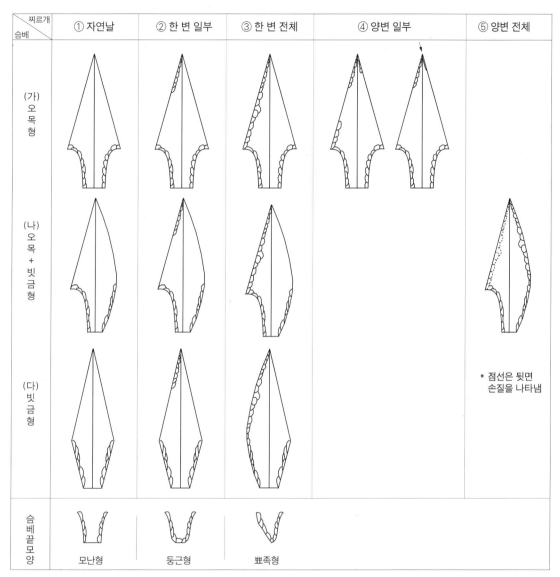

〈그림 10〉 슴베찌르개의 형식 구분

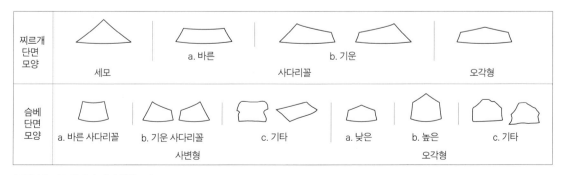

〈그림 11〉 찌르개와 슴베의 단면 모습

가①형식　　가②형식　　가③형식　　가④형식

나①형식　　나②형식　　나③형식　　나⑤형식

다①형식　　다②형식　　다③형식

〈사진 1〉 슴베찌르개의 형식 구분

V. 무게와 크기

1. 무게

슴베찌르개의 무게 통계는 완성품으로서 완형이거나

또는 아주 조금만 훼손이나 파손되어 원래 무게에 근접한 것들에 국한하였다. 그래서 완형이면서 완성품인 11점, 찌르개 부위의 일부 훼손품 중 14점, 슴베 부위 일부 훼손품 중 1점, 그리고 찌르개 부위 일부 파손품 3점 등 29점을 대상으로 하였다. 무게는 g 단위로 소수점 첫 자리까지 재었다.

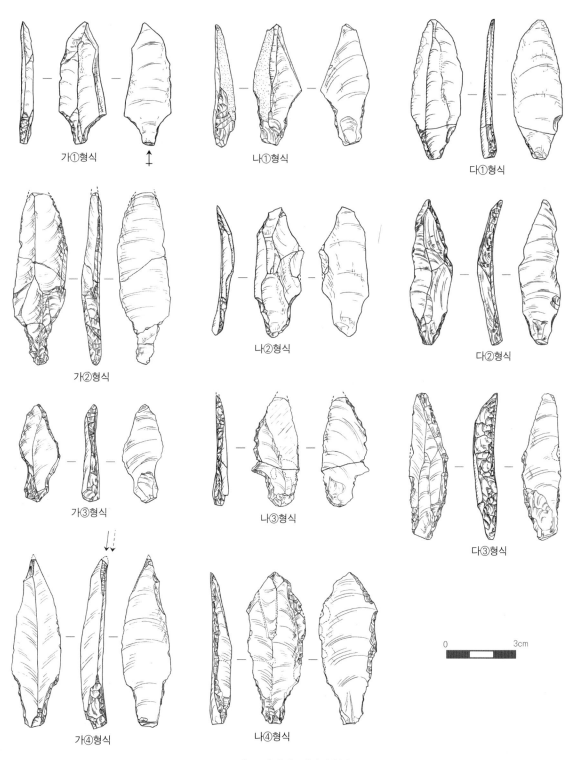

가①형식　나①형식　다①형식

가②형식　나②형식　다②형식

가③형식　나③형식　다③형식

가④형식　나④형식

0　　　　　3cm

〈그림 14〉 슴베찌르개의 각 형식

29점의 분포를 보면 가장 가벼운 것이 2.0g, 가장 무거운 것이 21.4g이다. 여기서 18g과 21.4g을 제외하면 2g부터 10g 내외까지 대개 서너 점씩 고르게 분포하고 3g 내외가 6점으로 가장 많다. 그리고 이것들의 평균값은 6.8g이지만, 가장 무거운 2점을 제외하면 5.8g이다(그림 15).

2. 크기

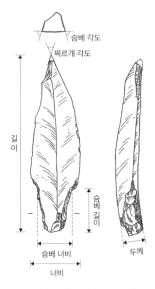

<그림 16> 슴베찌르개의 크기 재기

크기는 무게를 잰 29점과 도면으로 복원이 가능한 3점 등 모두 32점을 다루었다. 여기서 슴베찌르개의 길이, 너비, 두께를 재는 기준은 <그림 16>과 같으며, 두께는 몸체의 두께 중 최대 크기를 택했다. 크기는 mm 단위로 재었으며 소수점 아래는 반올림하였다.

2.1. 길이

전체 길이를 보면, 최소가 31mm, 최대가 80mm이며, 평균값은 57.6mm이다. 24점(75%)이 45~69mm에 속하며 50~59mm에 43.8%가 몰려있다(그림 17, 18). 한편 슴베의 길이는 최소가 9mm, 최대가 30mm이며, 평균값은 18.4mm이다(그림 19, 20). 전체 길이에 대한 슴베 길이의 비율을 보면 0.19~0.58이며 평균값은 0.32이다. 24점(75%)이 0.19~0.35에 속하며, 0.31~0.35에 34.4%가 몰려 있다(그림 21).

2.2 너비

전체 너비를 보면, 최소가 12mm, 최대가 33mm이며, 평균값은 20.3mm이다. 이 가운데 17mm, 18mm, 20mm, 21mm짜리가 4~6점으로 상당히 고르게 분포한다(그림 17, 22). 전체 길이에 대한 전체 너비의 비율을 보면 0.23~0.49이고 평균값은 0.4이고, 이 중 너비가 길이의 0.26~0.45인 것은 78.1%이며, 0.36~0.40인 것이 28.1%를 차지한다(그림 23).

한편 슴베의 너비는 최소가 8mm, 최대가 17mm이며, 평균값은 11.0mm이다. 9~13mm에 속하는 것이 78.1%이다(그림 19, 24). 전체 너비에 대한 슴베 너비의 비율을 보면 0.40~0.73이며, 평균값은 0.55이다. 이 중 슴베 너비가 전체 너비의 절반 이상인 것이 75%나 된다(그림 25). 그리고 슴베 자체의 길이에 대한 너비의 비율은 0.39~1.0으로 나타나며, 평균값은 0.63이다. 이 가운데 19점(59.4%)이 0.50~0.75에 속한다(그림 26).

2.3. 두께

전체 두께를 보면, 최소는 4mm, 최대는 12mm이고 평균값은 7mm이다. 여기서 5~9mm인 것이 84.4%나 되며, 7~8mm는 거의 절반(46.9%)을 차지한다(그림 17, 27). 전체 너비에 대한 전체 두께의 비율을 보면 0.19~0.53이고 평균값은 0.37이다. 이 중 두께가 너비의 0.25~0.45에 속하는 것이 87.5%에 이른다(그림 28).

슴베의 두께는 최소 3mm, 최대 11mm이며, 평균값은 6.8mm이다. 5~8mm인 것이 71.9%에 이른다(그림 19, 29). 이처럼 슴베의 두께는 몸체보다 아주 조금 얇은 편이다. 한편 슴베 자체의 너비에 대한 두께의 비율을 보면 0.31~0.89로 나타나며, 평균값은 0.62인데, 이 중 두께가 너비의 절반 이상인 것이 78.1%이다(그림 30).

VI. 고찰

앞에서 진그늘유적의 슴베찌르개를 대상으로 제작기법, 형식, 무게와 크기 등을 분석하여 흥미로운 결과를 얻을 수 있었다. 이제 슴베찌르개의 전반적인 양상을 이해하기 위해 보고서나 논문으로 내용이 잘 알려진 수양개유적과 용산동유적을 검토하고자 한다(그림 31, 32). 두 유적은 진그늘유적처럼 후기구석기 후반(24,000~12,000년 전)에 속하며, 각각 48점과 39점의 슴베찌르개가 발굴되어 비교 대상으로 적합한 요건을 갖추고 있다.

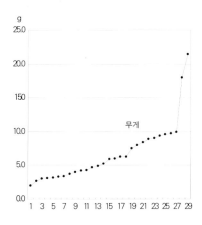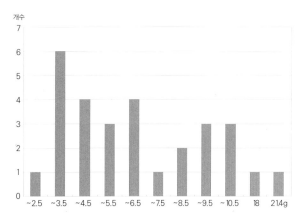

〈그림 15〉 슴베찌르개의 무게 분포도

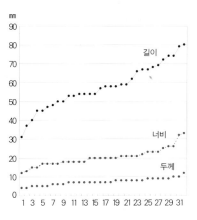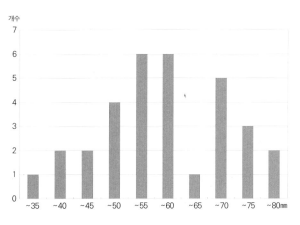

〈그림 17〉 슴베찌르개의 크기 분포도   〈그림 18〉 슴베찌르개의 길이 분포도

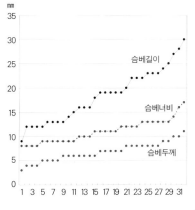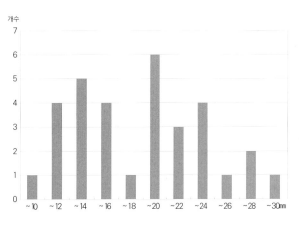

〈그림 19〉 슴베의 크기 분포도   〈그림 20〉 슴베의 길이 분포도

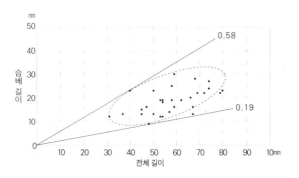
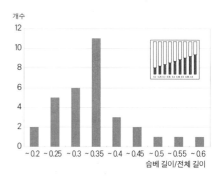

〈그림 21〉 전체 길이에 대한 슴베 길이의 비율 분포도

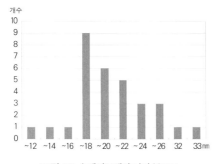

〈그림 22〉 슴베찌르개의 너비 분포도

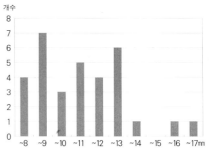

〈그림 24〉 슴베의 너비 분포도

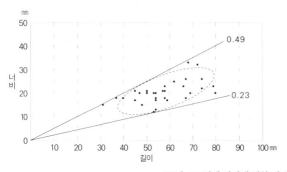

〈그림 23〉 전체 길이에 대한 전체 너비의 비율 분포도

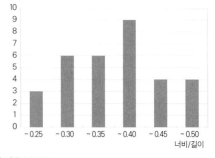

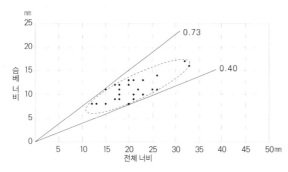
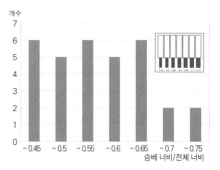

〈그림 25〉 전체 너비에 대한 슴베 너비의 비율 분포도

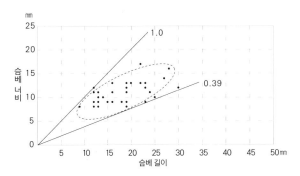
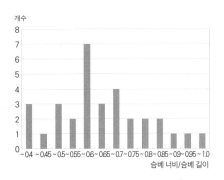

〈그림 26〉 슴베 길이에 대한 슴베 너비의 비율 분포도

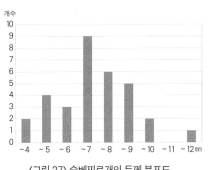

〈그림 27〉 슴베찌르개의 두께 분포도

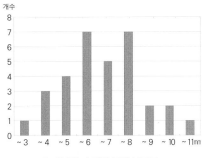

〈그림 29〉 슴베의 두께 분포도

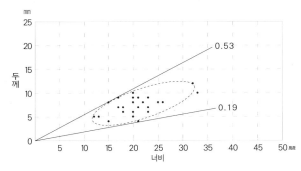
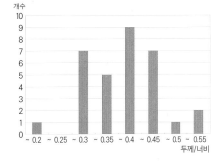

〈그림 28〉 전체 너비에 대한 전체 두께의 비율 분포도

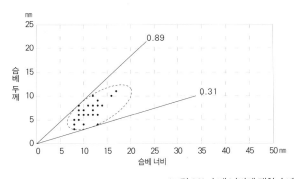
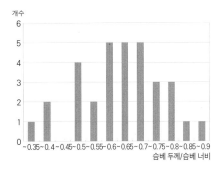

〈그림 30〉 슴베 너비에 대한 슴베 두께의 비율 분포도

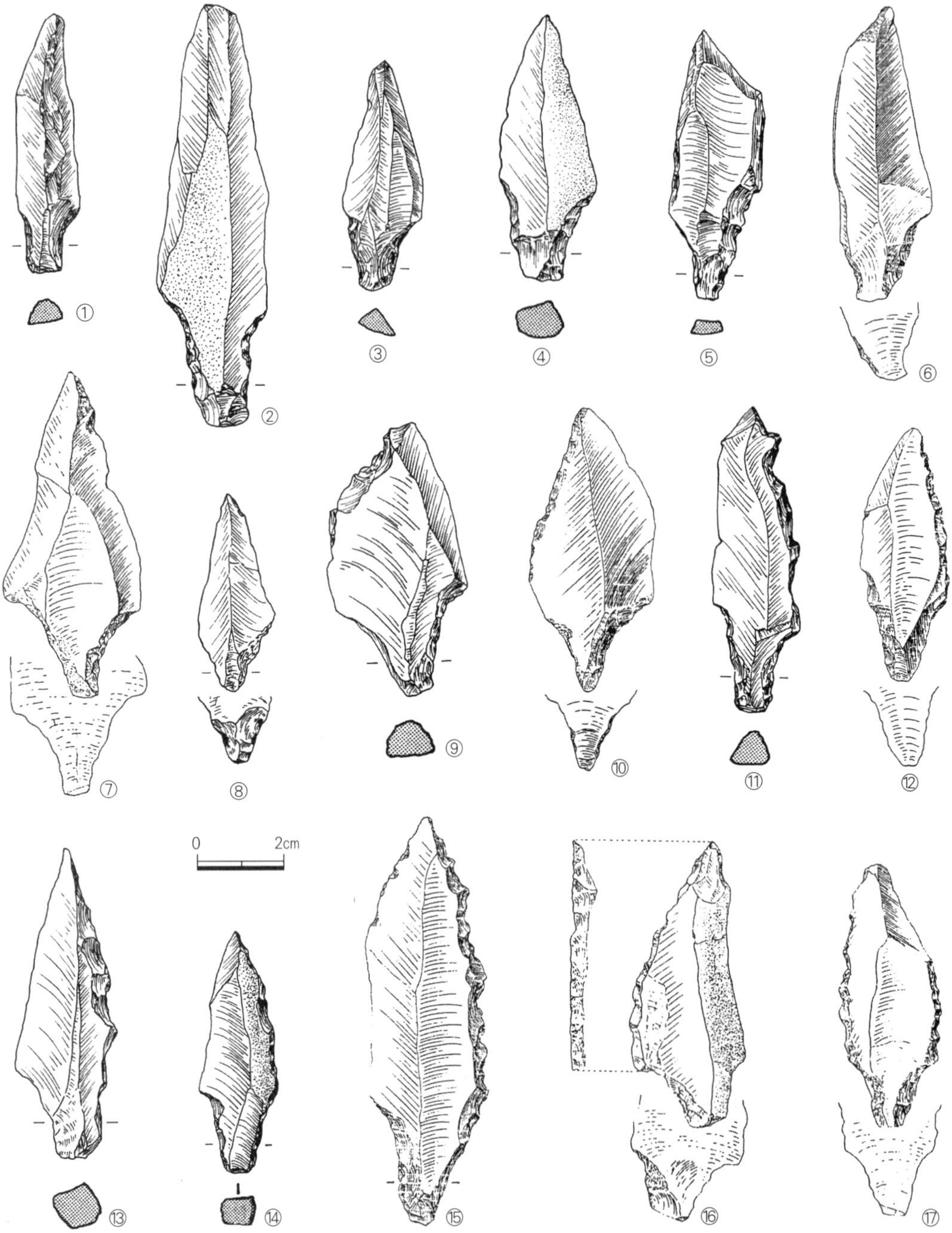

〈그림 31〉 수양개유적의 슴베찌르개 (이융조·우종윤 1997, 100~102쪽)

이융조 외(1999) - ①~⑥ : 1형식 ⑦, ⑧ : 2a형식 ⑨, ⑩ : 2b형식 ⑪~⑮ : 3a형식 ⑯ : 3b형식 ⑰ : 3c형식

글쓴이 - ①, ② : 가①형식 ③~⑥ : 나①형식 ⑦, ⑨ : 가②형식 ⑧, ⑩ : 나②형식 ⑪, ⑫, ⑯ : 가③형식 ⑬~⑮ : 나③형식 ⑰ : 가⑤형식

먼저 제작기법과 관련하여 슴베찌르개의 몸체 종류를 보면, 진그늘유적과 용산동유적은 전부 돌날이나, 수양개유적은 돌날과 격지가 각각 72.1%, 27.9%의 비율로 쓰

였다(이융조 와 1999, 12쪽). 돌날의 모습을 보면 진그늘유적과 용산동유적에선 자갈면이 남아있는 예가 거의 없고 등면에 한두 개의 능선이 있는 것이 대부분이지만, 수

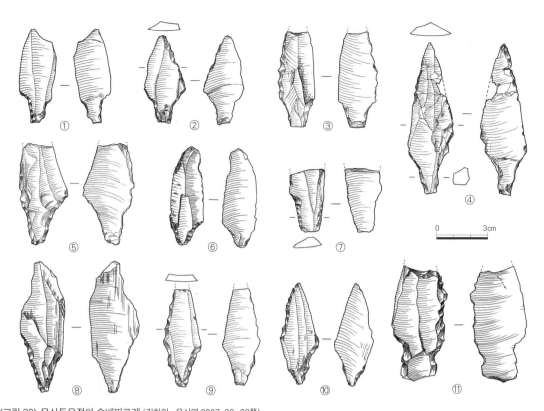

〈그림 32〉 용산동유적의 슴베찌르개 (김환일 · 육심영 2007, 26~33쪽)
글쓴이 - ① : 가①형식. ②,③ : 가③형식. ④ : 가⑤형식. ⑤~⑦ : 나②형식. ⑧ : 다①형식. ⑨,⑩ : 다③형식. ⑪ : 가③형식

양개유적에선 자갈면이 절반 이하 남아있는 것이 18.9%였다(이융조 와 1999, 13쪽). 따라서 슴베찌르개의 몸체로 돌날이, 그리고 몸돌의 겉 부위보다 속 부위에서 떼어진 것들이 더 선호되었음을 알 수 있다.

한편 돌날의 떼기 방향과 수량을 비교해보면, 진그늘유적은 한 방향이 59.3%, 맞선 방향이 29.6%, 엇갈린 방향이 11.1%, 수양개유적은 한 방향이 69.8%, 맞선 방향이 17.0%, 엇갈린 방향이 13.2%(이융조 와 1999, 14쪽), 그리고 용산동유적은 한 방향이 69%(김환일·육심영 2007, 113쪽)이다. 그런즉 몸체로 쓸 돌날은 때림면이 하나인 몸돌에서 약 2/3, 그리고 마주보는 때림면이나 이웃한 때림면을 지닌 몸돌에서는 약 1/3을 얻은 것으로 나타난다.

슴베와 찌르개 부위는 직접 다듬기의 하나인 '비늘모양 잔손질'로 완성되었다. 이런 잔손질 모습은 오리냐시앙기의 잔손질석기에서 흔히 볼 수 있다(Piel-Desruisseaux 1986, 48쪽 ; Brézillon 1983, 109쪽). 한편 아주 드물지만 '새기개식 잔손질'로 찌르개 끝을 뾰족하게 만든 예가 진그늘유적에서 관찰되는데, 이 기법은 후대의 타제화살촉 제

작에도 쓰인 바 있어(그림 3-⑨. Inizan et al. 1999, 133쪽) 오랫동안 지속되었음을 보여준다.

몸체에서 슴베를 조성한 부위는 주로 굽 쪽인데, 수양개유적은 1점을 제외하고 전부(이융조 외 1999, 15쪽), 그리고 진그늘유적의 경우 97%로 압도적이다. 한편 위끝 부위에 슴베를 만든 예는 매우 적지만 용산동유적에도 그런 사례가 있으며(그림 32-③, ④, ⑪), 이 경우 역시 위끝보다 굽이 더 얇았기 때문이다(김환일·육심영 2007, 113쪽).

슴베의 잔손질 방향을 보면, 세 유적 모두 양쪽이 등잔손질된 것의 비율이 81~90% 이상이다(이융조 외 1999, 16쪽 ; 김환일·육심영 2007, 113쪽). 이처럼 등잔손질의 비율이 압도적인 현상은 단면이 주로 세모거나 사다리꼴인 돌날을 사다리꼴이나 오각형으로 간편하게 변형시킬 수 있기 때문이며, 세모보다는 사다리꼴, 사다리꼴보다는 오각형이 형태구조상 찌르개 끝에서 전해지는 강한 충격을 더 잘 견뎌내는 이점이 있을 것으로 보인다.

슴베의 잔손질각도는 수양개유적은 대부분 매우 가파르고(이융조 외 1999, 16쪽), 용산동유적은 가파르거나 비

껴 가파르다(김환일·육심영 2007, 113쪽)고 기록되어 있을 뿐 자세한 각도와 수량이 제시되지 않아 서로 비교하기 어렵다. 한편 진그늘유적의 경우 76~90도에 속하는 것은 24.2%였으나 56~75도에 속하는 것은 50%로 2배나 많았다. 이 결과는 슴베가 80~90도에 가까운 급한 각도라는 주장(장용준 2002, 38쪽)과는 차이가 있다.

슴베의 단면 모습은 세 유적 모두 사변형이거나 오각형이 주류이다. 한편 평면 모습은 진그늘유적과 수양개유적의 경우, 양 옆 오목형 〉 오목+빗금형 〉 양 옆 빗금형의 순서이고, 용산동유적은 양 옆 빗금형이 두 유적에 비해 상대적으로 많다(그림 30, 31 참조). 슴베의 평면과 단면 모습은 자루에 끼우거나 또는 묶는 고정 방식과 밀접한 관련이 있으므로, 몸체의 상태나 대상물의 종류와도 어느 정도 상관성이 있으리라 생각된다. 그런데 일본열도의 슴베찌르개보다 좁고 긴 형태인 한국의 슴베찌르개는 끼워서 고정했을 것으로 추정된 바 있다(吉留秀敏 1997 ; 장용준 2002, 43쪽).

찌르개 부위의 잔손질 방향은 세 유적 모두 등 방향이 우세하다. 그리고 잔손질 유무와 분포 정도는 통계 처리가 가능한 자료가 제시되어 있기에(이융조 외 1999, 17쪽 ; 김환일·육심영 2007, 114쪽) 세 유적을 비교해보면 다음과 같다(표 4).

〈표 4〉 찌르개 부위의 잔손질 유무와 분포 비율

유적 이름	찌르개의 구분					모듬
	①	②	③	④	⑤	
진그늘	15(42.9)	10(28.6)	6(17.1)	2(5.7)	2(5.7)	35(34.7)
수양개	24(50.0)	15(31.2)	8(16.7)	1(2.1)	0(0.0)	48(47.5)
용산동	2(11.1)	10(55.6)	6(33.3)	0(0.0)	0(0.0)	18(17.8)
모듬	41(40.6)	35(34.7)	20(19.8)	3(3.0)	2(2.0)	101(100)

표에서 보듯이 진그늘유적과 수양개유적에선 ① 자연날 〉 ② 한 변 일부 잔손질 〉 ③ 한 변 전부 잔손질 〉 ④, ⑤ 양 변 일부나 거의 전부 잔손질의 순서이나, 용산동유적에선 ② 한 변 일부 잔손질 〉 ③ 한 변 전부 잔손질 〉 ① 자연날의 차례이다. 이처럼 '양 변 잔손질'보다 '자연날'이나 '한 변 잔손질'의 비율이 높은 이유는 발달된 돌

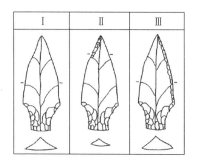
시미즈(清水宗昭 1973)

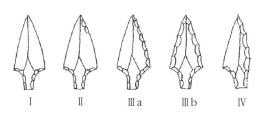
이나하라(稻原昭嘉 1986)

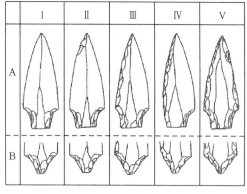
요시토메(吉留秀敏 2002)

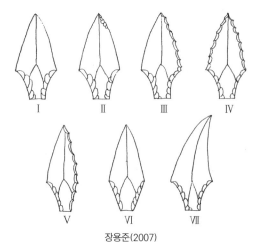
장용준(2007)

〈그림 33〉 슴베찌르개의 형식 분류안

날기법으로 적절한 몸체를 만들어냈고, 그 결과 최소한의 잔손질만으로도 날카로운 찌르개를 완성할 수 있었기 때문으로 해석된다.

찌르개의 평면 모습은 좌우 대칭의 긴 세모이거나 배의 평면 모습에 가깝고, 잔손질된 날의 모습은 곧은날이 많고 톱니날은 드물다. 찌르개 끝의 평면각은 진그늘유적의 경우는 44~79도에 속하는 것이 71.7%이고, 용산동유적의 경우는 42~73도의 분포이다(김환일·육심영 2007, 112쪽). 또한 단면의 모습은 사다리꼴과 세모가 주류를 차지한다. 이런 특징들도 찌르는 기능에 적합한 구조를 추구한 결과로 생각된다.

또한 능선을 잔손질해 찌르개 축과 나란하도록 만든 예를 진그늘유적에서 볼 수 있는데, 이를 통해 구석기인들은 슴베찌르개를 제작할 때 찌르개의 뾰족함, 슴베의 고정 기능 그리고 능선을 기준으로 한 좌우대칭의 중요성까지 고려하였음을 짐작할 수 있다.

한편 최근까지 제시된 슴베찌르개의 형식 분류안을 검토해보면, 시미즈(淸水宗昭 1973, 376쪽), 이나하라(稻原昭嘉 1986, 33쪽), 요시토메(吉留秀敏 2002, 69쪽), 이용조 외(1999, 18쪽)와 장용준(2004, 25쪽 ; 2007, 219쪽)의 것이 대표된다(그림 33).

시미즈는 찌르개의 잔손질 분포에 따라 (Ⅰ) 자연날, (Ⅱ) 한 변 일부 잔손질, (Ⅲ) 한 변 전부 잔손질로 나누었다. 이나하라의 안은 시미즈의 안에 (Ⅲb) 양 변이 모두 잔손질된 형식과 (Ⅳ) 한 변이 전부 잔손질 것 중 슴베와 찌르개 부위가 구분되지 않고 볼록한 호선을 이루는 형식을 추가하였다. 요시토메의 안은 이나하라의 분류안에 슴베의 모양이 뾰족한 형식들을 더하여 모두 10가지로 세분하였다. 한편 이용조 외는 시미즈의 Ⅱ, Ⅲ형식을 왼쪽, 오른쪽, 양쪽으로 세분하여 7가지로 구분하였다. 장용준은 이나하라의 분류안에 슴베의 양 변이 빗금인

형식과 도구의 축이 휜 형식을 추가하였고, 슴베의 평면 모습이 '만곡형'에서 '만곡+직선형'으로 변화하는 경향을 띤다고 하였다.

글쓴이는 좀 더 체계적인 분류를 해보았다. 이 안에 따라 수양개유적의 슴베찌르개를 구분해보면 '가', '나'형식과 ①, ②형식이 많고, '다'형식과 ③, ⑤형식은 적다(그림 31). 자세히 보면 '가①', '가②', '나①', '나②', '다①'형식이 주류로 나타나고 '가③', '나③', '다②'형식은 적지만, 진그늘유적과 대체로 비슷한 경향이다. 한편 용산동유적의 경우 형식을 분류할 수 있는 대상은 9점에 불과하여 분류 결과에 큰 의미를 두기 어렵지만, '다'형식의 비중이 두 번째로 높은 점이 눈에 띈다(그림 32).

슴베찌르개의 무게와 크기를 비교해보면, 수양개유적과 용산동유적 출토 슴베찌르개의 무게는 각각 3.0~35(11)g, 2.1~10.5g 이상이고, 길이(평균값)는 각각 35~102(60)mm, 49~89(63.7)mm이며, 너비(평균값)는 각각 16~49(24)mm, 13~28(22.2)mm, 그리고 두께(평균값)는 각각 3.8~13.6(8.2)mm, 6~12(8.2)mm이다. 그리고 수양개유적에서 슴베의 평균값은 길이 20.2mm, 너비 13.9mm, 두께 7.2mm로 보고되었다(이용조 외 1999, 11쪽, 15쪽 ; 김환일·육심영 2007, 112쪽의 통계치가 정확하지 않아 보고자가 확인해준 수치를 인용하였다). 이것을 진그늘유적과 비교해보면 〈표 5〉와 같다.

표에서 보듯이 세 유적 출토 슴베찌르개의 크기 분포는 길이 31~102mm, 너비 12~49mm, 두께 4~14mm로 나타나 작은 것부터 큰 것에 이르기까지 다양했음을 알 수 있다. 그러나 평균값은 길이 58~64mm, 너비 20~24mm, 두께 7~8mm의 분포로 별 차이가 없다. 그리고 수양개유적과 진그늘유적의 경우 길이가 60mm 내외인 것들의 비율이 크고(이용조·공수진 2002, 17쪽) 또 용산동유적에선 49~61mm와 80~89mm인 유물이 각각 7점과 5점이어서

〈표 5〉 슴베찌르개의 무게(g)와 크기(mm)의 분포와 평균값

유적이름 무게(평균값) 크기	전체 : 길이(평균값) 슴베 : 길이(평균값)	너비(평균값) 너비(평균값)	두께(평균값) 두께(평균값)	평균 길이 : 너비 : 두께 평균 길이 : 너비 : 두께
진그늘 2.0~21.4(6.8)	31~80(57.6) 9~30(18.4)	12~33(20.3) 8~17(11.0)	4~12(7.0) 3~11(6.8)	8.23 : 2.90 : 1 2.71 : 1.62 : 1
수양개 3.0~35(11)	35~102(60) ?(20.2)	16~49(24) ?(13.9)	3.8~13.6(8.2) ?(7.2)	7.32 : 2.93 : 1 2.81 : 1.93 : 1
용산동 2.1~10.5 이상	49~89(63.7) 2~25(18.8)	13~28(22.2) ?	6~12(8.2) ?	7.77 : 2.71 : 1

(김환일·육심영 2007, 112쪽), 세 유적 모두 일정한 크기의 슴 베찌르개 제작에 무게를 두었던 것으로 해석된다.

끝으로 진그늘, 수양개, 용산동유적 출토 슴베찌르개 에서 전체 길이 : 너비 : 두께의 평균은 각각 8.23 : 2.90 : 1, 7.32 : 2.93 : 1, 7.77 : 2.71 : 1, 그리고 진그늘과 수양개 유적에서 슴베의 길이 : 너비 : 두께의 평균은 각각 2.71 : 1.62 : 1, 2.81 : 1.93 : 1로 나타났다. 또한 진그늘, 수양 개, 용산동유적에서 슴베 길이 : 전체 길이의 평균은 각 각 0.32, 0.34, 0.30이고, 진그늘과 수양개유적에서 슴베 너비 : 전체 너비의 평균은 각각 0.54, 0.58이며, 전체 두께 와 슴베의 두께는 별 차이가 없다. 이처럼 세 유적 슴베찌 르개의 부분별 크기 비율은 상당히 일정하고 편차가 작 아서 구석기인들이 이런 비율의 슴베찌르개를 이상형으 로 삼았다고 생각한다.

VII. 맺음말

진그늘유적에서 찾아진 슴베찌르개에 대한 제작기법, 형식, 그리고 무게와 크기를 분석하고, 수양개유적, 용산 동유적 등과 비교해봄으로써 우리나라 슴베찌르개에 대 한 보다 폭넓은 이해가 가능하였다.

제작기법을 분석해본 결과, 세 유적 모두 주로 돌날을 선택하여 '비늘모양 잔손질'로 슴베찌르개를 완성하였 으며, 드물게 '새기개식 잔손질'로 찌르개 끝을 뾰족하게 만든 예도 있다.[1] 그리고 일부 예외는 있지만 거의가 몸

체의 두터운 굽 부위를 슴베로, 뾰족하고 얇은 위끝 부 위를 찌르개로 만들었으며, 제작 순서를 보면 슴베를 먼 저, 찌르개는 나중이었다.

슴베 부위는 적어도 두 차례 잔손질되었지만, 찌르개 부위는 자연날 그대로 또는 최소한의 잔손질로 마무리 된 비율이 높다. 슴베찌르개를 비교적 쉽게 완성할 수 있었던 이유는 알맞은 크기와 모양의 돌날을 제작할 수 있는 뛰어난 기술을 지녔기 때문으로 추정되며, 이 는 세 유적에서 나온 다량의 돌날몸돌과 부산물들이 뒷받침해준다.

세 유적 출토 슴베찌르개의 형식을 보면 9~11가지로 세분되지만 그 중 우세한 형식은 대체로 비슷하다. 그 리고 크기 분포는 최소와 최대가 길이는 71mm, 너비는 37mm, 두께는 10mm로 매우 폭넓은 편이지만, 자세히 보 면 일정한 크기에 속하는 유물이 적지 않다. 그런즉 슴 베찌르개가 사냥용이었다면 특정한 종을 주 대상으로 하면서 다른 것들도 잡는 데 쓴 도구였을 가능성이 높 다. 이와 관련하여 슴베찌르개의 용도를 삼릉첨두기와 견주어서 '소모도가 높은 투창'으로 추정한 연구(淸水宗 昭 2010)가 주목되며, 이와 달리 쓴자국 연구를 바탕으로 '자르는 도구'로 해석한 연구(宮田榮二 2006)도 참조된다.

모두 186점의 슴베찌르개가 나온 세 유적은 제작기법, 형식, 크기 등에 있어 매우 유사한 것으로 나타났다. 그 러므로 세 유적의 주인공들은 슴베찌르개에 관해 상당 히 공통된 개념과 기술을 지녔던 것으로 헤아려진다. 앞 으로 여기서 다루지 못한 유적들의 슴베찌르개에 관한 기초 분석과 더불어 그 결과를 바탕으로 한 실험제작, 다양한 종류를 대상으로 한 사용 실험과 쓴자국(use- wear) 분석 등 여러 분야에서 진전된 연구가 이루어지길 기대한다.

---

1 이것은 쓴자국 분석 결과 대상물에 부딪쳐서 생긴 충격흔(impact fracture trace)으로 해석되었다(Lee and Sano 2016).

제4장

한반도의 좀돌날석기문화

I. 연구사

한국의 좀돌날석기(좀돌날몸돌, 좀돌날, 제1, 2스폴, 선형 (Preform) 등을 모두 포함하는 낱말)에 관한 첫 연구는 금강 유역인 공주 석장리유적에서 시작되었다(Sohn 1968). 이 후 20년 가까이 관심을 끌지 못하다가 남한강변의 단양 수양개유적에서 195점이나 되는 좀돌날몸돌이 발굴되면 서, 그리고 주암댐 수몰지역인 보성강유역의 네 유적에 서 좀돌날석기들의 발견을 계기로, 제작수법에 따른 형 식 분류 연구가 진행되었다(이융조 1989).

90년대에는 북한강유역인 강원도, 섬진강과 보성강 유역인 전라남도, 금강유역인 대전, 그리고 부산, 의정부 등지에서 13개의 유적이 조사되었다. 이 가운데 좀돌날 몸돌의 석기갖춤새(Assemblage)를 잘 보여주는 순천 월 평(이기길 2000), 대전 노은동(한창균 과 2003), 해운대 중동 (하인수 2001), 홍천 하화계리(최복규 1993)유적 등이 포함되 어 있다. 이 기간에는 좀돌날문화의 기원과 확산의 배경 및 편년에 대한 연구(장호수 1995 ; 이헌종 1999b)와 제작수 법에 따른 형식 분류연구(성춘택 1998)가 주목된다.

2000년대에 들어서도 11개의 유적이 보고되었다. 이 중 남양주 호평(홍미영 과 2002), 진주 집현(박영철·서영남 2004), 장흥 신북(이기길 2004c)유적은 좀돌날석기의 문화 양상을 잘 보여줄 뿐 아니라, 좀돌날석기의 편년을 세우

는 데 도움이 되는 방사성탄소연대(AMS)가 많이 측정되 었다. 한편 특정 지역이나 유적의 좀돌날석기를 분석하 여 제작기법의 차이와 변화를 밝힌 연구도 있었다(김은정 2002 ; 서인선 2004).

이처럼 좀돌날석기가 나오는 유적은 2006년 현재까지 모두 33곳이다(표 1). 이 유적들은 평양 이남의 전 지역에 분포하는데, 최북단에 평양 만달리유적, 최남단에 장흥 신북유적이 있다(그림 1). 특히 호남지역에 18개의 유적이 분포하여 전체의 55%에 이르는데, 이것은 그동안 타 지 역보다 조사가 활발하게 진행된 결과라고 생각된다.

〈표 1〉 좀돌날석기 유적의 조사 연대

1964~1974년, 1990년, 1992년	공주 석장리
1979~1980년	평양 만달리
1980년대 전반	단양 수양개
1980년대 후반	순천 곡천, 금평, 죽산, 화순 대전(주암댐 수몰지역) 거창 임불리(합천댐 수몰지역) 양구 상무룡리(파라호 퇴수지역)
1990년대 전반	홍천 하화계리 사둔지, 해운대 중동, 곡성 옥과 (주산리와 송전리), 의정부 민락동
1990년대 후반	순천 월평, 금성, 보성 용소, 동고지, 곡성 하청단, 장성 밀등, 함평 당하산, 대전 노은동, 철원 장흥리
2000년대 전반	진안 진그늘, 진주 집현, 익산 신막, 홍천 하화계리 작은 솔밭, 대전 대정동, 동해 기곡, 남양주 호평, 장수 침곡리, 장흥 신북, 전주 송천동, 화순 사창

Ⅱ. 좀돌날몸돌에 대하여

1. 석재

　좀돌날몸돌의 석재로는 흑요석, 수정, 규질셰일과 산성화산암(유문암과 응회암) 등이 주로 쓰였다. 이 중 흑요석은 강원도와 경기도, 규질셰일은 충청북도, 그리고 산성화산암은 충청남도 이남의 남부지역에서 더 많이 이용되었고, 수정은 전국에서 두루 이용된 양상을 띤다.

　규질셰일이나 산성화산암, 수정은 대개 재지석재이지만, 흑요석은 대부분 외지석재로서 먼 거리를 운반된 것으로 보인다. 최근 전라남도의 장흥 신북유적에서 흑요석이 발굴되어 후기구석기시대에 흑요석은 한반도 전 지역에서 사용되었음을 알게 되었다. 앞으로 구석기인들의 행동반경이나 교류에 대한 자세한 내용을 밝혀내기 위해 흑요석을 포함한 주요 돌감들의 원산지 연구가 기대된다.

2. 몸체와 스폴

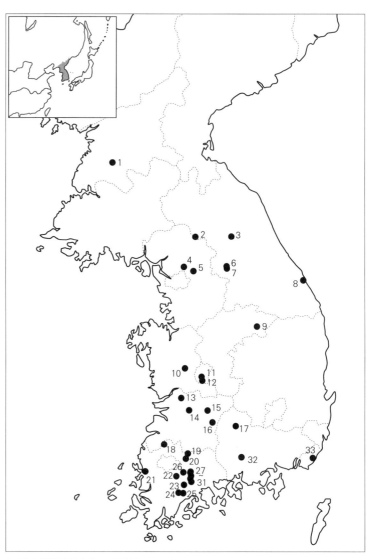

〈그림 1〉 좀돌날석기 출토 유적 분포도
1. 평양 만달리 2. 철원 장흥리 3. 양구 상무룡리 4. 의정부 민락동 5. 남양주 호평 6. 홍천 하화계리 작은솔밭 7. 홍천 하화계리 사둔지 8. 동해 기곡 9. 단양 수양개 10. 공주 석장리 11. 대전 노은동 12. 대전 대정동 13. 익산 신막 14. 전주 송천동 15. 진안 진그늘 16. 장수 침곡리 17. 거창 임불리 18. 장성 밀등 19. 곡성 옥과 20. 곡성 하청단 21. 함평 당하산 22. 화순 사창 23. 보성 용소 24. 장흥 신북 25. 보성 동고지 26. 화순 대전 27. 순천 금평 28. 순천 죽산 29. 순천 곡천 30. 순천 금성 31. 순천 월평 32. 진주 집현 33. 부산 중동

　지금까지 알려진 좀돌날몸돌의 몸체(Blank) 종류는 격지(Flake), 돌날(Blade), 그리고 양면석기(Bifacial blank)가 있다. 격지를 몸체로 이용한 예는 월평유적, 돌날을 이용한 예는 상무룡리유적, 그리고 양면석기는 수양개와 신북유적(그림 2-①)의 예가 있다.

　그런데 양면석기의 몸체가 나온 수양개, 신북유적에서는 때림면 돌날인 제1, 2의 스폴도 함께 나와 유베츠기법의 존재를 분명히 보여주고 있다(그림 2-②, ③). 또한 상무룡리유적에서는 흑요석 돌날에서 좀돌날을 떼어낸 히로사토형이 확인되었다(김상태 1998).

3. 좀돌날몸돌의 연대

　좀돌날몸돌은 시기에 따라 변화가 있음이 점차 뚜렷해지고 있다. 최근 석장리유적의 좀돌날몸돌을 분석해 본 결과 토양쐐기 포함층인 하부층에선 배모양, 토양쐐기 위층인 상부층에선 원추형과 부정형이 주류로 나타나, 나중 시기로 갈수록 다양화되는 변화 모습이 뚜렷하

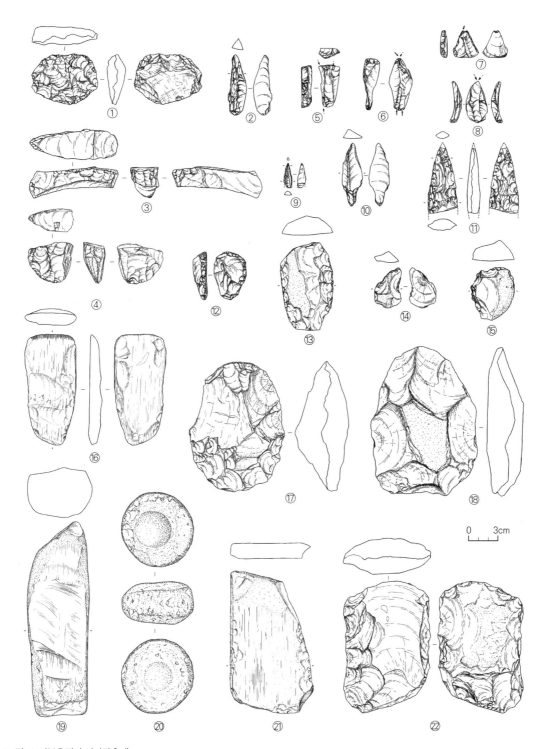

〈그림 2〉 신북유적의 석기갖춤새

① 좀돌날몸돌 선형 ② 첫스폴 ③ 스키스폴 ④ 좀돌날몸돌 ⑤~⑧ 새기개 ⑨ 뚜르개 ⑩ 슴베찌르개 ⑪ 나뭇잎모양찌르개 ⑫ 밀개 ⑬ 긁개 ⑭ 홈날 ⑮ 톱니날 ⑯ 간돌자귀 ⑰~⑱ 주먹도끼 ⑲ 숫돌 ⑳ 쪼이고 갈린 자갈 ㉑ 떼어지고 갈린 자갈 ㉒ 주먹자르개

다고 한다(서인선 2004).

석장리뿐 아니라 다른 유적들에서도 그런 경향을 볼 수 있다. 즉 유베츠기법처럼 전형의 좀돌날몸돌이 나오는 호평동, 집현, 신북(그림 2-④), 수양개 등의 유적이 비전형의 좀돌날몸돌이 나오는 월평 윗문화층, 금성, 하화계리유적보다 빠르다고 생각된다. 이 중 호평동, 집현, 신북 유적의 방사성탄소연대(AMS)가 각각 16,000~22,000B.P., 13,160~22,170B.P., 18,500~25,500 B.P.로 나와서 약 22,000년 전 경에는 이미 유베츠기법이 퍼져 있었다고 추정된다. 또한 월평 윗문화층, 석장리의 토양쐐기 위층, 하화계리유적의 좀돌날몸돌은 후기구석기 후기~말기에 걸친다고 생각된다.

III. 좀돌날석기 문화의 양상

최근에 발굴조사된 신북, 월평, 호평동, 집현 유적 등은 조사 면적이 넓고, 출토된 유물수가 많으며, 지층의 구분과 절대연대측정 등이 잘 되어 있어, 전체 문화상을 이해하기 좋은 장점을 지닌다. 이 유적들의 석기갖춤새를 통해 좀돌날석기 문화의 면모를 새롭게 인식할 수 있다(표 2).

〈표 2〉신북, 월평, 호평동, 집현유적의 석기갖춤새

신북유적	새기개, 밀개, 슴베찌르개, 창끝찌르개(bifacial thick point), 긁개, 홈날, 톱니날, 뚜르개, 주먹도끼(handax), 주먹자르개(cleaver), 국부마제석부를 포함한 간석기, 숫돌, 돌날몸돌과 돌날 등
월평유적	새기개, 밀개, 슴베찌르개, 창끝찌르개, 긁개, 뚜르개, 홈날, 톱니날, 소형 주먹도끼, 찍개, 여러면석기, 돌날몸돌과 돌날 등
호평동유적	새기개, 밀개, 슴베찌르개, 뚜르개, 긁개, 홈날, 여러면석기, 돌날몸돌과 돌날 등
집현유적	새기개, 밀개, 국부마제석부 등

네 유적의 석기갖춤새에는 새기개가 모두 포함되어 있다. 좀돌날과 연관지어 보면 새기개는 특히 끼움날도구(composite tool)를 많이 만들어야 했던 사정을 반영하는 것으로 여겨진다. 새기개의 종류는 크게 중심축 새기개(axis burin)와 모서리 새기개(angle burin)로 나뉜다. 신북유적의 경우 60여 점의 새기개가 나왔으며, 지금까지 조사된 유적 중 형식이 가장 다양하다(그림 2-⑤~⑧).

밀개 역시 모든 유적에서 나왔는데, 특히 신북에서 200여 점, 월평에서 80여 점의 많은 수가 발굴되었다(그림 2-⑫). 밀개의 주요 기능이 가죽 손질로 추정되므로 수많은 밀개는 옷감용 가죽처리가 매우 중요하였음을 의미한다. 따라서 밀개는 빙하극성기(LGM)를 전후한 추운 환경에서 살아남기 위해 꼭 필요한 도구였다고 생각된다.

슴베찌르개는 신북(그림 2-⑩), 월평, 호평동유적에서, 창끝찌르개는 신북(그림 2-⑪)과 월평유적에서 나왔다. 이 도구들은 다양한 사냥 도구가 발달하였으며, 후기구석기인들의 생활에서 사냥의 비중이 더 높아졌음을 보여준다.

후기구석기시대 이전부터 제작되었던 주먹도끼, 주먹자르개, 찍개, 공모양석기류 등도 신북(그림 2-⑯, ⑲)과 월평유적에서 점유 비율은 낮지만 함께 나오고 있다. 이 현상은 후기구석기문화가 앞 시대와 단절된 것이 아님을 보여준다. 이런 까닭에 일본열도의 석기 구성보다 도구들의 종류가 훨씬 다양한 특징을 지닌다. 그리고 신북과 집현유적에서는 국부마제석부(간돌자귀), 숫돌을 비롯한 마제 관련 유물들이 함께 나왔다(그림 2-⑰, ⑱).

지리상 한반도 남부는 규슈를 포함한 일본열도의 서부와 가장 가까운 지역이며, 슴베찌르개와 좀돌날몸돌이 한·일 양 지역에서 공통되므로, 구석기시대의 '남쪽 회랑'(安蒜政雄 2005)으로 얘기되고 있다. 게다가 한반도에서 구석기인들의 이동과 교류를 과학적으로 입증할 수 있는 흑요석과 마제기법의 사용을 보여주는 간석기도 최근 발견되어 과거 좀돌날석기 시기에 있었을 양 지역의 교류에 관한 심도 깊은 비교연구가 기대된다.

제5장

제주도에서 보고된 좀돌날석기

I. 머리말

과거의 물질자료를 연구하는 고고학자에게 유물의 정확한 정보와 신뢰도는 매우 중요하다. 그래서 도면이나 사진보다는 실물을 직접 보려고 하며 나아가 그 발견물이 어떤 상황에서 출토되었는지를 알고 싶어 한다. 간접 정보보다는 직접 확인을 통해 유물 자체의 진위 여부와 분류의 정확성을 판단함으로써 그것이 지닌 가치와 의미를 제대로 평가할 수 있기 때문이다. 우리의 구석기연구에서도 이 문제에 대한 선학들의 인식과 언급은 일찍부터 있어 왔다 :

"…… 우선 채집된 석기가 인공에 의한 확실한 구석기인가를 판별해야 하고, 타제석기가 확실하다 해도 이 유물이 발견된 유적의 지질, 층위, 토양, 고고학적 배경 등을 종합해보지 않고서는 구석기시대가 아닌 후기의 유물로 판별되는 경우가 많기 때문이다. …… 또 석기를 분류하는 데 겉모양만 보고 엇비슷하면 석기의 명칭을 쉽게 정하는 것은 큰 오류이며, 이러한 것은 근본적으로 석기 형태학에 대한 지식의 문제로 발굴된 석기를 분류하는 데서도 같은 문제가 나타나고 있다."
(정영화 2002, 289쪽)

그동안 구석기로서 논란의 대상이 되었던 것 가운데 검은모루유적의 석기(정영화 2002), 석장리유적의 석기(장용준 2005 ; 성춘택 2015), 그리고 일본열도에서 전기구석기 시대 존부 논쟁에 휘말렸던 이와주쿠D유적, 소즈다이유적, 호시노유적(安蒜政雄 2013 ; 이선복 2012) 등이 대표된다. 이런 논란과 문제제기 속에서 제대로 보지 못했거나 잘못 판단했던 점들을 새롭게 인식하게 되었고, 보다 신중한 연구 자세를 취하게 되는 바람직한 변화가 있었다.

이 글에서 다루고자 하는 '좀돌날석기'는 구석기 연구자들뿐 아니라 신석기 전공자들에게도 큰 관심과 연구의 대상이 되어왔다. 특히 고산리유적, 강정동유적, 생수궤유적에서 보고된 좀돌날석기(국립제주박물관 편 2011)는 제주도에서 구석기시대 인류의 거주 문제, 그리고 구석기문화와 신석기문화의 연관성을 검토하는 데 있어 매우 중요한 증거로 여러 학자들에 의해 다뤄져 왔다(강창화 2006, 2008, 2011 ; 강창화·김종찬 2008 ; 고재원 2013 ; 박근태 2011, 2012 ; 신숙정 2011 ; 이헌종 2002c ; 장용준 2006).

그런데 고산리유적이나 생수궤유적의 좀돌날몸돌, 좀돌날은 좀돌날석기를 다량 제작한 것으로 알려진 후기 구석기시대의 주요 유적들에서 보고된 것들과는 차이가 커서 '퇴화형' 또는 '부정형'이라는 이름 아래 좀돌날석기로 간주해 왔다(장용준 2006 ; 박근태 2009). 그러나 좀돌날의 제작기법을 잘 반영하는 형태나 크기에 있어 수긍하기 어려운 점들이 적지 않아 반신반의의 상태로 오늘에 이르고 있다.

그래서 최근까지 제주도에서 보고된 이른바, '좀돌날석기'에 대하여 기본적인 문제의 제기, 즉 비교 분석에서 가장 기본이 되는 형태(morphological features), 여러 부위의 크기, 석기의 구성 등에 대하여 객관적이며 합리적인 검토가 요망되는 상황이다. 궁극적으로 이 글의 취지는 보다 확실한 근거에서 제주도의 후기구석기문화와 신석기시대 초창기문화를 제대로 평가하고 그 관련성을 해석하는 데 이바지하려 함이며, 관련 연구자들의 노력과 성과를 부인하거나 깎아내리려는 의도가 전혀 아님을 밝혀둔다.

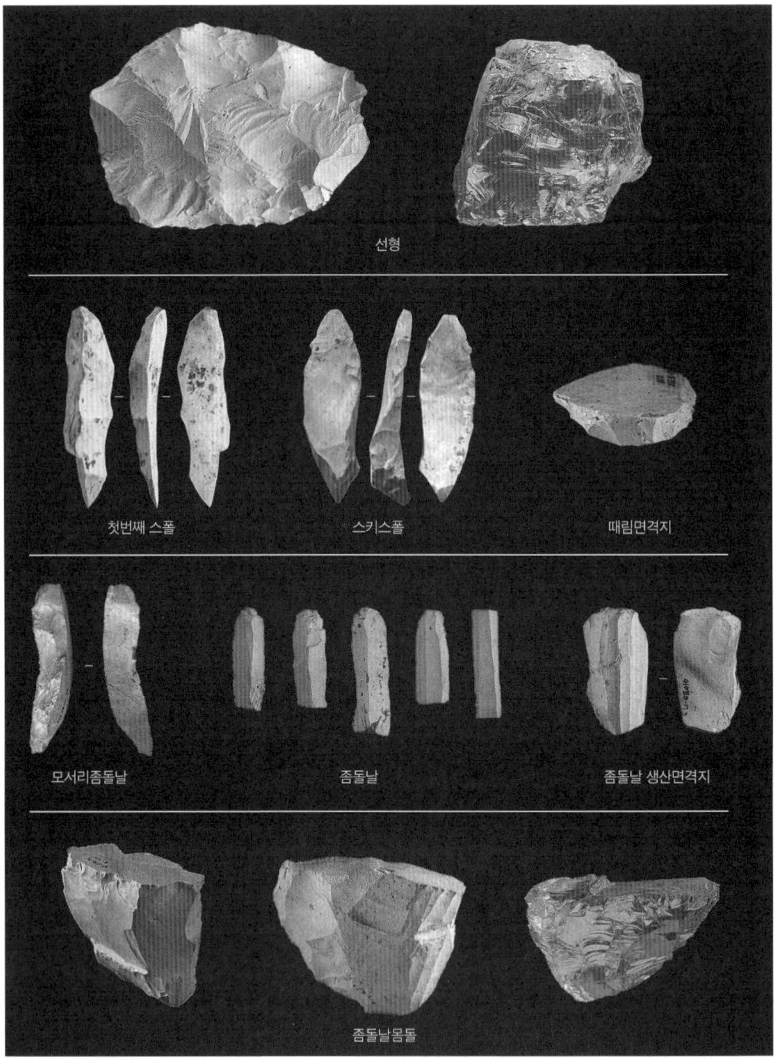

II. 좀돌날석기의 정의와 형태 특징

'좀돌날석기'란 눌러떼기(pressure percussion)[1] 기법으로 너비가 12mm 이하인 좀돌날(세석인, microblade)을 떼어내는 과정에서 생긴 것들을 일컫는다. 즉 목적물인 '좀돌날', 좀돌날을 효율적으로 떼기 위해 준비하는 '선형(preform)', 선형을 다듬을 때 나오는 '격지', 때림면

〈사진 1〉 좀돌날석기의 종류

(striking platform)을 만들 때 생기는 단면 삼각형의 '첫 번째 스폴(spall)'과 '스키모양 스폴(ski spall)' 및 생산면을 포함하는 때림면격지(rejuvenation flake), 때림면의 가장자리를 다듬을 때 생기는 약 1~2cm 크기의 '때림면 잔격지', 좀돌날을 떼기 시작할 때 처음 나오는 '모서리좀돌날(crested microblade)', 좀돌날 생산면(작업면, debitage surface)에 문제가 있어 제거할 때 생기는 '생산면격지(debitage surface flake)', 그리고 맨 마지막에 남는 '좀돌날몸돌(세석핵, microbladecore)' 등을 가리킨다(사진 1).

먼저 좀돌날의 형태 특징을 살펴보면, '배면(ventral surface)'에는 '굽(butt)'의 맞은점(타점)에서 시작되는 작고 볼록한 '혹(bulb)'이 있으며 가끔 '혹밑자국(bulb scars)'도 볼 수 있다. 또한 '동심원(waves or ripples)'과 '방사선(hackles)'도 관찰된다. '등면(dorsal surface)'을 보면, 굽 부위에 먼저 떼어진 좀돌날로 인해 '우묵점(negative bulb)'이 남아있다. 또 굽턱에는 이전 좀돌날을 떼어낼 때의 영향으로 인해 으스러진 자국도 관찰된다. 한편 굽의 크기는 상당히 작으며, 굽 부위의 모습은 반원이나 사다리 모습을 띤다. 그리고 굽에서 위끝에 이르는 종단면의 모습은 혹의 발달로 인한 'P'자 꼴이 일반적이며, 횡단면은 좀돌날 떼기가 좌우로 옮겨가며 앞에서 뒤쪽으로 진행되므로 주로 사다리꼴이나 세모의 모습이 된다(그

---

1 괄호 안의 영어 단어는 Inizan, M.-L. *et al.* (1999)을 참고하였다.

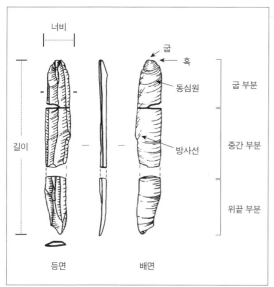

〈그림 1〉 좀돌날의 부위 이름

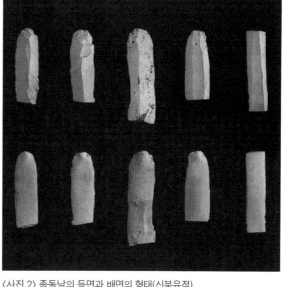

〈사진 2〉 좀돌날의 등면과 배면의 형태(신북유적)

림 1, 사진 2).

　'때림면격지'의 종류와 형태는 좀돌날몸돌의 선형을 만드는 방식에 따라 다르다. 유베츠방식의 선형에서 떼어진 '첫 번째 스폴'은 단면이 세모이고 '두 번째 스폴'은 스키모양으로 단면이 긴네모이며, 둘 다 양 옆면에 배면 쪽으로 떼어진 격지 자국들이 있다. 이와 다른 종류가 월평유적(이기길 2002, 34쪽)에서 보고된 바 있는데, 굽 부위가 생산면의 일부로서 우묵점들이 뚜렷하며 등면은 때림면의 일부이고 배면에는 혹이 발달하였다(사진 1의 둘째 단 오른쪽).

　'모서리좀돌날'은 가로단면이 세모이며, 등면의 양 옆면 또는 한 면에 능선에서 배면 쪽으로 떼어진 자국들이 잘 남아있고, 배면에는 굽 쪽에 작은 혹이 발달한다. 그리고 '생산면격지'는 잇달아 떼어진 좀돌날 자국들이 겹쳐 생긴 능선들이 나란한 등면과 불룩한 혹이 발달한 배면 및 몸돌의 때림면이었던 굽으로 이뤄져 있다. 모서리

좀돌날과 생산면격지의 사례는 월평유적(이기길 2002, 131~134쪽)에서 찾아볼 수 있다(사진 1의 셋째 단). 이 밖에 선형을 만들면서 떼어진 격지들 중에는 아라야유적의 사례에서 보듯이 새기개의 몸체로 활용된 것도 있어(芹澤長介·須藤隆 編 2003) 크기와 형태가 적당하면 여러 종류의 도구를 만드는 데 이용되었을 것이다. 이 글에서 사용한 좀돌날몸돌의 부분 명칭은 〈그림 2〉와 같다.

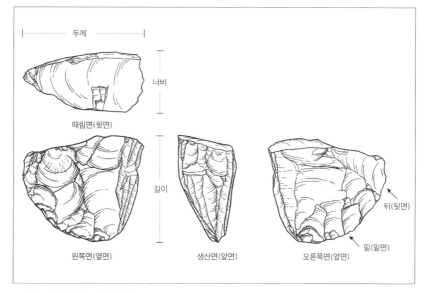

〈그림 2〉 좀돌날몸돌 부위 이름

III. 주요 유적의 검토

생수궤유적(김상태 와 2012 ; 김상태 2015),
강정동유적(박근태 와 2010), 그리고 고산리
유적(이청규 와 1998 ; 강창화·오연숙 2003 ; 장
용준 2006 ; 강창화 2006 ; 박근태 2011, 2015)에
서 보고된 좀돌날석기에 대하여 여러 부위
의 크기와 형태 특징 그리고 구성에 대해
살펴보겠다. 세 유적 이외에도 삼화지구유
적(이일갑 과 2011)에서 좀돌날석기가 출토
되었다고 하나, 보고서의 사진과 도면을
살펴본 결과 좀돌날석기에 속한다고 판단
되지 않았고 직접 관찰도 여의치 않아 여기
서는 다루지 않았다.

1. 서귀포 생수궤유적

생수궤유적에서 보고된 좀돌날몸돌의
돌감은 모두 조면암질안산암이다. 이것
들의 크기, 좀돌날생산면의 개수, 좀돌날
을 뗀 자국의 수와 너비의 크기 및 층위는
〈표 1〉과 같다(사진 3. 그림 3).

좀돌날몸돌의 크기 분포를 보면, 길이
는 27~40mm, 너비는 18~51mm, 두께는
9~22mm이다. 좀돌날자국 수는 1~2개가 3
점, 5~6개가 2점이며, 자국 너비는 5~7mm
가 3점, 9mm가 1점이다.

이어서 생김새에 관해 살펴보면, 비교적
정형성을 띠고 있다는 63번은 보고서의 출
토 장면과 유물의 세부 사진을 종합해 볼

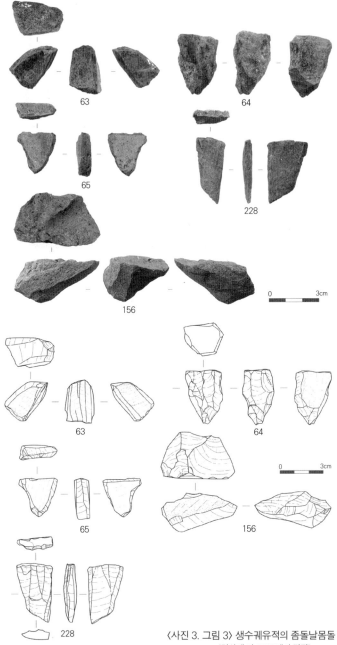

〈사진 3. 그림 3〉 생수궤유적의 좀돌날몸돌
(김상태 와 2012에서 편집)

〈표 1〉 생수궤유적 출토 좀돌날몸돌의 크기(mm), 좀돌날생산면과 좀돌날자국의 수와 너비 및 층위

유물번호	길이	너비	두께	좀돌날생산면	좀돌날자국	너비	층위(지층)
63	29	18	18	1	5~6	5 내외	II
64	36	24	19	1	2	9 내외	III
65	27	27	10	2	2	6~7	II
156	31	51	22	1	1		지표
228	40	24	9	2	5(등면 3, 측면 2)	5	?

*유물번호는 발굴보고서의 번호임

때, 나란한 능선들이 보이지만 우묵점을 확인할 수 없다. 그리고 때림면은 앞, 뒤의 두 면으로 꺾인 듯 구분되고 생산면 쪽 부위는 고른 면이 아니고 마치 풍화받은 듯한 모습이다. 이 유물의 실측도에는 5개 이상의 나란한 능선이 표현되어 있지만 역시 우묵점은 보이지 않는다.

64번은 좀돌날자국의 능선이 나란하지 않으며 우묵점이 표현되어 있지 않다. 그리고 때림면은 편평하게 다듬어져 있다고 쓰여 있으나 도면에는 뗀 방향이 표시되지 않아 어떻게 만들어졌는지 알 수 없다. 65번은 때림면이 좁고 긴 두 면으로 이뤄진 매우 드문 경우이고, 역시 우묵점은 보이지 않는다.

156번은 때림면이 세 방향에서 다듬어진 것으로 도면에 표현되어 있고 한 개의 좀돌날만 뗀 몸돌로 보고되었는데, 우묵점이 뚜렷하지 않고 좀돌날자국이 아래로 갈수록 넓어지는 인상이다. 228번은 등면에 3개, 측면에 2개의 좀돌날을 뗀 자국이 있다고 하는데 여기서 등면은 좀돌날 생산면을 가리키는 것으로 생각되며, 두 개의 측면 중 한 군데만 좀돌날을 뗀 자국이 있다는 것은 일반적이지 않은 현상이다.

다음으로 좀돌날에 대해 살펴보겠다. 보고서에 실린 좀돌날 38점의 길이, 너비, 두께와 단면 모습은 〈표 2〉와 같다(사진 4, 그림 4).

전체 좀돌날 중 온전한 것은 6점이며 그것들의 길이 분포는 23~40mm이라고 한다. 그리고 좀돌날 38점의 너비 분포(평균값)는 4~15mm(9.2mm)인데, 이 중 4mm가 2점으로 5.3%, 6~7mm가 5점으로 13.2%, 8~9mm가 15점으로 39.5%, 10~11mm가 10점으로 26.3%, 12~13mm가 3점으로 7.9%, 14~15mm가 3점으로 7.9%를 차지한다(그림 5). 그런데 좀돌날의 정의에 따르면 13mm 이상인 5점은 분류에서 제외되어야 할 것이다. 그리고 두께 분포(평균값)는 2~11mm(4.9mm)인데, 이 중 2~3mm인 것이 6점으로 15.8%, 4~5mm는 20점으로 52.6%, 6~7mm는 11점으로 28.9%, 11mm가 1점으로 2.6%를 차지한다(그림 6). 두께가 4mm 이상인 것이 84.2%나 되는 점은 매우 특이하다.

좀돌날의 등면 상태를 보면 자연면이 1~2개 있는 것이 28점(73.7%), 뗀면인 것은 10점(26.3%)이다(김상태 와 2012, 13쪽). 그리고 좀돌날의 가로단면 형태는 세모가 30점(79%), 사다리꼴이 7점(18.4%), 평행사변형이 1점(2.6%)이라고 한다(김상태 와 2012, 13쪽). 즉 사다리꼴과 평행사변형을 합친 비율보다 세모의 비율이 거의 4배인 셈이다.

〈표 2〉 생수궤유적 출토 좀돌날의 크기(㎜)와 단면 모습

유물번호	길이	너비	두께	단면 모습	유물번호	길이	너비	두께	단면 모습
66	39	14	11	세모	85	17	7	3	세모
67	41	13	6	세모	86	20	7	5	세모
68	40	14	6	사다리꼴	87	20	8	4	세모
69	26	10	6	세모	88	18	8	3	세모
70	35	15	4	세모	89	20	7	5	세모
71	29	13	7	세모	90	23	4	2	세모
72	42	11	5	세모	91	23	9	4	세모
73	34	8	4	세모	172	33	9	4	세모
74	32	8	4	세모	173	35	8	4	세모
75	30	9	6	세모	174	26	9	3	세모
76	33	8	7	세모	175	27	4	4	세모
77	25	8	6	사다리꼴	176	29	10	5	세모
78	23	12	4	세모	177	30	10	5	세모
79	25	11	6	세모	178	29	10	3	세모
80	27	10	6	사다리꼴	179	28	10	6	세모
81	21	8	5	세모	180	22	11	5	세모
82	20	8	4	세모	181	19	10	4	세모
83	22	8	4	세모	229	30	9	7	세모
84	17	7	3	세모	230	21	6	4	세모

* 유물번호는 발굴보고서의 번호임

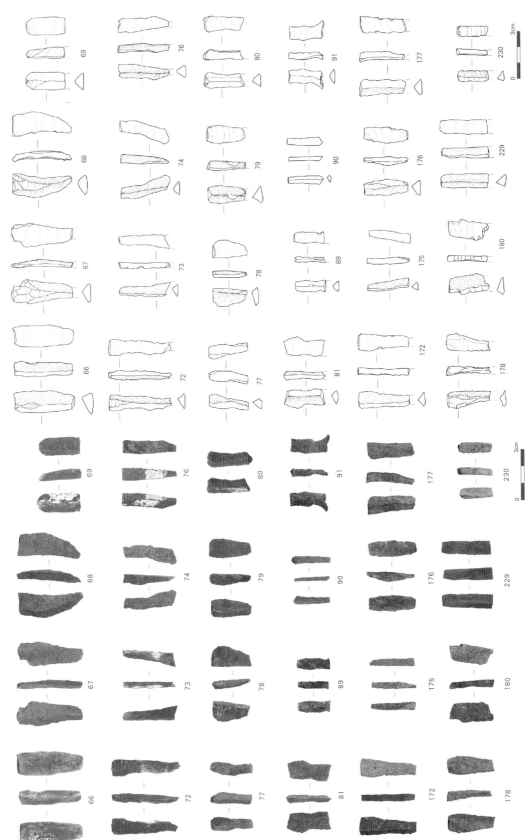

〈사진 4. 그림 4〉 생수궤유적의 좀돌날 (김상태 외 2012에서 편집)

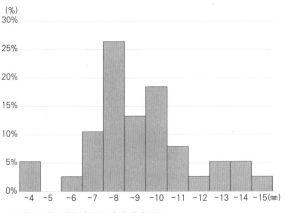

〈그림 5〉 생수궤유적 좀돌날의 너비 분포

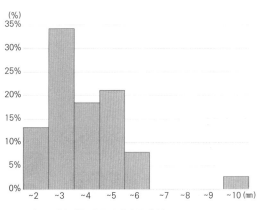

〈그림 6〉 생수궤유적 좀돌날의 두께 분포

좀돌날 중 혹이 표시된 것들의 배면을 보면 67번 한 점 이외에는 거의가 직선으로 그려져 있다. 그리고 등면 쪽인 굽턱의 양상을 보면 먼저 떼어진 좀돌날로 인해 양 옆이 패인 모습은 보이지 않는다. 또 좀돌날의 굽 크기는 대부분 전체 너비 및 두께와 비슷하거나 오히려 큰 것(72번, 172번, 173번, 177번, 178번)도 있다.

2. 제주 강정동유적

강정동유적에서 좀돌날석기로 보고된 것으로는 좀돌 날몸돌 16점, 좀돌날 5점, 스폴 3점이 있다(박근태 와 2010, 139~140쪽).

먼저 좀돌날몸돌로 분류된 16점 가운데 좀돌날몸돌 의 선형일 가능성이 있거나 밀개로 분류될 것도 포함되 어 있다. 그래서 논의의 효율성을 감안하여 좀돌날을 뗀 생산면(작업면)이 언급된 것에 국한하여 크기, 좀돌날생

산면과 좀돌날자국의 수, 돌감의 종류와 출토 문화층을 정리하였다(표 3, 사진 5, 그림 7).

9점 가운데 55번을 제외한 8점은 후기구석기시대에 보고된 좀돌날몸돌과 비교해볼 때 돌감의 종류, 크기, 형태, 제작기법 등 여러 면에서 차이를 찾아볼 수 없다. 먼저 선택된 돌감의 종류는 유문암이 거의 전부이며 유 문암질용결응회암이 1점이다. 유문암이나 응회암은 특 히 남부지역에서 좀돌날석기를 제작하는 데 흔히 사용 된 것들이다.

크기 분포(평균치)를 보면, 길이는 11~23mm(16.4mm), 너비는 11~15mm(12.6mm), 두께는 16~25mm(21.0mm)로 소형에 속한다. 좀돌날 생산면이 1개인 것은 7점, 2개인 것은 1점이다. 그리고 좀돌날자국 수는 생산면 하나당 2~6개로 평균 4.2개이다.

양 옆면의 떼어진 양상을 보면 2번, 52번, 53번은 밑에 서 때림면 방향과 그 반대 방향으로 즉 마주 떼어졌고, 54번은 밑에서 위의 한 방향으로 손질되었다. 한편 1번,

〈표 3〉 강정동유적 출토 좀돌날몸돌의 크기(mm), 좀돌날생산면과 좀돌날자국의 수, 돌감의 종류와 문화층

유물번호	길이	너비	두께	좀돌날생산면	좀돌날자국	돌감	문화층
1	16	13	22	1	5	유문암	IV?
2	15	13	18	1	2	유문암	IV
3	23	14	24	1	4	유문암	IV
52	16	13	25	1	6	유문암	III
53	14	11	17	1	5	유문암	IV
54	21	11	16	2	3+5	유문암	II
55	46	22	12	1	2	유문암질용결응회암	II
94	11	11	23	1	4	유문암질용결응회암	IV
103	15	15	23	1	4	유문암	II

* 유물번호는 발굴보고서의 번호임

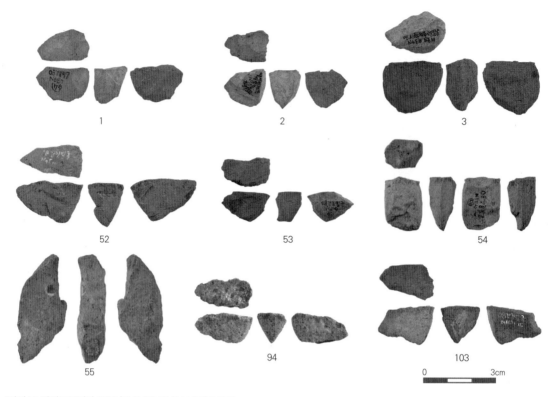

〈사진 5〉 강정동유적의 좀돌날몸돌 (박근태 와 2010에서 편집)

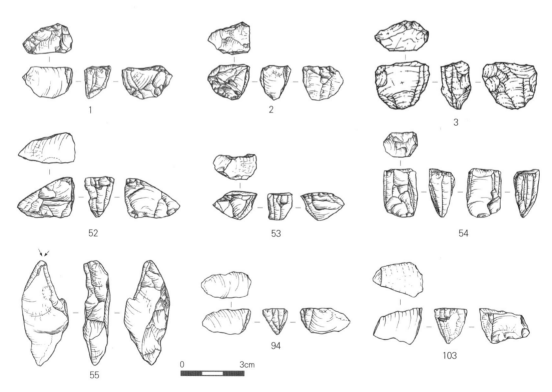

〈그림 7〉 강정동유적의 좀돌날몸돌 (3번은 박근태 와 2010 인용, 나머지는 조선대 박물관 실측)

94번과 103번은 왼쪽 면이 하나의 격지자국면(scar)이고, 오른쪽 면은 1번은 위에서 아래로 크게 뗀 뒤 아래에서 위 방향으로 잔손질하여 밑을 고르게 하였으며, 94번은 위에서 아래로 크게 뗀 하나의 격지자국면이고, 103번은 밑에서 크게 뗀 뒤 양 옆을 잔손질하여 밑을 고르게 만들었다. 이것들의 세로단면을 보면 거의가 쐐기 모양이다.

때림면은 기본적으로 앞이나 뒤에서 긴방향으로 떼어 만들었다. 그러나 1번은 긴방향떼기 후 좀돌날생산면 쪽과 오른쪽 옆면 쪽을 다듬어 편평하게 하였고, 54번은 때림면의 양 끝을 안쪽 방향으로 다듬었는데 이것은 좀돌날을 잘 떼기 위해 때림면의 가장자리를 다듬어야 할 필요성 때문으로 해석된다. 이처럼 가로단면의 형태나 때림면의 조성 방식을 근거로 이 몸돌들은 '삭편계' 또는 '쐐기형'으로 분류할 수 있다.

그러나 55번은 특히 전체 형태, 좀돌날 떼어진 자국의 크기, 그리고 좀돌날생산면과 때림면이 이루는 각도 등 여러 점에서 앞의 것들과 차이가 크다. 이것은 도면에서 보듯이 두터운 격지의 가장자리를 다듬고 그 일부를 때림면으로 삼아 빗금 방향으로 쳐서 새기개면을 얻고 이어서 그 면을 때림면으로 삼아 비스듬히 쳐서 두 면의 각도가 약 45도인 V자 형태의 날을 조성한 '중심축 새기개'(dihedral axis burin)이다.

좀돌날로 보고된 5점과 스폴로 보고된 3점의 크기는 다음과 같다(표 4. 사진 6, 7. 그림 8, 9).

길이가 너비보다 2배 이상이라는 좀돌날의 정의에 비춰보면 122번 유물은 이 범주에 해당되지 않는다. 이것은 직접 관찰해보니 최대두께가 6mm나 되는 옆격지(side flake)의 오른쪽 변을 등잔손질하여 둥근 형태의 날을 만든 소형 밀개였다. 나머지 4점은 크기 면에서는 좀돌날로 분류할 수 있지만, 7번은 굽과 위끝의 형태가 문제이며, 8번은 양옆 변의 나란한 정도와 능선이 곧지 않은 점 등에 의문이 있고, 80번은 가로 방향으로 떼어진 자국

이 연달아 있는데 이런 양상은 좀돌날에서 볼 수 없으며, 121번은 굽 부위의 평면 모습과 단면도에 표시된 혹의 발달 정도 및 두께가 5mm나 되는 점에서 눌러떼기보다는 직접떼기의 결과로 보인다.

스폴로 보고된 3점 중 9번은 첫 번째 스폴이라면 가로 단면이 세모인 점을 충족시키지 못하고 등면의 옆면에 선형을 조성할 때 떼어낸 격지자국이 보이지 않는다. 10번은 사진을 살펴본 결과 도면의 표현과 달리 긴격지로 판단되며, 81번은 도면과 사진을 비교해보면 등면에 2~3번의 뗀 자국이 있는 긴격지일 가능성이 있다.

3. 제주 고산리유적

고산리유적의 석기 중에서 좀돌날석기, 즉 세석핵과 세석인에 대하여 구체적으로 처음 언급한 연구자는 장용준(2006)이다. 그는 좀돌날몸돌에 대하여 몸체(blank)가 원석 또는 박편(격지)인가에 따라 양분하고 다시 세 가지씩으로 세분하였으며(표 5), 각각의 보기를 제시하였다(사진 8. 그림 10). 그리고 예들 든 것들의 도면 축척을 계산한 크기, 돌감 종류와 형태 구분은 〈표 6〉과 같다.

〈그림 10〉에서 1~3번은 양면을 조정한 선형(A1)으로 제시되었다. 이것들을 자세히 관찰하면 1차로 양면을 다듬은 다음, 다시 2차로 가장자리를 더 정교하게 잔손질하여 가지런한 날을 만들려고 하였던 흔적이 감지된다. 이런 양상은 선형을 조성한 방식과는 좀 다르다고 생각한다. 특히 2번과 3번은 크기가 매우 작아 선형으로 활용할 수 있을지 의문이 든다.

한편 양면조정한 선형을 반파한 것(A2)으로 제시된 4~6번 중, 5번은 두 옆 변이 이루는 각도가 약 32도이고 가로자른면이 볼록렌즈에 가까운 점에서 나뭇잎모양찌르개(창끝)의 부러진 조각으로 볼 수 있다. 4번도 2번처

〈표 4〉 강정동유적 출토 좀돌날과 스폴의 크기(mm)

종류	유물번호	길이	너비	두께	종류	유물번호	길이	너비	두께
	7	13	4	2		9	50	7	19
	8	19	7	3	스폴	10	26	12	5
좀돌날	80	18	4	1		81	53	6	21
	121	18	10	5					
	122	29	18	6					

* 유물번호는 발굴보고서의 번호임

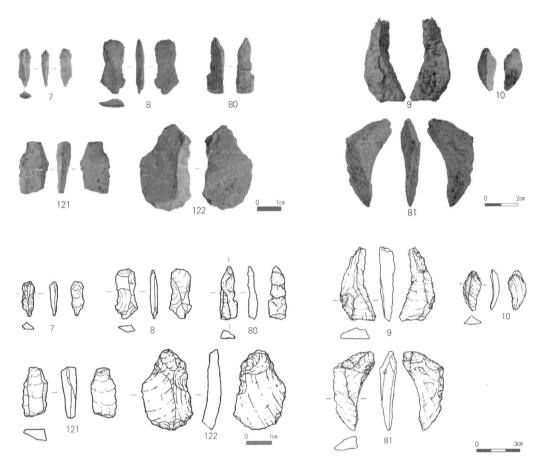

〈사진 6. 그림 8〉 강정동유적의 좀돌날 (박근태 와 2010에서 편집)　　　〈사진 7. 그림 9〉 강정동유적의 스폴 (박근태 와 2010에서 편집)

〈표 5〉 장용준에 의한 고산리유적 좀돌날몸돌의 분류

A. 원석 이용 방식	1. 양면조정하는 기법 : 예비 소재를 양면조정한 뒤 박리하는 것으로 유베츠기법과 유사하지만, 타면스폴을 따로 형성시키지 않는 것
	2. 조정된 양면조정소재를 반파시켜 반파시킨 면을 타면으로 활용하는 방법
	3. 일반 박편 중 원래 타면을 세석핵의 타면으로 설정한 뒤 나머지 면을 양면조정하는 방법
B. 박편 이용 방식	1. 박편의 원래 타면을 세석핵의 타면으로 설정한 뒤 인부를 능선으로 잡고 박리하는 것
	2. 박편의 인부를 능조정한 뒤 박리하는 방법
	3. 유사원추형으로 특별한 쐐기조정이나 능선조정을 거치지 않고 박리하는 방법

〈표 6〉 고산리유적의 이른바 좀돌날몸돌의 크기(㎜), 돌감과 형태

번호	길이	너비	두께	돌감	형태	번호	길이	너비	두께	돌감	형태
1	87	46	24	응회암	A1	7	27	23	7	조면암	B1
2	39	25	12	응회암	A1	8	36	38	11	용결응회암	B2
3	31	41	12	응회암	A1	9	41	33	18	용결응회암	B2?
4	31	28	11	응회암	A2	10	29	14	11	응회암	B3
5	41	30	10	용결응회암	A2	11	37	20	14	응회암	B3
6	22	18	10	용결응회암	A2	12	20	15	11	응회암	B3?

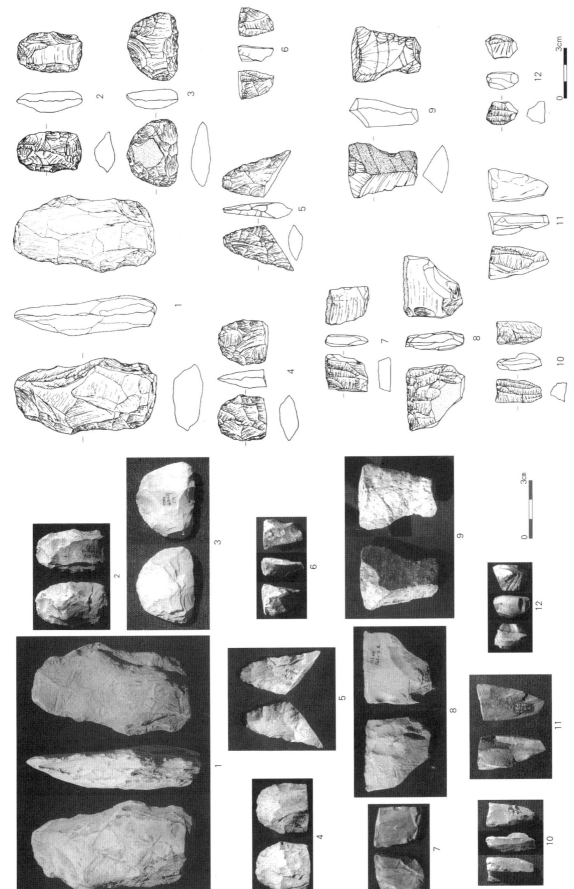

〈사진 8. 그림 10〉 고산리유적의 좀돌날몸돌 (이청규 외 1998에서 편집)

〈표 7〉 고산리유적 출토 좀돌날의 크기(㎜)와 단면 모습

사진번호	길이	너비	두께	단면 모습	사진번호	길이	너비	두께	단면 모습
163	29	11	7	세모	451	25.5	10	5.5	세모
166	22	6	?	세모	452	25	9.5	6	세모
167	17	7	?	세모	453	21	8	6.5	세모
168	21	9	?	세모	454	22	9.5	7	세모
169	20	10	?	세모	455	21	10	5.5	세모
170	21	10	?	세모	458	20.5	6.5	4	세모
444	35.5	12	10	세모	459	19	7	3.5	세모
445	33	6	4	세모	460	20	6	2.5	세모
446	26.5	8	4.5	세모	461	21	8	4.5	세모
447	25	11	3	사다리꼴	462	18	8	3	세모
448	28	14	10	세모	463	16	6.5	4	세모
449	27	15	7	세모	466	8	5	3	세모
450	29	10	8	세모					

* 사진번호는 발굴보고서의 번호임

럼 양면조정의 석기를 만들어가는 과정의 것으로 분류가 가능할 것이다. 6번은 앞의 것들과 차이가 있지만 양면을 다듬어가는 미완성 단계에 속하는 것으로 보인다.

박편 이용 방식으로 분류된 것 중 B1형태에 속하는 7번 유물의 사진을 자세히 관찰하면 격지로서 등면에는 위, 아래의 양 방향에서 떼어진 격지자국과 굽턱을 따라 움푹 패인 우묵점들이 보인다. 이것은 좀돌날을 뗄 때 생기는 작은 우묵점이나 나란한 능선 자국과는 다르다. 또 B2형태로 분류된 8번의 경우 등면의 굽 부위를 따라 연속하여 남아있는 격지자국들은 좀돌날을 뗄 때 돌감에 문제가 있어 단이 진 모습이라기보다 굽턱을 다듬은 결과이며, 또 그 아래의 떼어진 자국들은 좁고 길지 않으며 나란하지도 않다. 한편 9번은 배면의 양 옆변이 잔손질된 것으로 도면에 표시되어 있지만, 사진을 보면 고르지 못한 돌결면으로 추정된다. 설혹 잔손질되었다고 하더라도 긁개나 홈날로 분류해야 할 것이다.

유사원추형(B3)으로 분류된 10번은 세로 방향으로 떼어진 좀돌날자국이 3~4개 연속되는 것으로 표현되어 있다. 그런데 원추형에서 타면의 크기가 몸통에 비해 반 정도 작은 점은 예외적이다. 실물 관찰을 통해 이 양상은 모루망치떼기(bipolar technique, 양극타법)에 의해 때림면이 깨졌기 때문임을 알 수 있었다. 흔히 양질의 소형 돌감에 적용되는 이 방식을 쓰면 작고 얇은 격지를 떼어낼 수 있는데, 10번에서 좀돌날자국으로 해석된 것은 눌러떼기에 의한 것이 아니고 바로 모루망치떼기의 결과라고 판단

된다. 그리고 11번은 격지면의 형태가 좀돌날이 떼어진 결과라고 보기 어렵다.

강창화(2006)와 박근태(2011)에 의해 좀돌날로 분류된 것들 중 중복되는 24점, 여기에 장용준(2006)과 박근태(2011)가 좀돌날로 분류한 1점을 추가해 크기와 단면 모습을 정리해 보았다(표 7. 사진 9. 그림 11). 크기는 보고서(강창화·오연숙 2003)에 실린 도면의 크기를 축척에 따라 계산한 것으로 유물의 실 크기와 차이가 있을 수 있다.

좀돌날로 분류된 것들의 길이 분포는 가장 작은 것이 8㎜이고 가장 큰 것은 35.5㎜이지만, 16㎜부터 29㎜까지 연속하여 분포하며 이 중 20~29㎜인 것이 18점으로 72%에 이른다. 너비의 분포는 5~15㎜인데, 5~7㎜가 8점으로 32%, 8~10㎜가 12점으로 48%, 11~15㎜가 5점으로 20%이고, 평균값은 8.9㎜이며 7㎜ 이상인 것이 80%나 된다(그림 12). 한편 두께 분포는 2.5~10㎜이며, 이 중 3~4㎜인 것은 7점으로 35%, 4.5~5.5㎜인 것은 4점으로 20%, 6~7㎜인 것은 5점으로 25%, 8~10㎜인 것은 3점으로 15%를 차지한다(그림 13). 두께의 평균값은 5.4㎜이며 3㎜보다 큰 것이 15점(75%)이다.

이것들은 굽의 크기나 혹의 발달 정도에 따라 적어도 두 가지로 나눌 수 있다. 즉 163번과 170번 같은 유형, 그리고 453번과 459번 같은 유형이다. 굽의 크기가 163번처럼 전체 너비와 같은 것들이 상당수이고, 453번처럼 작은 것은 적다. 한편 단면 모습이 세모인 것은 24점이

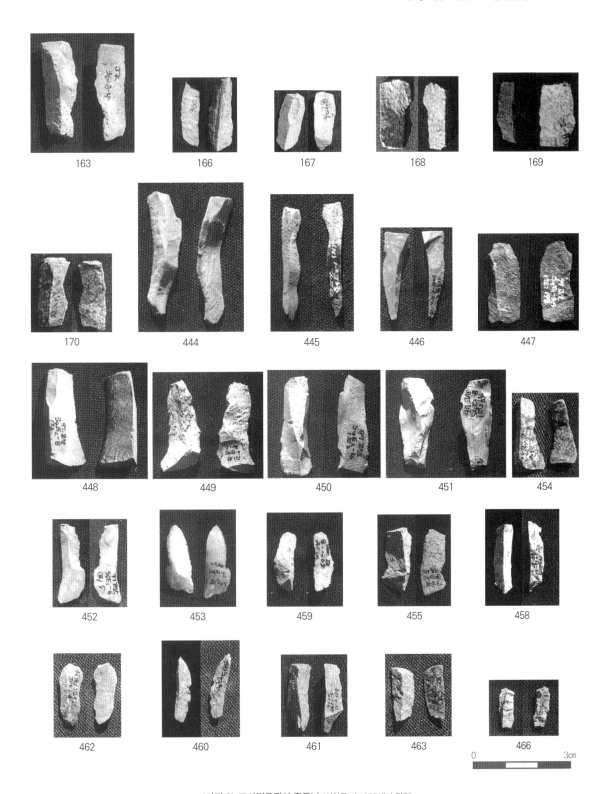

163   166   167   168   169

170   444   445   446   447

448   449   450   451   454

452   453   459   455   458

462   460   461   463   466

0   3cm

〈사진 9〉 고산리유적의 좀돌날 (이청규 와 1988에서 편집)

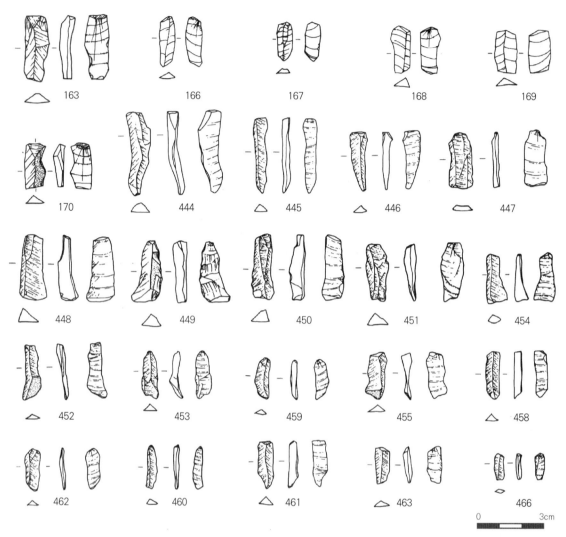

〈그림 11〉 고산리유적의 좀돌날 (이청규 와 1998에서 편집)

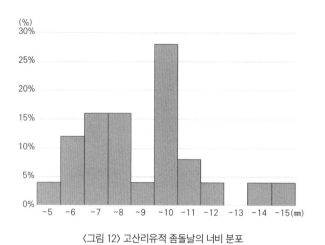

〈그림 12〉 고산리유적 좀돌날의 너비 분포

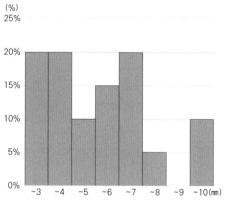

〈그림 13〉 고산리유적 좀돌날의 두께 분포

고, 한 점만 확실한 사다리꼴이다. 그리고 등면의 상태는 거의 다 뗀면이다.

Ⅳ. 고찰

지금까지 생수궤유적, 강정동유적, 고산리유적에서 좀돌날몸돌과 좀돌날로 보고된 유물을 대상으로 형태와 크기에 관하여 자세히 살펴보았다. 여기서는 앞에서 분석한 내용을 종합하고 대구 월성동유적과 남양주 호평동유적의 좀돌날석기와 비교하여 제주도의 좀돌날석기에 대한 보다 객관적인 평가를 시도해보고자 한다.

1. 좀돌날몸돌로 보고된 유물

생수궤유적에서 좀돌날몸돌로 분류된 5점 중 '비교적 정형성'을 띠는 것은 1점(유물번호 63)으로, 이것은 좀돌날이 떼어진 흔적이 뚜렷하고 때림면도 인위적으로 손질한 흔적이 있기 때문으로 설명하고 있다(김상태 와 2012, 132쪽). 그리고 65번 유물의 형태가 세모꼴 판석이고 좁은 측면에서 떼기가 이뤄졌다는 점을 근거로 홍천 하화계리유적의 좀돌날 기술과 유사한 양상을 보여준다(김상태 2015, 18쪽)고 하였다. 그러나 이 유적에서 좀돌날몸돌로 보고된 것들은 첫째, 눌러떼기의 결과를 반영하는 분명한 우묵점이 확인되지 않으며, 둘째, 생산면에서 좀돌날 자국들의 능선이 나란하지 않고, 셋째, 때림면의 조성에서 '긴방향떼기'나 '가로방향떼기' 같은 규칙성이 보이지 않는다.

좀돌날몸돌을 제작기법에 따라 오타니 카오루(2008)는 쐐기형(유베츠계)과 능주형(야데가와계), 장용준(2015)은 삭편계(削片系), 능주계(稜柱系)와 주저계(舟底系), 서인선(2015)은 유베츠형, 새기개식, 밀개식과 원추형으로 구분하고 있다. 그러나 생수궤유적의 경우는 여러 연구자들이 제시한 다양한 형식 중 어디에 포함시켜야 할지 매우 난감하다.

강정동유적에서 좀돌날몸돌로 보고된 16점 중 8점은 눌러떼기기법으로 좀돌날을 떼어낸 몸돌임이 확실하다.

이것들은 때림면을 만든 방식과 세로단면의 형태를 볼 때, 기존의 형식 중 '삭편계'와 '쐐기형'으로 분류된다. 사용된 돌감(석재)이 유문암인 점도 후기구석기시대의 유물들과 공통된다. 제주도와 가까운 남부지방에서 조사된 월평유적이나 신북유적의 유물들과 섞어놓으면 크기나 생김새, 돌감과 제작기법 등을 구별하기가 어려울 정도이다.

고산리유적에서 좀돌날몸돌의 선형으로 제시된 A형식의 보기들은 한 점을 제외하고 길이와 너비가 2~4cm로 매우 작은데 이 정도는 폐기된 좀돌날몸돌의 크기와 같다. 그러나 이것들은 가장자리가 더욱 정교하게 잔손질된 점에서 강창화(2006)의 견해처럼 '첨두기'나 '창끝' 같은 양면조정의 석기들과 관련된 것으로 판단된다.

한편 박편 이용 방식의 좀돌날몸돌로 언급한 B1과 B2형식의 사례들에는 눌러떼기에 의한 우묵점이나 나란한 능선이 보이지 않는다. 이것들은 굽턱이 손질된 격지이거나 양면조정 석기의 미완성품이라고 생각된다. B3형식 즉 '유사원추형'으로 제시된 것은 나란한 능선이 마치 좀돌날을 뗀 자국처럼 보이지만 모루망치떼기(bipolar technique)에 의해서 양 방향으로 잔격지가 떼어진 자국으로 판단된다. 또 원추형 좀돌날몸돌이라면 때림면이 전체 부위에서 제일 커야 하는데 직접 타격에 의해 깨어진 탓으로 몸 부위보다 작은 점 역시 모루망치떼기를 가리키는 것으로 생각된다.

이처럼 생수궤유적이나 고산리유적에서 좀돌날몸돌로 제시된 것 중 분명하게 좀돌날을 연속하여 떼어낸 자국으로 인정할 수 있는 예는 없다고 판단된다. 그러므로 비록 '변형 세석인기법의 출현'(장용준 2006, 217쪽), '부정형'(강창화 2006, 127쪽 ; 朴根台 2009, 6쪽)이라는 용어를 붙이더라도 좀돌날몸돌로 분류하는 것은 적절하지 않다고 생각한다.

2. 좀돌날로 보고된 유물

세 유적보다 선행하는 후기구석기시대 후반의 유적들 중 좀돌날이 제작된 월성동유적(이재경 2008, 64쪽)과 호평동유적(홍미영·김종헌 2008)에서 출토한 혼펠스와 흑요석제 좀돌날의 형태와 크기에 대해 살펴보겠다.

두 유적에서 보고된 좀돌날은 2장에서 기술한 좀돌날

의 일반적인 형태 특징을 잘 지니고 있다. 먼저 굽의 평면 형태는 둥근 것이 상당수이며, 등면의 굽 부위에는 먼저 떼어진 좀돌날 자국인 우묵점이 남아있는 예가 많다. 좀돌날의 세로단면은 'P'자형이 상당수이다. 등면과 가로단면의 종류와 구성비를 보면, 호평동유적의 흑요석제 좀돌날 347점 중 자연면이 있는 것은 13점으로 3.7%에 불과하며, 월성동유적에서 가로단면 중 사다리꼴은 68.8%로 세모의 31.2%보다 2배 이상이다.

그런데 생수궤유적의 이른바 좀돌날이란 것은 다음과 같은 점에서 전형의 것과 차이가 있다 : 첫째, 굽의 평면 형태는 대부분 꺾쇠(〈 자) 모양이다. 둘째, 등면의 굽 부위에 좀돌날이 떼어진 자국인 우묵점이 보이지 않는다. 셋째, 혹의 모양도 눌러떼기에 의해 생기는 작은 혹과 다르며, 세로단면의 모습 가운데 'P'형태는 거의 없다. 넷째, 좀돌날 가로단면의 형태 구성에서 세모의 비율이 79%이다. 다섯째, 등면에서 자연면의 비율이 74%나 된다.

또한 고산리유적의 경우는 첫째, 굽의 평면 형태는 크게 꺾쇠 모양과 반원의 두 가지로 나뉜다. 둘째, 등면에서 우묵점이 분명하게 확인되는 것은 적다. 셋째, 혹의 모양이 입술(lip) 형태이거나 깨알처럼 작게 발달한 것으로 구분된다. 넷째, 세로단면의 모습이 'P'형태는 적다. 다섯째, 가로단면을 보면 세모의 비율이 높다. 여섯째, 등면에서 뗀면의 비율이 매우 높다.

이어서 월성동유적과 호평동유적 출토 좀돌날의 크기를 정리해보면 다음과 같다 : 너비 분포(평균값)를 보면, 월성동유적의 혼펠스제 좀돌날 4,332점과 흑요석제 좀돌날 143점은 각각 0.3~14mm(6mm)와 1.6~10.5mm(4.9mm)이고, 호평동유적의 1지역 A구역 출토 흑요석제 좀돌날 347점과 유문암 및 혼펠스제 좀돌날 20점은 각각 2~12mm(5mm)와 4~12mm(6.8mm)이다. 한편 두께 분포(평균값)의 경우는 월성동유적의 혼펠스제 좀돌날 4,332점이 0.8~7.1mm(1.9mm)이고, 흑요석제 좀돌날 143점이 0.1~3.0mm(1.2mm)이며, 호평동유적 1지역 A구역에서 보고된 흑요석 422점은 1~4mm(1.5mm)이고, 유문암 및 혼펠스 20점은 2~5mm(3mm)이다.

이제 유적별 좀돌날의 크기와 가로단면의 구성비를 비교해보자(표 8).

좀돌날 너비의 평균값을 비교해보면, 생수궤유적과 고산리유적은 9mm 내외이나 월성동유적과 호평동유적에서 혼펠스와 유문암의 경우는 6mm와 6.8mm로 제주도의 두 유적이 1.5배 정도 더 크다(그림 14). 두께의 평균값도 생수궤유적과 고산리유적은 5mm 내외로 유문암과 혼펠스인 경우 1.9~3mm, 흑요석은 1.2~1.5mm인 월성동유적과 호평동유적보다 약 2~3배나 두텁다(그림 15). 이렇게 두터운 좀돌날을 끼움날도구(composit tools)의 부품으로 사용한다면 홈의 폭이 매우 넓어야 하는 문제가 생길 것이다.

한편, 좀돌날의 가로단면 형태는 생수궤유적과 고산리유적에서 세모의 비율이 사다리꼴보다 4배 이상이나, 월성동유적이나 호평동유적에서는 오히려 세모의 비율이 1/2 이하이다. 따라서 구성 비율에서 8배 이상의 차이가 나는 셈이다. 비록 선행 연구자들은 고산리 좀돌날의 경우 규격성이 떨어진다고 인정하면서 규격적으로 박리할 수 없는 낮은 기술 수준의 결과로 해석하고 있지만(강창화 2006 ; 장용준 2006), 이런 이유를 들어 좀돌날로 간주하는 것은 적절치 않다고 생각한다.

고산리유적에서 좀돌날로 보고된 것 중에는 이 유적을 대표하는 양면가공석기 즉 나뭇잎모양찌르개(창선형첨두기)나 활촉을 만드는 과정에서 생긴 쓰레기(waste)가 포함되어 있을 가능성이 매우 높다. 실험제작에 관한 내용(安蘇政雄 2013)을 참고하면, 나뭇잎모양찌르개는 '나뭇잎모양의 원형 만들기', '뾰족하고 얇게 만들기', '마무리 손질'의 세 단계를 거쳐 완성되는데, 앞의 두 단계는 뿔망치를 이용하여 수직방향으로 직접 다듬기 방식(direct retouch technique)을, 마지막 단계는 수평방향으로 눌러 다듬는 방식(pressure retouch technique)을 적용한다. 또한 히나타(日向)동굴유적 서(西)지구 출토 석기군의 나뭇잎모양찌르개(창선형첨두기)의 제작기법을 분석한 바(左川正敏·鈴木 雅 編 2006)에 의하면, 첫째, 굳은망치(hard hammer)떼기에 의한 '전체 모양 잡기', 둘째, 무른망치(soft hammer)로 '몸체를 얇고 고르게 다듬기', 셋째, 무른망치의 직접다듬기에 의한 '날 모양 잡기', 넷째, 뿔도구로 눌러 다듬기에 의한 '고른 날 만들기' 등의 네 단계를 거친다(사진 10-①, ②).

최근에 발간된 〈고산리유적 보고서〉(김경주 와 2014a, b)에는 길이가 17~20mm, 너비가 7~10mm, 두께가 2mm 정도이며, 평면 모습이 직사각형에 가깝고, 굽 크기가 몸 부위와 같으며, 굽의 형태가 입술(lip) 모양인 것이 제시되어 있다(사진 10-③, ⑤). 이것들은 각각 나뭇잎모양찌르개(사진 10-④)와 양면가공석기(사진 10-⑥)에 남아있는 자

〈표 8〉 유적별 좀돌날의 크기(㎜)와 가로단면의 형태

유적이름	돌감 종류	좀돌날의 크기 분포(평균값)		단면 모습의 비율(%)	
		너비	두께	세모	사다리꼴
생수궤	조면암질안산암	4.0~15.0(9.2)	2.0~11.0(4.8)	79.0	18.4
고산리	응회암, 조면암 등	5.0~15.0(8.9)	2.5~10.0(5.4)	96.0	4.0
월성동	혼펠스	0.3~14.0(6.0)	0.8~ 7.1(1.9)		
	흑요석	1.6~10.5(4.9)	0.1~ 3.0(1.2)	31.2*	68.8*
호평동	유문암과 혼펠스	4.0~12.0(6.8)	2.0~ 5.0(3.0)		
	흑요석	2.0~12.0(5.0)	1.0~ 4.0(1.5)		

* 혼펠스와 흑요석 좀돌날의 평균값

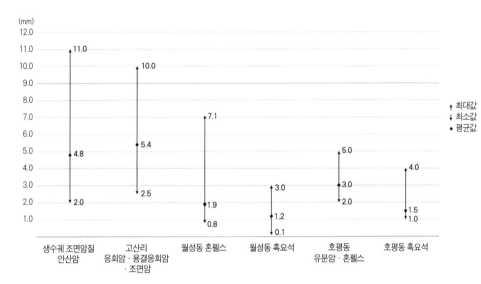

〈그림 14〉 생수궤유적, 고산리유적, 월성동유적, 호평동유적 출토 좀돌날의 너비 분포와 평균값

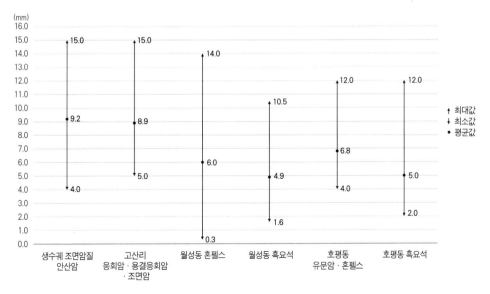

〈그림 15〉 생수궤유적, 고산리유적, 월성동유적, 호평동유적 출토 좀돌날의 두께 분포와 평균값

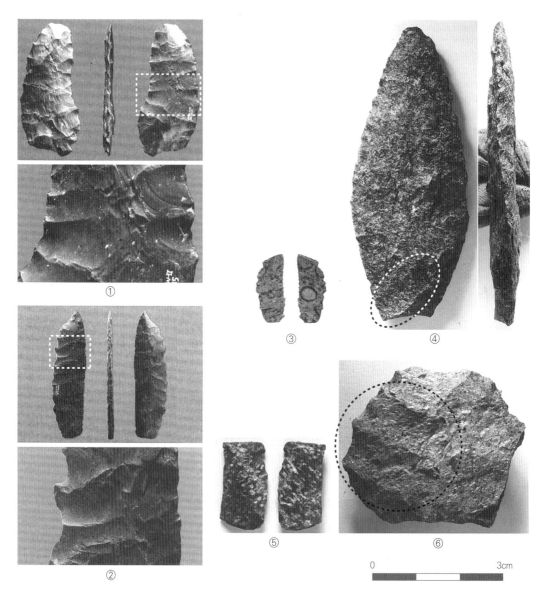

〈사진 10〉 양면가공석기의 날 다듬은 자국과 잔손질 격지 (①, ② 左川正敏 · 鈴木雅 編 2006 ③~⑥ 김경주 와 2014a, 2014b에서 편집)

국의 형태와 크기에 거의 일치한다. 그런즉 좀돌날로 분류된 것 가운데 이와 유사한 예들은 양면가공석기의 '날모양 잡기' 단계에서 떼어진 것으로 판단된다. 반면 좀돌날처럼 굽이 작은 종류들은 마무리 손질 단계인 '고른 날 만들기'에서 생긴 것으로 추정된다.

V. 맺음말

간빙기와 빙하기 동안 바다로 둘러싸이거나 연륙된 상태에서도 높이 솟아있는 한라산은 구석기인들이나 신석기인들에게 북극성과 같은 존재였을 것이며, 제주도는 중간 기착지로 알맞은 터전이었을 것이다. 그래서 제주도에서 보고된 좀돌날석기에 대한 정확한 평가는 인류

거주의 시작을 밝히는 역사적 문제뿐 아니라 한반도, 중국대륙과 일본열도에 걸친 후기구석기시대의 문화 교류와 뒤이은 신석기문화와의 연관성을 규명하는 데 있어 매우 중요하다고 하겠다.

앞에서 제주도에서 보고된 좀돌날석기에 대하여 크기와 생김새를 자세히 살펴보고 월성동유적 및 호평동유적과 비교분석을 진행하였다. 그 결과 생수궤유적과 고산리유적에서 동북아시아의 여러 후기구석기 유적에서 알려진 것과 같은 좀돌날몸돌이나 그 선형으로 인정할만한 것은 없지만, 강정동유적의 것은 좀돌날을 제작한 몸돌임이 분명하였다.

이제까지 고산리유적은 신석기시대 초창기로 편년되어 왔지만, 최근 체계적인 절대연대측정을 통해 고산리식토기의 중심 연대는 기원전 7,500년으로 보고되었다(고재원 2014 ; 김명진·이용주 2014). 즉 고산리유적의 연대는 1만 년 전보다 더 오래되지 않았다는 것이다. 그럴 경우 고산리유적은 '초창기'가 아닌 '조기'로 편년해야 할 것이며, 따라서 좀돌날석기가 사라지고 창끝이나 활촉 같은 양면가공석기가 주체인 유물군이 자연스럽다고 생각된다.

한편, 강정동유적의 보고서에 의하면 위쪽의 제Ⅱ문화층에서 좀돌날몸돌과 더불어 고산리유적 출토품과 같은 유경식과 무경식의 뗀활촉, 나뭇잎모양찌르개 그리고 구석기시대의 유물과 구별하기 어려운 밀개, 새기개가 공반되었다. 제Ⅲ문화층에서는 좀돌날몸돌과 밀개, 유경촉이, 또 아래쪽의 제Ⅳ문화층에서는 좀돌날몸돌과 밀개가 같이 나왔다. 그런데 질그릇(토기)은 제Ⅳ문화층을 제외한 제Ⅱ~Ⅲ문화층에서만 출토되었다고 한다. 그

래서 신석기시대 초창기로 편년한 보고자의 견해(박근태 와 2010)와 달리 제Ⅳ문화층은 후기구석기시대 후반, 제Ⅲ문화층과 제Ⅱ문화층은 이른 신석기시대일 가능성과 더불어 구석기유물과 신석기유물이 후대의 자연작용을 받아 뒤섞였을 가능성에 대한 심도 깊은 재검토가 이뤄져야 할 것이다.

그리고 생수궤유적의 경우는 실험고고학의 연구가 진행될 필요가 있다. 즉 좀돌날석기의 재료라고 하는 조면암질안산암을 대상으로 눌러떼기를 하여 만든 좀돌날과 좀돌날몸돌이 보고서에 제시된 것들과 똑같은 양상을 보이는지 아닌지를 검토하는 것이다. 그리고 "조면암질안산암이 낙반이나 자연풍화에 의한 쪼개짐이 마치 격지와 비슷한 형태로 이뤄진다"(김상태 와 2012, 37쪽)고 지적되었듯이 서리나 불 등의 열 충격(thermal shock)을 받았을 때 나타나는 양상들, 그리고 이 돌에 끼는 녹(patina)에 대한 관찰과 유물과의 비교분석도 함께 이뤄지는 것이 바람직하다.

끝으로 지리상 제주도와 가까운 규슈의 신석기시대 초창기 유적들, 즉 센푸쿠지(泉福寺)유적(麻生優 1985)과 후쿠이(福井)유적(Serizawa C. 1999 ; 鹿又喜隆 等 2015)의 약 10,500~12,500B.P.로 보고된 지층에서 발굴된 덧무늬그릇(豆粒文土器와 隆線文土器), 손톱무늬그릇(爪形文土器), 압인문그릇(押引文土器)과 함께 출토한 좀돌날석기는 사진이나 도면을 살펴보았을 때 후기구석기시대의 것들과 별 차이가 없어 보인다. 그런즉 한반도에서도 신석기시대 초창기에 속하는 유적에서 좀돌날석기가 발견되길 기대한다.

제4부

한반도와 일본열도의 석기군과 교류

제1장

한국 후기구석기시대 석기군의 종류와 성격

I. 머리말

1964년부터 연차 발굴된 공주 석장리유적을 통해서 우리들은 이 땅에 존재하였던 후기구석기문화를 처음으로 만날 수 있었다(손보기 1970, 1973, 1993). 그리고 1980년대 초반부터 조사되기 시작한 수양개유적은 한국의 후기구석기문화가 매우 풍요로웠으며, 여기서 발굴된 다량의 슴베찌르개는 한국과 일본 양 지역의 문화교류에 관심을 갖는 계기가 되었다(이융조 1985 ; 이융조·공수진 2002 ; 松藤和人 1987 ; Matsufuji, K. 2004).

1990년대 이후 최근까지 홍천 하화계리유적, 밀양 고례리유적, 순천 월평유적, 진안 진그늘유적, 남양주 호평동유적, 임실 하가유적, 대구 월성동유적 같은 중요한 유적들이 조사되었다. 여기서 다양하고도 풍부한 양의 유물들이 발굴되었고, 여러 가지의 자연과학 분석도 이루어졌다. 이처럼 유적과 유물, 갱신세 퇴적의 분석 결과와 절대연대 같은 일차 자료의 상당한 증가 덕분에 1990년대 후반에 구석기에 관한 분석과 편년 수립 연구가 시도되었으며, 2000년대 중반 이후 보다 심도 깊은 연구가 활기를 띠었다(金正培 2005b ; Bae, K.D. 2010 ; Bae and Bae 2012 ; 성춘택 2006a, b ; Seong 2008, 2009 ; 이기길 2007 ; 李起吉 2011 ; 이헌종 1998c, 2004a, b ; Lee, H. J. 2010 ; 장용준 2007a, b ; 한창균 2003).

그 가운데 주목되는 것으로 석기군의 종류와 편년, 구석기유적의 연대 문제, 돌날과 좀돌날 제작기법의 복원,

한일 양 지역 후기구석기문화의 비교, 후기구석기문화를 남긴 주인공 등이 의욕적으로 논의되었다. 그런데 모든 논의의 출발점이 되는 석기군에 대한 파악과 이해는 학자마다 차이를 보여 무엇보다 이에 대한 객관적이고 과학적인 재검토가 필요하다고 판단된다. 그래서 기존과는 다른 분석 방법과 관점으로 최근까지 보고된 중요한 유적들을 검토하여 석기군의 종류와 성격을 밝혀보고자 한다.

II. 기존 견해의 검토

후기구석기시대 석기군의 종류와 편년에 대한 꾸준한 관심과 체계적인 설명은 주로 이헌종(1998, 2004b ; Lee, H.J. 2010)과 성춘택(2006a, b ; Seong 2009)에 의해 제시되었다. 두 연구자의 견해를 요약하면 다음과 같다.

이헌종(Lee, H.J. 2010)은 후기구석기시대가 4만5천~1만 년 전까지이며, ① 중량석기를 포함한 격지석기문화(flake tool culture with heavy weight tools, 약 45~22ka), ② 격지석기문화(flake tool culture, 약 33~21ka), ③ 돌날석기문화(blade tool culture, 약 30~17ka), ④ 세형돌날문화(microblade culture, 약 23~10ka) 등 4개의 문화 갈래가 복잡하게 존재하였다고 하였다(그림 1).

성춘택(2006a)은 기술 체계 또는 구석기 기술의 전

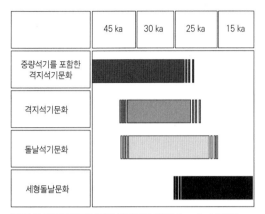

〈그림 1〉 후기구석기시대의 석기문화 갈래 (Lee, H. J. 2010)

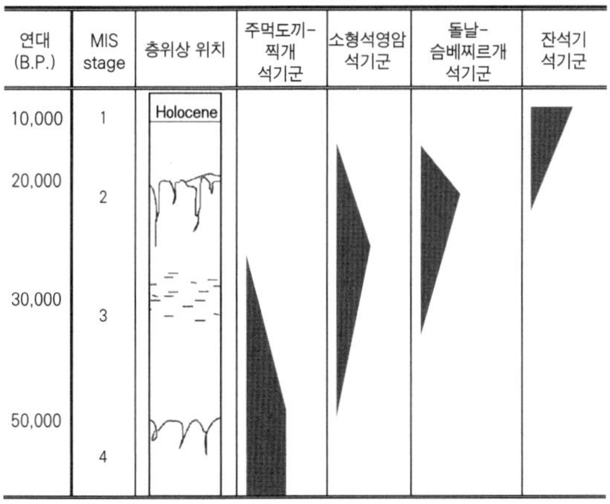

〈그림 2〉 한국 구석기시대 석기군의 시간적 변화를 가설적으로 표현한 도표 (성춘택 2006a)

통을 뜻하는 4개의 석기군(lithic assemblage composition)을 언급하였다 : ① 주먹도끼-찍개석기군(handaxe-chopper-polyhedral traditon, 전기구석기시대~MIS 3기), ② 소형석영암석기군(small quartzite artifact dominant tradition, 약 50,000~15,000B.P.), ③ 돌날-슴베찌르개 석기군(blade and tanged point dominant tradition, 약 40,000~30,000B.P.), ④ 잔석기석기군(microlithic tradition, MIS 2기). 그리고 이 석기군들은 특정 시간대에 공존하며 차별적으로 지속되었다(그림 2).

비록 두 연구자가 사용한 용어들은 서로 다르고 내용도 차이가 있지만, 두 개의 중요한 공통점이 두드러진다. 하나는 후기구석기시대는 '중량석기를 포함한 격지석기문화'나 '주먹도끼-찍개석기군'으로 시작되고, '격지석기문화'나 '소형석영암석기군'을 거쳐 '돌날석기문화(돌날-슴베찌르개석기군)'와 '세형돌날문화(잔석기석기군)'로 마감

된다는 점이다.

여기서 두 연구자가 후기구석기시대 석기군의 첫 자리에 둔 '주먹도끼-찍개석기군'과 '중량석기를 포함한 격지석기문화'는 모두 중기구석기시대의 석기군과 분명하게 구별되지 않는다는 문제를 지닌다. 그런데 고고학이나 역사학에서 시대구분은 새로운 문화 현상이나 왕조의 등장을 기준하는 것이 일반적임을 감안하면, 두 석기군을 후기구석기시대의 석기군에 포함하는 견해는 재고가 필요하다.

다른 하나는 이들의 편년에서 서너 개의 석기문화(석기군)가 1만 년 내외의 상당히 오랫동안 공존한다는 점이다. 이런 주장의 근거는 각 유적의 석기갖춤새가 차이를 보이면 독자의 석기군으로 인정했기 때문일 것이다.

그러나 같은 기술을 소유한 집단이라도 각 유적의 입지, 동식물 환경, 석재환경, 점거 목적 등에 따라 거기서 제작하고 사용한 석기의 종류가 다를 수 있음을 고려하면 해석은 달라진다. 예를 들면, 긴 살림터(base camp)에서는 도구 제작, 식량의 가공, 가죽이나 뿔의 처리 등등에 쓰인 다양한 종류들이 남겠지만, 사냥캠프에선 사냥과 관련된 종류들이, 도살터에선 해체에 쓰인 종류들이 남았을 것이고, 양질의 돌감이 없는 곳에서는 돌날이나 좀돌날은 거의 제작되지 못하였을 가능성이 크다.

그뿐 아니라 유적이 충분히 조사되었는지 아니면 그렇지 못하였는지도 중요한 변수이다. 한 예로 모두 다섯 차례 발굴된 하가유적에서는 제3차 조사 시까지 문화층에서 좀돌날이나 좀돌날몸돌은 발견되지 않았다. 그러나 제4차와 제5차 발굴에선 좀돌날과 좀돌날몸돌이 발견되었다. 만약 3차 조사로 발굴이 끝났다면 하가유적은 '돌날석기문화'로 분류되었을 것이다.

실재로 '격지석기문화'와 '소형석영암석기군'에 속하는 밀개, 긁개, 홈날 같은 종류들의 대부분이 '돌날석기문화'로 분류되는 호평동유적의 제1문화층이나 죽내리유적의 제4문화층, 그리고 '세형돌날문화'로 분류되는 호평동유적 제2문화층과 석장리유적에도 포함되어 있다. 따라서 각 유적에서 보고된 석기군을 하나하나의 독자 단위로 인정하는 것은 여러 가지 요인들을 고려하여 신중해야 할 것이다. 그리고 둘 또는 세 개의 석기문화(석기군)가 전환기 이후에도 약 9천~만 년 이상 공존했다는 견해는 많은 설명이 필요할 것으로 생각된다.

Ⅲ. 대표 유적의 분석

후기구석기시대 석기군의 종류를 구분하고 그 성격을 파악하는 데 있어 앞에서 논의된 문제들을 최소화하기 위해 문화층당 적어도 천 점 이상의 유물이 발굴되었거나, 석기 제작, 동식물의 가공과 처리 등 다양한 행위를 반영하는 석기들이 나온 유적을 검토 대상으로 삼고자 한다. 이 기준에 적합한 유적으로 화대리유적, 호평동유적, 고례리유적, 죽내리유적, 신북유적, 용산동유적, 진그늘유적, 하가유적, 월성동유적, 월평유적, 수양개유적, 그리고 하화계리Ⅲ유적이 있다. 이밖에 구석기학사에서 중요한 의미를 지니는 석장리유적과 비록 천 점이 못되지만 흑요석기를 다량 포함하는 장흥리유적, 그리고 이른 연대의 슴베찌르개가 보고된 용호동유적도 대상에 포함하고자 한다(그림 3).

그러면 선정된 유적의 문화층, 유물의 수량, 석재와 석기의 종류, 절대연대 등을 살펴보겠다.

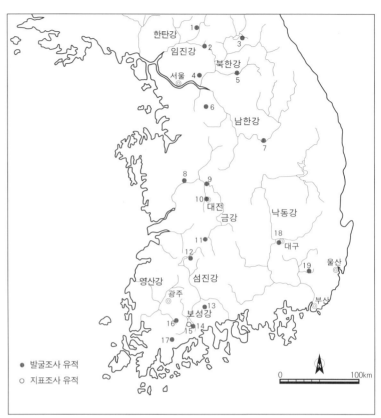

〈그림 3〉 이 글에 언급된 구석기유적

1. 장흥리 2. 화대리 3. 상무룡리 4. 호평동 5. 하화계리Ⅲ 6. 삼리 7. 수양개 8. 석장리 9. 용호동 10. 용산동 11. 진그늘 12. 하가 13. 죽내리 14. 월평 15. 외우 16. 도산 17. 신북 18. 월성동 19. 고례리

1. 대전 용호동유적 (한창균 2002 ; 연세대학교 박물관 편 2001)

네 개의 문화층이 보고되었다. 제1문화층에서는 석기 제작소와 화덕자리 그리고 긁개, 찌르개, 톱니날, 찍개-안팎날찍개를 포함한 584점의 석기가 드러났다. 제2문화층에서는 슴베찌르개, 밀개, 긁개, 톱니날, 버금공모양석기(spheroid), 모룻돌 등 662점이 나왔다. 제3문화층에서는 슴베찌르개, 긁개, 홈날, 톱니날, 찍개-안팎날찍개, 버금공모양석기, 갈린 자갈석기 등 975점이 출토되었다. 그리고 제4문화층에서는 찍개-안팎날찍개, 버금공모양석기, 긁개, 홈날, 톱니날 등 2,015점의 석기가 발굴되었다(사진 1).

보고자는 위의 제1문화층과 제2문화층은 후기구석기시대, 제3문화층은 중기구석기시대의 늦은 시기, 제4문화층은 약 10만 년 전으로 추정하였다. 여기서 주목되는 것은 제2문화층과 제3문화층의 중간 지점에서 찾은 숯으로 잰 연대가 38,500±1,000B.P.라는 점을 근거로 제3문화층의 슴베찌르개가 동북아시아 지역에서 출토된 것 가운데 가장 오래되었다는 견해이다.

2. 포천 화대리유적 (최복규 · 유혜정 2005)

세 개의 문화층이 보고되었다. 제1문화층은 명갈색 찰흙층, 제2문화층과 제3문화층은 각각 토양쐐기 현상이 뚜렷한 암갈색 찰흙층의 상부와 하부에서 드러났다. 제1문화층에서는 밀개, 긁개, 찍개-안팎날찍개 등 1,279점, 제2문화층에선 슴베찌르개, 밀개, 긁개, 뚜르개, 찍개-안팎날찍개, 버금공모양석기를 포함하여 2,709점, 그리고 제3문화층에서는 긁개, 찍개-안팎날찍개, 버금공모양석기 등 940점이 나왔다(그림 4).

제1문화층 : ① 긁개 ② 찌르개 ③ 밀개

제2문화층 : ① 슴베찌르개 ② 밀개 ③ 몸돌

제3문화층 : ① 슴베찌르개 ② 긁개 ③ 격지 ④ 톱니날 ⑤ 갈린 자갈

제4문화층 : ① 긁개 ② 버금공모양석기 ③ 여러면석기 ④~⑤ 외날찍개

〈사진 1〉 대전 용호동유적의 석기갖춤새

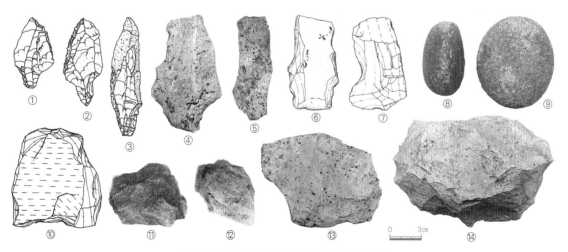

〈그림 4〉 포천 화대리유적 제1·2문화층의 석기갖춤새

①~④ 슴베찌르개 ⑤ 돌날 ⑥ 긁개 ⑦ 홈날 ⑧~⑨ 망치돌 ⑩~⑫ 밀개 ⑬ 격지 ⑭ 몸돌

방사성탄소연대와 OSL연대가 측정되었으며 그 결과는 제1문화층이 22±1.0ka, 제2문화층은 30±1.7ka와 31,200±900B.P., 그리고 제3문화층은 39±1.4ka이다.

3. 남양주 호평동유적 (홍미영·니나 코노넨코 2005 ; 홍미영·김종헌 2008)

문화층은 토양쐐기 현상이 발달한 제3지층의 상부인 갈색 사질점토층과 하부의 암갈색 사질점토층에서 하나씩 드러났다. 하부의 제1문화층에서는 돌날몸돌, 슴베찌르개, 밀개, 긁개, 찍개, 흑연 등 3,023점, 상부의 제2문화층에서는 좀돌날몸돌, 초소형 뚜르개, 격지나 돌날에 제작된 밀개와 새기개, 그리고 버금공모양석기 등 4,761점의 유물이 나왔다(그림 5).

돌감의 구성을 보면, 제1문화층에서는 석영맥암이 95.7%이며 나머지는 응회암, 유문암, 세일 등이고, 제2문화층에서는 석영맥암이 54.2%, 흑요석이 21.6%, 그리고 나머지는 혼펠스, 유문암, 응회암, 세일 등이다. 이 중 흑요석의 원산지는 PIXE분석 결과 백두산으로 추정되었다(Kim J.C. et al. 2007). 그리고 숯으로 잰 16개의 방사성탄소연대측정 결과, 제1문화층은 30,000±1,500B.P.~27,500±300B.P., 제2문화층은 24,100±200B.P.~16,190±50 B.P.에 형성된 것으로 보고되었다.

4. 밀양 고례리유적 (장용준 2001 ; 박영철 2002 ; 박영철·서영남 2004 ; 서영남 과 1999)

문화층은 명갈색 점토층으로 구분된 제2지층의 하부와 제3지층에 위치한다. 여기서 7,908점의 유물이 나왔는데, 발굴 구역에 따라 상부와 하부의 두 무리로 구분된다. 하부 유물군에는 10cm 미만의 중·소형 돌날이 많으며 찌르개류와 슴베형석기가 특징 종류이고 뚜르개와 밀개가 포함되어 있다. 반면에 상부 유물군에는 대형 돌날과 돌날몸돌, 대형 홈날석기, 그리고 사용으로 인해 갈려진 유물 등이 속해 있다(그림 6). 한편 제3지층의 하부에서 AT 화산재가 발견되어 문화층의 연대는 25,000년 전 전후로 추정되고 있다. 이 유적은 슴베찌르개와 돌날, 때림면격지(rejuvenation flake of striking platform)와 돌날몸돌이 붙는 예들과 돌날 제작 과정의 부산물들이 있어 대규모의 돌날 제작터로 추정된다.

5. 순천 죽내리유적 (이기길 과 2000 ; 李起吉 2003a)

네 개의 문화층이 보고되었는데, 맨 밑의 제1문화층에서 596점, 제2문화층에서 340점, 제3문화층에서 95점, 제4문화층에서 3,126점의 유물이 출토되었다. 돌감의 구성을 보면, 제1문화층은 석영맥암이 71%, 응회암이 24%, 그리고 편마암 등 기타가 5%인 반면, 제4문화층은 석영맥암 72.3%, 응회암 15.1%, 유문암 10.9%, 사암과 편마암 등 기타가 1.8%이다.

그런데 제4문화층의 석영맥암은 상당수가 양질인 점에서 제1문화층과는 차이가 난다.

석기갖춤새는 제1문화층의 경우 찍개-안팎날찍개, 주먹도끼, 주먹자르개, 버금공모양석기, 긁개, 홈날, 톱니날 등이고, 제4문화층은 슴베찌르개, 밀개, 긁개, 새기개, 부리날석기(bec), 뚜르개, 홈날, 톱니날, 자르개(backed knife), 찍개-안팎날찍개, 주먹도끼, 여러면석기 등이다(그림 7). 각 층마다 붙는 유물들이 많고 석기의 종류도 차이가 뚜렷하여 시대별 석기제작 및 석기군의 변화 양상을 잘 이해할 수 있다. 층위와 형식학 그리고 AT 화산재에 근거해 보면, 제1문화층은 중기구석기시대, 제4문화층은 후기구석기시대에 속한다.

6. 장흥 신북유적 (이기길 2004c ; 이기길·김명진 2008)

약 2만m²의 발굴지에서 7개의 화덕자리와 31,000여 점의 석기가 출토되었다. 몸돌과 격지, 잔손질석기와 격지 등 서로 붙는 예들이 많고 유물들이 일정한 기울기로 분포하여 문화층이 거의 훼손되지 않았다고 생각된다. 숯으로 잰 일곱 개의 방사성탄소연대는 25,420±190B.P.~18,500±300B.P.이다.

돌감으로 유문암, 응회암, 석영맥암, 규암, 수정, 흑요석, 옥수 등 다양한 종류가 쓰였는데, 이 중 양질의 석영맥암이 약 70%, 유문암과 응회암의 비율이 거의 30%를 차지한다. 흑요석기에 대한 PIXE분석 결과 원산지가 백두산과 일본 큐슈 지역으로 추정되었다(Kim, J. C. et al. 2007). 석기의 종류는 좀돌날몸돌, 밀개, 새기개, 슴베찌르개, 나뭇잎모양찌르개(bifacial leaf point), 뚜르개, 긁개, 홈날, 자르개, 찍개-안팎날찍개, 주먹도끼, 주먹자르개 등이 있으며, 이 밖에 간돌자귀를 포함하여 20여 점의 갈린 석기들이 있다(그림 8).

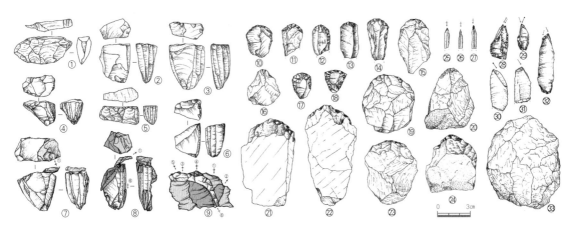

제2문화층 : ①~⑧ 좀돌날몸돌 ⑨ 붙는 때림면 스폴과 격지 ⑩~㉔ 밀개 ㉕~㉗ 초소형 뚜르개 ㉘~㉜ 새기개 ㉝ 버금공모양석기

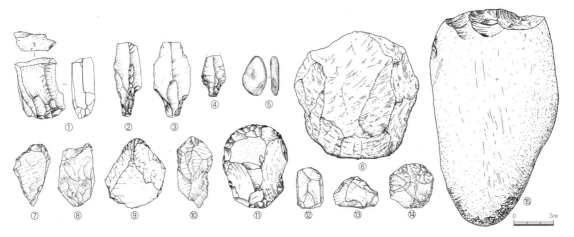

제1문화층 : ① 돌날몸돌 ②~④ 슴베찌르개 ⑤ 흑연 ⑥ 버금공모양석기 ⑦~⑭ 밀개 ⑮ 외날찍개

〈그림 5〉 남양주 호평동유적의 석기갖춤새

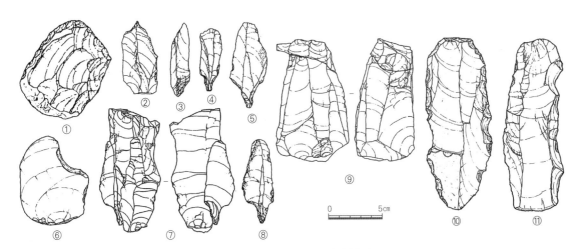

〈그림 6〉 밀양 고례리유적의 석기갖춤새

① 밀개 ② 뚜르개 ③ 나이프형석기 ④ 슴베석기 ⑤ 슴베찌르개 ⑥ 홈날 ⑦~⑧ 붙는 슴베찌르개와 돌날 ⑨ 붙는 돌날몸돌과 때림면격지 ⑩~⑪ 긁개

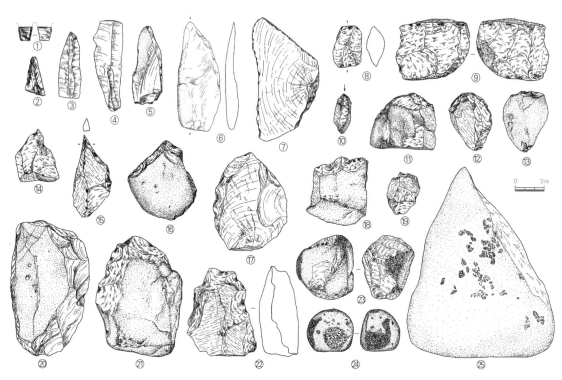

제4문화층 : ① 슴베찌르개 ② · ⑱ 톱니날 ③~⑤ 돌날 ⑥ 찌르개 ⑦ 등손잡이칼 ⑧ 모루망치떼기(양극타법) ⑨ 몸돌 ⑩ 새기개 ⑪~⑬ 밀개 ⑭ 홈날 ⑮ 뚜르개 ⑯~⑰ 긁개 ⑲ 부리날 ⑳ 안팎날찍개 ㉑ 외날찍개 ㉒ 주먹도끼 ㉓~㉔ 망치돌 ㉕ 모룻돌

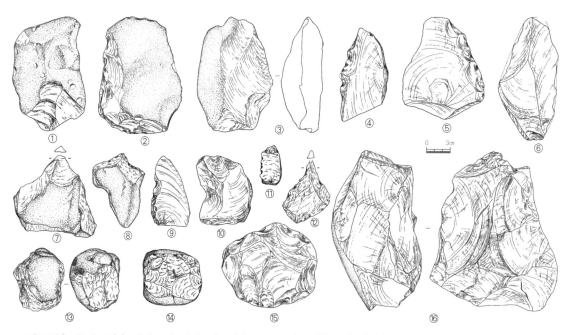

제1문화층 : ①~② 주먹자르개 ③ 주먹도끼 ④ · ⑪ 톱니날 ⑤ · ⑨ 긁개 ⑥ 격지 ⑦ 안팎날찍개 ⑧ 외날찍개 ⑩ 홈날 ⑫ 뚜르개 ⑬~⑭ 버금공모양석기 ⑮~⑯ 몸돌

〈그림 7〉 순천 죽내리유적의 석기갖춤새

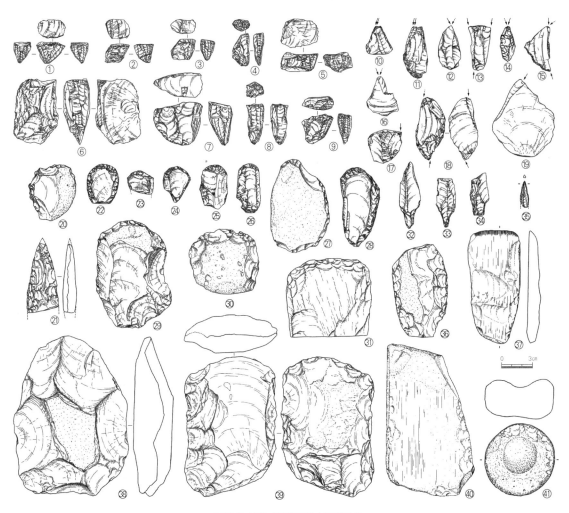

〈그림 8〉 장흥 신북유적의 석기갖춤새
①~⑨ 좀돌날몸돌　⑩~⑲ 새기개　⑳ 톱니날　㉑ 창끝찌르개　㉒~㉛ 밀개　㉜~㉞ 슴베찌르개　㉟ 뚜르개
㊱ 긁개　㊲ 간돌자귀　㊳ 주먹도끼　㊴ 주먹자르개　㊵ 떼어지고 갈린 자갈돌　㊶ 쪼이고 갈린 자갈

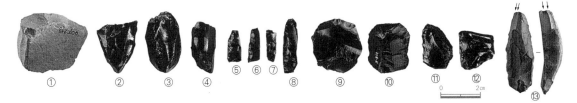

〈사진 2〉 철원 장흥리유적의 석기갖춤새
①~④ 좀돌날몸돌　⑤~⑧ 좀돌날　⑨~⑩ 밀개　⑪~⑫ 긁개　⑬ 새기개

7. 철원 장흥리유적 (최복규 와 2001 ; 연세대학교 박물관 편 2001)

문화층은 표토 아래의 명갈색 찰흙층에 위치한다. 여기서 좀돌날몸돌, 밀개, 긁개, 새기개, 돌날, 잔손질된 좀돌날 등 664점의 유물이 나왔다(사진 2). 석재의 종류와 비율은 석영맥암 55%, 흑요석 26.5%, 반암 9%, 유문암 4.8%, 수정 0.8%이다. 흑요석의 과학분석 결과 원산지는 백두산으로 추정되었다. 숯으로 잰 방사성탄소연대는 24,200±600B.P., 24,400±600B.P.이고, 문화층에서 AT 화산재가 소량 발견되었다.

〈사진 3〉 대전 용산동유적의 석기갖춤새
①~⑪ 슴베찌르개 ⑫~⑰ 돌날몸돌 ⑱ 외날찍개 ⑲ 버금공모양석기

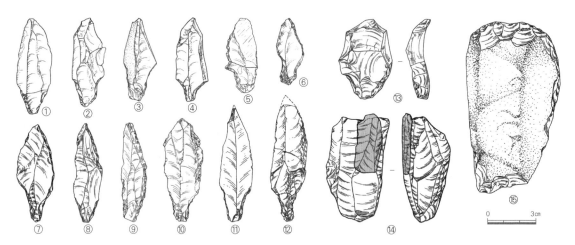

〈그림 9〉 진안 진그늘유적의 석기갖춤새
①~⑫ 슴베찌르개 ⑬ 때림면격지 ⑭ 붙는 돌날몸돌과 돌날 ⑮ 밀개

8. 대전 용산동유적 (김환일·육심영 2007 ; 국립공주박물관 편 2005)

토양쐐기가 발달한 암갈색 찰흙층의 상부에서 2,228점의 석기가 발굴되었다. 이것들은 거의가 석영맥암과 혼펠스로 제작되었으며 그 비율은 각각 50.2%와 48.3%이다. 석기의 종류는 돌날몸돌, 슴베찌르개, 밀개, 긁개, 찍개-안팎날찍개, 버금공모양석기 등인데, 특히 슴베찌르개가 39점이나 출토되었다(사진 3). 토양을 시료로 잰 방사성탄소연대는 19,310±790B.P.와 24,430±870B.P.이며, 소량의 AT 화산재가 토양쐐기의 시작 면보다 35cm 아래에서 발견되었다.

9. 진안 진그늘유적 (이기길 2004a ; 이기길 2011a)

문화층은 명갈색 찰흙층의 하부와 토양쐐기 시작 면에 걸쳐 있다. 여기서 두 개의 화덕자리와 24개의 석기제작소 그리고 약 12,000점의 석기가 발견되었다. 석기제작소들은 서로 떨어져 있으며 단면상에서 위, 아래로 구분되기 때문에 후기구석기인들이 오랫동안 반복해서 이용했던 곳으로 추정된다.

유물의 상당수는 돌날몸돌, 돌날, 격지, 부스러기, 때림면격지, 모서리돌날(crested blade), 플런징돌날(plunging blade) 같은 돌날제작 과정의 부산물들이다. 도구의 종류는 슴베찌르개, 밀개, 긁개, 새기개, 홈날, 톱니날, 뚜르개, 부리날석기 등이다. 이 중 슴베찌르개의 수량은 99점으로 지금까지 알려진 것 중 최대량이다(그림 9). 그리고 제1호와 제2호의 화덕자리에서 나온 숯으로 잰 AMS연대는 각각 22,850±350B.P., 17,310±80B.P.이다.

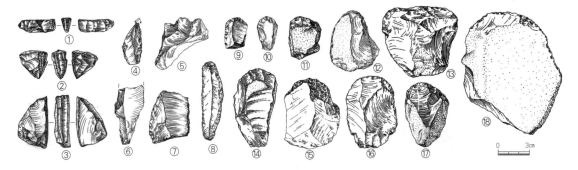

〈그림 10〉 공주 석장리유적 새기개·밀개 문화층의 유물갖춤새
①~③ 좀돌날몸돌 ④ 새기개 ⑤ 톱니날 ⑥ 슴베찌르개 ⑦ 긁개 ⑧~⑱ 밀개

10. 공주 석장리유적 (손보기 1970 ; 손보기 1973 ; 손보기 1993)

대표되는 후기구석기문화층은 제1지구에서 보고된 '새기개·밀개 문화층'이다. 이 층에서 화덕자리가 있는 집자리가 발견되었다. 이 층의 석기 종류는 좀돌날몸돌, 돌날, 새기개, 밀개, 긁개, 슴베찌르개, 홈날, 톱니날, 안팎날찍개, 주먹도끼 등이며, 쓰인 돌감을 보면 석영맥암, 흑요석, 유문암, 수정 등이다(그림 10). 흑요석에 대한 감마선 분광분석 결과 원산지는 백두산과 금성산으로 추정되었다. 그리고 숯으로 잰 방사성탄소연대는 20,830±1,880B.P.이다.

11. 임실 하가유적 (이기길 과 2008, 2010, 2011a)

명갈색 찰흙층의 하부에 문화층이 위치한다. 발굴된 920㎡에서 수십 개의 돌날제작소, 그리고 이것과 구분되는 생활공간이 드러났고, 약 27,000점의 유물이 출토되었다. 돌날제작소에는 돌날몸돌, 돌날, 격지, 부스러기, 망치돌과 슴베찌르개 등이 흩어져 있었다.

사용된 돌감의 종류는 유문암, 석영맥암, 규암, 사암, 편마암, 세일, 수정 등인데, 이 중 유문암의 비율이 약 80%이다. 석기의 종류를 보면, 좀돌날몸돌, 돌날몸돌, 슴베찌르개, 소형과 대형의 나뭇잎모양찌르개, 슴베칼(shouldered backed knife), 모뿔석기, 밀개, 새기개, 부리날석기, 홈날, 톱니날, 돌확모양석기, 갈린 석기 등이다(사진 4). 이 중 슴베칼과 모뿔석기는 일본학계에서 각각 모로계의 이측연가공 나이프형석기(安蒜政雄 1979)와 각추상석기(장용준 2009)의 한 형식으로 분류되는 것이다. 숯으로 잰 방사성탄소연대는 19,700±300B.P., 19,500±200 B.P.이다.

12. 대구 월성동유적 (이재경 2008)

문화층은 명갈색 찰흙층에 위치한다. 약 600㎡에서 네 개의 큰 석기제작소와 여덟 개의 작은 석기제작소가 드러났으며, 여기서 13,184점의 석기가 찾아졌다. 돌감의 종류와 비율을 보면, 혼펠스 82.2%, 세일 14.8%, 흑요석 2.8%이며, 이 밖에 석영맥암, 쳐트와 규암이 있다.

도구의 종류는 좀돌날, 돌날, 격지, 새기개, 밀개, 긁개, 찌르개, 뚜르개, 망치돌 등이다(그림 11). 이 가운데 좀돌날, 새기개, 밀개의 비율은 각각 97.4%, 1.3%와 0.6%이다. 그래서 이 유적은 몇 가지의 특정 도구를 집중해서 제작했던 곳으로 해석되었다.

13. 순천 월평유적 (이기길 2002a ; 이기길 과 2004 ; 이기길·김수아 2009)

모두 다섯 개의 문화층이 알려졌으며 이 중 위의 세 층이 조사되었다. 1,500㎡가 발굴되었는데, 제4문화층에서 9,500점, 제3문화층에서 1,300점, 그리고 중간문화층에서 3,005점의 유물이 나왔다. 각 층에는 서로 붙는 예들이 있을 뿐 아니라 다양한 종류의 도구들이 나와서 석기제작을 포함한 일상생활이 이뤄진 살림터로 추정된다.

각 문화층에서 사용된 돌감의 종류와 비율은 석영맥암이 92~99%에 이르나, 유문암과 응회암은 4~6%에 불과하고 이밖에 수정과 흑요석이 극소량 있다. 제4문화층의 석기 종류는 좀돌날몸돌, 밀개, 긁개, 새기개, 슴베찌르개, 나뭇잎모양찌르개, 부리날석기, 뚜르개, 홈날, 톱니날, 찍개-안팎날찍개, 주먹도끼, 버금공모양석기, 망치돌, 모룻돌, 등잔모양석기 등이다. 한편, 제3문화층의 석기갖춤새는 제4문화층과 유사하다. 그리고 중간문화층의 석기 구성은 돌날 제작기법을 연상하게 하는 몸돌과

〈사진 4〉 임실 하가유적의 석기갖춤새
①~④ 좀돌날몸돌 ⑤~⑥ 새기개 ⑦~⑨ 나이프형 석기 ⑩~⑬ 슴베찌르개 ⑭ 하가형 찌르개 ⑮ 창끝찌르개 ⑯ 모뿔석기(각추상석기)
⑰ 붙는 돌날 ⑱ 붙는 돌날몸돌과 때림면격지 ⑲~㉓ 돌날몸돌 ㉔~㉖ 밀개 ㉗ 긁개 ㉘~㉙ 홈날 ㉚ 갈린 자갈 ㉛ 돌확 모양 석기

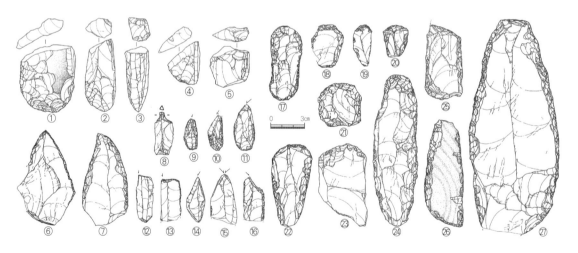

〈그림 11〉 대구 월성동유적의 석기갖춤새
①~⑤ 좀돌날몸돌 ⑥~⑦ 찌르개 ⑧ 뚜르개 ⑨~⑯ 새기개 ⑰~㉔ 밀개 ㉕~㉗ 긁개

격지, 밀개, 긁개, 홈날, 톱니날, 부리날석기, 주먹도끼, 안 | 은 약 20,000~15,000B.P., 그리고 중간문화층은 25,000
팍날찍개, 여러면석기 등이다(그림 12). | B.P. 전후로 추정된다.
　　층위와 형식학에 근거해보면, 제4문화층과 제3문화층

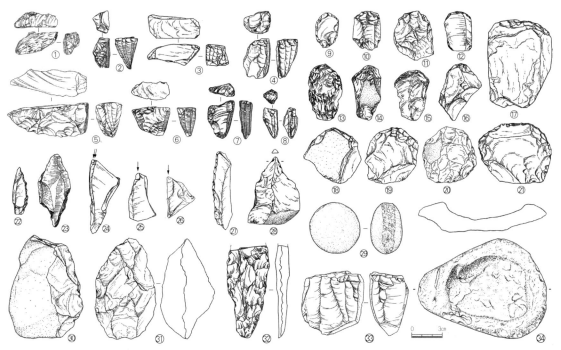

제4문화층 : ①~⑧ 좀돌날몸돌 ⑨~㉑ 밀개 ㉒~㉓ 슴베찌르개 ㉔~㉖ 새기개 ㉗ 긁개 ㉘ 뚜르개 ㉙ 망치돌 ㉚ 외날찍개 ㉛ 주먹도끼
㉜ 창끝찌르개 ㉝ 돌날몸돌 ㉞ 등잔 모양 석기

제3문화층 : ① 슴베찌르개 ②~③ 밀개 ④, ⑥ 뚜르개 ⑤ 주먹도끼

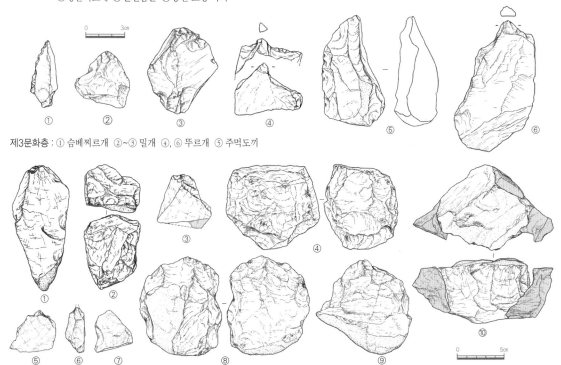

중간문화층 : ①~③ 밀개 ④ 여러면석기 ⑤ 부리날 ⑥ 뚜르개 ⑦ 홈날 ⑧ 주먹도끼 ⑨ 외날찍개 ⑩ 붙는 몸돌과 격지

〈그림 12〉 순천 월평유적의 석기갖춤새

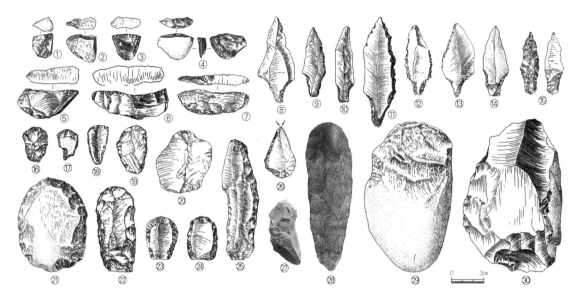

〈그림 13〉 단양 수양개유적의 석기갖춤새
①~⑦ 좀돌날몸돌 ⑧~⑭ 슴베찌르개 ⑮ 모뿔석기(각추상석기) ⑯~㉕ 밀개 ㉖ 새기개 ㉗ 뚜르개 ㉘ 간돌도끼 ㉙ 안팎날찍개 ㉚ 주먹도끼

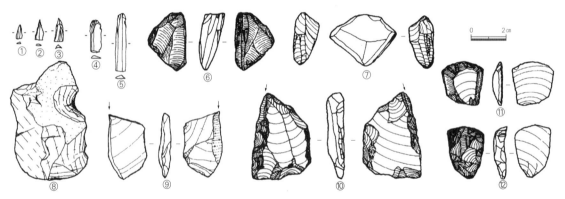

〈그림 14〉 홍천 하화계리 Ⅲ 유적의 석기갖춤새
①~③ 초소형 뚜르개 ④~⑤ 좀돌날 ⑥~⑦ 좀돌날몸돌 ⑧ 홈날 ⑨~⑩ 새기개 ⑪~⑫ 밀개

14. 단양 수양개유적 (이융조 1985 ; 이융조 1989 ; 이융조·공수진 2002 ; 이융조 와 2000, 2001 ; Meiji University Museum ed. 2004)

1,250㎡의 발굴에서 모두 49군데의 석기제작소와 27,000여 점의 유물이 드러났다. 돌감의 종류는 규질 세일, 흑요석, 석영맥암, 규암, 사암 등인데, 이 가운데 규질 세일의 비율이 95%에 이른다. 석기의 종류를 보면, 좀돌날몸돌, 돌날몸돌, 슴베찌르개, 각추상석기, 밀개, 긁개, 새기개, 뚜르개, 홈날, 주먹도끼, 찍개-안팎날찍개, 주먹칼, 간돌도끼, 망치돌, 모룻돌 등이 있다(그림 13).

특히 좀돌날몸돌과 슴베찌르개의 수량은 각각 195점과 48점으로 아주 많다. 좀돌날과 돌날의 제작 과정을 복원할 수 있는 자료들이 풍부하며, 돌날에 제작된 슴베찌르개, 밀개, 긁개, 뚜르개, 새기개 등은 후기구석기시대의 다양한 석기갖춤새를 잘 보여준다. 이 밖에 물고기로 추정되는 선(線) 그림이 새겨진 뼈 조각도 발견되었다. 숯으로 잰 네 개의 방사성탄소연대는 18,600B.P.~15,350±200B.P.이다.

15. 홍천 하화계리Ⅲ유적 (최복규 와 2004)

네 개의 문화층이 보고되었다. 맨 위의 제1문화층에서

2,267점, 제2문화층에서 787점, 제3문화층에서 226점, 그리고 제4문화층에서 18점이 나왔다. 제1문화층의 석기 종류는 좀돌날몸돌, 밀개, 긁개, 새기개, 초소형 뚜르개, 홈날, 톱니날, 찍개-안팎날찍개 등이며, 쓰인 돌감은 석영맥암, 흑요석, 수정, 반암 등이다. 제2문화층에는 주로 석영맥암으로 제작된 밀개, 긁개, 찍개-안팎날찍개가 있다. 제3문화층의 석기 종류는 거의가 석영맥암으로 만들어진 긁개, 찍개-안팎날찍개, 버금공모양석기 등이다. 제4문화층에서는 주먹도끼와 찍개-안팎날찍개가 나왔다 (그림 14).

방사성탄소측정법과 OSL측정법으로 재어진 절대연대는 제1문화층이 13,390±60B.P., 제2문화층이 40,600±1,500B.P., 39±2ka이다.

IV. 석기군의 종류와 성격

앞에서 모두 15개 유적에 대해 석기갖춤새(assemblage)를 중심으로 살펴보았는데, 석기의 종류가 공통되는 것도 있지만 다르기도 하여 특정 석기군으로 명쾌하게 구분하기가 좀처럼 쉽지 않다. 그래서 석기의 개별 종류보다 몸돌석기, 격지석기, 돌날석기, 좀돌날석기 등의 아 그룹(sub-group)에 초점을 맞춰 분류하는 방식을 취하고자 한다.

여기서 몸돌석기는 주로 자갈돌로 만든 찍개-안팎날찍개, 주먹도끼, 주먹찌르개, 여러면석기, 버금공모양석기, 공모양석기 같은 종류, 격지석기는 격지로 만든 긁개, 밀개, 홈날, 톱니날, 부리날석기, 뚜르개, 새기개 같은 종류, 돌날석기는 돌날로 만든 슴베찌르개, 새기개, 밀개, 뚜르개 등의 종류, 그리고 좀돌날석기는 좀돌날과 그것으로 만든 초소형 뚜르개 등을 가리킨다.

살펴본 유적들의 유물 수량, 석기갖춤새의 아 그룹 조

〈표 1〉 후기구석기유적의 석기갖춤새와 수량 및 절대연대

유적 이름	유물 수	석기갖춤새						절대연대	참고문헌
		Ct	Ft	Bt	Mbt	Tp	Ot		
용호동 제2문화층	662	O	O	O		O		38,500 ± 1,000 14C yr B.P.	한창균 2002
용호동 제3문화층	975	O	O	O		O			한창균 2002
화대리 제2문화층	3,709	O	O	O		O		31,200 ± 900 14C yr B.P. 30±1.4ka	최복규 외 2005
호평동 제1문화층	3,023	O	O	O		O		30,000~27,000 14C yr B.P.	홍미영·김종헌 2008
고례리	7,908	O	O	O		O		AT(상부 유물군과 하부 유물군 사이에서 나옴)	장용준 2001 ; 박영철 2002 ; 박영철 외 2004 ; 서영남 외 1999
죽내리 제4문화층	3,126	O	O	O		O		AT	이기길 외 2000
용산동	2,228	O	O	O		O		24,430~19,310 14C yr B.P. (soil)	김환일·육심영 2007
신북	약 31,000	O	O	O	O	O	O	25,500~18,500 14C yr B.P.	이기길 2004
장흥리	664	O	O	O	O		O	24,400~24,200 14C yr B.P. after AT	최복규 외 2001
호평동 제2문화층	4,761	O	O	O	O		O	24,000~16,000 14C yr B.P.	홍미영·김종헌 2008
진그늘	약 12,000	O	O	O	O	O		22,850~17,310 14C yr B.P.	이기길 2004 ; 이기길 2011
석장리 새기개·밀개문화층		O	O	O	O	O	O	20,830±1,880 14C yr B.P.	손보기 1970 ; 손보기 1973 ; 손보기 1993
하가	약 27,000	O	O	O	O			19,700~19,500 14C yr B.P.	이기길 외 2008
월성동	13,175		O	O	O		O		이재경 2008
월평 중간문화층	3,005	O							이기길 외 2009
월평 제3문화층	약 1,300	O	O	O	O	O			이기길 2002 ; 이기길 외 2004 ; 이기길 외 2009
월평 제4문화층	약 9,500	O	O	O	O	O	O		이기길 2002 ; 이기길 외 2004
수양개	약 27,000	O	O	O	O	O		18,600~15,350 14C yr B.P.	이융조 1985 ; 이융조 외 2000 ; 이융조 외 2001 ; 이융조 외 2002 ; 이융조 외 2006
하화계리III 제1문화층	2,267	O	O			O	O	13,390 ± 60 14C yr B.P.	최복규 외 2004

Ct : 몸돌석기 Ft : 격지석기 Bt : 돌날석기 Mbt : 좀돌날석기 Tp : 슴베찌르개 Ot : 흑요석기

성, 절대연대값을 정리한 것이 〈표 1〉이다.

〈표 1〉에서 보듯이, 용호동유적의 제2·3문화층, 화대리유적 제2문화층, 호평동유적 제1문화층, 고례리유적, 죽내리유적 제4문화층, 용산동유적은 돌날석기, 격지석기, 몸돌석기라는 세 가지의 아 그룹들, 반면 호평동유적 제2문화층, 신북유적, 장흥리유적, 진그늘유적, 석장리유적의 새기개·밀개문화층, 하가유적, 월성동유적, 월평유적 제3·4문화층, 수양개유적, 하화계리Ⅲ유적의 제1문화층은 좀돌날석기, 돌날석기, 격지석기, 몸돌석기라는 네 가지의 아 그룹들로 이뤄져 있다.

이처럼 검토 유적들의 석기군은 크게 두 개로 나뉘는데, 몸돌석기나 격지석기라는 공통분모 이외에 구별되는 요소를 기준하여 전자는 '돌날석기군', 후자는 '좀돌날석기군'이라고 부르겠다. 이 두 석기군은 OSL 측정법으로 각각 61ka와 53ka로 재어진 도산유적의 제1문화층과 제2문화층의 석기 갖춤새와 뚜렷하게 구별이 된다. 즉 돌날석기군보다 불과 1~2만 년 정도 앞선 이 석기군은 찍개-안팎날찍개, 주먹도끼, 주먹찌르개, 주먹대패, 버금공모양석기, 공모양석기(bola) 등의 몸돌석기와 긁개, 밀개, 홈날 같은 격지석기로만 구성되어 있기 때문이다(Lee, G.K. 2012. 사진 5).

〈사진 5〉 화순 도산유적의 석기갖춤새(위 : 제1문화층, 아래 : 제2문화층)

그러면 돌날석기군과 좀돌날석기군을 구성하는 아 그룹들의 양상은 어떠한지 자세히 살펴보겠다(그림 15).

전기와 중기구석기시대를 대표하는 몸돌석기들은 후기구석기시대에 들어와서도 여전히 발견되지만 그 비중은 현저히 낮아졌다. 주먹대패, 주먹찌르개 같은 종류는 사라졌지만, 찍개-안팎날찍개, 주먹도끼, 주먹자르개, 공모양석기류(polyhedron, spheroid, bola) 같은 것들은 호평동유적, 신북유적, 월평유적, 수양개유적에서 보듯이 이 시대의 끝 무렵까지 계속 제작되었다. 특히 주먹도끼는 크기가 작아지는 경향인데 길이가 10cm 정도의 소형도 있다.

이전 시대의 한 축을 담당했던 격지석기들은 후기구석기시대에 들어와서도 여전히 남아있을 뿐 아니라 더 정교해지고 한 종류 안에서도 분화되었다. 대표되는 예가 바로 밀개로서 석장리유적, 월평유적, 신북유적의 유물들 중에는 부채꼴밀개, 둥근날밀개, 콧등날밀개, 배모양밀개처럼 다양한 형식과 크기의 것들이 포함되어 있다. 게다가 하가유적과 우산리 외우유적에서 보고된 모뿔석기(각추상석기)처럼 새로운 종류의 격지석기도 고안되었다.

반면 돌날석기들은 중기구석기시대에는 볼 수 없었던 것인데 용산동유적, 고례리유적, 신북유적, 하가유적, 진그늘유적, 수양개유적에서 다량으로 발굴되었다. 돌날은 특히 사냥도구로 추정되는 슴베찌르개와 나이프형석기를 만드는 데 적합하였을 뿐 아니라, 격지로 제작되었던 밀개, 새기개, 긁개, 뚜르개 등의 기능을 더욱 세련되게 하는 데도 알맞았다. 돌날은 그 자체로 날카로운 날을 지닌 도구였지만, 여러 가지의 찌르개들을 손쉽게 제작할 수 있는 몸체(blank)로 중요하였으며, 나아가 격지석기의 기능을 상당히 보완하고 대체하는 역할까지 하

좀돌날석기 : ①~② 초소형 뚜르개(하화계리Ⅲ, 호평동 제2문화층) ③~④ 좀돌날(호평동 제2문화층, 신북)

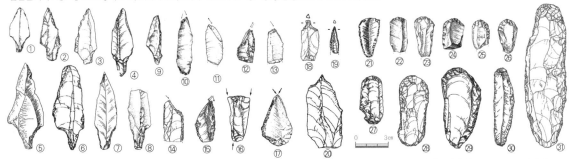

돌날석기 : ①~⑧ 슴베찌르개(용호동 제2·3문화층, 월평 제3문화층, 신북, 수양개, 고례리, 진그늘, 호평동 제1문화층) ⑨ 나이프형석기(하가) ⑩~⑯ 새기개(호평동 제2문화층, 월성동, 석장리 새기개·밀개 문화층, 신북) ⑰ 새기개+밀개(수양개) ⑱~⑳ 뚜르개(월성동, 신북, 고례리) ㉑~㉛ 밀개(수양개, 호평동 제2문화층, 석장리, 새기개·밀개 문화층, 신북, 월성동)

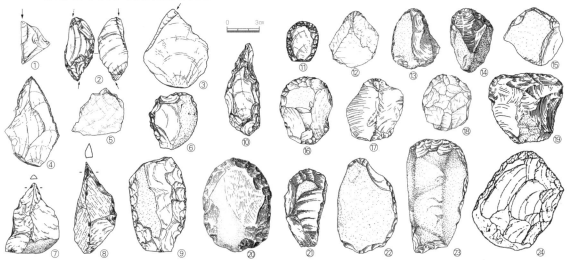

격지석기 : ①~③ 새기개(월평 제4문화층, 신북) ④ 찌르개(월성동) ⑤ 부리날(월평 중간 문화층) ⑥ 톱니날(신북) ⑦·⑧ 뚜르개(월평 제4문화층, 죽내리 제4문화층) ⑨ 긁개(신북) ⑩ 모뿔석기(하가) ⑪~㉔ 밀개(신북, 호평동 제1·2문화층, 수양개, 월평 제4문화층, 석장리 새기개·밀개 문화층, 진그늘, 고례리)

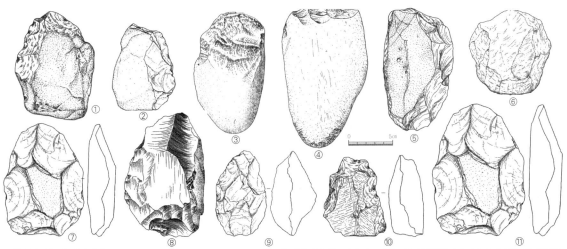

몸돌석기 : ①~④ 외날찍개(죽내리 제4문화층, 월평 제4문화층, 수양개, 호평동) ⑤ 안팎날찍개(죽내리 제4문화층) ⑥ 여러면석기(호평동 제1문화층) ⑦ 주먹자르개(신북) ⑧~⑪ 주먹도끼(수양개, 월평 제4문화층, 죽내리 제4문화층, 신북)

〈그림 15〉 돌날석기군과 좀돌날석기군의 아 그룹 양상

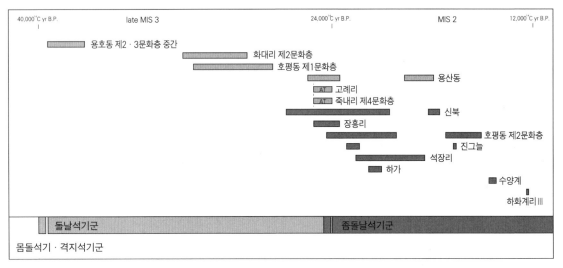

〈그림 16〉 후기구석기유적의 편년

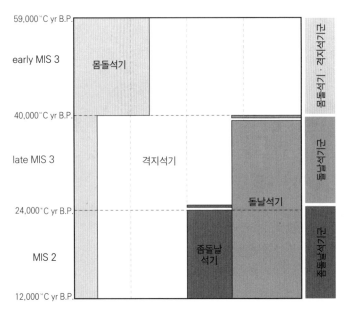

〈그림 17〉 MIS 3~MIS 2기의 석기군과 편년

였다.

끝으로 좀돌날석기는 돌날을 만들 때 쓰인 유문암, 혼 펠스, 세일 등의 돌감 종류는 물론 흑요석, 수정 등으로 도 제작되었다. 이것은 돌날에 비해 크기만 작을 뿐 모 양도 같으며 그것보다 뒤에 나타났기 때문에 돌날의 아 우 같은 느낌이다. 잘 알려져 있듯이 좀돌날은 창, 작살, 칼 같은 끼움날도구(composite tool)의 기본 부품이었고, 이것을 잔손질해 완성한 초소형의 뚜르개가 호평동유적

과 하화계리Ⅲ유적에서 보고되었다. 따라서 좀돌날은 매우 정교한 일을 하는데, 그리고 다양한 끼움날도구의 부품으로 요긴했음을 알 수 있다.

다음으로 유적들의 방사성탄소연대 와 화산재연대를 검토해본 결과, 돌날석 기군에 속하는 유적들의 연대는 대체로 39,000B.P.부터 AT 전후까지, 그리고 좀돌 날석기군으로 구분된 유적들의 경우는 약 25,000B.P.부터 후기갱신세 끝 무렵까지 분 포한다(그림 16).

이처럼 후기구석기시대 동안에는 돌날석 기군과 좀돌날석기군이라는 두 가지 석기 군이 존재하였으며, 약 25,000B.P.를 경계로 좀돌날석기군으로 바뀌기 시작하였다. 따 라서 MIS 3기에서 MIS 2기 동안의 석기군 은 '몸돌석기·격지석기군'에서 '돌날석기 군', 그리고 '좀돌날석기군'으로 발전한 것으로 해석된다 (그림 17).

그런데 좀돌날석기군 단계에서 몇 가지 흥미로운 변 화들이 관찰된다. 먼저 돌날석기군을 대표하는 슴베찌 르개는 진그늘유적, 하가유적, 수양개유적의 사례에서 보듯이 좀돌날석기군 단계에도 성행하고 있었으며, 그 분포 범위가 일본 큐슈까지 확대된 점이다.

두 번째는 일본열도의 고유한 석기로 알려진 종류들

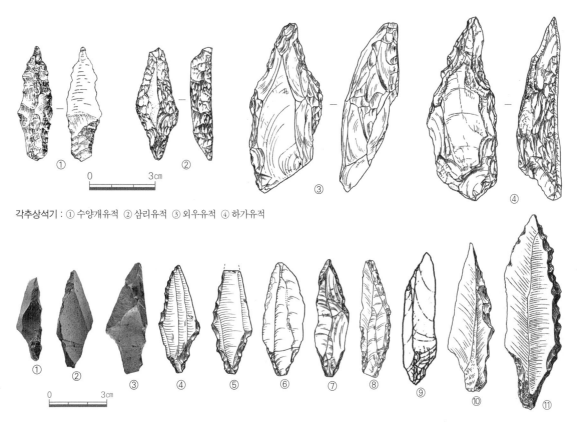

각추상석기 : ① 수양개유적 ② 삼리유적 ③ 외우유적 ④ 하가유적

나이프형석기 : ①~③ 하가유적 ④~⑤ 용산동유적 ⑥~⑧ 진그늘유적 ⑨ 고례리유적 ⑩~⑪ 수양개유적

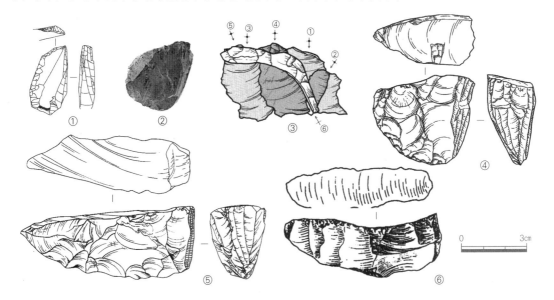

좀돌날몸돌 : ① 히로사토기법(상무룡리유적) ②~④ 유베쓰기법(하가, 호평동, 신북유적) ⑤~⑥ 호로카기법(월평, 수양개유적)

〈그림 18〉 일본에 분포하는 석기와 같은 종류의 보기

이 한반도에서도 발견된 사례가 늘어난 점이다(김상태 1998 ; 李起吉 2011 ; 장용준 2009 ; 장용준 2010). 예를 들면, 각추상석기는 수양개유적과 삼리유적 이외에 하가유적과 우산리 외우유적에서도 출토되었다. 그리고 나이프형석기 중 기부가공이나 이측연가공으로 분류되는 예들이 진그늘유적, 용산동유적, 수양개유적, 고례리유적에서 보고된 슴베찌르개 중에 포함되어 있으며, 하가유적에서는 이측연가공의 나이프형석기가 발견되었다. 또한 수양개유적, 신북유적, 월평유적, 호평동유적, 상무룡리유적에서 보고된 좀돌날몸돌 중에 일본열도에 퍼져있는 유베쓰형, 호로카형, 히로사토형이 포함되어 있다(그림 18).

세 번째는 호평동유적 제2문화층, 장흥리유적, 신북유적, 석장리유적 새기개·밀개 문화층, 수양개유적, 하화계리Ⅲ유적, 삼리유적에서 보듯이 새로운 돌감인 흑요석이 도구 제작에 쓰이기 시작한 점이다. 그런데 이것들의 원산지에 대한 과학분석 결과는 호평동유적, 삼리유적, 장흥리유적, 하화계리Ⅲ유적이 백두산 일대인 반면, 신북유적은 백두산과 일본 큐슈 산으로 추정되었다(최복규 와 2004 ; Kim J. C. et al. 2007).

그래서 백두산 일대의 흑요석이 한반도의 중부와 남부로, 그리고 큐슈지역의 흑요석이 한국의 남부 지방으로 들어오는 약 400~1,000km에 이르는 교류망이 존재했었다는 해석이 가능하다. 한편 러시아 학자들은 후기구석기시대 후반 무렵에 백두산 지역의 흑요석이 동쪽의 연해주 지방까지 500km 정도, 그리고 홋카이도의 흑요석이 사할린과 아무르강 하류 지역에 이르는 거의 1,000km 범위까지 퍼졌음을 밝혀내었다(Popov, K. V. et al. 2004).

그러므로 MIS 2기에는 안비루(安蒜政雄 2010)가 슴베찌르개, 유베쓰형 좀돌날몸돌, 흑요석의 분포와 출현 연대를 근거로 동해를 둘러싸고 있는 한반도, 연해주, 사할린, 일본열도를 따라 '구석기문화 회랑'과 '흑요석의 길'이 형성되어 있었다고 하는 주장(그림 19)은 신빙성이 매우 높다고 생각된다.

이처럼 바다를 사이에 두고 떨어져있는 양 지역에서 같은 종류의 석기들이 상당수 공존하고 흑요석의 원거

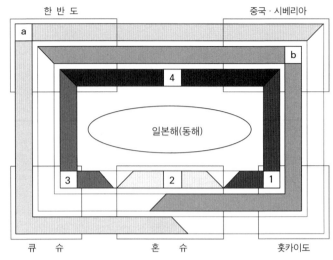

〈그림 19〉 환동해 구석기문화 회랑과 흑요석 길 (安蒜政雄 2010)

a : 한반도 기점의 슴베찌르개
b : 시베리아 기점의 유베쓰(湧別)계 좀돌날몸돌
1 : 시라다키 기점의 흑요석
2 : 키리가미네 기점의 흑요석
3 : 코시다케 기점의 흑요석
4 : 백두산 기점의 흑요석

리 이동이 빈번해진 양상을 볼 때, MIS 2기에 들어와 구석기인들의 문화 교류는 더욱 활발해졌으며 그 범위도 매우 넓었던 것으로 추리된다(그림 20).

V. 맺음말

후기구석기시대에 이 땅에 살았던 구석기인들은 이전 시대의 석기군에서 격지석기들을 더욱 개량하였고, 여기에 돌날과 좀돌날 제작기술에 바탕한 정교한 도구들을 더하여 발달된 사냥과 뼈나 뿔 및 가죽의 가공 처리에 효율적인 도구 제작 체계를 완성하였다. 그것이 바로 4만 년 전쯤에 모습을 드러낸 돌날석기군이었고, 그 뒤를 이어 25,000년 전 무렵에 나타난 좀돌날석기군이었다.

그런즉 후기구석기시대 석기군의 특징은 이전 시대의 석기군 중 쓸모 있는 것들이 개량되어 존속하는 지속성과 앞 시대에는 없었던 전혀 새로운 것들이 또 하나의 주류를 형성하는 혁신성을 지닌다. 그리고 AT 화산재의 분출 이후 우리나라의 남부와 북부, 그리고 일본열도 사이에 교류가 활발해진 양상이 뚜렷하다.

이처럼 후기구석기시대에는 생존과 직결된 도구 체계

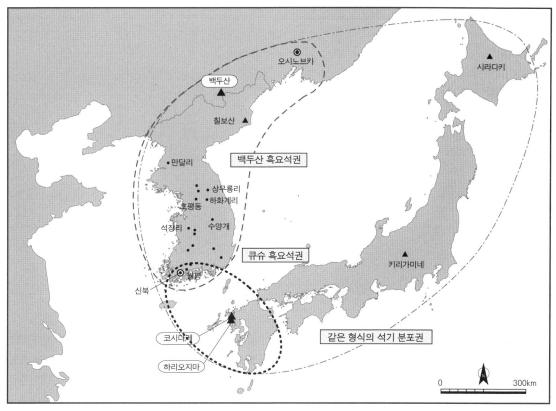

〈그림 20〉 MIS 2기의 원거리 교류망 추정도

에 두 번의 큰 변화가 있었고 원거리 교류망이 구축되어
있었다. 결국 후기구석기인들은 새로운 도구 체계의 완
성과 교류의 확대로 빙하기라는 혹독한 환경에서 살아
남았던 것으로 추정되는데, 그 증거의 하나가 바로 신석
기시대 초기에 속하는 오산리유적(고동순·홍성학 2007)과
강정동유적(박근태 와 2010)에서 발견된 좀돌날몸돌이다.

이것은 그들이 마지막 빙하기를 극복하고 완신세를 맞
이하였음을 보여주는 분명한 물증인 셈이다.
    앞으로 후기구석기 전반기의 돌날석기군과 후반기의
좀돌날석기군 내에서의 변화 양상과 후기구석기인들의
교류 양상을 여러 방면에서 더욱 자세히 규명하는 연구
가 기대된다.

제2장

일본 큐슈의 후기구석기문화

I. 머리말

한국 서남부(호남)와 일본 큐슈(九州)는 지리상 가까운 곳이지만, 구석기 분야에서는 최근에야 관심 지역으로 떠오르게 되었다. 그 이유의 하나는 지난 10여 년 동안 한국 서남부에서 괄목할 만한 유적 조사와 연구가 이루어진 것(배기동 2004)이고, 다른 하나는 후지무라 신이치(藤村新一)로 대표되는 전기, 중기구석기시대 날조사건을 계기로 후기구석기문화의 뿌리를 인접 국가에서 찾아보려는 일본학계의 자세 변화(日本考古學會 編 2003)이다.

1998년 이래 일본의 구석기 연구자들은 순천 죽내리와 월평, 장흥 신북 등을 포함한 한국의 중요한 유적들을 답사하였고, 이 지역의 박물관을 자주 방문하여 유물들을 관찰하고 있다. 그리고 호남을 포함한 한반도의 연구 성과를 자료집으로 펴내거나 소개하고(小畑弘己 2001, 2004a ; 中川和哉 2005), 일본 구석기고고학사전에 게재하였으며(舊石器文化談話會 編 2001), 논문으로 자세히 다루었다(松藤和人 2001 ; Matsufuji 2004 ; 小畑弘己 2003a, 2003b, 2004b, 2004c ; 小畑弘己·絹川一德 2003 ; 木崎康弘 2003b).

이와 더불어 호남지역의 새로운 연구 성과에 대한 강연을 마련하는 적극성을 띠기도 하였다(李起吉 2002, 2003a, 2003b, 2005). 그뿐 아니라 일본학계는 공동연구 형식으로 한국의 구석기연구에 직접 관여하고 있는데, 그 예로 연천 전곡리와 나주 장동리유적이 있다(Danhara, et

al. 2002 ; Naruse, et al. 2003, 2006 ; Nagaoka, et al. 2006).

이처럼 상대국의 연구 성과를 알려는 다양한 노력은 주로 일본학자에 의해 이뤄졌다. 반면 한국학자에 의한 일본 구석기문화의 소개나 연구 현황에 관한 글(金正培 2002)은 매우 드물어서, 인접국 학문 이해의 빈약함은 물론 상호 비교연구 분야는 일방통행 같은 상황에 처해있다.

그렇지만 그동안 우리 지역에서 1차 자료가 상당히 축적되었고 보고서나 논문 등으로 자료 소개와 새로운 해석이 이뤄지고 있어, 인접 지역의 문화상과 연구 관점, 방법론 등에 대한 지식과 이해는 우리의 구석기문화를 폭넓게 이해하는 데 도움이 될 것으로 생각된다. 아래에서 인접한 큐슈의 후기구석기시대 석기 종류와 개념정의 및 편년을 살펴보고, 나아가 양 지역 후기구석기문화를 비교 검토하여 공통점과 차이점 그리고 그 배경에 대해서도 생각해보고자 한다.

II. 큐슈의 후기구석기문화

큐슈에서 구석기시대 연구는 1960년대 들어 본격적으로 개시되었는데, 그 때는 서남~북부 지역이 주로 조사되었다. 화산회층이 두터운 중~남부 지역은 1970년대 후반부터 조사, 연구가 본격화되었으며, 북부 큐슈에서

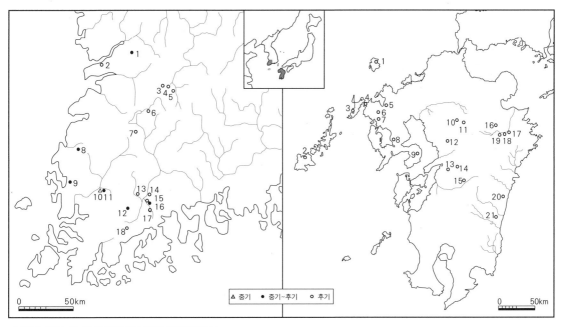

〈그림 1〉 한국 서남부와 일본 큐슈의 구석기유적 지도

1. 익산 신막	2. 군산 내흥동	3. 전주 사근리	4. 진안 진그늘
5. 장수 침곡리	6. 임실 하가	7. 곡성 옥과	8. 영광 마전
9. 함평 당하산	10. 나주 용호	11. 나주 당가, 촌곡
12. 화순 사창	13. 화순 대전	14. 순천 금평	15. 순천 곡천
16. 순천 죽산	17. 순천 월평	18. 장흥 신북

1. 原の辻	2. 茶園	3. 堤西牟田	4. 日の岳	5. 平礼良
6. 福井	7. 泉福寺	8. 野岳	9. 百花台	10. 下城
11. 耳切	12. 石の本	13. 曲野	14. 沈目	15. 狸谷
16. 駒方古屋	17. 牟札越	18. 百枝B	19. 岩戸	20. 後牟田
21. 般野

예가 드문 층위를 이루거나 많은 유물이 나오는 양호한 유적들(그림 1)이 발굴되었다(吉留秀敏 2004). 아래에서 큐슈 후기구석기시대의 연대와 지층, 대표 석기, 그리고 편년안에 대해 살펴보겠다.

1. 연대와 지층

큐슈의 후기구석기시대는 35,000년 전 무렵부터 약 12,000년 전까지 동안으로 보고 있다. 이 연대는 그동안 큐슈에서 발굴조사된 무레코시(牟札越), 이시노모토(石の本), 우시로무타(後牟田), 마가노(曲野)유적 등의 층위와 화산재연대 및 C-14연대에 근거한 것이다.

먼저 후기구석기가 나오는 지층에 대해 살펴보면, 아래부터 ① 황갈색 롬층, ② 흑색대층, ③ AT화산회(포함)층, ④ 롬층 등이다. 이 층들에서 아카호야(鬼界 : 약 6,300년 전), 아이라 탄자와(AT : 25,000~24,000년 전), 타네(種) 4화산재(약 30,000년 전), 그리고 키리시마-이와오코시(霧島-Iwaokosi : 타네 4화산재보다 더 오래됨) 등의 화산재가 발견

되었다(橘昌信 1999).

이 화산재와 절대연대측정값을 바탕으로 황갈색 롬층의 중부는 35,000~30,000년 전, 상부는 30,000~28,000년 전, 흑색대층 하반부는 28,000~26,000년 전, 상반부는 26,000~24,000년 전, AT 화산재층과 그 위의 지층은 초두, 전반, 후반으로 세분되어 각각 24,000~23,000년 전, 23,000~20,000년 전, 20,000~18,000년 전으로 편년되었다(木崎康弘 2004). 이를 모식도로 만들어보면 〈그림 2〉와 같다.

2. 대표 석기

큐슈 지역을 대표하는 석기로 나이프형(ナイフ形)석기를 비롯하여 박편첨두기(剝片尖頭器), 각추상석기(角錐狀石器), 삼릉첨두기(三稜尖頭器), 창선형첨두기(槍先形尖頭器)와 노다케(野岳)·야스미바형(休場型), 후쿠이형(福井型), 후나노형(船野型) 등의 좀돌날몸돌이 있다. 이와 더불어 호로카형(幌加型), 유베쓰형(湧別型), 란코시형(蘭越型) 좀돌날몸

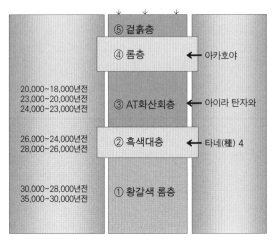

〈그림 2〉 큐슈지역의 층위모식도와 연대

돌과 아라야형 조기(荒屋型彫器) 등에 대해 개념정의와 형식 분류 등에 관해 살펴보겠다.

2.1. 나이프형석기

나이프형석기는 끝이 뾰족한 버들잎 모양이거나 평탄한 사다리꼴 모양 등의 여러 형태로 날카로운 날을 공통으로 지니고 있어 찌르거나 자르는 데 쓰였다고 추정되며, 날 이외 부위를 가파르게 잔손질하여 쥐거나 자루에 끼우기 쉽게 만든 석기이다. 이 석기의 형식 분류는 안비루에 의해 1979년에 제시된 바 있으며(安蒜政雄 1979), 많은 학자가 이를 따르고 있다. 그는 나이프형석기를 크게 네 형식으로 나누고, 다시 각각을 두세 가지로 구분하여 모두 8개로 세분하였다(그림 3).

첫째는 '기부(基部, 굽쪽) 가공 나이프'로 긴 격지의 굽쪽과 위끝의 일부를 잔손질하여 원래의 모습을 유지한 것인데, 스기쿠보계(杉久保系) 나이프형석기가 대표된다. 둘째는 '일측연(一側緣) 가공 나이프'로 격지의 한 변을 가파르게 잔손질하였는데, 코우계(國府系) 나이프형석기가 있다. 셋째는 '이측연(二側緣) 가공 나이프'로 격지의 두 변을 가파르게 잔손질한 것인데, 모로계(茂呂系) 나이프형석기가 대표된다. 넷

째는 '부분 가공 나이프'로 몸체의 원 모습이 바뀔 정도로 잔손질이 되어있다.

일측연 가공 나이프는 등면의 능이 직선인 것과 세 갈래인 것으로 나뉘고, 이측연 가공 나이프는 모로계, 키리다시형(切出形), 다이케이상(台形狀)으로 나뉜다. 부분 가공 나이프는 잔손질된 부위가 선단(先斷, 위끝)형, 사단(斜斷, 빗변)형, 측단(側斷, 옆변)형으로 세분된다.

그런데 큐슈 지역에는 안비루의 분류에 포함되지 않는 슴베찌르개가 있고, '일측연 가공 나이프'는 드물기 때문에 키자키에 의해 1998년에 새로운 분류가 제시되었다(그림 4. 木崎康弘 1998). 그는 '기부 가공 나이프형석기', '이측연 가공 나이프형석기', '다이케이(台形)석기', 그리고 '부분 가공 나이프형석기'의 네 가지로 나누었고, 이 중 앞의 세 가지는 다시 셋으로, 그리고 '부분 가공 나이프형석기'는 둘로 세분하였다. 여기서 '기부 가공'의 B형은 전형의 슴베찌르개이고, '이측연 가공 나이프형석기'의 A형은 큐슈형 나이프형석기, B형은 나카바루형(中原型)이라고 부르는 슴베찌르개의 일종으로 슴베의 한쪽은 오목하고 다른 쪽은 호선을 이룬다.

다이케이석기는 평면이 사다리꼴이고 날이 석기축에 직교하며 날에 이웃한 양 변을 가파르게 잔손질한 격지 석기를 가리킨다. 후기구석기 전반부터 나타나며 큐슈

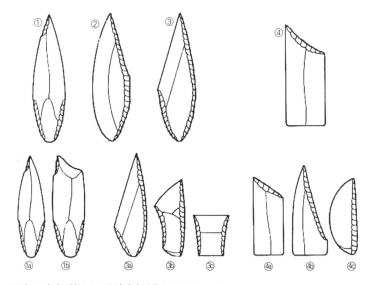

〈그림 3〉 나이프형(ナイフ形)석기의 분류 (安蒜政雄 1979)

① 기부가공(基部加工) : ⓛa 직선능형(直線稜形) ⓛb 삼조능형(三叉稜形) ② 일측연가공(一側緣加工) ③ 이측연가공(二側緣加工) : ③a 모로계(茂呂系) ③b 키리다시형(切出形) ③c 다이케이상(台形狀) ④ 부분가공(部分加工) : ④a 선단형(先斷形) ④b 사단형(斜斷形) ④c 측단형(側斷形)

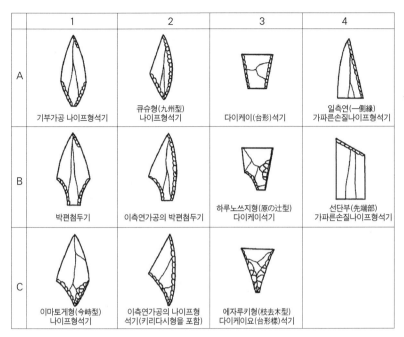

	1	2	3	4
A	기부가공 나이프형석기	큐슈형(九州型) 나이프형석기	다이케이(台形)석기	일측연(一側緣) 가파른손질나이프형석기
B	박편첨두기	이측연가공의 박편첨두기	하루노쓰지형(原の辻型) 다이케이석기	선단부(先端部) 가파른손질나이프형석기
C	이마토게형(今時型) 나이프형석기	이측연가공의 나이프형 석기(키리다시형을 포함)	에자루키형(枝去木型) 다이케이요(台形樣)석기	

〈그림 4〉 나이프형석기의 분류 (木崎康弘 1988)

에선 후반까지 이어졌으나 혼슈(本州)와 시코쿠(四國)에서는 전반에만 존재하였다. 인부마제석부가 함께 나오는 예가 많다(舊石器文化談話會 編 2001).

키자키의 다이케이석기 중 B형은 하루노쓰지형(原の辻型)이라고 부르는 것이고, C형은 다이케이요(台形樣)석기이다. 하루노쓰지형(그림 5-④)은 서북 큐슈를 중심으로 분포하며 나가사키현 하루노쓰지유적에서 이름을 따왔다. 길이, 너비가 약 1 : 1인 흑요석제 격지를 몸체로 하여 왼쪽 가장자리를 날로 이용하고, 때림면을 등면 쪽에서 손질하여 직선 형태로 만들었으며, 거기서 등면 안쪽으로 평탄박리가 되었다. 오른쪽 가장자리는 배면에서 오목하게 손질이 되어 있으나 날 가까운 부위는 손질되지 않은 채 남아있다(舊石器文化談話會 編 2001).

다이케이요석기는 후기구석기 초기인 3.3만 년 전부터 나타나 AT 이후 적어지고, 그 형식은 날과 기부(基部)의 형태, 몸체(blank)의 종류, 손질 모습 등을 기준하여 타누키다니형(狸谷型, 舊石器文化談話會 編 2001), 햣카다이형(百花台型, 舊石器文化談話會 編 2001), 기타의 3가지로 나뉜다(金正培 2005b). 그러나 다이케이요석기를 중기에서 후기구석기로 이행하는 동안에 나타난 석기로 나이프형석기보다 앞선 것으로 보는 견해도 있다(橘昌信 2004).

타누키다니형(그림 5-⑤)은 큐슈 남반부에 분포하며 쿠

마모토현 타누키다니유적에서 이름을 따왔다. 두꺼운 옆격지 또는 폭 넓은 격지를 이용하며, 날이 석기축에 45도 전후로 기울어져 있고, 나머지 두 변 중 긴 것은 가파른 기울기로 손질되었고, 짧은 변은 조금 오목하게 손질되었다.

햣카다이형(그림 5-③)은 나가사키현의 햣카다이유적에서 따온 이름으로 소형의 다이케이석기이다. 흑요석제의 작은 돌날을 부러뜨리고 마주보는 두 변을 조금 오목하게 손질하여 날의 양끝이 뿔처럼 튀어나왔다(舊石器文化談話會 編 2001)

키리다시(切出)형 석기(그림 5-①)는 키리다시형 나이프라고도 하는 것으로 쿄토 토노가야토(殿ヶ谷戶)유적의 출토 자료를 표식으로 한다. 날이 비스듬하고 끝이 뾰족한 공작용 칼에서 이름을 따왔다. 주로 옆격지를 이용하여 날에 이웃한 두 변을 가파르게 잔손질하였는데, 날은 석기축에 비스듬하다(舊石器文化談話會 編 2001).

2.2. 박편첨두기

박편첨두기(그림 5-⑥)는 끝이 가늘어지는 대·중형의 돌날을 가지고 때림면의 양 옆을 오목하게 손질하여 슴베를 만들고 위끝은 원래 뾰족한 상태 그대로 또는 잔손질로 뾰족하게 만든 격지석기이다(舊石器文化談話會 編 2001). 같은 시기의 나이프형석기와 비교하면 길이가 수 배, 중량이 십 수~수 십 배여서 지극히 살상력이 큰 대형의 창끝으로 추정되고 있다. 초기에는 안산암 등의 비유리질 석재를 사용하고, 다음에는 흑요석의 이용이 늘어난다. 또 나중에는 소형화, 조정의 간략화 혹은 측연조정을 하는 경향이 있다(吉留秀敏 2004).

이 석기가 나온 유적 수는 200여 곳에 이르며, 메이지 대학에서 1960년에 조사한 사가현의 히라자와라(平澤良)유적에서 처음 발견되었다(金正培 2005b). 이것은 큐슈를 중심으로 일부 주코쿠(中國)지방 서부나 시코쿠(四國)지방에도 분포한다.

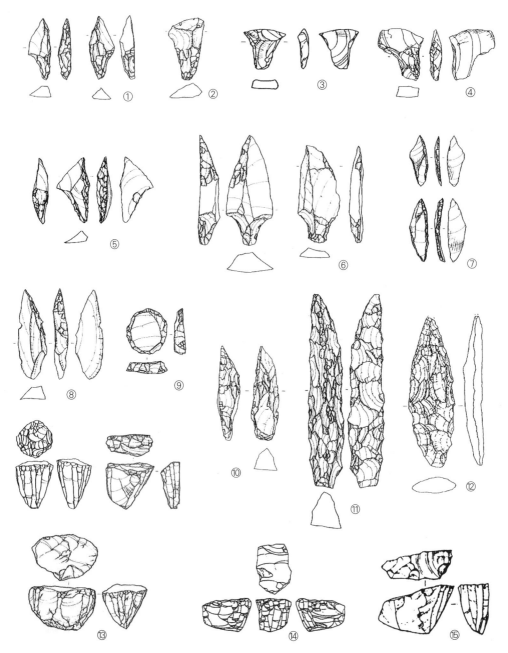

〈그림 5〉 큐슈와 서일본의 석기

① 키리다시형(切出形) 나이프형석기 ② 다이케이상(台形狀) 나이프형석기 ③ 햣카다이형(百花台型) 다이케이석기 ④ 하루노쓰지형(原の辻型) 다이케이석기
⑤ 타누키다니형(狸谷型) 나이프형석기 ⑥ 박편첨두기 ⑦ 모로계(茂呂系) 나이프형석기 ⑧ 코우계(国府系) 나이프형석기 ⑨ 밀개 ⑩ 각추상석기(角錐狀
石器) ⑪ 삼릉첨두기(三稜尖頭器) ⑫ 창선형첨두기(槍先型尖頭器) ⑬ 노다케·야스미바형(野岳·休場型) 좀돌날몸돌 ⑭ 후나노형(船野型) 좀돌날몸돌
⑮ 후쿠이형(福井型) 좀돌날몸돌(①, ②, ⑥~⑩, ⑫ 岩宿文化資料館 1992 ③~⑤ 舊石器文化談話會 2001 ⑪, ⑬ 杉原敏之 2003 ⑭ 加藤晋平·鶴丸
俊明 1991)

2.3. 각추상석기와 삼릉첨두기

각추상석기와 삼릉첨두기(그림 5-⑩, ⑪)는 두꺼운 몸체의 두 면, 또는 세 면이 잔손질되어 한쪽 또는 양 끝이 뾰족하고 단면이 정삼각형에 가까운 찌르개의 일종이다. 서일본에 분포하나, 대부분은 큐슈에서 발견되었다(金正培 2005b ; 舊石器文化談話會 編 2001). 이것은 폭이 좁지만 두

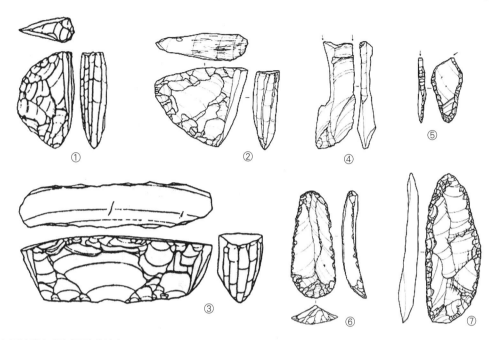

〈그림 6〉 동북일본 세석기문화의 석기
① 란코시형(蘭越型) 좀돌날몸돌 ② 유베쓰형(湧別型) 좀돌날몸돌 ③ 호로카형(幌加型) 좀돌날몸돌 ④ 모서리 새기개(角型彫器) ⑤ 아라야형 새기개(荒屋型彫器) ⑥ 밀개(搔器) ⑦ 긁개(削器) (①,③ 加藤晋平·鶴丸俊明 1991 ②,④~⑦ 岩宿文化資料館 1992)

꺼워 타격 강도가 높다. 출현기의 것은 대형이고 나중에는 소형화한다(吉留秀敏 2004).

2.4. 창선형첨두기

창선형첨두기(그림 5-⑫)는 양면을 떼고 손질하여 만든 것으로 평면 모습이 나뭇잎이나 버들잎을 닮았고, 무른 망치(soft hammer)에 의한 평탄박리(平坦剝離)로 얇게 완성된 찌르개이다. 큐슈에서는 삼릉첨두기와 함께 장기간 지속되었다(吉留秀敏 2004).

2.5. 좀돌날몸돌

노다케·야스미바형은 서남일본에 분포하는 원추형, 반원추형의 좀돌날몸돌을 가리키는데, 나가사키현 노다케유적과 시즈오카현 야스미바유적에서 나온 유물을 대표로 한다(그림 5-⑬). 이것은 몸체의 편평한 자연면을 그대로 이용하거나 또는 몇 번의 손질로 때림면을 마련하고 몸체를 다듬은 뒤 좀돌날을 떼어내었다(舊石器文化談話會 編 2001 ; 김정배 2002).

후쿠이형 좀돌날몸돌(그림 5-⑮)은 나가사키현의 후쿠이동굴에서 발견된 것으로, 격지를 양면체(biface)로 다듬은 뒤 때림면을 긴 방향 떼기와 그에 수직 방향으로 조

종하여 만든 후 좀돌날을 떼었다(김정배 2002).

호로카형(그림 6-③)은 홋카이도의 호로카자와(幌加澤) 1유적의 유물을 근거로 모란(Morlan, R. E.)이 1967년에 제창하였다. 폭이 넓고 두툼한 격지의 배면을 때림면으로 삼고 그 면의 둘레를 다듬어, 위에서 본 모습이 타원형, 단면이 역삼각형의 배모양을 만든다. 쓰루야마(鶴丸俊明)는 이 기법으로 제작된 선형의 한쪽 끝 또는 양 끝에서 좀돌날을 떼어낸 것을 '호로카형'이라고 이름하였다. 이것은 홋카이도에서 토호쿠(東北) 지방에 걸쳐 분포한다. 그런데 이것은 서남일본에 분포하는 후나노형(그림 5-⑭)과 같다고 생각하는 연구자가 적지 않다(舊石器文化談話會 編 2001).

유베쓰형(그림 6-②)은 주먹도끼처럼 양면이 조정된 몸체를 만들고 긴 방향으로 여러 번 쳐서 때림면을 마련한 것이고, 란코시형(그림 6-①)은 양면 조정 몸체를 짧은 방향으로 쳐서 때림면을 마련한 것으로 북방계 좀돌날몸돌을 대표하는 것들이다. 이것과 강한 연관성이 있는 아라야형(荒屋型) 새기개는 주로 칸토(關東) 이북에 분포하며 니가타현(新潟縣) 아라야유적에서 나온 것을 대표로 하는데, 격지의 가장자리를 등잔손질로 가파르게 다듬어 찌르개 모양으로 만든 뒤 위끝을 왼쪽으로 비스듬히

쳐서 새기개날을 만든 것을 가리킨다(그림 6-⑤).

3. 편년안

큐슈 후기구석기문화의 변천과 편년에 대해서는 하기하라(萩原博文 1994), 타치바나(橘昌信 1999, 2004), 키자키(木崎康弘 2003b, 2004), 요시토메(吉留秀敏 2004) 등 여러 학자의 견해가 있다. 아래에서 대표되는 편년안을 정리해보면 다음과 같다.

3.1. 키자키의 편년안

키자키는 큐슈의 후기구석기문화를 크게 4기로 나누고 다시 8개로 세분된 편년안을 제시하였다:

*제Ⅰ기는 흑색대층 아래의 롬층 중부의 전반(35,000~30,000년 전)과 상부의 후반(30,000~28,000년 전)으로 세분된다.

전반의 석기로는 나이프형석기가 나오지 않던가, 또는 유사 나이프형석기가 있고, 여기에 거치상삭기(鋸齒狀削器), 첨두상삭기(尖頭狀削器)나 찌르개(pick)가 포함되기도 한다. 후반의 석기로는 키리다시형 나이프나 다이케이 나이프가 있고, 거치상 및 첨두상삭기와 결입석기(扶入石器, 홈날)도 있다(그림 7, 8).

* 제Ⅱ기는 흑색대층으로 하반부의 전반(28,000~26,000년 전)과 상반부의 후반(26,000~24,000년 전)으로 세분된다.

전반의 석기군은 키리다시형 나이프나 다이케이 나이프를 주체로 하며, 거치상 및 첨두상삭기, 홈날 등이 보인다. 후반의 석기군은 유엽형 나이프나 부분 가공형 나이프를 주체로 하며, 거치상 및 첨두상삭기가 포함된다(그림 8).

* 제Ⅲ기는 AT 화산회층과 그 바로 위의 지층으로 초두(24,000~23,000년 전), 전반(23,000~20,000년 전), 후반(20,000~18,000년 전)으로 세분된다(그림 9).

초두의 석기군은 유엽형 나이프, 부분 가공 나이프, 키리다시형 나이프, 다이케이 나이프와 슴베찌르개 등의 나이프형석기들과 삼릉첨두기, 밀개, 긁개, 자갈돌석기, 망치, 잔손질된 부정형석기, 쓴자국의 격지 등으로 되어 있다.

전반과 후반의 석기군은 기부 가공형 나이프, 사축형 나이프, 키리다시형 나이프, 다이케이 나이프, 다이케이

요 나이프 등의 나이프형석기들과 삼릉첨두기, 창선형첨두기, 밀개, 긁개, 새기개, 자갈돌석기, 마석(磨石), 망치, 잔손질된 부정형석기, 쓴자국 격지 등으로 공통된다. 다만 전반의 석기군에는 슴베찌르개와 코우형 나이프, 그리고 후반의 석기군에는 때림면 남은 이측연(二側緣) 가공 나이프가 있는 차이가 있다.

* 제Ⅳ기는 18,000~17,000년 전으로 나이프형석기문화의 종말기이고 좀돌날문화의 시작기이다. 이 석기군에는 삼릉첨두기가 없고, 유엽형 나이프, 부분 가공 나이프, 기부 가공 나이프, 키리다시형 나이프, 다이케이 나이프 등의 얇고 작은 나이프형석기를 주체로 하고, 여기에 좀돌날, 긁개, 새기개, 쐐기형 석기, 쓴자국 격지가 포함된다(그림 10).

키자키의 편년에서 제Ⅰ, Ⅱ기의 특징 석기로 '거치상삭기'와 '첨두상삭기'가 있는데, 그림으로 판단하면 각각 '톱니날'과 '부리날석기(bec)'를 가리킨다고 생각된다. 이 석기들은 제Ⅲ, Ⅳ기의 석기군에는 보이지 않는다. 그리고 홈날은 제Ⅰ기 후반과 제Ⅱ기 전반에, 밀개는 제Ⅲ기 내내(2.4~1.8만 년 전), 새기개는 제Ⅲ기의 전반부터 제Ⅳ기까지 존재하였다.

나이프형석기는 제Ⅰ기 후반부터 등장하는데, 키리다시형과 다이케이 나이프가 그것이다. 이 종류는 제Ⅱ기 전반 석기군의 주체로 제Ⅳ기까지 이어진다. 유엽형과 부분 가공형 나이프는 제Ⅱ기 후반 석기군의 주체이며 제Ⅲ기 초두까지 이어졌다. 제Ⅲ기 초두에는 슴베찌르개와 삼릉첨두기가 등장하고, 전반에는 이들 종류에 코우형 나이프와 창선형첨두기가 더해지고, 후반에는 삼릉첨두기와 창선형첨두기만 남는다. 또한 제Ⅲ기 전반과 후반에는 기부 가공, 사축형, 다이케이요 나이프가 특징이다. 제Ⅳ기에는 소형의 나이프형석기가 주체를 이루고, 가고시마현 토코나미(床並)B유적에서 보듯이 노다케·야스미바형의 좀돌날몸돌이 등장한다.

3.2. 타치바나의 편년안

타치바나는 다층위 유적인 무레코시, 이시노모토, 우시로무타 유적 등을 대상으로 후기구석기 성립기의 석기군를 다루었는데(橘昌信 1999), 각 유적의 내용을 정리하면 다음과 같다.

① 무레코시유적

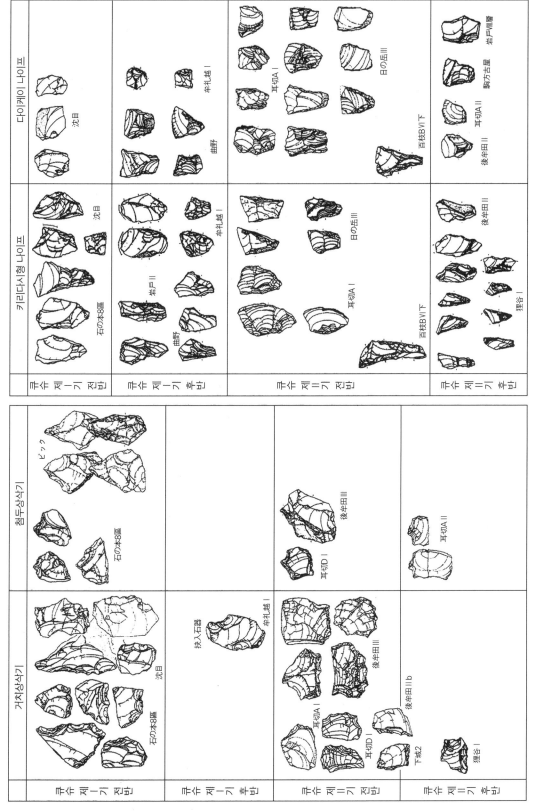

〈그림 7〉 거치상석기(鋸齒狀削器)와 첨두상석기(尖頭狀削器)의 계통 및 키리다시형(切出形)과 다이케이(슴形) 나이프의 계통 (木崎康弘 2003)

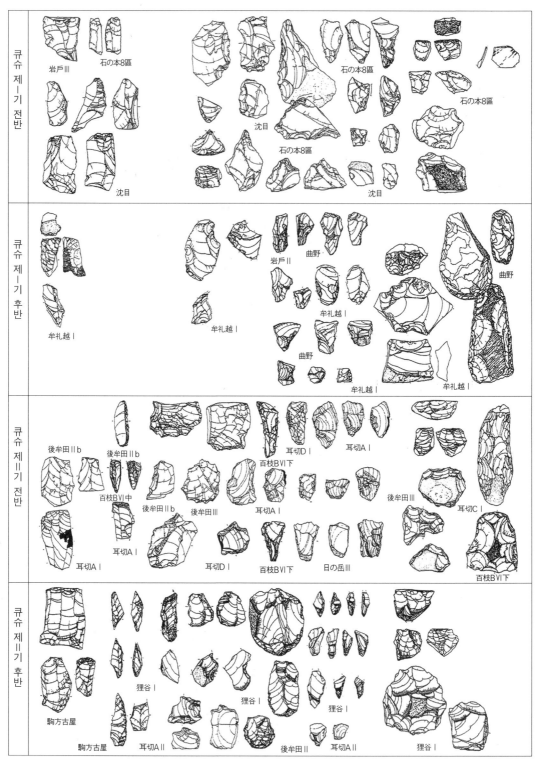

<그림 8> 큐슈 나이프형석기문화 제 I, II 기의 편년 (木崎康弘 2004)

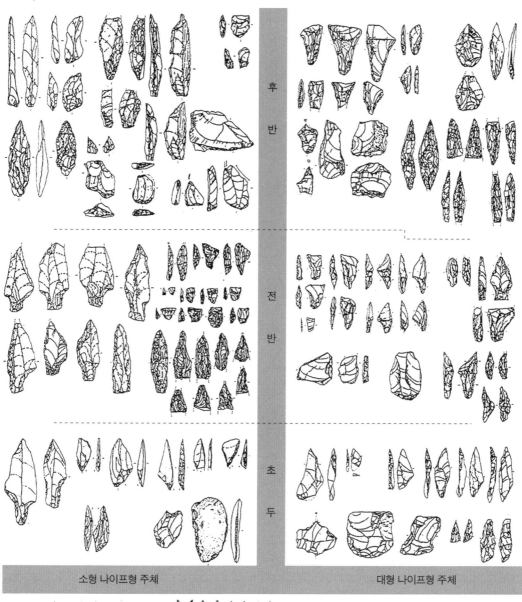

후반	
전반	
초두	
소형 나이프형 주체	대형 나이프형 주체

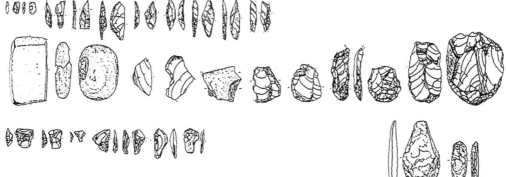

〈그림 9〉 큐슈 나이프형석기문화 제Ⅲ기의 편년 (木崎康弘 2004)

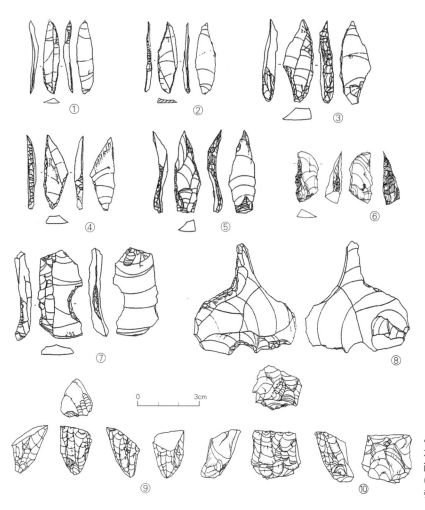

<그림 10> 큐슈 나이프형석기문화 제IV에 속하는 쓰쓰미니시무타(堤 西牟田)IV유적(①~⑧)과 토코나미 (床並)B유적(⑨, ⑩)의 석기 (木崎康 弘 2004)

오이타현에 있는 이 유적은 1991년부터 1997년에 걸쳐 시굴과 발굴조사가 이뤄졌다. 이 유적의 문화층은 4개가 있다 : 가장 오래된 문화층은 맨 아래 지층인 갈색롬층 상부에서 드러났으며, 다이케이요석기, 석부, 긁개 등이 대표된다. 그 위의 흑색대층에서 나이프형석기가 나오고 있으며, AT 바로 위인 4지층부터 3지층 하부에 걸쳐 나이프형석기와 창선형첨두기가 나온다. 3지층 상부에서는 좀돌날몸돌과 좀돌날이 출토한다.

② 이시노모토유적

쿠마모토현에 있는 이 유적은 1994~1997년에 걸쳐 조사되었다. 흑색대보다 아래층인 적갈색토층에서 다이케이요석기와 긁개가 주요 석기이며, 인부마제석부, 뚜르개 등이 함께 나왔다. 이 층의 탄화물로 잰 방사성탄소연대는 31,460±270, 33,720±430년 전이다.

③ 우시로무타유적

미야자키현에 위치한 유적으로 1993~1999년에 걸쳐 5차례 조사되었다. 14~15개의 지층 속에 8~10개의 문화층이 들어있는 다층위 유적이다. 문화층의 주요 내용을 보면 다음과 같다 : 흑색대 하부와 갈색롬층에 걸친 제7문화층에서 톱니날모양 긁개, 석부가 나왔다. AT층의 바로 아래와 위인 제5, 4문화층에서 나이프형석기가 주류를 이룬다. 제3문화층에서는 삼릉첨두기, 제2문화층에선 좀돌날몸돌이 나왔다.

타치바나는 큐슈의 후기구석기가 3만 수천 년 전부터 시작되었고, 갈색층 상부와 흑색대 하부를 후기구석기의 '성립기', 흑색대 중부부터 AT 포함층까지를 '발전기'로 보고 있다(橘昌信 2004). 성립기를 대표하는 것은 다이케이요석기로 '폭넓은 격지(幅廣薄片)'나 '옆격지(橫長薄片)'의 한 변, 또는 두 변을 '절단(折斷)기법', '평탄박리', '급사도 조정(急斜度 調整, blunting)' 등을 하여 사다리꼴의 모습으로 만든 것이다.

발전기의 주체를 이루는 것은 긴격지(從長薄片)와 돌날을 몸체로 이용한 나이프형석기로 18,000~17,000년 전까지 이어진다. 중부 큐슈에서는 나이프형석기가 현저하며 다이케이 또는 다이케이요석기는 거의 없지만, 나가사키현과 사가현 같은 북큐슈 서부에서는 다이케이요석기, 다이케이석기의 발전도 현저하다. 그러나 남큐슈에서는 중간 양상을 띤다.

타치바나는 석기의 몸체 종류와 잔손질기법의 변화를 중요한 기준으로 삼고 있다. 즉 폭넓은 격지나 옆격지에서 긴격지나 돌날을 떼어내는 기법으로, 그리고 몸체를 가공하는 절단기법, 평탄박리, 급각도의 무딘 잔손질기법 등의 유무를 성립기, 발전기의 구분 요소로 보고 있다.

3.3. 요시토메의 편년안

요시토메는 후기구석기를 AT를 기준으로 전반기와 후반기로 나누었다. 그는 후반기를 5단계로 나누었는데, 1~4단계는 나이프형석기를 주체로 한 석기군, 5단계는 좀돌날석기군으로 파악하였다:

* 1단계는 이측연조정의 나이프형석기를 주체로 하고 소량의 슴베찌르개나 다이케이석기가 포함된다. 이 시기의 슴베찌르개가 북부 큐슈에 편중되는 것은 그 출현과 관련된 것으로 보고 있다.

* 2단계는 종장과 횡장의 격지를 떼는 기술이 공존하며, 종장이 과반수를 차지한다. 세토우치기법의 나이프형석기는 사누카이토, 종장박편의 나이프형석기는 흑요석이 이용되었다. 슴베찌르개는 기부(슴베) 조정 주체의 다이케이가 있고, 삼릉첨두기가 일부 등장한다.

* 3단계는 석기 중 첨두기가 가장 많다. 나이프형석기가 주체이며, 여기에 하루노쓰지형을 포함한 다이케이석기가 증가하고 창선형첨두기가 처음 나타난다. 슴베찌르개는 다이케이 이외에 중, 소형이 증가하고, 측연조정의 나카바루형도 나타난다. 이외 새기개가 있다.

* 4단계는 격지의 소형화, 기종의 단순화가 진행된다. 첨두기 석기군은 전체로 소형화, 복잡화의 특징이 현저하다. 슴베찌르개나 창선형첨두기는 거의 사라지고, 소형의 삼릉첨두기는 증가한다. 북부에서는 핫카다이형을 포함한 소형의 다이케이석기 등이 있다.

* 5단계는 좀돌날석기군의 시기이다.

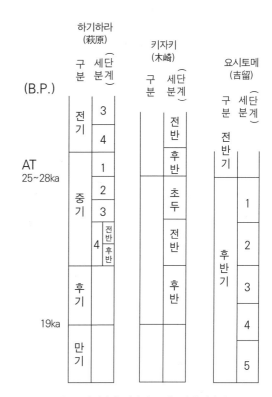

〈그림 11〉 하기하라, 키자키, 요시토메의 편년 비교
(吉留秀敏 2004)

이것을 키자키의 편년안과 비교해보면 제Ⅲ~Ⅳ기에 해당한다. 즉 1단계는 제Ⅲ기의 초두, 2단계는 제Ⅲ기의 전반, 3단계는 제Ⅲ기 후반의 전반, 4단계는 제Ⅲ기 후반의 후반과 제Ⅳ기의 초반, 5단계는 제Ⅳ기의 중, 후반에 대응한다(그림 11).

Ⅲ. 호남과 큐슈의 후기구석기문화 비교

앞에서 살펴본 내용을 크게 편년과 석기갖춤새로 나눠 양 지역을 비교해보겠다.

1. 편년

먼저 큐슈의 후기구석기 편년은 '제1~Ⅳ기'의 8단계, 또는 '전, 후반기'의 6단계 이상, 그리고 '전, 중, 후, 만기'의

11단계(萩原博文 1996) 등으로 세분된 여러 안이 제시될 정도로 많은 진전이 있었다. 이 중 많이 인용되는 키자키의 편년안을 따르면, 큐슈의 후기구석기시대는 크게 ① 갈색롬층(35,000~28,000년 전), ② 흑색대층(28,000~24,000년 전), ③ AT강회층과 그 위층(24,000~18,000년 전), ④ 18,000~17,000년 전 이후 층의 넷으로 구분된다. 그리고 각 층의 석기갖춤새를 보면 갈색롬층은 두터운 격지로 만든 톱니날, 다이케이석기가 대표되며, 흑색대층은 다이케이석기와 나이프형석기, AT강회층과 그 위층은 여러 가지의 나이프형석기와 함께 슴베찌르개, 삼릉첨두기와 창선형첨두기가 특징이고, 마지막 단계는 좀돌날몸돌, 소형의 나이프형석기가 대표된다.

한국 서남부에서 후기구석기 유물들은 대체로 암갈색 찰흙층의 최상부와 명갈색 찰흙층에서 확인되었다. 그러나 월평유적의 제3차 발굴 결과 명갈색 찰흙층은 상부의 밝은 층과 하부의 어두운 층으로 나뉘고, 그 아래 갈색 찰흙층, 노란갈색 찰흙층, 황갈색 모래질찰흙층, 암갈색 찰흙질모래층(토양쐐기 포함층), 황갈색 모래질찰흙층, 황갈색 모래층 등에서 석기들이 나와서, 장차 절대연대측정과 석기의 형식연구를 통해 자세하고도 명확한 편년 제시가 가능할 것으로 기대된다.

한편 서남부 지역에서 명갈색 찰흙층의 C-14연대로 진그늘유적의 10,970~22,850년 전과 신북유적의 13,100~25,500년 전이 있고, 암갈색 찰흙층의 연대로는 진그늘유적의 24,500~42,000년 전이 있다. 이 연대는 한창균(2003)의 후기구석기 편년과 거의 일치하여 의미있는 자료라고 생각된다.

한편 석기의 제작기법은 돌날에서 좀돌날로 발달하였음이 인정되고 있다(이헌종 2002). 여기서 석기갖춤새를 기준하여 편년을 생각해보면, 돌날만 나오는 죽내리 제4문화층 → 돌날이 주체인 진그늘유적 → 유베쓰형 좀돌날석기가 주체인 신북유적 → 쇠퇴한 형식의 좀돌날석기가 주체인 월평 제4문화층의 순서로 발달하였다고 추리된다.

2. 석기갖춤새

그러면 양 지역 석기의 제작기법과 종류 및 특징에 대해 비교해보겠다.

먼저 석기의 돌감으로 서남부에서는 이전 시대부터 쓰이던 석영맥암을 비롯하여 새로 양질의 석영맥암과 산성화산암이 많이 쓰였고, 수정과 흑요석은 소량 이용되었다. 반면 큐슈에서는 흑요석, 사누카이토(안산암) 등이 주로 쓰였고 석영맥암의 이용은 거의 볼 수 없다.

몸체(소재)를 생산한 기법으로 서남부의 경우 죽내리 제4문화층과 진그늘유적의 '돌날 떼기', 그리고 신북과 월평유적의 '좀돌날 떼기'가 대표된다. 그리고 죽내리나 신북과 월평유적에서 일반 격지의 소형화와 정교화 경향이 매우 뚜렷하다. 한편 큐슈에서는 부정형격지나 횡장박편 → 종장박편 → 석인 → 세석인으로 제작기법이 발달하였다. 이 중 돌날은 일본열도에서 약 3만~2만7천 년 전에 만들어지기 시작하였다.

잔손질기법을 보면 서남부에서는 '직접다듬기'와 '눌러다듬기'가 쓰였다. 톱니날, 긁개 같은 석기는 거의가 직접다듬기로 만들어졌고, 홈날은 여러 번의 잔손질 또는 클락토니안식 잔손질(clactonian notch technique)에 의해서 만들어졌다. 눌러다듬기는 배모양밀개의 날이나 슴베찌르개의 슴베 부분 등 정교한 손질이 필요한 부위에 쓰였다. 평탄박리 즉 무른망치에 의한 직접잔손질 흔적은 한국 서남부나 큐슈의 창끝찌르개에서 모두 볼 수 있다. 그리고 나이프형석기와 슴베찌르개의 기부를 만드는 데 쓰인 급각도 조정기법도 양 지역에서 공통된다.

이제 개별 석기를 살펴보면, '다이케이요석기'는 큐슈에서 후기구석기시대 초기인 약 33,000년 전 경부터 나타나며 AT 이후 거의 보이지 않는다. 이 석기는 폭 넓은 격지(幅廣薄片)나 옆격지(橫長薄片) 등을 이용하여 예리한 자연날에 이웃한 두 옆 변을 주로 가파르게 잔손질하여 완성한 석기인데, 우리나라에선 아직 보고된 바 없는 일본 고유의 석기이다.

'나이프형석기'는 큐슈의 후기구석기를 대표하는 것으로 AT 이전에 나타나서 성행기를 맞으며 AT 강회 이후 여러 형식이 등장한다. 이 중 키자키의 기부 가공 B형 즉 전형의 슴베찌르개를 제외한 나머지 나이프형석기들은 일본열도의 고유한 종류들이다. 그리고 키자키의 이측연 가공 B형(나카바루형)이 수양개와 진그늘유적에서 확인되었다는 견해(松藤和人 2001, 65쪽)가 있으나, 우리쪽 석기를 자세히 보면 슴베와 찌르개의 경계 부분을 미약하나마 구분지으려는 의도가 엿보이기 때문에 동의하기 어렵다.

'슴베찌르개'는 양 지역의 연관성을 논할 때 가장 많이 언급된 석기이다(松藤和人 1997, 2001, 2004 ; 木崎康弘 2000, 2003a, 2005 ; 小畑弘己 2003a, 2004c). 이것은 일본열도에서는 큐슈에 집중된 특징 석기이고, AT 이후에 등장하여 좀돌날석기 이전에 사라지므로 약 6, 7천 년 간 지속되었다. 큐슈의 슴베찌르개가 어디에서 유래하였는가에 대해선 큐슈 타잎의 나이프형석기와 하루노쓰지형 다이케이석기가 한국에서 발견된 적이 없고, 큐슈 것의 슴베가 덜 세련된 점을 들어 한반도에서 건너온 것으로 보고 있다(松藤和人 2004).

반면 한반도에서 슴베찌르개는 중부 이남에 분포하며, 연대의 상한은 화대리유적(최복규·유혜정 2005)의 C-14연대인 31,200±900B.P.와 용호동유적(한창균 2002)의 출토 예를 참고하면 후기구석기시대 초두나 그 이전으로 올라갈 가능성이 있고(金正培 2005a), 하한은 신북과 월평유적에서 보듯이 좀돌날석기 시기까지 내려온다. 이처럼 슴베찌르개는 큐슈보다 먼저 나타나서 더 늦게까지 오랫동안 지속되었다.

큐슈에서 슴베찌르개 이후 '각추상석기' 또는 '삼릉첨두기', 그리고 '창선형첨두기'가 차례로 나타난다. 각추상석기는 단양 수양개(이융조 1985)와 광주 삼리유적(한창균 과 2003)에서 소형의 흑요석제가 1점씩 나온 바 있다(金正培 2005b). 최근 임실 하가유적에서 1점(82×32×19mm, 39.8g)이 발굴되었고, 순천 우산리 외우 '가' 유적에서 1점(78×34×30mm, 46.8g)이 지표조사로 발견되어, 한반도 서남부에도 분포하는 사실이 처음으로 확인되었다(그림 12). 이것들은 유문암이나 응회암으로 만들어졌으며, 흑요석제보다 2배 가까이 크다.

한편 '창선형첨두기'는 일본열도의 경우 길이가 30~130mm, 너비가 15~37mm 정도이다. 한국 서남부에서는 월평과 신북유적의 출토 예가 있는데, 추정 길이 및 최대 너비와 두께가 각각 144×42×14mm, 130×30×13mm로 대형이다. 이 중 신북유적의 것은 월계수잎 모양(feuille de laurier)에 가깝고, 월평유적의 것은 폭이 더 넓고 자루 쪽

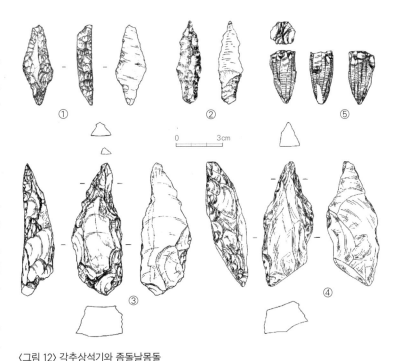

〈그림 12〉 각추상석기와 좀돌날몸돌
① 광주 삼리유적 ② 단양 수양개유적 ③ 임실 하가유적 ④ 순천 외우'가'유적 ⑤ 순천 금성유적

의 한 옆이 조금 오목하게 손질되었다. 한편 큐슈의 창선형첨두기는 나뭇잎모양(木葉形)으로 AT이후의 층에서 나오며 좀돌날석기가 등장하면 사라진다(橘昌信 1999). 그러나 서남부의 창끝찌르개는 현재까지 중, 소형이 발견된 바 없으며, 좀돌날석기와 함께 나오고 있어 큐슈와는 차이가 보인다.

'좀돌날몸돌'도 양 지역의 문화권이나 교류 및 인류의 이동을 규명할 수 있어 큰 관심을 끌고 있는 석기이다. 큐슈에는 노다케·야스미바형, 후나노형, 후쿠이형이 있는데, 나가사키 자엔(茶園)유적에서 노다케·야스미바형에서 후쿠이형으로 이어지는 것이 층위로 확인되었다. 그리고 후나노형은 미코시바(神子柴)계 석부와 공존하여 연대 폭이 조몬 초창기까지 이어졌고, 후쿠이형은 조몬 초창기에 성행하였음이 밝혀졌다(松藤和人 2001).

반면 서남부의 경우 월평유적에는 호로카형, 란코시형 이외에 일본의 형식 분류에 속하지 않는 것들도 있고, 인근의 금성유적에서 원추형이 발견된 바 있다(그림 12-⑤. 김은정 2002). 그리고 신북유적에서 양면체의 몸체와 스키 스폴을 포함한 유베쓰형의 좀돌날몸돌이 많이 나왔다. 이 예들은 서남부에 일본열도의 북방계에 속하는 형식들이 존재하였음을 보여주는 것이다.

큐슈 좀돌날몸돌의 상한은 남큐슈의 토코나미(床並) B유적을 근거로 18,000~17,000년 전으로 주장(木崎康弘 2004)되고 있다. 반면 한국에서 좀돌날몸돌의 출현 연대는 호평동유적에서 흑요석 좀돌날몸돌이 나온 층의 절대연대가 24,000년 전(홍미영·니나 코노넨코 2005), 신북유적의 절대연대가 22,000년 전 전후로 재어져 큐슈보다 6~4천 년이나 더 빠른 것으로 나타난다.

그런데 큐슈 좀돌날몸돌의 기원에 관해 오바타(2005)는 삭편계(削片系, spall) 세석인석핵의 발상지를 분포와 지리 요인에서 '한반도 남부'에서 찾고 있고, 키자키(2004)는 한반도가 유베쓰기법이 주류여서 '중국'을 지목하고 있다. 앞으로 우리 지역의 좀돌날몸돌에 대한 자세한 형식 분류와 편년 연구가 이루어지면 일본 좀돌날석기의 기원을 규명하는 데 큰 도움이 될 것이다.

슴베찌르개와 좀돌날몸돌의 공반 관계에 대해서 일본선 두 석기가 서로 다른 시기에 존재했던 점을 들어 한반도도 그럴 것이라고 생각했으나(松藤和人 1997, 2004), 수양개, 신북, 월평유적에서 같이 나오고, 호평동유적에서 슴베찌르개가 좀돌날몸돌보다 먼저 나오는 것으로 알려지면서 ① 슴베찌르개만 존재했던 시기, ② 두 가지가 공존했던 시기, ③ 좀돌날석기만 존재한 시기로 세분해 보는 견해가 많아졌다(小畑弘己 2004b; 安蒜政雄 2005).

'새기개'는 나이프형석기 단계에 '角型彫器'(모서리 새기개)가 사가현을 중심으로 한 서북 큐슈에서 나오고, 좀돌날석기 단계에는 보이지 않는다고 한다. 한편 서남부에서는 새기개가 돌날석기 단계부터 좀돌날석기 단계까지 지속되고 있으며, '중심축 새기개', '모서리 새기개', '아라야형' 및 기타 등으로 매우 다양하다.

'밀개'도 큐슈지역에는 매우 드물며, 나이프형석기 단계의 밀개는 소형의 원형밀개뿐이라고 한다. 그러나 서남부에서는 돌날~좀돌날석기 단계 모두 나오고 있으며, 격지, 돌날, 조각돌을 몸체로 사용한 볼록날밀개, 콧등날밀개, 배모양밀개, 원형밀개 등 다양하고 양도 풍부하다.

'뚜르개'는 4mm 두께의 좀돌날에 만들어진 것이 신북유적에서 나왔고, 월평유적에선 격지

나 조각돌을 손질해 만든 대·중·소형이 출토되었다. 그러나 큐슈에서는 소형만 나오는 것 같다. 그리고 '석부'나 '국부마제석부'는 큐슈에서 후기구석기 이른 시기에 나오다 사라지지만, 서남부의 경우는 신북유적의 예를 볼 때 후반기에 속하는 것으로 여겨진다.

지금까지 살펴본 양 지역의 석기갖춤새를 정리해보면 〈표 1〉과 같다.

〈표 1〉에서 보듯이 한국 서남부의 완성된 도구들(tools)은 몸돌석기와 잔손질석기로 이뤄져있다. 몸돌석기에는 찍개류, 주먹도끼, 주먹자르개, 여러면석기류 등이 있고, 잔손질석기로는 밀개, 긁개, 새기개, 톱니날, 홈날, 부리날, 뚜르개, 등손잡이칼, 슴베찌르개, 각추상석기, 창끝찌르개 같은 종류가 있다.

반면 큐슈의 도구 종류는 격지나 돌날로 만든 잔손질

〈표 1〉 호남과 큐슈의 석기갖춤새 비교

석기 종류	서남부	큐슈
국부마제석부	O(후기)	O(초기)
몸돌석기류		
찍개류	O	×
양면석기(주먹도끼, 주먹자르개 포함)	O	×
여러면석기류	O	×
나이프형석기류		
기부 가공 나이프 A, C형	×	O
기부 가공 나이프 B형(슴베찌르개)	O	O
이측연 가공 나이프 A, C형	×	O
이측연 가공 나이프 B형(나카바루형)	×	O
다이케이석기	×	O
부분 가공 나이프	×	O
잔손질석기류		
긁개	O	O
밀개	O(다종, 다량)	O(희박)
새기개	O(다종, 다량)	O(단순, 소량)
부리날(첨두상삭기)	O	O
홈날	O	
톱니날(거치상삭기)	O	
뚜르개	O	
각추상석기(또는 삼릉첨두기)	O(각추상석기뿐)	
창끝찌르개(창선형첨두기)	O(대형)	O(대, 중, 소형)
좀돌날몸돌		
호로카형	O	×
란코시형	O	×
노다케·야스미바형	O	O
후나노형	?	O
후쿠이형	?	O

석기가 주류인데, 크게 사냥용과 가공처리용으로 구분된다. 사냥용은 다양한 나이프형석기류와 슴베찌르개, 각추상석기, 삼릉첨두기, 코우형 나이프, 창선형첨두기 등이고, 가공처리용은 톱니날, 부리날, 홈날, 밀개, 긁개, 새기개 정도이다. 여기서 큐슈에는 분명한 몸돌석기들이 거의 없고 한국 서남부에는 다양한 나이프형석기가 없어 양 지역의 석기문화는 큰 차이를 보인다.

그리고 각 시기별 도구의 종류를 보면, 큐슈의 경우 나이프형석기 이외에 제Ⅰ기에 톱니날과 부리날, 제Ⅱ기에 톱니날, 부리날, 홈날, 제Ⅲ기에 박편첨두기, 삼릉첨두기, 코우형나이프, 창선형첨두기, 밀개, 긁개, 새기개, 그리고 제Ⅳ기에 긁개, 새기개 등으로 상당히 단순한 편이다. 그러나 한국 서남부의 경우는 돌날부터 좀돌날석기 단계에 걸쳐 다양한 잔손질석기가 존재하며, 좀돌날석기 단계에 들어서면 밀개, 새기개의 경우 더욱 다양한 형식이 나타난다. 또한 슴베찌르개, 좀돌날몸돌 같은 종류는 큐슈보다 먼저 나타나서 나중까지 지속되어 존속 기간이 달랐음을 보여준다.

Ⅳ. 맺음말

앞에서 일본 큐슈의 후기구석기문화에 관한 내용과 연구 성과를 살펴보았다. 후기구석기에 대한 편년, 석기제작수법, 형식 분류 등의 분야는 큐슈 쪽이 더 세밀하게 연구된 상태여서 문화의 변천 과정을 잘 이해할 수 있다. 우리 쪽은 그 동안 새로운 자료를 많이 발굴하는 성과를 거두었지만 더 나아가 세분된 편년 수립이나 개별 석기의 정교한 형식 분류까지 아직 이뤄내지 못한 아쉬움이 있다. 아래에서 양 지역 후기구석기문화의 차이점과 공통점을 요약하고 그 배경에 대해 생각해 보겠다.

큐슈의 후기구석기시대를 대표하는 석기는 나이프형석기이다. 이 중 다이케이(台形), 키리다시형(切出形), 유엽형, 부분 가공형 나이프 등은 '후기구석기 전반기'(3.5~2.4만 년 전)를 대표하는 종류들인데, 서남부를 포함한 한반도에서는 출토되지 않았다. 한편 찍개류, 주먹도끼, 여러면석기류 같은 몸돌석기가 서남부에서 후기구석기시대에 계속 나오고 있지만 큐슈에서는 거의 보고된 바 없다. 이처럼 후기구석기 전반기에는 두 지역의 문화가 상당히 달랐던 것으로 나타난다.

특히 전기, 중기구석기시대를 대표하는 몸돌석기가 한국 서남부의 석기갖춤새에 적지만 분명히 포함되어 있는 점에서 이전 시대의 전통이 이어졌음을 엿볼 수 있다. 그러나 큐슈에서는 그런 계승의 흔적을 찾아볼 수 없다. 또한 서남부의 밀개, 새기개, 뚜르개를 포함하는 잔손질 석기들은 큐슈보다 더 다양한 종류들이 만들어졌다. 이처럼 앞 시대의 전통을 잇는 몸돌석기들과 새로 만들어진 다양한 잔손질석기가 합쳐져 우리의 후기구석기문화는 큐슈보다 더욱 다양하고 풍부한 양상을 띤다고 해석된다.

그런데 큐슈에서 '후기구석기 후반기'(2.4만 년 전 이후)에 양 지역의 공통 석기인 슴베찌르개, 각추상석기, 창선형첨두기, 좀돌날석기가 등장한다. 이 중 슴베찌르개는 한반도에서 먼저 나타나 더 오랫동안 지속되었는데, 마츠후지와 안비루(2005)를 비롯한 일본학자들은 슴베찌르개가 한반도에서 일본열도로 건너왔다고 보고 있다.

그리고 서남부에서 발견된 좀돌날몸돌 중에 유베쓰형, 란코시형, 호로카형 등이 포함되어 있는데, 이것들은 일본에서 큐슈가 아닌 홋카이도를 중심으로 분포하는 종류들이다. 이런 좀돌날몸돌과 슴베찌르개의 분포에서 후기구석기 후반에 들어와 한국 서남부는 큐슈뿐 아니라 홋카이도를 포함한 동일본 지역과도 석기제작기술이 상당 부분 공통되었다고 추정된다.

이와 관련하여 슴베찌르개와 유베쓰기법의 분포뿐 아니라 흑요석의 이화학분석 결과에 근거하여 동해(일본해)를 둘러싼 '구석기인들의 회랑'을 상정한 안비루의 견해(安蒜政雄 2005)는 시사하는 바가 크다. 그의 주장에 후기구석기 후반기 양상을 비춰보면 결국 교류로 인해 문화의 공통점이 생겼다는 해석이 가능하다.

이런 맥락에서 서일본과 동일본을 대표하는 슴베찌르개와 유베쓰형 좀돌날몸돌 그리고 흑요석이 함께 발굴된 장흥 신북유적은 매우 주목된다. 특히 신북유적의 흑요석은 예비분석 결과 원산지가 백두산, 큐슈, 홋카이도로 추정되어(Kim J. C. et al. 2007), 한반도와 일본열도 사이에 '구석기인들의 길'이 실존하였음을 뒷받침하는 결정적인 증거로 여겨지기 때문이다.

이 글에서 후기구석기시대에 보이는 양 지역의 석기갖

춤새 차이를 주로 전통의 유무에서 비롯한 것으로 해석하였으나, 앞으로 자연환경의 차이와 변화에 따른 생계방식 등 여러 가지 가능성도 차분히 검토해보아야 할 것이다. 그리고 비교연구 지역을 영남과 중부 이북까지 넓혀 한·일 양 지역의 후기구석기문화에 대한 폭넓은 해석을 추구해야 할 과제도 남아있다.

제3장

일본 토호쿠(東北)지방의 슴베찌르개

I. 머리말

후기구석기시대에 일본열도와 한반도의 문화 교류를 밝히는 데 있어 '슴베찌르개'(일본학계의 박편첨두기)는 1980년대 후반부터 여러 학자들의 중요한 연구대상으로 다뤄져왔다(松藤和人 1987 ; Matsufuji, K. 2004 ; 左藤宏之 1992 ; 淸水宗紹 2000, 2010 ; 木崎康弘 2005 ; 張龍俊 2007b ; 安蒜政雄 2005, 2013). 이 연구들의 논지는 사토 히로유키(左藤宏之)를 제외하고 슴베찌르개는 일본열도에서 처음 만들어진 것이 아니며 한반도에서 큐슈지역으로 전파되었다는 것이다.

이와 같은 귀결은 키자키 야스히로(木崎康弘 2005)가 '임기적(臨機的) 출현의 사례'라고 표현한 것에서 잘 드러나듯이 큐슈 이외의 지역에서 박편첨두기(슴베찌르개)의 출토 사례가 적고 수량마저 아주 적다는 사실, 그리고 큐슈지방의 유물들이 AT 화산재 이후의 퇴적 속에서 발견되었지만, 한국의 용호동유적, 화대리유적, 호평동유적 등에서는 일본보다 더 오래된 절대연대가 보고되었기 때문이다. 따라서 혼슈(本州)에서 슴베찌르개의 출토를 크게 기대하거나 그 의미를 적극적으로 검토하는 연구는 거의 없었다.

또 하나의 이유는 나이프형석기라는 이름 아래 서로 구분되는 종류들을 하나의 범주로 포함시켜왔던 일본학계의 연구 경향에서도 찾아볼 수 있지 않을까 싶다. 아마도 한반도나 큐슈에서 출토하는 슴베찌르개와 다르지 않더라도 이런저런 이름의 나이프형석기라는 명칭으로 분류하여 왔기 때문에, 특히 토호쿠(東北)지방처럼 큐슈에서 멀리 떨어진 지역에서는 무의식적으로 그것을 간과한 것은 아니었던가 싶다. 마치 나이프형석기에 익숙하지 못했던 한국학계에서 슴베찌르개로 보고한 유물 중에 일본학계에서 나이프형석기로 분류하는 종류들이 포함되어 있는 것처럼 말이다(장용준 2010).

이런 점들을 고려해볼 때 넓은 지역에 분포하는 동일한 석기를 비교 연구하고 문화의 교류를 규명하는 데 있어 가장 중요한 출발점은 무엇보다도 명백한 개념 정의와 엄격한 형식 분류의 구축일 것이다. 그리고 나아가 새로운 관점과 잣대로 지금까지 보고된 자료들을 재검토해보는 작업이 필요하다고 하겠다.

II. 전형의 슴베찌르개와 형식 구분

한국학계와 일본학계에서 슴베찌르개로 분류하는 것 중에는 '기부가공(基部加工)'이나 '이측연가공(二側緣加工)' 나이프도 있다. 예를 들면, 장용준(2007b)의 슴베찌르개 분류 중 VI형식과 필자(2011a)의 슴베 '빗금형'의 ①, ②는 안비루 마사오(安蒜政雄 1979)와 키자키 야스히로(木崎康弘 1988)의 '기부가공나이프형석기'에 해당한다. 또 키자키의 '이측연가공박편첨두기', 이나하라 아키요시(稻原昭

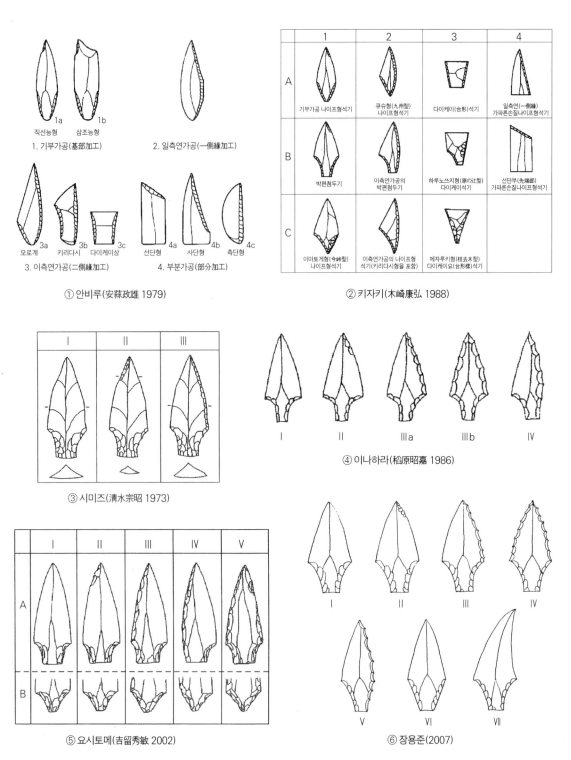

① 안비루(安蒜政雄 1979)

② 키자키(木崎康弘 1988)

③ 시미즈(清水宗昭 1973)

④ 이나하라(稲原昭嘉 1986)

⑤ 요시토메(吉留秀敏 2002)

⑥ 장용준(2007)

〈그림 1〉 나이프형석기(①, ②)와 슴베찌르개(③~⑥)의 형식 분류

嘉 1986)의 박편첨두기 IV형식, 요시토메 히데토시(吉留秀敏 2002)의 박편첨두기 IV형식, 장용준의 슴베찌르개 V형식, 필자의 '오목+빗금형' 중 ③은 안비루의 분류안에서는 '이측연가공나이프형석기'에 속한다(그림 1, 2).

한편 수양개유적, 고례리유적, 진그늘유적, 용산동유적 등에서 슴베찌르개로 보고된 것 가운데 나이프형석기로 분류되는 것들이 포함되어 있으며, 하가유적에서는 키리다시형 나이프형석기로 분류되는 예도 보고되었다(장용준 2010 ; 李起吉 2011). 이와 같은 사례들은 현재의 형식분류 체계가 한반도와 일본열도의 출토유물을 객관적으로 비교하는 데 문제가 있음을 보여준다.[1] 그런즉 개선책으로 하나의 명확한 분류 기준이 마련되어야 할 것이다.

찌르개
슴베
① 자연날
② 한 변 일부
③ 한 변 전체
④ 양변 일부
⑤ 양변 전체
(가) 오목형
(나) 오목+빗각형
(다) 빗각형
* 점선은 뒷면 손질을 나타냄
〈그림 2〉 슴베찌르개의 형식 구분 (이기길 2011a)

필자는 선행연구(2011a)에서 슴베찌르개의 형식을 슴베의 형태와 찌르개의 손질 부위에 따라 모두 11가지로 분류했다(그림 2). 그런데 이 가운데 서너 가지는 앞에서 지적한 대로 일본학계에서 각각 '이측연가공박편첨두기' 및 '기부가공나이프형석기'로 분류되는 것과 매우 유사하다. 그래서 불필요한 혼동을 피하기 위해 필자의 분류 안에서 슴베의 양쪽이 오목한 형식을 '전형의 슴베찌르개'로 새롭게 정의하고자 한다.

형 식
A
B
C
D
찌르개 손질 범위
슴베모양
자연날
한 변 일부
한 변 전체
양변 일부
모난형 (a)
둥근형 (b)
뾰족형 (c)
〈그림 3〉 전형 슴베찌르개의 형식 분류

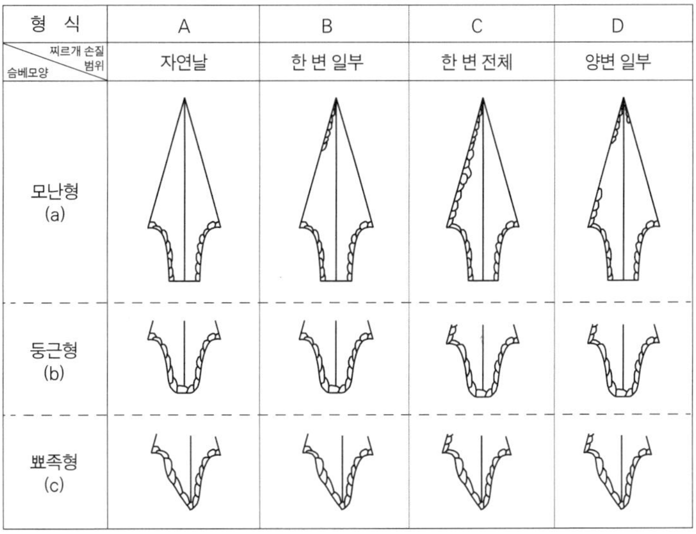

이것을 기존의 연구들과 비교해보면, 시미즈(清水宗紹 1973)의 Ⅰ~Ⅲ형식, 키자키의 1B형식, 이나하라의 Ⅰ~Ⅲ형식, 요시토메의 Ⅰ~Ⅲ과 Ⅴ형식, 장용준의 Ⅰ~Ⅳ형식과 거의 같아서 보편성을 지닌다. 그런즉 이 형식에 해당하는 유물들을 전형의 슴베찌르개로 인정해도 무리가 없다고 판단된다. 여기서 전형의 슴베찌르개는 슴베의 양쪽이 오목하며 뾰족한 찌르개 부위를 지닌 것으로 정의하며, 찌르개 부위가 손질 범위에 따라 4 가지로 나뉘므로 A, B, C, D의 네 형식으로 구분하고, 슴베의 모양에 따라 모난형, 둥근형, 뾰족형으로 세분한다(그림 3).

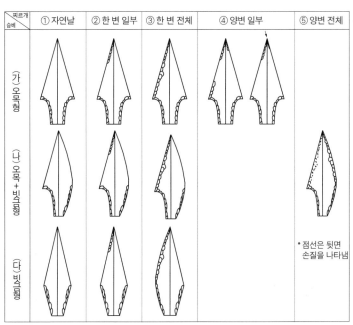

Ⅲ. 토호쿠지방의 슴베찌르개

최근 필자는 일본 토호쿠지방에서 1년간 객원교수로 지내면서 대표적인 후기구석기시대 유적들에서 출토한 유물들을 직접 관찰할 수 있는 기회를 가졌다. 평소 슴베찌르개에 관심을 갖고 있었기에 특히 나이프형석기나

1 장용준(2010, 137쪽)도 "한국과 일본 연구자의 분류방식에 대한 견해 차이, 일본 내 연구자 간의 견해 차이, 나이프형석기의 개념 및 분류기준의 차이는 두 나라의 석기를 비교하는 데 있어 큰 장벽임에 틀림없다."는 견해를 표명한 바 있다.

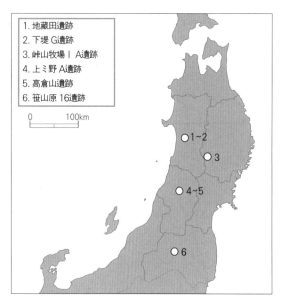

<그림 4> 일본 토호쿠지역 슴베찌르개 출토 유적

1. 地藏田遺跡
2. 下堤 G遺跡
3. 峠山牧場Ⅰ A遺跡
4. 上ミ野 A遺跡
5. 高倉山遺跡
6. 笹山原 16遺跡

0   100km

○1~2
○3
○4~5
○6

기부정형석기로 보고된 종류들을 유심히 검토하였다. 그런데 그 중에 슴베찌르개로 분류되는 것이 포함되어 있음을 알게 되었다.[2]

토호쿠지방에서 나이프형석기, 펜선형나이프형석기, 기부정형석기, 또는 기부정형박편첨두기가 출토된 곳으로 후쿠시마현의 사사야마하라(笹山原) 16번유적, 야마가타현의 카미노(上ミ野)A유적과 타카쿠라야마(高倉山)유적, 아키타현의 지조덴(地藏田)유적과 시모쓰쓰미(下堤)G유적, 그리고 이와테현의 토게야마보쿠조(峠山牧場)Ⅰ유적A지구 등이 있다(그림 4). 이 유적들에서 전형의 슴베찌르개에 속하는 것들을 제시하고, 제작기법, 형식, 크기와 무게, 그리고 슴베길이의 비율, 존속 연대 등에 대해 분석해보고자 한다.

여기에 실린 유물의 그림은 보고서와 논문 등의 도판을 재편집하였다. 또, 크기와 무게는 정확도를 기하기 위해 사사야마하라 16번유적의 경우 발굴자인 아이타 요시히로(會田容弘) 교수에게 요청하여 통보받았고, 카미노 A유적은 보고서(羽石智治 外 2004 ; Denda, Y. et al. 2012), 타

카쿠라야마유적은 논문(Sano, K., et al. 2013), 지조덴유적과 시모쓰쓰미G유적은 보고서와 아키타시 교육위원회 문화진흥실 홈페이지에 공개된 자료, 그리고 토게야마보쿠조Ⅰ유적A지구는 보고서(高橋義介·菊池强一, 1999)에서 인용하였다.

1. 사사야마하라 16번유적

사사야마하라 16번유적의 제11~12차 발굴조사에서 응회질혈암으로 석기를 제작한 제4석기집중구역이 확인되었다. 구석기유물은 기본층서 중 제3층, 제4a, b층에서 약 2천여 점이 드러났으며, 이 중 기부정형석기, 기부정형박편첨두기, 밀개, 몸돌, 돌날, 망치 등이 도면으로 제시되었다. 그리고 구석기시대의 생활면이 포함된 제4b층에서 나온 탄화물의 AMS법에 의한 방사성탄소연대는 32,190±140B.P., 30,510±120B.P., 29,000±100 B.P., 28,920±100B.P.로 보고되었다(會田容弘. 2011, 2012a, 2012b).

여기서 기부정형석기와 기부정형박편첨두기로 보고된 유물에 대해 살펴보겠다(그림 5).

① 석기의 뾰족한 끝 부위가 조금 부러진 상태이다. 몸체(blank, 소재)는 한방향떼기몸돌에서 생산된 돌날로 평면모습이 좁고 긴 세모 형태이다. 굽 양쪽을 등잔손질(dorsal retouch)하여 슴베를 만들었는데, 그것의 가로자른면(횡단면)은 사다리꼴이고, 슴베의 끝 모양은 모난형이다. 한편 찌르개 부위는 잔손질되지 않은 자연날이며 가로자른면은 이등변세모(삼각형)이다. A형식에 속한다. 길이는 36.4mm, 너비는 13.6mm, 두께는 4.2mm이고, 무게는 1.6g이다. 슴베길이/전체길이는 0.42보다 작다.

② 몸체는 한방향떼기몸돌에서 떼어진 소형 돌날이다.

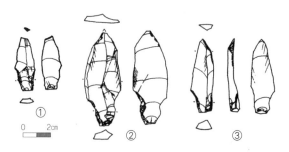

0   2cm

①   ②   ③

<그림 5> 사사야마하라 16번 유적의 슴베찌르개

이것의 굽 양쪽을 등잔손질하여 슴베를 만들었는데, 가로자른면은 불규칙한 다섯모(오각형)이며 슴베 끝 모양은 둥근형이다. 한편 찌르개 부위는 왼쪽 변 일부가 등잔손질되었고, 오른쪽은 자연날이다. 그것의 가로자른면은 낮은 다섯모이다. B형식에 속한다. 길이는 64.0mm, 너비는 26.0mm, 두께는 5.5mm이고, 무게는 8.6g이다. 슴베길이/전체길이는 0.37이다.

③ 한방향떼기몸돌에서 떼어진 소형 돌날의 굽 양쪽을 등잔손질하여 슴베를 만들었는데, 가로자른면은 기운 사다리꼴이며 끝 모양은 모난형이다. 한편 찌르개 부위는 오른쪽변 일부가 등잔손질되었고, 왼쪽은 자연날이다. 그것의 가로자른면은 세모이다. B형식에 속한다. 길이는 50.4mm, 너비는 18.9mm, 두께 6.7mm이고, 무게는 3.9g이다. 슴베길이/전체길이는 0.30이다.

2. 카미노A유적

1986년의 시굴조사 이후, 1987년, 1991년, 2000년에 걸쳐 세 번의 발굴조사가 이루어졌다. A군과 B군으로 구분되는 두 개의 석기군이 제3a, b층에서 나왔다. A군은 서남일본의 특징을 지닌 석기를 포함하며 돌날기법 이외의 기술기반을 함께 지니고 있는 반면, B군은 토후쿠일본의 특징을 지닌 석기를 포함하며 돌날기법에 기술기반을 둔 '히가시야마계(東山系) 석인석기군'이다. 한편 제3b층의 하부에서 AT가 확인되었으며, A석기군에서 나온 탄화물로 잰 방사성탄소연대는 23,230±80B.P.이다(羽石智治 外 2004 ; Denda, Y. *et al.* 2012).

A석기군과 B석기군에서 나이프형석기로 보고된 것들 중 슴베찌르개로 분류되는 것을 소개한다(그림 6). 이것들의 돌감 종류는 모두 규질혈암이다.

① 중형의 긴격지(종장박편)를 골라 한 변은 굽 부위만 등잔손질하여 오목하게, 그리고 다른 변은 전체를 등잔손질하여 조금 볼록한 호형(弧形)으로 만들었는데 슴베와 찌르개 부위는 구분된다. 슴베의 끝 모양은 둥근형이며, 슴베와 찌르개 부위의 가로자른면은 각각 사다리꼴과 기운 사다리꼴이다. C형식에 속한다. 길이는 84.3mm, 너비는 25.6mm, 두께 10.3mm이고, 무게는 20.9g이다. 슴베길이/전체길이는 0.34이다.

② 한방향떼기몸돌에서 떼어진 소형 돌날을 골라 한 변은 굽 부위에 국한하고 다른 변은 전체에 걸쳐 등잔손질하여 슴베와 찌르개 부위가 구분되게 만들었다. 슴베의 끝 모양은 모난형이다. 슴베와 찌르개 부위의 가로자른면은 사다리꼴이지만 찌르개 부위는 한 쪽은 가파르고 다른 쪽은 예각이다. C형식에 속한다. 길이는 60.0mm, 너비는 18.7mm, 두께 7.3mm이고, 무게는 8.6g이다. 슴베

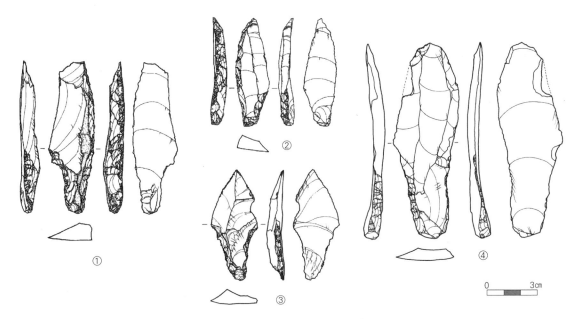

〈그림 6〉 카미노A유적의 슴베찌르개

길이/전체길이는 0.33이다.

③ 위끝이 예각인 소형의 긴격지를 골라 굽과 그 양쪽을 등잔손질하여 슴베를 만들었다. 찌르개의 뾰족한 끝 양 변에 사용 흔적으로 여겨지는 이빠진 자국들이 보인다. 찌르개와 슴베 부위의 가로자른면은 각각 세모와 기운 사다리꼴이다. A형식에 속한다. 길이는 60.8mm, 너비는 26.0mm, 두께 9.0mm이고, 무게는 9.1g이다. 슴베길이/전체길이는 0.46이다.

④ 대형 긴격지의 굽 양쪽을 등잔손질하여 슴베를, 그리고 위끝(distal end)의 왼쪽 변 일부를 등잔손질하여 찌르개의 날을 좌우 대칭에 가깝게 만들었다. 슴베의 끝 모양은 둥근형이고, 찌르개 부위의 가로자른면은 사다리꼴이다. B형식에 속한다. 길이는 109.8mm, 너비는 37.6mm, 두께 9.0mm이고, 무게는 28.7g이다. 슴베길이/전체길이는 0.35이다.

3. 타카쿠라야마유적

2010~2012년에 모두 세 차례의 발굴조사가 진행되었다. 6개로 나뉘는 퇴적층 중 제1a층부터 3층에 걸쳐 구석기가 나오는데 특히 제2층 하부와 제3층에서 많은 석기와 불먹은 자갈이 나왔다. 이것들은 '히가시야마계 석기군'에 속하며 나이프형 석기와 밀개의 비율이 높다. 그리고 새기개와 스폴이 붙는 예 및 격지 및 몸돌 조정 박편류는 거의 없고 부스러기가 많이 출토한 점에서 도구의 정형가공과 날 재생 등의 작업이 있었다고 보고 있다. 특히 나이프형석기 중 충격박리의 흔적이 많이 남아 있어 유적의 성격을 사용했던 사냥도구, 또는 사냥도구가 박힌 사냥감을 지니고 돌아온 주거지 또는 사냥막으로 추정하고 있다(佐野勝宏 外 2011, 2012 ; Sano, K. *et al.* 2013).

나이프형석기로 보고된 것 중 슴베찌르개에 속하는 예를 소개한다(그림 7). 이것들은 다 규질혈암으로 제작되었다.

① 대형의 긴격지를 골라 먼저 굽 부위를 배면 쪽으로 부러뜨렸다. 이후 등잔손질하여 양 옆이 오목한 슴베 부위를 만들었는데 끝 모양은 둥근형이다. 찌르개 부위에서 오른쪽 변의 튀어나온 일부를 등잔손질하여 활 모양의 테두리를 완성하였다. 찌르개의 뾰족한 끝이 일부 깨진 상태이다. 찌르개와 슴베 부위의 가로자른면은 각각 세모에 가까운 사다리꼴과 낮은 다섯모이다. B형식에 속한다. 길이는 133.4mm, 너비는 45.7mm, 두께 12.7mm이고, 무게는 55.6g이다. 슴베길이/전체길이는 0.47이다.

② 대형의 긴격지를 선택한 뒤 굽 부위를 배면 쪽으로 부러뜨렸다. 이후 등 방향으로 잔손질하여 양 옆

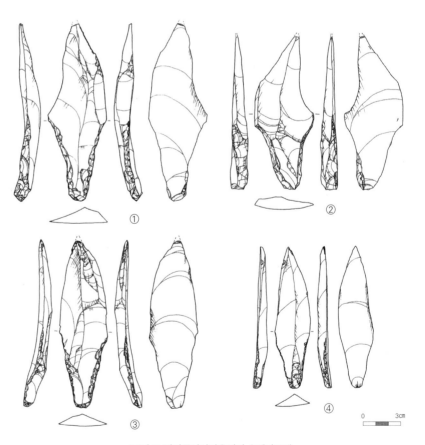

〈그림 7〉 타카쿠라야마유적의 슴베찌르개

이 오목하고 끝 모양이 둥근 슴베를 만들었다. 찌르개와 슴베의 가로자른면 모습은 각각 세모에 가까운 낮은 사다리꼴과 낮은 다섯모이다. A형식에 속한다. 길이는 115.1mm, 너비는 46.3mm, 두께 10.0mm이고, 무게는 40.2g이다. 슴베길이/전체길이는 0.5이다.

③ 몸체는 마주떼기(양방향떼기)몸돌에서 생산된 대형 돌날이다. 이것의 굽과 그 양쪽을 등잔손질하여 슴베를, 그리고 위끝을 역시 등잔손질로 날카롭게 만들었다. 슴베의 끝 모양은 둥근형이며, 찌르개와 슴베 부위의 가로자른면 모습은 각각 이등변세모와 낮은 다섯모이다. B형식에 속한다. 길이는 126.0mm, 너비는 37.6mm, 두께 10.4mm이고, 무게는 42.2g이다. 슴베길이/전체길이는 0.46이다.

④ 몸체는 한방향떼기몸돌에서 떼어진 대형 돌날이다. 이것의 굽 양 옆을 등잔손질하여 슴베를 만들었고, 위끝의 오른쪽 변 일부를 등잔손질하여 뾰족한 찌르개 끝을 완성하였다. 슴베의 끝 모양은 둥근형이며, 찌르개와 슴베 부위의 가로자른면 모습은 각각 이등변세모와 다섯모이다. B형식에 속한다. 길이는 106.3mm, 너비는 26.7mm, 두께 8.7mm이고, 무게는 19.9g이다. 슴베길이/전체길이는 0.38이다.

4. 지조덴유적

1985년에 아키타 신도시개발정비사업을 계기로 발굴되었다. 15개로 구분되는 지층 중 제IVa, b층에서 구석기시대의 블록이 14개 드러났고 모두 4,447점의 구석기가 찾아졌다. 석기갖춤새는 간돌도끼, 나이프형석기, 펜션형나이프형석기, 다이케이요(台形樣)석기, 긁개, 밀개, 홈날, 톱니날, 몸돌, 격지, 부스러기 등으로 구성되며, 명확한 돌날기법은 보이지 않는다. 석기와 함께 나온 탄화물로 잰 AMS C-14연대는 29,720±130B.P., 28,080±120 B.P.이다 (安田忠市·神田和彦 2011).

여기서 펜션형나이프

형석기로 보고된 것이 슴베찌르개로 분류되며, 돌감은 규질혈암이다(그림 8).

① 긴격지의 굽 부위 중 왼쪽 옆 변은 밑잔손질(ventral retouch), 굽과 오른쪽 옆 변은 등잔손질하여 슴베를 만들었다. 슴베의 끝 모양은 둥근형이고, 가로자른면은 오각형이다. 격지의 위끝에는 이빠짐 현상이 관찰되는데 잔손질에 의한 것이라기보다 사용의 결과로 생각된다. 찌르개 부위의 가로자른면은 다섯모이다. A형식에 속한다. 길이는 52.3mm, 너비는 24.1mm, 두께 7.8mm이고, 무게는 6.8g이다. 슴베길이/전체길이는 0.4이다.

5. 시모쓰쓰미G유적

지조덴유적과 마찬가지로 1982년에 아키타 신도시개발 정비사업을 계기로 발굴되었다. 12개로 구분되는 지층 중 석기 출토 층위의 주체는 제IVa, b층이다. 석기는 모두 872점으로 나이프형석기, 다이케이요석기, 돌날, 긁개, 밀개, 몸돌, 돌날, 격지, 부스러기 등이다. 특히 요네가모리(稻ヶ森)기법으로 제작된 격지와 몸돌이 포함되어 있다. 석기군의 특징에서 '후기구석기시대 전반기의 후반단계'로 편년된다(安田忠市 外 2013).

여기서 나이프형석기로 보고된 것이 슴베찌르개에 속하며 돌감은 규질혈암이다(그림 9).

① 소형 돌날의 굽 부위 양옆을 등잔손질하여 슴베를 만들었다. 슴베의 끝 모양은 모난형이고, 가로자른면은 다섯모이다. 왼쪽 변 중 위끝에 가까운 일부가 등잔손질되었다. 찌르개의 가로자른면은 부위에 따라 세모와 사다리꼴로 나뉜다. B형식에 속한다. 길이는 44.5mm, 너비는 16.5mm, 두께 10.1mm이고, 무게는 3.6g이다. 슴

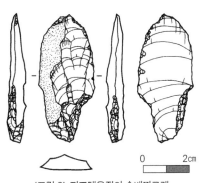

〈그림 8〉 지조덴유적의 슴베찌르개

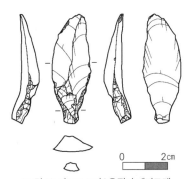

〈그림 9〉 시모쓰쓰미G유적 슴베찌르개

베길이/전체 길이는 0.43이다.

6. 토게야마보쿠조 I 유적A지구

1993~1994년에 동북횡단 자동차도 아키타선 건설과 관련하여 두 차례 발굴되었다. 모두 7개의 구석기문화층이 확인되었으며, 제5문화층에 속하는 18번 블록에서 나이프형석기, 새기개, 밀개, 긁개, 나뭇잎모양찌르개(槍先形尖頭器), 돌날몸돌 등이 출토되었다. 이 문화층은 제Ⅱa층 상부에 있어 AT층보다 나중이며 유베쓰기법의 좀돌날 몸돌이 나오는 제6문화층보다 아래에 있다. 그리고 아라야형새기개를 포함하고 있어 후기구석기시대 늦은 단계로 편년되고 있다(高橋義介·菊池强一 1999).

이 18번 블록에서 나이프형석기로 보고된 것 중 습베찌르개로 분류되는 것이 적어도 11점이나 된다. 이 중 완형을 소개한다(그림 10). 이것들의 돌감은 전부 경질응회질니암이다.

① 마주떼기몸돌에서 떼어진 돌날을 몸체로 골랐다. 굽 부위의 양 옆을 등잔손질하여 습베를 만들었다. 습베의 끝 모양은 모난형이고 가로자른면은 사다리꼴이다. 위끝의 왼쪽 일부를 등잔손질하여 뾰족한 끝의 찌르개를 완성하였는데, 그 가로자른면은 사다리꼴이다. B형

식에 속한다. 길이 69.5mm, 너비 19.0mm, 두께 7.5mm이고 무게는 6.0g이다. 습베길이/전체길이는 0.38이다.

② 몸체는 마주떼기몸돌에서 떼어진 돌날이다. 굽 부위의 양 옆을 등잔손질하여 습베를 만들었다. 습베의 끝 모양은 모난형이고 가로자른면은 오각형이다. 찌르개 부위는 위끝의 왼쪽과 오른쪽 일부를 등잔손질하여 평면이 세모를 이루도록 하였는데, 가로자른면은 세모에 가깝다. D형식에 속한다. 길이 88.0mm, 너비 29.0mm, 두께 10.0mm이고 무게는 17.1g이다. 습베길이/전체길이는 0.41이다.

③ 마주떼기몸돌에서 생산된 돌날을 몸체로 골랐다. 굽 부위의 양 옆을 등잔손질하였고 배면의 불룩한 혹 부위를 밑잔손질로 편평하게 만들어 습베를 완성하였다. 습베의 끝 모양은 모난형이고 가로자른면은 세모에 가깝다. 찌르개 부위는 자연날 그대로이며, 가로자른면은 이등변세모이다. A형식에 속한다. 길이 50.0mm, 너비 26.0mm, 두께 9.0이고 무게는 6.7g이다. 습베길이/전체길이는 0.5이다.

④ 몸체는 마주떼기몸돌에서 떼어진 돌날이다. 굽 부위의 양 옆을 등잔손질하였고 배면도 밑잔손질하여 굽을 없앤 상태로 습베를 완성하였다. 습베의 끝 모양은 둥근형이고 가로자른면은 다섯모 이상이다. 위끝의 오른쪽 일부를 등잔손질하여 찌르개 부위를 완성하였다. 찌르개의 가로자른면은 세모이다. B형식에 속한다. 길이 93.0mm, 너비 25.0mm, 두께 8.0mm이고 무게는 11.4g이다. 습베길이/전체길이는 0.34이다.

⑤ 몸체는 마주떼기몸돌에서 떼어진 돌날이다. 굽 부위의 양 옆을 등잔손질하였고 배면도 일부 밑잔손질하여 습베를 완성하였다. 습베의 끝 모양은 뾰족형이고 가로자른면은 사다리꼴이다. 위끝의 오른쪽 일부를 등잔손질하여 평면이 세모인 찌르개 부위를 완성하였는데, 가로자른면은 사다리

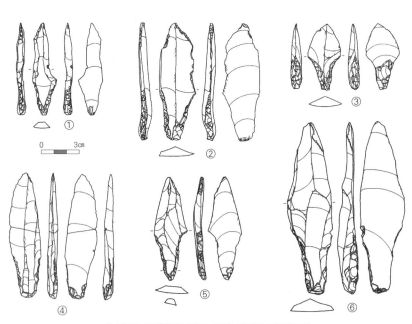

〈그림 10〉 토게야마보쿠조 I 유적A지구의 습베찌르개

꼴이다. B형식에 속한다. 길이 77.0mm, 너비 26.0mm, 두께 9.0mm이고 무게는 10.3g이다. 슴베길이/전체길이는 0.47이다.

⑥ 마주떼기몸돌에서 떼어진 돌날을 몸체로 골랐다. 굽 부위의 양 옆을 등잔손질하였고 배면도 밑잔손질하여 슴베를 완성하였는데 굽은 제거되었다. 슴베의 끝 모양은 모난형이고 가로자른면은 사다리꼴이다. 찌르개 부위는 자연날 그대로인데 가로자른면은 부위에 따라 좌우 대칭의 세모와 다섯모로 나뉜다. A형식에 속한다. 길이 129.0mm, 너비 35.0mm, 두께 15.0mm이고 무게는 43.9g이다. 슴베길이/전체길이는 0.35이다.

IV. 고찰

앞에서 분석한 내용들을 먼저 제작기법, 크기와 무게 및 슴베의 비율, 형식, 존속 연대 등의 네 가지로 나누어 정리하고, 이어서 그 결과를 다량의 슴베찌르개가 보고된 수양개유적(이융조·공수진 2002), 진그늘유적(이기길 2011a), 용산동유적(김환일·육심영 2007)과 비교해 보겠다. 비교연구를 위해 세 유적에서 보고된 슴베찌르개 중 A~D형식에 속하는 것을 구분하고, 그것들의 크기, 무게, 슴베의 비율과 모양을 확인하였다.[3] 그 결과 전형의 슴베찌르개에 속하는 것은 수양개유적 25점, 용산동유적 6점, 진그늘유적 18점이었다(부록 참조).

1. 제작기법

우선 슴베찌르개를 만든 암석의 종류를 보면, 응회질혈암, 규질혈암, 경질응회질니암으로 나뉘는데, 규질혈암은 네 유적에서, 응회질혈암과 경질응회질니암은 각각 하나의 유적에서 채택되었다. 이것들은 모두 입자가 곱고 단단하며 등방성을 지녀, 크고 작은 격지나 돌날, 그리고 정교한 도구를 만들기에 적합하다. 반면, 한국의 수양개, 진그늘, 용산동유적에서는 각각 규질세일, 유문암, 호른펠스가 쓰인 것으로 보고되었는데, 이것들의 물성은 혈암이나 응회질니암과 거의 같은 것으로 알려져 있다.

몸체의 종류는 돌날과 긴격지의 두 가지인데 각각 13점과 6점으로 돌날이 68.4%를 차지한다. 그리고 돌날은 한방향떼기보다 마주(양방향)떼기몸돌에서 생산된 것들이 훨씬 많다. 유적별로 보면, 사사야마하라 16번유적, 시모쓰쓰미G유적과 지조덴유적은 모두 한방향떼기의 돌날을, 카미노A유적은 한방향떼기의 돌날과 긴격지 및 마주떼기의 돌날을, 타카쿠라야마유적과 토게야마보쿠조 I 유적A지구는 모두 마주떼기의 돌날이나 긴격지가 이용되었다.

다음으로 잔손질 기법 중 방향을 살펴보면 슴베 부위는 등방향 잔손질이 73.7%(14점), 등방향과 밑방향 잔손질이 같이 된 경우가 26.3%(5점)이다. 한편 찌르개 부위는 전부 등방향으로 잔손질되었다. 진그늘유적에서도 슴베 부위의 잔손질은 83.5%가 등방향 잔손질이었고, 찌르개 부위는 75% 이상이 등방향으로 잔손질되었고, 수양개와 용산동유적에서도 거의 비슷한 경향이다.

그리고 잔손질된 범위는 슴베 부위에 국한된 것이 31.6%(6점), 슴베 부위 및 찌르개 부위 일부에 된 것이 52.6%(10점), 슴베 부위 및 찌르개 부위의 한 변 전체가 10.5%(2점), 슴베 부위 및 찌르개 부위의 양 변에 넣어진 것이 5.3%(1점)이다. 이 구성비는 최소한의 잔손질로 완성된 슴베찌르개의 비율이 매우 높음을 잘 보여준다. 수양개와 진그늘유적에서도 잔손질된 범위가 슴베 부위 및 슴베와 찌르개 부위 일부에 국한된 것이 각각 80%와 73.3%로 나타나서 거의 같은 양상임을 알 수 있다.

2. 크기, 무게와 슴베의 비율

다음으로 슴베찌르개의 크기와 무게 그리고 슴베길이/전체길이의 비율을 정리해보았다. 여기에 수양개, 진그늘, 용산동유적에서 전형의 슴베찌르개로 분류되는 것까지 포함하여 각 항목의 최소~최대값과 평균값

---

3 예를 들면, 수양개유적은 유물 관찰과 더불어《第9回 國際學術會議 수양개와 그 이웃들》(李隆助·安蒜政雄 편, 2004)에 실린 사진과 그 밑에 제시된 형식을 참고하여 전형의 슴베찌르개를 구분하였다. 또 용산동유적은 유물 실견과 더불어 보고서의 사진과 본문 내용을 참조하였고, 진그늘유적은 조선대학교 박물관의 소장 유물을 관찰하여 전형의 슴베찌르개를 구분하였다. 크기는 수양개유적의 경우 도록에 실린 사진을 재었으며, 용산동유적은 보고서를 인용하였고 추정길이는 보고서 필자인 김환일(중앙문화재연구원 연구원)에게 확인하였다.

〈표 1〉 슴베찌르개의 크기, 무게와 슴베의 비율

일련 번호	유적 이름	길이 (mm)	너비 (mm)	두께 (mm)	무게 (g)	슴베길이 /전체길이
1	사사야마하라	36.4	13.6	4.2	1.6	〉0.42
2	16번	64.0	26.0	5.5	8.6	0.37
3		50.4	18.9	6.7	3.9	0.30
	(평균값)	(50.3)	(19.5)	(5.5)	(4.7)	
4	카미노A	84.3	25.6	10.3	20.9	0.34
5		60.0	18.7	7.3	8.6	0.33
6		60.8	26.0	9.0	9.1	0.46
7		109.8	37.6	9.0	28.7	0.35
	(평균값)	(78.7)	(27.0)	(8.9)	(16.8)	
8	타카쿠라야마	133.4	45.7	12.7	55.6	0.47
9		115.1	46.3	10.0	40.2	0.50
10		126.0	37.6	10.4	42.2	0.46
11		106.3	26.7	8.7	19.9	0.38
	(평균값)	(120.2)	(39.1)	(10.5)	(39.5)	
12	지조덴	52.3	24.1	7.8	6.8	0.40
13	시모쓰쓰미G	44.5	16.5	10.1	3.6	0.43
14	토게야마	69.5	19.0	7.5	6.0	0.38
15	보쿠조	88.0	29.0	10.0	17.1	0.41
16	I유적 A지구	50.0	26.0	9.0	6.7	0.50
17		93.0	25.0	8.0	11.4	0.34
18		77.0	26.0	9.0	10.3	0.47
19		129.0	62.0	15.0	43.9	0.35
	(평균값)	(84.4)	(26.7)	(9.8)	(15.9)	
20	수양개	46~95	16~32	5~13	4.5~25.1	0.15~0.42
	(평균값)	(64.2)	(23.4)	(8.9)	(10.6)	(0.31)
21	진그늘	37~80	17~33	4~12	2.0~18	0.19~0.46
	(평균값)	(59.6)	(21.8)	(7.6)	( )6.4)	(0.30)
22	용산동	49~89	18~26	6~11	2.1~9.8	0.24~0.37
	(평균값)	(63.3)	(21.7)	(8.0)	(〉6.4)	(0.29)

을 표시하였다(표 1).

〈표 1〉에서 먼저 길이와 너비를 보면, 사사야마하라 16번유적, 시모쓰쓰미G유적, 지조덴유적의 슴베찌르개는 작은 범주에 속하고, 토게야마보쿠조Ⅰ유적A지구의 경우는 작은~가장 큰 범주에 걸쳐 있으며, 카미노A유적은 큰 범주에, 그리고 다카쿠라야먀유적은 가장 큰 범주에 속한다(그림 11).

이 결과를 한국의 수양개, 진그늘, 용산동유적과 비교해보면, 사사야마하라16번, 지조덴, 시모쓰쓰미G유적은 거의 비슷하지만, 카미노A유적은 반 정도는 더 크며, 토게야마보쿠조Ⅰ유적A지구과 타카쿠라야마유적은 거의 모두가 훨씬 크다. 그런데 흥미롭게도 크기가 작은 것들

은 AT 화산재 보다 아래에서, 그리고 큰 것들은 위에서 출토되었다. 분명한 것은 AT 이후의 시기에 한반도와 일본 토호쿠지역의 슴베찌르개는 크기 차이가 아주 뚜렷하다는 점이다.

무게를 보면 수양개유적의 평균값보다 약 2배 이상 무거운 것의 비율이 37%나 된다. 수양개유적에서 가장 무거운 25.1g보다 더 무거운 것이 카미노A유적에 1점, 타카쿠라야마유적에 3점, 토게야마보쿠조Ⅰ유적A지구에 1점이나 있으며, 최대 중량은 55.6g이나 된다. 즉 토호쿠지방 출토 슴베찌르개 중에는 한반도와 비슷한 무게도 있지만, 무거운 것의 비율이 높다(그림 12).

한편 전체길이에 대한 슴베길이의 비율 분포를 보면 0.3~0.5로 한국 자료들의 평균값인 0.3보다 전부 크며 타카쿠라야마유적에서는 한국의 평균값보다 최대 1.7배인 것도 있다(그림 13). 이처럼 슴베의 비율이 큰 점은 한반도와 구별되는 토호쿠지방의 뚜렷한 특징으로 생각된다.

3. 형식

슴베찌르개와 슴베의 형식을 구분해본 결과는 〈표 2〉와 같다. 여기에는 수양개, 진그늘, 용산동유적의 분석 결과도 포함하였다.

먼저 유적별 슴베찌르개의 형식을 살펴보면, 사사야마하라 16번유적은 A형식 1점, B형식 2점, 카미노A유적은 A와 B형식이 1점씩이고 C형식이 2점, 타카쿠라야마유적은 A형식이 1점, B형식이 3점, 지조덴유적은 A형식, 시모쓰쓰미G유적은 B형식, 그리고 토게야마보쿠조Ⅰ유적A지구는 A형식 2점, B형식 3점, D형식 1점이다(그림 14).

전체 유적을 대상으로 각 형식의 비율을 보면, A형식 31.6%(6점), B형식 52.6%(10점), C형식 10.5%(2점), D형식 5.3%(1점)이다. 따라서 A와 B형식이 매우 우세함을 알 수 있다. 두 형식이 우세한 경향은 유적별, 시기별로도 별 차이가 없으며, 한국의 수양개, 진그늘과 용산동유적에서도 같은 양상으로 나타난다.

다음으로 슴베의 형식을 구분해보면, 사사야마하라 16번유적과 토게야마보쿠조Ⅰ유적A지구의 경우는 '모

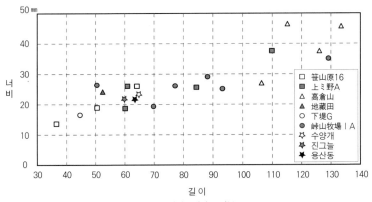

〈그림 11〉 슴베찌르개의 크기분포도

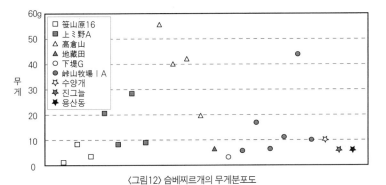

〈그림12〉 슴베찌르개의 무게분포도

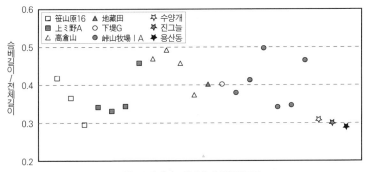

〈그림 13〉 슴베찌르개의 슴베 비율분포도

〈표 2〉 슴베찌르개와 슴베의 형식

일련 번호	유적 이름	슴베찌르개 형식	슴베 형식
1	사사야마하라	A	모난형
2	16번	B	둥근형
3		B	모난형
4	카미노A	C	둥근형
5		C	모난형
6		A	뾰족형
7		B	둥근형
8	타카쿠라야마	B	둥근형
9		A	둥근형
10		B	둥근형
11		B	둥근형
12	지조덴	A	둥근형
13	시모쓰쓰미G	B	모난형
14	토게야마	B	모난형
15	보쿠조 Ⅰ유적A지구	D	모난형
16		A	모난형
17		B	둥근형
18		B	뾰족형
19		A	모난형
20	수양개	A(11점)	모난형(21점)
		B(9점)	둥근형(1점)
		C(5점)	뾰족형(3점)
21	진그늘	A(8점)	모난형(14점)
		B(3점)	둥근형(2점)
		C(2점)	뾰족형(2점)
		D(2점)	
22	용산동	A(3점)	모난형(4점)
		C(2점)	둥근형(1점)
		D(1점)	뾰족형(1점)

난형'이 67%나 되고, '둥근형'이나 '뾰족형'은 한 점씩으로 비율이 낮다. 그러나 카미노A유적에서는 '둥근형'이 50%(2점), '뾰족형'과 '모난형'이 한 점씩이고, 타카쿠라야마유적에서는 4점 모두 '둥근형'이다. 한편 수양개, 진그늘, 용산동유적은 '모난형'의 비율이 67% 이상으로 아주 우세하다.

전체 유적을 대상으로 각 형식의 비율을 보면, A형식 31.6%(6점), B형식 52.6%(10점), C형식 10.5%(2점), D형식 5.3%(1점)이다. 따라서 A와 B 형식이 매우 우세함을 알

수 있다. 두 형식이 우세한 경향은 유적별, 시기별로도 별 차이가 없으며, 한국의 수양개, 진그늘과 용산동유적에서도 같은 양상으로 나타난다.

다음으로 슴베의 형식을 구분해보면, 사사야마하라 16번유적과 토게야마보쿠조Ⅰ유적A지구의 경우는 '모난형'이 67%나 되고, '둥근형'이나 '뾰족형'은 한 점씩으로 비율이 낮다. 그러나 카미노A유적에서는 '둥근형'이 50%(2점), '뾰족형'과 '모난형'이 한 점씩이고, 타카쿠라야마유적에서는 4점 모두 '둥근형'이다. 한편 수양개, 진그늘, 용산동유적은 '모난형'의 비율이 67% 이상으로 아주 우세하다.

대체로 '둥근형'이나 '뾰족형'은 혹이 발달한 굽 부위

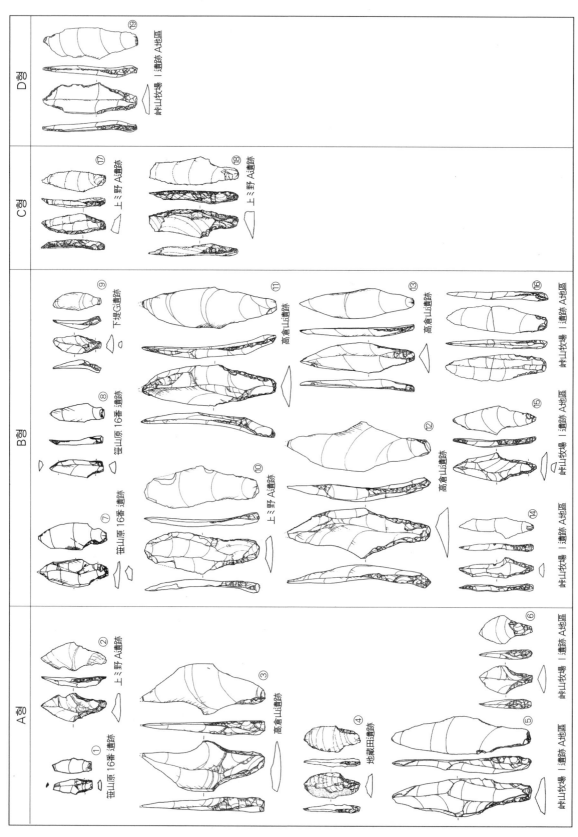

〈그림 14〉 각 유적 슴베찌르개의 형식 분류

를 거의 다 없애고 만들기 때문에 '모난형'보다 더 정교한 손질이 요구된다. 그런데 이 형식들은 슴베찌르개의 크기가 큰 카미노A유적과 타카쿠라야마유적에서 그 비율이 75~100%로 아주 높다. 이 수치는 대형과 초대형의 슴베찌르개가 소형보다 더 정성을 기울여 만들었음을 시사하고 있다.

4. 연대

끝으로 슴베찌르개 출토 유적의 절대연대와 상대연대에 대해 정리해보면 〈표 3〉과 같다.

표에서 보듯이 슴베찌르개 출토 유적의 선후 관계는 대체로 사사야마하라 16번유적 → 지조덴유적, 시모쓰쓰미G유적 → 카미노A유적, 타카쿠라야마유적 → 토게야마보쿠조Ⅰ유적A지구의 순서이다. 그리고 유적들의 연대는 AT 강회시기를 기준해 보면, 그보다 훨씬 전부터 나타나서 좀돌날석기군 이전 단계까지 존재한다(柳田俊雄 2013).

따라서 토호쿠지방의 슴베찌르개는 큐슈보다 훨씬 빨리 등장하여 더 오랫동안 존재하였음을 알 수 있다. 그리고 한반도와 비교해보면 비록 용호동유적에서 보고된 최고의 출현연대보다는 늦지만, 존속연대가 만 년 이상이나 겹치는 것을 알 수 있다(그림 15).

V. 맺음말

한국과 일본 학계의 슴베찌르개와 박편첨두기의 분류안을 나이프형석기와 관련지어 검토해본바, 똑같은 것을 다른 명칭으로 일컫거나 또는 구분되어야 할 것을 하나의 이름 아래 섞어놓은 경우도 있었다. 이것은 두 학계의 유물 연구에 관한 역사적 배경과 관점이 다른 사정에도 기인하지만, 무엇보다도 석기의 개념 정의나 형식 분류를 제대로 하지 못한 데에 보다 큰 원인이 있다고 생

각된다.

이 문제를 해결하는 방안으로 슴베찌르개에 대한 정의를 기부가공이나 이측연가공의 나이프형석기와 잘 구별되도록 새로 제시하였다. 즉 슴베의 양쪽이 오목한 찌르개를 '전형의 슴베찌르개'로 정의하고 찌르개의 손질 부위에 따라 다시 A~D의 네 형식으로 구분했다.

새로운 분류안으로 일본 토호쿠지방에서 보고된 나이프형석기, 펜선형나이프형석기와 기부정형석기 및 기

〈표 3〉 슴베찌르개 출토 유적의 절대연대와 상대연대

유적 이름	절대연대와 상대연대
① 사사야마하라 16번	32,190±140B.P., 30,510±120B.P., 29,000±100B.P., 28,920±100B.P.
② 카미노A	23,230±80B.P.
③ 타카쿠라야마	AT 화산재 상위, 히가시야마계석기군
④ 지조덴	29,720±130B.P., 28,080±120B.P.
⑤ 시모쓰쓰미G	후기구석기시대 전반기 후반 단계
⑥ 토게야마보쿠조Ⅰ유적 A지구	후기구석기시대 후반기 중반 단계

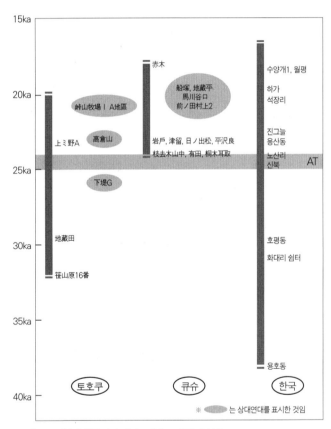

〈그림 15〉 일본과 한국의 슴베찌르개 출토 유적의 연대

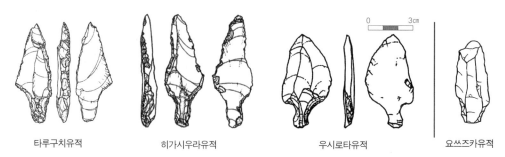

| 타루구치유적 | 히가시우라유적 | 우시로타유적 | 요쓰즈카유적 |

〈그림 16〉 주부·칸토지역의 슴베찌르개

東北地方 ●
　1. 地藏田遺跡
　2. 下堤 G遺跡
　3. 峠山牧場 I A遺跡
　4. 上ミ野 A遺跡
　5. 高倉山遺跡
　6. 笹山原 16遺跡

中部地方 ○
　7. 樽口遺跡
　8. 東裏遺跡

関東地方 ◎
　9. 後田遺跡
　10. 四ッ塚遺跡

〈그림 17〉 동일본의 슴베찌르개 출토 유적

이렇듯 슴베찌르개는 토호쿠지방과 주부(中部)지방, 칸토(關東)지방을 포함한 동일본(그림 17)과 서쪽의 큐슈 등 상당히 넓은 범위에 퍼져 있었던 것으로 나타난다. 그런즉 앞으로 발굴을 포함한 조사의 진전에 따라 동일본을 포함한 일본열도에서 더 많은 슴베찌르개의 발견이 이어질 것으로 예상된다.

한편 토호쿠지방에서 보고된 슴베찌르개의 연대가 큐슈보다 상당히 빠를 뿐 아니라 매우 오랫동안 지속된 점도 최근까지 보고된 절대연대와 상대연대를 통해 밝혀졌다. 그 최고연대는 사사야마하라 16번유적의 32,190±140B.P.이며, 늦은 연대는 좀돌날석기군 바로 전 단계에 속한다.

이처럼 새롭게 밝혀진 분포 범위와 존속 연대로 인해 이제까지 큐슈를 중심으로 한반도와의 관련성을 추정해온 슴베찌르개 문화권과 전파 관계에 대한 여러 연구자들의 견해는 다양한 측면에서 재검토되어야 할 것이다.

필자는 이 글에서 전형의 슴베찌르개가 일본 토호쿠지방에 존재함을 보고하고, 이 사실을 근거로 기존의 방식과 다른 새로운 관점의 연구가 필요함을 언급하였다. 그러나 슴베찌르개가 전체 석기군에서 어느 정도의 비중을 지니며, 특히 나이프형석기와 어떤 관련성을 갖는지에 대해서는 자세히 다루지 못하였다. 앞으로 이런 문제들에 대한 연구가 체계적이고 종합적으로 이루어질 때, 한일 양국의 슴베찌르개 석기군에 대한 객관적인 평가와 문화 교류를 포함한 다양한 궁금증에 대한 보다 합리적인 해석이 가능하게 될 것이다.

부정형박편첨두기를 검토해본 결과 '전형의 슴베찌르개'가 포함되어 있음이 확인되었다. 그리고 이것들을 면밀히 분석해 보니 몸체의 종류, 잔손질의 방향과 부위 등의 제작기법이 한반도의 슴베찌르개와 공통되는 한편, 더 큰 개체가 상당히 포함되어 있고 슴베가 긴 특징도 밝힐 수 있었다.

이처럼 토호쿠지방에는 한반도와 큐슈에서 보고된 전형의 슴베찌르개와 기본적으로 형태와 제작기법이 동일한 유물이 분포하고 있다. 그런데 토호쿠지방에 인접한 니가타현 타루구치(樽口)유적과 나가노현 히가시우라(東裏)유적, 그리고 군마현의 우시로타(後田)I 유적과 지바현의 요쓰즈카(四ッ塚)유적에서도 전형의 슴베찌르개로 분류되는 것이 보고된 바 있다(그림 16. 木崎康弘 2005 ; 安蒜政雄 2013).

【부록】

수양개유적, 진그늘유적, 용산동유적 출토 전형 슴베찌르개의 목록

(크기 단위는 ㎜, 무게는 g, 길이에서 ( ) 안의 숫자는 복원 길이로 오차가 있을 수 있음)

〈표 1〉 수양개유적 출토 전형 슴베찌르개의 잰값과 형식

쪽-번호	길이	너비	두께	무게	슴베길이/전체길이	형식	슴베형식
① 11-①	71	32	11	?	0.32	B	모난형
② 12-③	48	20	8	7.3	0.42	A	모난형
③ 13-②	52	19	7	4.5	0.29	A	모난형
④ 13-③	73	25	8	13.0	0.29	A	모난형
⑤ 14-③	67	23	9	9.3	0.36	A	모난형
⑥ 15-②	46	19	9	6.7	0.41	A	모난형
⑦ 15-③	55	24	9	9.6	0.33	A	모난형
⑧ 15-④	59	23	8	6.9	0.34	A	모난형
⑨ 16-③	55	18	5	4.6	0.24	A	모난형
⑩ 16-④	64	16	9	8.8	0.25	A	모난형
⑪ 17-②	66	25	7	11.0	0.27	A	모난형
⑫ 17-③	95	26	11	25.1	0.34	A	모난형
⑬ 18-②	57	30	10	12.0	0.39	B	뾰족형
⑭ 18-③	60	26	12	13.0	0.32	B	모난형
⑮ 19-①	63	28	9	12.6	0.32	B	뾰족형
⑯ 19-③	78	28	13	23.9	0.35	B	뾰족형
⑰ 20-②	68	21	9	10.0	0.38	B	모난형
⑱ 20-③	65	25	8	7.5	0.15	B	모난형
⑲ 21-①	65	20	7	7.9	0.29	B	모난형
⑳ 21-②	65	25	9	12.2	0.25	C	모난형
㉑ 21-③	90	27	10	?	0.30	C	모난형
㉒ 22-①	59	19	9	9.0	0.34	C	둥근형
㉓ 22-④	56	21	6	6.6	0.27	B	모난형
㉔ 23-③	63(68)	22	10	12.9	0.32	C	모난형
㉕ 23-④	61	22	9	9.4	0.33	C	모난형
최소~최대	46~95	16~32	5~13	4.5~25.1			
평균	64.24	23.36	8.88	10.6 이상	0.31		

〈표 2〉 진그늘유적 출토 전형 슴베찌르개의 잰값과 형식

소장유물 번호	길이	너비	두께	무게	슴베길이 /전체길이	형식	슴베 형식
① 114 +1338	66	23	6	5.2	0.30	A	모난형
② 122	68	33	10	18.0	0.32	?(풍화)	둥근형
③ 165	50	20	5	3.1	0.26	A	모난형
④ 444	53	20	5	4.3	0.36	B	둥근형
⑤ 523	80	20	10	9.7	0.29	D	모난형
⑥ 960	37	18	6	2.0	0.35	B	모난형
⑦ 1183	67	18	7	9.6	0.19	C	모난형
⑧ 1211	54	17	7	4.2	0.22	A	모난형
⑨ 1507	50	21	9	6.3	0.46	A	모난형
⑩ 2238	69	20	9	8.9	0.32	D	모난형
⑪ 2340	67	26	8	8.4	0.24	A	모난형
⑫ 2621	71(74)	22	8	6.3	0.32	B	뾰족형
⑬ 1897	46(54)	20	8	4.9	0.22	A	모난형
⑭ 2334	38(46)	21	4	2.1	0.30	A	모난형
⑮ 121	49(74)	26	10	8.4	0.43	C	뾰족형
⑯ 207	47(52)	19	6	3.0	0.21	?	모난형
⑰ 796	51(69)	30	12	8.6	0.35	?	모난형
⑱ 2615	33(43)	18	7	2.3	0.30	A	모난형
최소~최대	37~80	17~33	4~12	2.0~18			
평균	59.61	21.78	7.61	6.41 이상	0.30		

〈표 3〉 용산동유적 출토 전형 슴베찌르개의 잰값과 형식

도면번호	길이	너비	두께	무게	슴베길이 /전체길이	형식	슴베 형식
① 18-②	80	24	11	9.8	0.28	D	모난형
② 18-③	47(49)	22	6	3.4	0.37	C	모난형
③ 18-④	50	19	7	4.5	0.36	A	모난형
④ 18-⑤	71(89)	26	8	9.5	0.25	A	뾰족형
⑤ 19-③	48(51)	18	7	2.1	0.24	A	둥근형
⑥ 19-④	51(61)	21	9	9.1	0.25	C	모난형
최소~최대	49~89	18.26	6~11	2.1~9.8			
평균	63.3	21.7	8	6.4 이상	0.29		

제4장

구석기시대의 한·일간 교류

I. 머리말

한국 임실 하가유적은 섬진강의 최상류 지역에 위치하며, 행정구역명은 전라북도 임실군 신평면 가덕리 687-23번지 일원이다. 2006~2010년 사이에 네 차례 학술 발굴된 이 유적에서 대규모의 돌날 제작터가 드러났으며, 함께 발굴된 18,000여 점의 유물 중에 슴베찌르개와 각추상석기, 그리고 이측연가공의 나이프형석기가 포함되어 있었다(이기길 2008c ; 이기길 과 2008 ; 이기길 과 2010).

이것들의 출토 상황을 보면, 각추상석기는 슴베찌르개에서 불과 60cm쯤 떨어져 드러났으며, 각추상석기 옆에서 나온 작은 격지는 조정된 기부에 붙는다. 그리고 나이프형석기는 각추상석기에서 약 16m 거리에 있었다. 그것들의 상태를 보면, 각추상석기와 나이프형석기는 완전하고 슴베찌르개는 뾰족한 끝 부위가 부러졌다. 이와 같은 출토 상황과 상태에 근거해보면 각추상석기는 유적 내에서 제작되었고, 슴베찌르개, 나이프형석기와 동시에 존재하였음이 분명하다.

그 동안 후기구석기시대에 한·일 양 지역의 교류 문제를 논하는 데 있어 중요하게 다뤄진 것은 단연 슴베찌르개였다. 반면 각추상석기는 근래까지 단 2점뿐이었고, 나이프형석기의 존재도 분명하게 제시되지 못해 슴베찌르개만큼 크게 주목받지 못하였다. 그러나 각추상석기는 최근 하가유적과 순천시 우산리 내우 '가'유적에서 새로 찾아졌고 전형의 나이프형석기도 하가유적에서 발견되어, 이것들에 대한 적극적인 검토가 필요하게 되었다.

그래서 새로 발견된 석기들의 돌감 종류, 제작기법, 날의 각도, 크기와 무게, 그리고 연대 등을 정리해 소개하고자 한다. 그리고 새 자료에 근거하여 한·일 양 지역의 교류에 대한 간략한 견해를 밝히고자 한다.

II. 나이프형석기

수양개, 진그늘, 고례리유적의 출토품 가운데 기부가공, 부분가공, 일측연가공, 이측연가공의 나이프형석기로 분류되는 것이 있다(松藤和人 2001)는 지적과 고례리와 용산동유적에서 기부가공, 이측연가공의 나이프형석기와 유사한 것이 있다(장용준 2010)는 견해가 발표된 바 있다. 이들의 주장처럼 이미 보고된 유물 중에 이 범주에 속하는 것들이 제법 있다고 생각하지만, 여기서는 글쓴이가 발굴한 하가유적과 진그늘유적의 유물 중 나이프형석기로 분류되는 예를 소개하려 한다.

1. 하가유적 출토품 (그림 1-①)

이것의 몸체는 유문암 돌날이다. 등면의 두 돌날자국

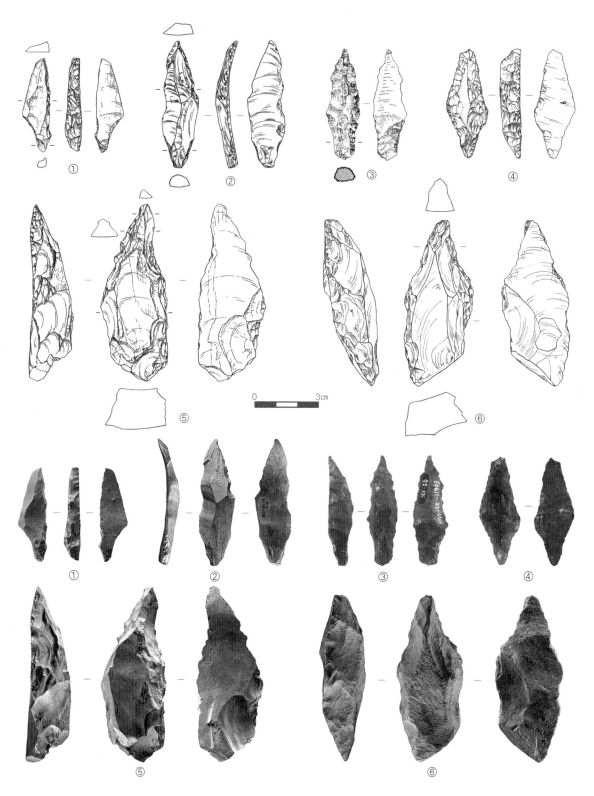

〈그림 1〉 나이프형석기와 각추상석기

①, ⑤ 임실 하가유적 ② 진안 진그늘유적 ③ 단양 수양개유적 ④ 광주 삼리유적 ⑥ 순천 외우'가'유적

면과 배면의 뗀 방향이 같다. 몸체의 왼쪽을 보면 굽 부위를 등잔손질하여 마치 어깨(shoulder)처럼 오목하게 만들었고, 그 위쪽은 빗금의 자연날 상태인데 각도가 45도로 날카롭다. 몸체의 오른편은 전부 중심축(돌날축)에 인접하여 가파른 등잔손질로 수직에 가까운 좁고 긴 면을 만들었다. 그리고 배면의 굽쪽 일부를 가로로 한번 잔손질하였다. 이것의 길이, 너비, 두께는 각각 43mm, 14mm, 7mm이며, 무게는 2.6g이다. 이것은 안비루 마사오(安蒜政雄 1979)와 키자키 야스히로(木崎康弘, 1988)에 의하면 각각 모로계의 이측연가공 나이프(3a형식)와 이측연가공의 박편첨두기(2B형식)에 해당된다.

2. 진그늘유적 출토품 (그림 1-②)

이것의 몸체는 유문암 돌날이다. 등면에는 크게 세 개의 돌날자국면이 있는데 왼편은 돌날축 방향으로 하나, 오른편은 돌날축에 수직 방향으로 위, 아래에 2개가 자리한다. 굽 부위의 양 변을 등잔손질하여 슴베를 만들었는데 평면 모습은 빗금형이다. 한편 위끝 부위는 오른편만 등잔손질하여 평면각이 52도인 뾰족한 찌르개를 만들었다. 양 옆 자연날 부위의 각도는 35도 내외로 날카롭고, 잔손질된 부위의 각도는 71도로 가파르다. 이것의 길이, 너비, 두께는 각각 59mm, 17mm, 7mm이고, 무게는 8.0g이다. 이것은 안비루 마사오(1979)와 키자키 야스히로(1998)에 따르면 기부가공 나이프형석기로 분류된다.

III. 각추상석기

현재까지 한국에서 각추상석기로 일컬어지는 유물은 수양개유적(이융조 1985), 삼리유적(한창균 과 2003), 하가유적(이기길 과 2008) 그리고 순천 외우 '가' 유적(이기길 2007)에서 1점씩 모두 4점이다(그림 1-③~⑥). 이것들의 돌감 종류, 크기와 무게, 그리고 날의 각도는 〈표 1〉과 같다.

제작기법을 살펴보면, 수양개, 하가, 외우 '가' 유적의 것들은 ① 몸체가 두터운 긴 격지이고, ② 양 가장자리를 따라 등 방향으로 깊게 잔손질되었으며, 그 결과 형성된 옆날은 61~75도를 이루며, ③ 삼능선의 뾰족한 끝이 형성되어 있는데 그 평면각은 45~51도이고, ④ 가로자른 면의 모습이 찌르개 부위는 세모이고 잡이(기부) 부위는 사다리꼴이며, ⑤ 배면의 잡이 부위를 잔손질(기부 조정)한 공통점을 지닌다. 한편 삼리 출토품은 몸체가 덜 두터운 편이고 기부 손질 흔적이 없으며 양 끝이 뾰족한 점이 앞의 예들과 다르다.

이것들은 크기와 무게를 기준으로 대형과 소형의 두 가지로 구분되는데, 대형은 소형에 비해 길이가 약 1.5~1.6배이고, 너비는 약 1.7~2.2배, 그리고 무게는 약 5.2~6.7배이다. 그런데 소형은 흑요석, 대형은 산성화산암(유문암과 응회암)으로 만들어져서 석기의 크기와 무게 차이는 사용된 돌감의 종류와 밀접한 관련이 있다고 생각된다. 흥미롭게도 일본열도에서도 대형은 혈암, 소형은 흑요석으로 제작된 예가 많다고 한다(森先一貴 2007).

〈표 1〉 각추상석기의 돌감, 크기와 무게, 날 각도

유적이름	돌감	길이×너비×두께(두께 비율)	무게	옆날 각도	찌르개 평면각
단양 수양개	흑요석	52×16×12mm(23.1%)	7.5g	64~73도	45도
광주 삼리	흑요석	51×20×10mm(19.6%)	7.0g	62~64도	25도, 38도
임실 하가	유문암	83×33×21mm(25.3%)	39.2g	61~65도	50도
순천 외우'가'	응회암	79×35×28mm(35.4%)	46.6g	75도 내외	51도

〈표 2〉 나이프형석기와 각추상석기의 절대연대와 공반유물

유적	절대연대	공반유물
진안 진그늘	22,830±350, 17,310±80B.P.	유문암제 좀돌날, 슴베찌르개, 새기개, 밀개 등
임실 하가	197,00±300, 195,00±200B.P.	유문암제 좀돌날, 슴베찌르개, 밀개, 새기개, 나뭇잎모양찌르개, 나이프형석기, 각추상석기, 돌날몸돌 등
단양 수양개	18,600~16,800B.P., 15,410±130, 15,350±200B.P.	규질셰일제 좀돌날, 슴베찌르개, 밀개, 새기개, 돌날몸돌 등
광주 삼리	?	흑요석제 좀돌날, 새기개, 뚜르개, 석영제 밀개 등

IV. 석기의 연대

나이프형석기와 각추상석기의 연대는 그것이 나온 유적의 절대연대와 유물갖춤새를 참고하여 추정해볼 수 있다. 〈표 2〉의 절대연대는 모두 숯을 시료로 잰 AMS연대이다(이기길 2007 ; 이기길·김명진 2008 ; Lee and Kong 2006).

〈표 2〉에서 보듯이 기부가공 나이프형석기는 약 23,000~17,000B.P. 무렵, 이측연가공 나이프형석기는 20,000B.P. 무렵, 그리고 각추상석기 중 큰 것은 약 20,000B.P., 작은 것은 약 18,000~15,000B.P. 무렵에 만들어진 것으로 나타난다. 그런데 진그늘, 하가, 수양개, 삼리유적은 좀돌날(몸돌), 슴베찌르개, 밀개, 새기개 등으로 이뤄진 좀돌날석기 단계에 속한다. 한국에서 좀돌날석기의 가장 빠른 연대는 신북유적(이기길·김명진 2008)과 호평동유적(홍미영·김종헌 2008)에서 보고된 약 25,500~24,000B.P.이다. 이처럼 나이프형석기와 각추상석기의 절대연대는 공반유물로 본 연대폭에 들어가므로 신뢰할 만하다.

V. 맺음말

구석기인들에게 있어 새로운 석기의 발명이나 수용은 여러 가지의 필요성에서 비롯되었을 것이고, 그 해결책으로 그들이 알고 있는 지식과 기술의 창조적인 선별 적용, 또는 다른 집단과의 정보 교류를 주로 활용하였을 것이다.

일본학계에서는 동아시아의 후기구석기시대에 슴베찌르개, 좀돌날석기, 그리고 흑요석을 지닌 무리들이 서로 오가며 '환일본해(환동해) 구석기문화 회랑'을 형성했다는 가설(安蒜政雄 2005 ; 2010)이 제기된 바 있다. 최근 한국의 남단에 위치한 장흥 신북유적에서 발굴된 흑요석기의 원산지가 PIXE분석 결과 백두산과 큐슈산으로 추정된 연구 결과(Kim J.C., et al. 2007)는 구석기문화 회랑 중 '서부 회랑'의 존재를 뒷받침해준다.

앞의 연구 성과를 참고할 때, 일본열도 고유의 종류로 알려진 나이프형석기와 각추상석기가 후기구석기 후반에 한국의 중부와 남부에 분포하는 사실은 어색하지 않다. 다만 한반도에서 현재까지 모로계의 이측연가공 나이프형석기로 분류되는 것은 하나뿐이고, 기부가공 나이프형석기도 출토양이 매우 적어, 일본열도에서 성행했던 도구들의 비중은 낮았다고 해석된다. 그런데 이 양상은 한국 기원으로 알려진 슴베찌르개가 일본열도에서 널리 유행한 점과는 사뭇 대조된다.

한편 각추상석기의 연대는 큐슈지역에서 23,000 B.P.(P17 화산재) 이후부터 등장한 것으로 나타나(宮田榮二 2007) 한국보다 3,000년가량 빠르다. 그런데 각추상석기의 여러 형식 중 하나인 하가유적 출토품을 중기구석기시대에 속하는 구례 용두리유적과 중국 정촌유적의 삼릉대첨상기(葉祖康 編 1983 ; 王幼平 2000)와 비교해보면, 몸체 종류와 크기 차이를 제외하고 제작기법이나 형태가 상당히 닮았다(그림 2). 게다가 후기구석기시대의 석기가 이전 시대보다 크기가 더 작아지고 정교해지는 경향을 감안하면, 하가유적의 각추상석기는 앞 시대의 지식과

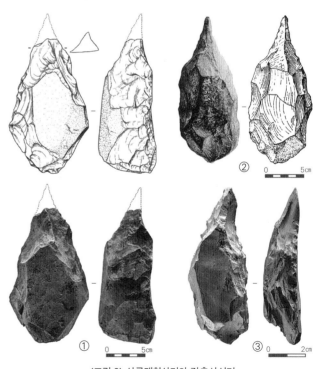

〈그림 2〉 삼릉대첨상기와 각추상석기
① 구례 용두리유적 ② 중국 정촌유적(葉祖康 編 1983 ; 王幼平 2000)
③ 임실 하가유적

기술을 근간으로 만들어졌을 가능성을 배제할 수 없다. 한국의 후기구석기 유물 구성에 찍개, 주먹도끼, 버금공모양석기 등이 포함되어 있는 사실도 이전 문화가 선택적으로 수용되었음을 뒷받침해주는 좋은 예일 것이다.

미루어 보건대 후기구석기시대에 한·일 간의 교류가 있었던 것은 확실하다고 생각되지만, 현 단계에서 자세한 양상을 밝히는 것은 쉽지 않다. 앞으로 무엇보다도 관련 자료의 증가를 고대하면서 양상 규명에 한·일 학계의 객관적인 형식 분류와 정확한 편년, 전체 유물에서 교류된 석기의 종류와 비중, 이전 시대와의 연관성 등이 고려된 합리적인 해석의 진전도 기대해본다.

제5장

Obsidians from the Sinbuk archaeological site in Korea
– Evidences for strait crossing and long-distance exchange of raw material –

I. Introduction

Characterization and provenance study of obsidian is very crucial and is of great efficiency for getting an insight into the long-distance exchange and cultural contact of the Palaeolithic Age(Ono *et al.* eds., 2014). Its application to the obsidian of the Korean peninsula facilitates the identification of the original sources of artifacts found in archaeological context(Sohn, 1989 ; Cho *et al.*, 2006 ; Kim *et al.*, 2007).

Our aim is to find evidence for the transport and exchange of obsidian during the Upper Paleolithic period in Korea. In the previous PIXE studies(Kim *et al.*, 2007 ; Cho *et al.*, 2010) on the sources of archaeological obsidians excavated in Korean Paleolithic sites, we discovered that some of the obsidians from the Sinbuk Paleolithic site originated from Kyushu, Japan. This finding has attracted considerable interest among archeologists(Ambiru, 2009, 2010 ; Kuzmin, 2010 ; Lee, 2012) since it addresses directly the question of seafaring between the Korean peninsula and Japanese archipelago during the Paleolithic Period.

Seafaring is a subject that has frequently been discussed in studies of human mobility pattern in prehistory. For example, evidence for initial peopling of the Australian continent(Bellwood, 2013) and the Japanese archipelago(Tsutsumi, 2010) inherently points to human capability of open sea crossing. The finding of Sinbuk obsidian also shows a remarkable aspect : a very long-distance transportation running ca. 800km.

However, the PIXE study was done by measuring only a

few trace elements such as Fe, Zn, Rb, Sr, and Zr. Therefore, a further multi-element analysis is needed in order to validate our conclusions made at that time. For this purpose, we have selected the laser ablation ICP-MS(LA-ICP-MS) method which can be applied to the obsidian artifacts and can cause minimal destruction. The analyses were carried out at the Korea Basic Science Institute(KBSI) LA-ICP-MS facility (Kil *et al.*, 2011). This paper also introduces a simple and effective method of obsidian characterization. This method does not rely on the absolute magnitude of element concentrations, but only on the spectral shape of geochemical data.

II. Materials and methods

1. Materials

Until now, over 20 Upper Paleolithic sites containing obsidian artifact have been reported on the Korean peninsula(Seong, 2007 ; Otani, 2009 ; Chang, 2013. Lee, 2015, Fig. 1). Among them, the Sinbuk site yielded seven hearths and ca. 31,000 pieces of stone artifacts including 28 obsidian specimens from excavated extent of ca. 20,000m². The representative tool types are micro-blades, burins, end-scrapers, tanged points, bifacial leaf point and polished stone artifacts such as edge-ground adz. Hearths were made of angular tuff and/or vein-quartz of 1-2 layers with round plan and four of them were concentrated at the extent of 4.5m

Fig. 1 Map showing locations of Paleolithic sites and obsidian sources. Sites: 1. Dongwanjin(Gangan-ri), 2. Mandal-ri, 3.Tonghyeon-ri, 4. Jangheung-ri, 5. Neulgeory, 6. Unsan-ri, 7. Yongjeong-ri, 8. Hwadae-ri, 9. Minrak-dong, 10. Hopyeong-dong, 11. Mangwol-dong, 12. Sam-ri, 13. Poil-dong, 14. Sangmuryong-ri, 15. Bupyeong-ri, 16. Hahwagae-ri, 17. Gigok, 18. Suyanggae, 19. Changnae, 20. Seokjang-ri, 21. Wolseong-dong, 22. Jiphyeon, 23. Sachang, 24. Sinbuk. Sources: A. Mt. Paektu(Paektusan), B. Koshidake-Hariojima, C. Yodohime, D. Shibakawa.

wide and 13.2m long(Lee, 2004c ; Lee *et al.*, 2008).

A total of seven ^{14}C AMS dates were measured from charcoals and are in the range of 18,500-25,500B.P. : 25,500±1,000B. P.(SNU03-914) ; 25,420±190B.P.(SNU03-568) ; 23,850±160B. P.(SNU03-338) ; 21,760±190B.P.(SNU03-913) ; 20,960±80B. P.(SNU03-569) ; 18,500±300B.P.(SNU03-912) ; 18,540±270B. P.(SNU03-915).

The Oxcal(Bronk Ramsay C, 2009) calibrated age ranges at 2

sigma are 29,700 BC 26,100 BC ; 28,800 BC 27,600 BC ; 27,400 BC 26,200 BC ; 24,900 BC 23,500 BC ; 23,450 BC 22,600 BC ; 21,100 BC 19,300 BC ; 21,000 BC 19,400 BC respectively and these correspond to the span between Heinrich event H-1 and H-3 in the late Pleistocene (Lee and Kim, 2008).

Twenty-three pieces of obsidian artifacts from Sinbuk site were selected for the geochemical analysis (Table 1 and Fig. 2). These are typologically classified into end-scrapers, side-scrapers,

Table 1. List of tool types, dimensions, weight, and postulated dates.

No.	Tool Type	Length (mm)	Width (mm)	Thickness (mm)	Weight (g)	Postulated date
SB-1	end-scraper	20	26	5	3.31	
SB-2	end-scraper	22	25	4	1.93	
SB-3	end-scraper	35	19	4.5	2.83	
SB-4	flake	28	19	6.5	1.96	>24,900 BC~23,500 BC
SB-5	?	14	10	8	1.16	29,700 BC~26,100 BC
SB-6	flake	12	14	3	0.45	24,900 BC~23,500 BC
SB-7	flake	13	13	1	0.22	
SB-8	flake	17	13	3.5	0.78	21,100 BC~19,300 BC
SB-9	flake	20	22	4.5	1.61	29,700 BC~26,100 BC
SB-10	flake	22	17	5.5	1.34	<27,400 BC~26,200 BC
SB-11	micro-blade	17	5	1	0.10	
SB-12	micro-blade	7	4	1	0.03	
SB-13	micro-blade	10	9	3	0.24	
SB-14	micro-blade	14	8	2	0.20	
SB-15	flake	20	9	2.5	0.37	<24,900 BC~23,500 BC
SB-16	flake	13	14	1.7	0.21	
SB-17	flake	10	8	1	0.07	
SB-18	flake	7	6	1	0.03	
SB-19	flake	18	9	9	1.05	27,400 BC~26,200 BC
SB-20	flake	10	5	3	0.13	
SB-21	flake	17	25	6.5	1.96	
SB-22	flake	7	16	1	0.12	
SB-23	debris	11	16	4	0.74	

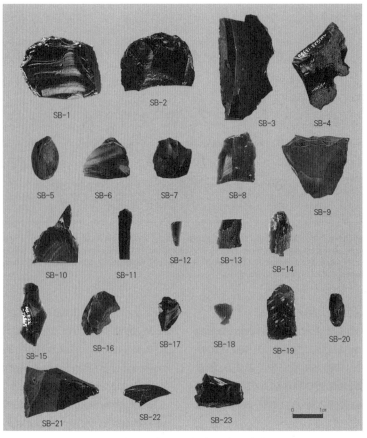

Fig 2. Obsidian artifact samples from the Sinbuk site.

micro-blades, flakes and debris. Their lengths are 7-35mm, widths are 4-26mm, thicknesses are 1-9mm and their weights are 0.03-3.31g. Dates for some obsidian samples are postulated by comparing context including provenience with that of ^{14}C samples. The numbers for individual obsidians correspond to Sample IDs in Table 1.

2. Methods : experiment and measurement

Measurements were carried out at KBSI. The obsidian samples were exposed to the laser beam focused on a freshly-fractured shiny surface of obsidian artifacts without any special treatment. They are examined at a fixed spot. The cortex surface of obsidians was avoided.

The trace element analyses using the USGS GSE standard are claimed to have measurements better than 10% at 2 sigma level, and repeatability better than 3%(Kil *et al.*, 2011). We have also checked the precision and accuracy of this facility using reference obsidian(Kim, 2014).

The depth of penetration of laser shots is less than ~0.4mm. Cross section of the laser holes is less than 50 m in diameter. In this measurement, 20 trace elements : La, Ce, Nd, Sm, Eu, Gd, Tb, Dy, Ho, Er, Tm, Yb, Lu, Zr, Nb, Hf, Rb, Sr, Cs, and Ba were selected to cover parts of three different types of incompatible elements, i.e., rare earth element(REE), high field strength element(HFSE), and large ion lithophile element(LILE)(Rollinson, 1993).

The measurements were repeated three times for each sample. The measurement results for the 20 Sinbuk obsidian artifacts are shown in Table 2, where average values of three measurements and standard deviations(S.D.) are given in ppm.

2.1. KBSI data

In general, the precision and accuracy of LA-ICP-MS is not as good as the precision and accuracy of conventional ICP-MS with liquid samples. The main reasons for less effective analytical performance is large variations in the amount of ablated material owing to fluctuations in the laser power on a shot-to-shot basis, heterogeneous chemical and textural compositions, different sample surface characteristics and vaporization characteristics. In general, 5~10% precision and accuracy can be achieved by using a calibration with matrix matched standards and internal standardization using elements in the samples(Ohata *et al.*, 2002 ; Westgate *et al.*, 1994 ; Gratuze, 1999a, 1999b).

In KBSI analyses of the present Sinbuk obsidians, Fe was used for the internal standard. However, it turned out that Fe is not a good element for internal standardization due to the molecular interference. Consequently, the absolute concentration values of the present measurement were not reliable.

2.2. Grouping of obsidians by comparing spectral shapes

Ordinarily, given a good set of the multi-element geochemical data for obsidiansamples, one could carry out Principal Component Analysis(PCA)or cluster analysis for grouping. In the present case with a data set of uncertain absolute concentrations, however, this was not possible. Therefore, we had to resort to an alternative characterization method which does not rely on absolute magnitude of concentrations in geochemical data. This has been achieved by comparing spectral shapes of geochemical data.

In this method, we compare chemical composition of two arbitrary samples. If all the ratios of element concentrations between two samples remain constant within a tolerable statistical range, we conclude two samples are similar, i.e., they belong to the same group. The similarity and difference are determined by the consistency of these ratios. To assess the consistency of the ratios, we have obtained the relative standard deviation(RSD) defined as 'ratio stdev / average ratio'.

In table 3, we present the example of this procedure applied to Sinbuk obsidian samples of SB-1, SB-2, and SB-3. In this example, the comparison of SB-1 and SB-2 results in RSD value of 4.2% which is comparable to the statistical error of measurement of ~10%, and they are of the same shape and belong to the same group. However, the comparison of SB-1 and SB-3 shows RSD value of 61.3% which is much larger than the statistical error, and, therefore, they do not belong to the same group.

III. Source identification of Sinbuk obsidians

1. Source Obsidians

It is necessary to have well defined chemical data of source obsidians for the method described in the previous section to be

Table 2. KBSI data of Sinkuk obsidians

Mean values of 3 measurements and standard deviations in ppm.

(unit:ppm)

	SB-1 Mean	SB-1 S.D.	SB-2 Mean	SB-2 S.D.	SB-3 Mean	SB-3 S.D.	SB-4 Mean	SB-4 S.D.	SB-5 Mean	SB-5 S.D.	SB-6 Mean	SB-6 S.D.	SB-7 Mean	SB-7 S.D.	SB-9 Mean	SB-9 S.D.	SB-10 Mean	SB-10 S.D.	SB-11 Mean	SB-11 S.D.
La (139)	210.04	14.26	184.5	4.41	85.14	10.63	39.19	10.59	29.61	0.48	32.24	1.05	80.65	13.73	93.62	15.4	27.28	0.84	98.69	6
Ce (140)	421.55	37.61	380.06	6.15	176.93	19.81	56.2	15.07	53.8	1.32	65.61	1.53	151.5	27.27	191.05	34.33	53.99	2.46	211.14	12.09
Nd (146)	156.53	11.72	139.22	1.83	64.61	9.4	19.66	6.09	17.38	0.33	20.17	1.93	55.99	10.12	69.92	13.2	15.51	0.27	81.93	5.15
Sm (147)	28.43	2.64	25.48	1.04	13.22	2.22	4.07	1.46	2.98	0.3	4.39	0.21	11.17	2.07	13.81	2.83	3.61	0.39	15.37	1.04
Eu (153)	0.31	0.02	0.32	0	0.48	0.1	0.48	0.15	0.37	0.05	0.3	0.04	0.71	0.07	0.44	0.07	0.21	0.04	0.59	0.06
Gd (157)	25.3	1.84	22.48	0.46	11.24	2.26	4.16	1.1	2.17	0.06	4.32	0.1	9.82	2.44	13.73	3.05	3.94	0.38	15.4	2.1
Tb (159)	3.64	0.31	3.25	0.2	1.81	0.21	0.52	0.21	0.31	0.03	0.75	0.06	1.74	0.35	2.02	0.32	0.64	0.03	2.32	0.22
Dy (163)	22.47	1.26	20.47	0.08	11.59	1.71	3.53	1.58	1.91	0.27	5.4	0.36	11.93	1.8	13.41	2.39	4.28	0.16	15.67	2.09
Ho (165)	4.36	0.4	4.08	0.07	2.03	0.35	0.67	0.37	0.39	0.04	1.06	0.03	2.44	0.5	2.5	0.37	0.8	0.05	2.87	0.19
Er (166)	12.43	0.62	11.18	0.13	5.9	0.76	1.9	1.08	1.24	0.16	2.97	0.14	7.96	1.46	6.7	1.31	2.47	0.12	8.13	0.73
Tm (169)	1.73	0.17	1.61	0.05	0.86	0.12	0.33	0.19	0.17	0.01	0.49	0.02	1.23	0.18	0.96	0.2	0.39	0.01	1.21	0.22
Yb (172)	11.19	0.75	10.43	0.39	5.79	0.97	2.11	1.23	1.46	0.1	3.18	0.11	8.83	1.53	6.09	1.18	2.57	0.09	7.24	1.2
Lu (175)	1.63	0.22	1.45	0.07	0.74	0.08	0.34	0.04	0.23	0.01	0.43	0.01	1.22	0.12	0.86	0.13	0.38	0.01	1.13	0.1
Zr (90)	1890	77.03	1690.39	46.57	324.81	31.71	172.08	32.33	93.46	0	90.42	1.61	269.68	45.81	352.39	51.9	78.88	2.28	424.6	27.38
Nb (93)	211.91	11.37	195.7	0.7	121.43	10.99	33.04	6.5	9.68	0.3	32.38	1.62	49.54	8.08	144.26	17.23	28.06	0.83	173.91	7.54
Hf (178)	42.14	2.44	40	1	11.6	1.33	4.18	2.11	2.99	0.09	3.7	0.27	9.37	1.98	13.94	2.49	2.9	0.04	15.23	0.9
Rb (85)	365.96	32.27	342.4	13.23	277.41	24.42	182.38	30.59	156.35	5.35	306.35	4.16	415.8	70.8	292.65	37.38	247.34	15.94	337.45	10.39
Sr (88)	1.24	0.13	1.24	0.02	35.6	3.63	85.81	11.3	133.79	2.23	59.68	1.6	58.67	11.54	42.67	6.28	50.22	1.53	38.68	4.04
Cs (133)	4.85	0.56	4.34	0.09	4.58	0.75	7.99	1.79	5.64	0.37	17.55	0.4	10.11	2.2	5.02	1	15.97	1.1	5.7	0.29
Ba (137)	2.75	0.25	2.69	0.2	161.68	19.3	491.3	134.11	581.96	3.43	338.85	11.72	463.99	80.31	178.17	33.49	274.8	13.06	191.67	12.59

	SB-12 Mean	SB-12 S.D.	SB-13 Mean	SB-13 S.D.	SB-15 Mean	SB-15 S.D.	SB-16 Mean	SB-16 S.D.	SB-17 Mean	SB-17 S.D.	SB-18 Mean	SB-18 S.D.	SB-19 Mean	SB-19 S.D.	SB-20 Mean	SB-20 S.D.	SB-21 Mean	SB-21 S.D.	SB-22 Mean	SB-22 S.D.
La (139)	87.76	1.71	60.04	9.98	26.27	2.03	19.8	2.82	38.12	0.58	35.63	2.71	18.93	1.63	30.41	15.83	100.16	8.57	170	8.94
Ce (140)	172.42	2.1	123.67	22.57	48.97	3.9	45.74	4.96	81.79	0.4	79.64	3.18	36.97	4.22	77.94	52.89	216.42	21.69	329.53	12.52
Nd (146)	66.39	0.85	56.25	7.52	15.24	0.9	13.43	2.13	29.22	0.21	28.28	2.32	10.99	1.07	26.34	16.6	78.29	4.21	136.3	5.79
Sm (147)	10.94	0.56	10.22	1.1	3.81	0.42	2.76	0.74	5.67	0.24	5.08	0.79	2.56	0.62	5.08	3.29	16.63	0	26.17	0.74
Eu (153)	0.15	0.02	0.12	0.02	0.27	0.02	0.14	0.01	0.07	0	0.16	0.03	0.13	0.05	0.4	0.25	0.65	0.06	0.31	0.06
Gd (157)	11.19	0.54	15.16	2.13	4.04	0.77	2.53	0.37	5.23	0.07	4.92	0.39	3.01	0.65	6.41	2.97	14.44	0.83	22.76	0.22
Tb (159)	1.69	0.11	1.35	0.17	0.64	0.12	0.35	0.15	0.75	0.02	0.8	0.1	0.48	0.04	0.91	0.62	2.26	0.03	3.32	0.34
Dy (163)	10.06	0.08	8.04	1.59	4.52	1	2.43	0.52	4.66	0.01	4.92	0.52	3.01	0.84	5.61	3.32	14.13	0.62	20.66	1.22
Ho (165)	2.03	0.08	1.5	0.29	0.88	0.11	0.55	0.16	0.91	0.06	0.94	0.16	0.64	0.11	1.17	0.9	2.67	0.13	4.12	0.25
Er (166)	5.84	0.1	4.64	0.43	2.69	0.42	1.42	0.2	2.52	0.04	2.85	0.45	1.87	0.02	3.33	1.4	6.62	1.2	11.59	0.88
Tm (169)	0.81	0.04	0.54	0.08	0.39	0.05	0.2	0.04	0.38	0	0.36	0.02	0.28	0.04	0.57	0.37	1.08	0.14	1.52	0.04
Yb (172)	5.2	0.06	3.74	0.52	2.58	0.1	1.56	0.5	2.31	0.09	2.64	0.03	1.94	0.09	3.16	1.7	7.13	0.44	10	0.22
Lu (175)	0.7	0.04	0.54	0.12	0.36	0.05	0.23	0.01	0.34	0.01	0.41	0.06	0.24	0.03	0.58	0.27	0.95	0.01	1.29	0.11
Zr (90)	836.52	13.63	681.26	47.71	80.33	5.86	48.47	7.81	374.26	7.33	133.96	11.17	57.83	5.16	98.8	53.22	411.65	22.08	1642.88	44.55
Nb (93)	106.9	0.95	90.54	5.84	29.52	1.98	17.64	2.68	46.44	0.14	67.24	3.92	23.84	2.36	23.7	12.99	185.5	10.15	209.23	9.17
Hf (178)	20.31	0.64	12.54	2.92	3.49	0.6	2.13	0.15	9.55	0.58	5.22	0.22	2.42	0.21	3.46	2.4	14.49	1.35	40.1	1.32
Rb (85)	146.46	0.76	127.96	10.28	220.8	2.71	194.78	36.8	63.51	1.45	137.58	4.22	184.47	25.02	230.06	124.89	379.33	11.93	274.09	11.81
Sr (88)	0.49	0.04	0.42	0	44.26	12.35	16.65	2.24	0.21	0.02	14.98	0.93	33.31	2.66	44.24	23.51	43.03	1.65	0.99	0.08
Cs (133)	1.88	0.01	1.68	0.28	15.5	1.28	11.98	1.74	0.91	0	2.4	0.12	12	1.71	7.83	4.15	6.2	0.09	3.93	0.23
Ba (137)	1.36	0.26	1.34	0.1	239.9	20	165.16	17.34	0.56	0.03	72.01	6.19	185.3	18.45	996.97	611.82	209.01	10.27	2.4	0.3

* Due to use of Fe as internal standard, the absolute concentrations are not correct ones. However, spectral shapes obtained by USGS reference are correct and used for the analyses. See text.

Table 3. Example of grouping by spectral shape comparison.

(unit.ppm)

Element	<ppm> SB-1	<ppm> SB-2	<ppm> SB-3	ratio SB-1/SB-2	ratio SB-1/SB-3
La	210.04	184.5	85.14	1.13	2.46
Ce	421.55	380.06	176.93	1.1	2.38
Nd	156.53	139.22	64.61	1.12	2.42
Sm	28.43	25.48	13.22	1.11	2.15
Eu	0.31	0.32	0.48	0.96	0.64
Gd	25.3	22.48	11.24	1.12	2.25
Tb	3.64	3.25	1.81	1.12	2.01
Dy	22.47	20.47	11.59	1.09	1.93
Ho	4.36	4.08	2.03	1.06	2.14
Er	12.43	11.18	5.9	1.11	2.1
Tm	1.73	1.61	0.86	1.07	2.01
Yb	11.19	10.43	5.79	1.07	1.93
Lu	1.63	1.45	0.74	1.12	2.2
Zr	1890.02	1690.39	324.81	1.11	5.81
Nb	211.91	195.7	121.43	1.08	1.74
Hf	42.14	40	11.6	1.05	3.63
Rb	365.96	342.4	277.41	1.06	1.31
Sr	1.24	1.24	35.6	1	0.03
Cs	4.85	4.34	4.58	1.11	1.05
Ba	2.75	2.69	161.68	1.02	0.01
		Average ratio		1.08	2.01
		Ratio stdev		0.04	1.23
		%RSD		4.21	61.31
				Similar	Disimilar

applied to Sinbuk obsidians.

The Paektusan and Japanese obsidian sources are the most relevant in the case of Korean archaeology. The Paektusan(Mt. Paektu) is the only known obsidian source in the Korean Peninsula(Figure 1). Paektusan obsidians were extensively studied previously(Kuzmin et al., 2002 ; Kuzmin and Glascock, 2014 ; Popov et al., 2005 ; Kim, 2014). It has been shown that there are three different chemical groups of Paektusan obsidians : Paektusan volcano-1(PNK1), Paektusan volcano-2(PNK2), and Paektusan volcano-3(PNK3). In particular, the data for PNK1 and PNK2 obsidians are well documented and ca. 85% of obsidians excavated at archaeological sites in the central part of Korean Peninsula belong to these types(Kim et al., 2007).

For the study, we have taken the data for these sources from the recent study of obsidians from the Neulgeory Paleolithic site(Hong and Kim, 2011). These Neulgeory data for PNK1 and PNK2 are quite similar to those of Popov et al(2005), but they have elemental compositions consistent with the Sinbuk data set, as they are also measured by LA-ICP-MS.

A few multi-element geochemical data for obsidians originating in Japan is available. For example, sources of obsidians

from the Hokkaido area have been previously studied by Kuzmin et al.(2002). However, those from Kyushu area which are relevant to the present study are rare. Although extensive studies were made by Sugihara and Kobayashi(2004), these data are confined to a few elements obtained by X-ray fluorescence analysis.

We obtained seven obsidian samples from the following sources of Kyushu origin : Koshidake, Hariojima, Yodohime, Shibakawa, Ohzaki, Himejima, and Ikiindozi. The chemical data for these obsidians were measured by conventional ICP-MS and reported elsewhere(Kim, 2014).

The source chemical data used for the present study are listed in Table 4. In this table, three Paektusan sources : PNK1, PNK2, and PNK3 and four Japanese sources from Kyush : Koshidake, Hariojima, Yodohime, and Shibakawa were included. Other source obsidians from Kyushu and Hokkaido such as Ohsaki, Himejima, Ikiindozi and Shiradaki were not included since no matching Sinbuk obsidians have been found.

2. Source identification

The results from the spectral shape comparison for these source obsidians to the Sinbuk obsidian samples are shown in Table 5. Resulting relative standard deviations in RSD values in percentage terms(%RSD) are shown in the corresponding column when particular source obsidian is compared with sample obsidians. The last column of this table shows source classification for the samples. The source classification is determined by the minimum value of RSD in that row for a particular sample.

For samples of SB-5, SB-7, SB-13, SB-16, and SB-20, the minimum RSD values are in a little higher than the normal range of ~10%. In case elemental concentration measurements have statistical errors of ~10% in both source obsidians and sample obsidians, RSD, which is the ratio error, of up to ~20% may be statistically tolerable, and SB-5, SB-13, SB-16 can be possibly classified as shown in the table.

However, for the samples, that is SB-7 and SB-20, the minima of RSD, 30.8% and 42.6% respectively, are much larger than

Table 4. Geochemical data for the source obsidians.

Mean values in ppm are listed. The PNK1 result comes from analysis of 9 artifacts plus 1 geological sample and PNK2 resultcomes from analysis of 6 artifacts. For other sources, data are taken from the previous publication (Kim, 2014). (unit.ppm)

	PNK 1 LA-ICP-MS	PNK 2 LA-ICP-MS	PNK 3 SNU-ICP	Kohidake SNU-ICP	Hariojima SNU-ICP	Yodohime SNU-ICP	Shibakawa SNU-ICP
La	66.30	175.9	66.84	21	20.2	32	26
Ce	139.20	354.3	128.67	38	37	56	45
Nd	49.60	129.1	54.7	13.52	12.7	17.77	13.74
Sm	10.20	23.2	10.25	3.22	3.1	3.22	2.66
Eu	0.30	0.3	0.68	0.23	0.2	0.54	0.55
Gd	8.50	19.6	9.11	3.48	3.3	2.82	2.28
Tb	1.30	2.8	1.33	0.62	0.6	0.44	0.35
Dy	8.60	18.3	6.77	3.7	3.6	2.47	1.91
Ho	1.60	3.5	1.2	0.73	0.7	0.48	0.36
Er	4.40	9.7	3.16	2.13	2	1.44	1.01
Tm	0.60	1.3	0.43	0.32	0.3	0.22	0.15
Yb	4.10	9.1	2.79	2.09	2	1.5	1
Lu	0.50	1.2	0.42	0.3	0.2	0.23	0.15
Zr	225.80	1482.6	506.48	74.88	53.8	155.5	56.68
Nb	83.30	168.7	72.55	19.49	19.8	19.87	18.47
Hf	8.40	34	11.12	3.92	3.2	4.59	3.26
Rb	233.20	307.3	111.39	184.3	167.7	136.77	122.82
Sr	28.30	1.1	29.83	42.94	37.9	103.37	179.28
Cs	3.80	4.3	1.17	12.45	12.7	6.59	10.77
Ba	130.30	4.4	117.87	229.94	218.6	580.09	638.53

Table 5. % RSD values obtained by the spectral shape comparison of Sinbuk obsidians with various source obsidians.

The last column shows assigned sources determined by the minimum value of RSD.

	PNK1	PNK2	PNK3	Koshi-dake	Hario-jima	Yodo-hime	Shiba-kawa	Assignment
SB-1	64.1	12.6	43.5	82.1	95.7	55.6	75.6	PNK2
SB-2	63.4	11.3	43.6	81.1	94.5	55.5	74.9	PNK2
SB-3	7.6	258	44.4	49.5	48.7	51.9	52.4	PNK1
SB-4	102.8	301	136.3	36.9	42.6	19.6	38.1	Yodohime
SB-5	152.7	289	152.2	68.3	69.3	22	28.9	Yodohime/Shibakawa
SB-6	102	295	197.4	12.7	13.8	44.7	47.9	Koshidake/Hariojima
SB-7	41.9	259	84.3	30.8	35.4	51.5	60.2	U/A
SB-9	8.7	288	43.6	50.5	49.2	54.1	53.8	PNK1
SB-10	109.1	253	209.1	13.9	16	46	47.3	Koshidake/Hariojima
SB-11	13.8	219.3	44.7	51	50.4	55.3	55.3	PNK1
SB-12	65.1	14.7	44.4	81.9	95.4	57.4	76	PNK2
SB-13	65.5	22.5	44.1	83.8	96.8	62.5	78.5	PNK2
SB-15	104.5	284	208.4	10.8	12.7	45.6	47.7	Koshidake/Hariojima
SB-16	122.2	301	230.9	25.8	24.7	49.1	43.5	Koshidake/Hariojima
SB-17	64.5	15.5	44.5	80.7	94	56.9	74.9	PNK2
SB-18	13.4	257	53.6	54.6	52.7	56.7	55.2	PNK1
SB-19	111.3	286	214.3	16.2	14.8	48	47.8	Koshidake/Hariojima
SB-20	136.5	370	141.8	44.8	44.7	42.6	51.4	U/A
SB-21	11.4	257	48	53.6	51.7	55.4	53.9	PNK1
SB-22	64.3	15.5	43.6	81.3	94.6	57.7	75.4	PNK2

statistical limits, and no definite classification can be made. Thus, we have marked them as U/A(unassigned).

The sample SB-5 shows RSD values of 22% and 28.9% for Yodohime and Shibakawa respectively, and the difference is not significant statistically. Therefore, we assign the source of SB-5 as Yodohime/Shibakawa.

The source of five samples : SB-6, SB-10, SB-15, SB-16, and SB-19 is assigned as Koshidake / Hariojima, since the RSD values resulting from Koshidake source and Hariojima source show no significant difference.

Two groups of obsidian with Paektusan origin are observed.

Samples : SB-3, SB-9, SB-11, SB-18, and SB-21 belong to PNK1 group.

Although SB-3, SB-9, and SB-21 were measured in our previous PIXE study(see Table 6), they were not identified as PNK1 due to the difficulties in making a clear distinction from Japanese sources. The multi-element analysis puts them unambiguously in the PNK1 group together with new samples of SB-11 and SB-18.

Samples : SB-1, SB-2, SB-12, SB-13, SB-17, and SB-22 have been identified as the PNK2 group. Obsidians from this group were easily identified in PIXE study due to their prominently high Zr concentration.

The conclusions made at our previous PIXE study have not been altered by the present study. In fact, the findings of the above two groups of Paektusan obsidian is compatible with those of other archaeological sites in Korea, eg., no archaeological obsidian of Paektusan volcano-3(PNK3) type has been found yet.

In general, the most distinguishable characteristics of Paektusan obsidians from Japanese sources of Kyushu area are that Sr and Ba concentrations are greatly suppressed not exceeding c.100 ppm(Popov et al., 2005), and REEs are three to five times higher than those from the Japanese sources. In addition, Paektusan obsidians tend to contain Rb and Zr in significantly higher amounts

Table 6. PIXE results vs LA-ICP-MS results and final assignment

	PIXE results	LA-ICP MS results	Final assignment
SB-1	PNK 2	PNK 2	PNK 2
SB-2	PNK 2	PNK 2	PNK 2
SB-3	Ushinodake, Iimori, Ohmura	PNK 1	PNK 1
SB-4	Koshidake	Yodohime	Yodohime
SB-5	U/A	Shibakawa	Yodohime/Shibakawa
SB-6	Koshidake	Koshidake/Hariojima	Koshidake/Hariojima
SB-7	probably Japan	U/A	U/A
SB-8	PNK 2	not measured	PNK 2
SB-9	U/A	PNK 1	PNK 1
SB-10	Hariojima	Koshidake/Hariojima	Koshidake/Hariojima
SB-11	not measured	PNK 1	PNK 1
SB-12	not measured	PNK 3	PNK 2
SB-13	U/A	PNK 3	PNK 2
SB-14	PNK 2	not measured	PNK 2
SB-15	U/A	Koshidake/Hariojima	Koshidake/Hariojima
SB-16	not measured	Koshidake/Hariojima	Koshidake/Hariojima
SB-17	not measured	PNK 3	PNK 2
SB-18	not measured	PNK 1	PNK 1
SB-19	U/A	Koshidake/Hariojima	Koshidake/Hariojima
SB-20	not measured	U/A	U/A
SB-21	U/A	PNK 1	PNK 1
SB-22	not measured	PNK 2	PNK 2
SB-23	PNK 2	not measured	PNK 2

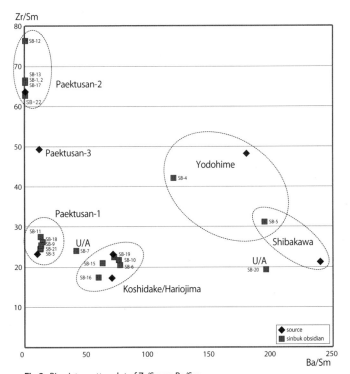

Fig 3. Bivariate scatter plot of Zr/Sm vs. Ba/Sm.
Ellipses are eye-guiding lines for the groups assigned by the spectral shape analysis.

than Japanese sources. In Figure 3, we present a bivariate plot of Zr/Sm vs Ba/Sm. This particular combination of variables shows results consistent with those of Table 5. However, it should be pointed out that this agreement is a posterior result, since not all scatter plots of other two-dimensional variables give the same good agreement.

In Table 6, we have compared the previous PIXE result with the present LA-ICP-MS result. In PIXE study, which measured only a few elements, the classification depended much on a scatter plot and quite a few samples were left unassigned. Moreover, the sample, SB-3 was classified erroneously as Japanese origin, which turned out to be PNK1 by LA-ICP-MS.

IV. Discussion

As a result of the present study, 23 samples among the total of 28 obsidians excavated from the Sinbuk Paleolithic site have been identified as members of four distinguishable sources. And, this represents a considerable progress since the previous PIXE study(Kim *et al.*, 2007), where only two source groups were identified. The archaeological interpretations follow.

1. Seafaring in Paleolithic period

The fact that the Sinbuk site shows such a wide spectrum of obsidian sources is noticeable, though the total number of excavated obsidians is markedly few. Finding seven obsidian pieces from Kyushu area, Japan : five Koshidake / Hariojima obsidians and each Yodohime and Shibakawa obsidian are unequivocal evidence for interaction between the Korean peninsula and Japanese archipelago as early as ca. 30,000 cal B.P. According to the simulation study(Lee *et al.*,

2008a) based on palaeosalinity data(Gorbarenko and Southon, 2000) for the East/Japan Sea, during the Last Glacial Maximum, which is the occupation period of the Sinbuk site as dictated by ^{14}C ages in the ranges of ca. 30,000-22,000 cal B.P., the sea level of the Korea / Tsushima strait was ca. 120-140m lower than the present day and the width was only 10-20km, though the current velocities were not faster than the lower values(10-30 cm/s) of the modern current speeds. Therefore, crossing the strait was much easier.

Typological studies of the Upper Paleolithic tool kits indicate that there are many similarities among tool types between Korean peninsula and Japanese archipelago such as tanged points, micro-bladecores, end-scrapers, burins, kakusuijyo-sekki(one type of point), knife-shaped tools, and partial polished ax(Chang, 2009, 2010 ; Lee, 2011). Although some of them appeared belatedly in Japan, it is evident that two regions were in close cultural contact.

The following argument is more or less general but the evidence is also compelling. The study of distribution pattern of the early Upper Paleolithic sites in Japan reveals that cultural interchanges were from Kyushu to the southern and the northern part of Honshu, which reflects the human colonization of Japanese Islands, was proceeded by a migration from the mainland Asia through the Korean Peninsula(Ambiru, 2009, 2010 ; Ono and Yamada, 2012). However, an edge ground adze, a prominent feature of Japanese early UP assemblage was also found in the Sinbuk site ; this indicates that the cultural flow was not uni-directional, but rather reciprocal.

2. Exotic obsidians and obsidian exchange pattern

Yodohime and Shibakawa obsidians have been observed on no other Korean archaeological sites, and these obsidians have been found only in minute quantities even at archaeological sites in Japan. For instance, in the Uwaba site, Kagoshima, Japan which is at the distance of ca. 100km from the source, only two Yodohime obsidians have been found while 196 Koshidake obsidian artifacts were identified(Iwasaki et al., 2009).

As another example, Paleolithic sites in the Asoyama area, Kumamoto, Japan, which is at a distance of ca. 50km from

Table 7. Existence of natural cortex and tool type.

Source	Paektusan		Kyushu			Uniden-tified	Not measured	Total
	PNK1	PNK2	Koshidake/Hariojima	Yodohime/Shibakawa	Yodo-hime			
Micro-blade	1	3	0	0	0	0	0	4
End-scraper	0	2	0	0	0	0	0	2
Side-scraper	1	0	0	0	0	0	0	1
Flake	3	3	5	0	1	2	0	14
Debris	0	1	0	0	0	0	5	6
?	0	0	0	1	0	0	0	1
Total	5	9	5	1	1	2	5	28
Nat. cortex	0	3	2	1	1	0	0	7

Kyushu area contained Yodohime obsidians as well as Koshidake obsidians. Yet the number of Yodohime obsidians diminished as the stratigraphic layers approached the upper Pleistocene, while the number of Koshidake obsidians kept on increasing(Obata, 2003c).

The presence of these exotic obsidians at the Sinbuk site suggests the pattern of transportation of obsidians. It is likely that they were transported by casual visitors, and not by systematic obsidian exchange based on anything like the raw material procurement strategy which probably took place in Neolithic age. For example, in the Tongsam-dong and the Beombang Neolithic sites, obsidian sources are confined only to two or three sources while dominated by a single source, Koshidake(Obata, 2003c ; Takahashi et al., 2003). Obsidian consumption rate in Sinbuk was negligibly small compared to other raw materials, and for the Sinbuk occupants obsidians might not have been the necessity, but rather just one of curiosity.

The number of Paektusan obsidians in Sinbuk if we compare with those of the central part of Korean Peninsula where the number approaches to ca. 1,000 in such sites as Neulgeory, Hopyeong-dong, and Hahwagae-ri(Hong and Kim, 2011 ; Hong, 2014 ; Otani, 2009) shows an exponential fall-off pattern as the distance increases from the source area, Paektusan. This suggests that the Paektusan obsidians exceeding 800km in a straight line from southwestern Korea were brought to Sinbuk through a down-the-line exchange mechanism(Renfrew et al., 1968).

3. Other archaeological findings

Seven out of twenty eight obsidians have a patch of cortex

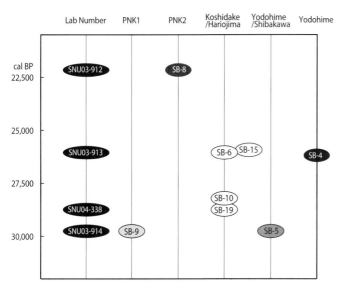

Fig 4. Postulated dates of obsidians from the Sinbuk site.

as shown in Fig. 2 and Table 7. Relatively high portion of cortex appearances and lithic composition of flakes, debris and tools indicate that the obsidians were brought in a boulder form and directly knapped at the site. In addition, a correlation study of ^{14}C age shows, in the early stage of total duration of ca. 30~22ka cal B.P., both Paektusan and Japanese obsidians were equally incorporated, but Japanese obsidians seem to be dominantly used in the first half as shown in Fig. 4.

V. Conclusion

The present multi-element geochemical study applied to the Sinbuk obsidians has been fruitful to advance provenance of the Sinbuk obsidians in greater details than the previous PIXE study. Now only two obsidians among the total of 23 obsidians remain unidentified.

In this study, we have employed a new data handling method in order to cope with the uncertain absolute determination of element concentrations in LA-ICP-MS measurement. This method which is in essence 'fingerprinting only by the shape of mass spectra' has been successfully demonstrated to be useful for classifying samples into different source groups even in absence of high quality data of absolute magnitude of element concentrations.

As many as four different sources have been identified for the 23 Sinbuk obsidians. They include two sources from Kyushu, Japan and two sources from Paektusan on the North Korea/ China border. The obsidian artifacts from Japan clearly show the direct evidence of long distance exchange network between Korea and Japan during Upper Paleolithic, regardless whether it is due to sea-faring across narrow strait or it is due to land-bridge formation at the LGM(Park, 1992).

제5부

유적의 보존과 활용

제1장

전남지방 구석기시대 유적의 보존과 활용

I. 머리말

구석기시대의 유적을 보존하고 활용한다고 할 때, 먼저 떠오르는 생각은 무엇 때문에 그런 일을 하려고 하느냐는 점이다. 이것은 구석기시대와 그 문화가 오늘을 사는 우리에게 어떤 의미가 있는가 하는 점에 대해 먼저 생각해 보게 한다.

구석기시대란 지금으로부터 1만 년 전 이전의 약 250만 년 동안으로, 아주 까마득한 옛날이어서 일반인에겐 호랑이 담배 피우던 시절로 느껴질 것이다. 그러나 그 동안의 주인공이 생물학상 우리와 같은 속(屬)에 속하는 곧선사람(*Homo erectus*), 슬기사람(*Homo sapiens*), 그리고 같은 종(種)인 슬기슬기사람(*Homo sapiens sapiens*)으로 연결되어(Johanson, D. and Edgar, B. 1996) 우리와 직접, 간접으로 핏줄이 이어지는 관계이다.

그뿐 아니라 우리들의 생계 방식이나 문화가 결국은 과거의 그것들에서 발전된 것임을 부인할 수 없다. 처음 식물 식량으로 연명하던 단계에서 고기를 식량화하려고 전기구석기시대에는 석기를 개발하게 되었고, 중기구석기시대에는 더 정교한 석기를 만들어 사냥을 하게 되었으며, 죽은 이를 묻어주기까지 하였다. 그리고 후기구석기시대에는 뿔, 뼈 등으로 귀바늘, 작살, 창던지개 등 새로운 연장을 만들고 가죽옷을 지어 입어 추운 지대로까지 터전을 확대하여 왔으며, 뼈나 뿔, 돌판 그리고 동굴 벽에 당시의 짐승과 식물, 자신의 모습 등을 그리거나 새기고 조각하는 수준에 이르렀다(Weaver, K. F. 1985 ; Bahn, P. G. 1997).

이 같은 사실은 구석기시대가 인류 역사에서 99% 이상을 차지하는 아주 오랫동안이며, 그 문화가 오늘 우리들 문화의 뿌리이며 요람임을 보여주는 것이다. 그래서 현실의 삶이 혼란스럽고 갈 길을 잃어 방황할 때, 과거가 담겨 있고 남아 있는 유적지에서 차분히 옛 선인들이 걸어온 길을 되돌아보며 정체성을 생각해 보고 삶의 방향과 생기를 얻을 수 있다.

그런즉 훌륭한 문화유산의 보존과 활용은 이땅에서 먼저 살았던 분들의 마음과 삶의 역정이 담긴 고향 같은 쉼터를 마련하는 것이며, 나아가 이 땅을 찾는 외국인들에게 우리의 고유한 정서를 가장 분명하게 전달하는 중심이 될 것이다. 다시 말하자면, 안으로는 국민들을 하나되게 하고, 밖으로는 고유한 문화를 선양하는 장으로서 그 의미와 역할은 관광자원 이상으로 매우 크다고 하겠다.

II. 보존 및 활용 방안

1. 보존 방안

구석기유적은 대부분 천이나 강가의 얕은 언덕에 자

리잡고 있으며, 거의가 밭이나 과수원, 논 등으로 이용되고 있다. 그런데 구석기 유물이 포함된 문화층 중 후기구석기 이른 시기와 중기구석기시대 및 그 이전의 것은 대개 1m보다 깊은 곳에 있으나, 후기구석기 늦은 시기의 경우는 대부분 겉흙 바로 아래 있어 경작이나 경지정리 등으로 원래의 상태를 알 수 없게 파괴되는 예가 많다. 특히 응회암이나 유문암제 석기들은 석영제 석기들과 달리 묻혀 있을 때도 풍화를 받으며, 땅 위로 드러나게 되면 풍화가 더 빨리 진행되고, 또한 회전 경작기(Rotary)나 쟁기, 호미 같은 경작 도구에 긁히거나 깨지기 쉽다.

이런 문제 때문에 구석기유적 보존의 출발점은 무엇보다도 구석기 전공자에 의한 정밀한 지표조사로 유적의 분포와 개별 유적의 범위, 시기와 성격에 대한 기초 자료를 확보하는 것이 되어야 한다. 그리고 이미 알려진 유적의 경우 주민들에게 그 의미와 중요성을 알리고 유적의 훼손 방지를 당부하는 것이 필요하며, 문화재계, 도로교통과, 건설과 농지계 등의 관련 행정부서에 유적의 존재를 통보하여 학계와 관이 함께 유적 파괴를 예방하는 조치가 중요하다.

또한 기존에 시행되고 있는 것처럼 유적의 위치를 가리키는 표시판과 조사 내용 및 의미를 적은 설명판을 유적지에 세우고, 유적의 중요도에 따라 사적, 기념물, 문화재자료 등으로 지정해서 법으로 보호하며, 의미가 심대한 유적은 땅을 매입해서 공유화하는 단계별 처리가 바람직하다고 하겠다. 끝으로 경지정리나 공사구간에 포함되었을 경우, 공사 착수 전에 공사계획의 변경 또는 구제 발굴 등이 검토되어야 할 것이다.

2. 활용 방안

구석기시대 유적의 활용 방안은 이 시대의 유적이 많이 조사되었고

그 연구가 가장 활발하며 또 관광자원으로 잘 활용하여 수많은 관광객이 찾아가는 프랑스의 예를 참고하여 제시하고자 한다.

프랑스의 뻬리고드(Périgord) 지방에 있는 베제르(la Vézère) 계곡은 구석기인들의 고향이라 할 정도로 수많은 구석기시대의 유적들이 분포하고 있다(Aubarbier, J. -L. and Binet, M. 1997). 예를 들면, 후기구석기인들의 그림이 남아 있는 라스코(Lascaux) 동굴, 유럽 후기구석기시대의 주인공인 크로마뇽(Cro-Magnon) 사람이 발견된 '크로마뇽' 유적, 중기구석기시대를 가리키는 무스떼리앙 이름이 유래한 '무스띠에(le Moustier)' 유적 등은 이 일대가 오랫동안 구석기인들의 주된 살림터였음을 보여준다.

〈사진 1〉 프랑스 아브리 빠또 유물전시관 겉모습

〈사진 2〉 프랑스 아브리 빠또 유물전시관 내부 모습

프랑스인들은 구석기시대의 문화유산을 다양하게 감상할 수 있게 꾸며놓았다. 특히 레제지(les Eyzies) 마을을 중심으로 중요한 유적들은 지층을 문화층과 관련지어 관람할 수 있게 하였는데, 그 중 아브리 빠또(Abri Pataud) 유적은 두터운 퇴적 속에 구석기시대의 여러 문화층이 발굴되어서 아담한 '지층전시관'으로 꾸며져 있다(사진 1, 2). 그 안에 들어가면 지층 세로면과 평면에 문화층별로 대표 유물의 복제품과 설명판을 배치해 놓았으며, 관람객은 계단을 따라 올라가며 구경할 수 있게 되어 있다. 관람하기에 앞서 안내원이 유적에 대해 설명하여 주며 질문도 받는다. 이 같은 지층전시관은 좁은 면적에도 만들 수 있는 장점이 있다.

또한 그 일대의 선사시대 유물이 전시된 국립선사박물관(The National Museum of Prehistory), 라스코 동굴을 새로 재현한 과정과 그 일대의 동굴 예술을 종합 전시하고 동굴벽화에 나오는 동물들을 방목하여 구석기시대의 자연환경과 동굴벽화를 이해하기 쉽게 꾸민 '르 또(le Thot)' 박물관, 라스코 동굴의 벽화를 보존하려고 그 아래에 새로 만든 '라스코 Ⅱ', 그리고 네안데르탈 사람과 크로마뇽 사람의 다양한 생활상을 체험할 수 있는 '선사공원(Préhistoparc)'이 만들어져 있다. 또한 팸플릿과 도록 및 기념품을 팔며, 관광 정보를 알려 주고 관광객과 안내원을 연결해 주며 숙소를 소개해 주는 '안내소'가 잘 운영되고 있다.

이를 우리의 구석기시대 유적에 적용해 보면, 첫째, 한 지점에서 여러 시대의 유물과 유구가 발굴된 다문화층의 유적인 경우, '지층전시관'으로 활용하는 방안. 둘째, 중요 유적으로서 입지가 좋고 규모가 클 경우 '선사공원'으로 조성하는 방안. 셋째, 구석기시대의 유적뿐 아니라 청동기와 철기시대 유적, 산성과 가마터 등의 역사시대 유적과 이름난 절까지 포함하는 관광 여정의 개발 등이 가능하다. 이런 방안을 구체화할 수 있는 유적으로 순천 죽내리와 월평 유적이 있다.

2.1. 순천 죽내리유적

죽내리유적의 가장 큰 학술 가치는 중기~후기 구석기시대, 청동기시대, 삼국시대에 이르는 약 10만 년에 걸친 선인의 발자취가 5m에 이르는 두터운 퇴적층 속에 정연한 차례를 이루며 남아 있다는 점이다. 그뿐 아니라

유적 뒤 정상에는 역사시대의 미곡산성이 자리하고 있다. 그래서 죽내리유적은 섬진강유역의 유구한 역사를 한 곳에서 살펴볼 수 있는 타임캡슐 같은 곳으로, 전라남도인의 뿌리를 확인하고 선인들의 삶을 느끼며 나아가 그 정신까지도 유추해볼 수 있는 '고향' 같은 곳이다(사진 3).

이러한 죽내리유적은 '지층전시관'과 '역사체험 산책로'의 두 가지로 활용하는 것이 바람직하다고 생각된다. 즉 여러 시대의 문화층이 층위를 이루며 잘 남아 있는 발굴지(해발 약 80m)에 '지층전시관'을 세우고, 거기서 미곡산성(해발 195m)을 돌아 내려오는 왕복 약 1,300m 길이의 '역사체험 산책로'를 조성하는 것이다. 그리고 봉성천 건너편에 매표소를 겸한 소규모의 기념품 판매소와 주차장을 둔다(그림 1). 더 자세히 구성해 보면 다음과 같다.

(1) 지층전시관

약 200평 규모로 지층전시관을 세운다.

전시관 내부에는 시대별 중요 유물의 복제품을 소규모로 전시하며, 유적 전경사진, 발굴 모습, 유구 및 유물의 출토 장면 등을 설명문과 함께 전시한다.

지층 전시는 계단식으로 꾸미는데, 약 6m의 지층 단면에 각 시대 문화층이 차례대로 쌓여 있는 모습을 볼 수 있게 하고, 수평면에는 각 문화층의 유물이나 유구가 드러난 모습을 복원한다. 예를 들면,

① 구석기시대 문화층에선 서로 붙는 석기가 분포한 평면 위에 석기 만드는 사람의 조각품을 전시해 생동감을 준다. 그리고 약 10만 년에 걸친 석기 제작 및 종류의 변화상을 보여준다.

② 청동기시대 문화층에는 움집을 재현하고 유물 복제품들을 늘어놓으며, 구멍무늬그릇을 만드는 장면을 재현한다.

③ 삼국시대 문화층에는 두 가지의 돌덧널무덤을 재현하고 복제품들을 배치하여 실재감을 더하며, 돌덧널무덤 만드는 과정을 미니어처로 전시한다.

(2) 역사체험 산책로

두세 사람이 오갈 수 있는 너비의 산책로를 지층전시관에서 미곡산성 사이에 만든다. 그리고 산책로 사이에 옛날의 삶을 연상케 하는 상징물을 배치한다. 예를 들면, 구석기, 신석기, 청동기 및 삼국시대의 문화와 관련

〈사진 3〉 하늘에서 본 죽내리유적(↓)과 그 언저리

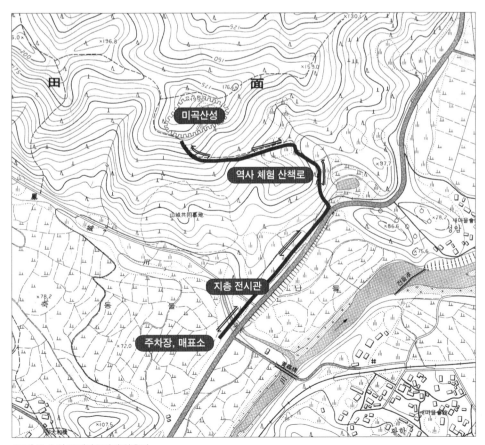

〈그림 1〉 순천 죽내리유적의 활용안

된 조소품, 주요 사진, 설명문 등을 알맞게 늘어놓아 관람객으로 하여금 과거로의 시간 여행을 하는 분위기를 조성한다.

그리고 미곡산성 안에는 둘레 지세를 살피기 좋은 곳에 전망대를 만들고, 그 옆에 전남의 문화유산 안내판을 세워서 다음 답사지나 관광지를 생각해 볼 여지를 마련한다. 그리고 탁자와 의자가 갖춰진 쉼터에 호국과 관련된 민속놀이를 할 수 있는 간단한 놀이 기구를 마련해 둔다.

미곡산성을 나서서 기념품 판매소로 내려오는 산책로 중간에 통일을 염원하는 상징물을 배치하여 희망의 앞날을 준비하는 마음을 품도록 유도한다.

(3) 기념품 판매소

기념품 판매소는 매표소와 안내소 기능을 겸한다. 곧 지층전시관 관람료를 받고, 유적이나 지층전시관 안내서, 유물복제품, 기념품 및 간단한 음료를 판매하며, 다음 답사지를 안내하고 연결해 준다.

(4) 주차장

승용차와 관광버스가 주차할 수 있는 소규모의 주차장을 봉성천 건너편에 만든다.

2.2. 순천 월평유적

월평유적의 행정구역명은 전남 순천시 외서면 월암리 204-2 일대로서, 동쪽으로 6km쯤에 낙안읍성, 남쪽으로 10km쯤에 벌교가 있다. 이 유적은 약 2만 평에 이르는 대규모이며, 후기구석기시대의 살림터이자 철기시대의 마을이었다(사진 4).

후기구석기 문화층에선 단단하고 고운 유문암, 응회암, 수정, 석영암처럼 다양한 석재로 만들어진 석기의 밀집도가 매우 높으며, 동북아시아 후기구석기의 늦은 시기를 대표하는 좀돌날몸돌, 밀개, 찌르개, 새기개 같은 석기들이 나왔다. 그리고 서로 붙는 석기들, 같은 돌감의 몸돌, 격지, 부스러기가 몰려나오는 석기 제작터가 여러 군데 드러났으며(원색사진 17), 몇몇 구덩이에선 특정 돌감이나 특정 도구의 밀집도가 높아 구석기인들이 장소별로 특정 석기를 제작하고 있었음을 보여준다.

이러한 증거들은 따뜻한 계절에 소규모 단위로 송광

천유역과 보성강 합류 지역에 흩어져 살던 구석기인들이 여기서 모여 각종 생활 도구들을 만들고 정보를 나누며 또 혼인할 짝을 찾았을 모습까지도 연상케 한다. 이 시기의 생활상은 비슷한 시기의 유적인 우크라이나 메지리치유적의 털코끼리(맘모스)뼈로 지어진 집, 러시아 숭기르(Sungir)유적의 무덤, 프랑스 라스코 동굴의 벽화 등이 잘 알려준다(Gore, 2000).

월평유적은 충북 단양 수양개, 강원 홍천 하화계리, 제주 고산리 유적과 더불어 떠돌이 삶에서 붙박이 삶으로 전환하는 후기구석기 말기에서 중석기 또는 이른 신석기문화로의 연속선상에서 한국의 선사문화를 이해하는 데 매우 중요한 '고리'이다. 그뿐 아니라 언덕 정상부에서 철기시대의 원형 움집(사진 5)이 드러나서, 선사시대 이후 역사시대의 살림 방식이 어떻게 달라졌는지를 보여준다.

이처럼 선사와 역사 시대의 생활상을 알려주는 월평유적은 송광천이 언덕자락을 휘감고 흘러 마치 독립된 '성(城)'처럼 보이고, '분지' 안에 놓여 있는 형상이어서 유적 안에 들어서면 아늑한 느낌을 받는다. 월평유적은 유적의 성격과 규모 및 입지로 볼 때, 특히 구석기시대의 자연환경과 생활상을 체험할 수 있는 선사공원으로 꾸미는 것이 바람직하다고 하겠다. 그럴 경우, 경관을 고려해서 공원의 규모를 유적 둘레의 송광천 주변으로까지 넓게 잡는 것이 좋겠다. 그리고 유적 안에 빙하시대의 동물상, 구석기시대의 살림 모습, 유적 바깥에 석기 제작을 비롯한 선사시대 학습장, 소규모의 전시실 등을 마련하고, 이 밖에 매표소 및 편의시설인 기념품 판매장과 쉼터, 주차장을 배치한다(그림 2). 자세한 내용은 다음과 같다.

(1) 주차장은 송광천 바깥 쪽에 배치하여, 약 15분 정

〈사진 5〉 철기시대 집자리

〈사진 4〉 하늘에서 본 월평유적

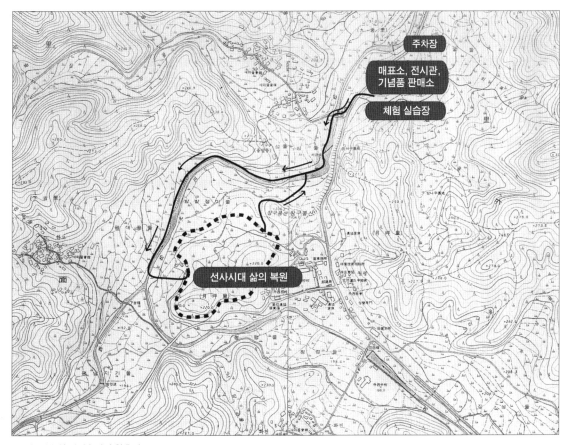

〈그림 2〉 순천 월평유적의 활용안

도 송광천을 따라 걸어서 유적 안으로 들어오게 유도한다.

(2) 월평유적을 비롯한 전남 구석기유적의 조사 장면, 유물 등을 전시할 소규모 전시실을 포함한 매표소와 기념품 판매소를 주차장에서 가까운 곳에 마련한다.

(3) 구석기인들의 식량 및 자원으로 삼은 다람쥐, 토끼, 사슴, 노루, 멧돼지, 털코끼리, 털코뿔이 등과 사람에게 위험한 짐승인 동굴곰, 동굴하이에나 등의 짐승을 실물 또는 모형으로 만들어 유적 안 산책로에 배치한다.

(4) 구석기인들의 다양한 살림 모습과 행위를 복원한다.

　① 국내에서 보고된 구석기시대의 막집
　② 구석기시대의 무덤쓰기
　③ 구석기인들의 짐승 사냥, 운반, 해체 장면
　④ 구석기인들의 석기와 뼈연장 등을 만드는 장면
　⑤ 구석기인들의 예술 활동 장면

(5) 언덕 위에 철기시대의 살림집을 복원한다.

(6) 전시관 마당에 석기를 비롯한 여러 연장과 그릇 제작을 시범 보이는 소규모의 야외 학습장을 만들고, 내방객들에게 선보이며 실습해보게 한다.

선사공원이 마련되면 매년 어린이날에 어린이와 가족들을 위한 '월평 선사문화제' 같은 행사를 기획하여 일반인의 관심과 발길을 끌도록 한다. 이 행사는 구석기시대나 고대로 돌아가서 의·식·주를 해결하기 위해 어떻게 살았는지에 대해 강연도 듣고, 시범을 보며, 직접 체험해보는 방식으로 꾸밀 수 있는데, 경기도 연천군 전곡구석기유적지에서 이런 행사가 성황리에 개최되고 있어 고무적이다.

III. 전망

과거의 '문화유산'은 과거로서 끝나는 것이 아니고 오늘 우리와 우리 살림 방식의 뿌리인 선인들의 마음과 지혜가 담겨 있는 물질이며, 구조물인 것이다. 그래서 인류

삶의 공통분모뿐 아니라 우리만의 고유함도 여기에 잘 남아 있다. 오늘날 세계화의 추세 속에서도 선진국은 자국의 문화유산을 결코 버리지 않고 그것을 가꾸며 널리 알리고 있다. 영국의 스톤헨지가 그렇고, 프랑스의 라스코 동굴이 그러하며, 중국의 만리장성이 그러하다. 우리를 우리답게 하면서 남과 겨뤄 살아남을 힘이 바로 우리의 문화유산 속에 배어 있으며, 그것은 갈고 닦기에 따라 '자존심'을 세워 주고 '부(富)'도 가져다준다. 문화유산을 보존해야 할 까닭이 바로 여기에 있으며, 나아가 잘 활용할 이유도 그러하다.

전라남도는 산업화의 바람이 늦게 불어 오히려 자연환경이 잘 보존되어 있으며, 우리나라에서 음식 맛이 가장 좋은 고장이다. 그뿐 아니라 최근의 활발한 유적 조사로 여기에 훌륭한 문화유산이 풍부하게 묻혀 있음이 밝혀지고 있다. 약 10만 년 전 무렵부터 1만 년 전 사이의 구석기유적은 백 군데에 이르며, 세계 문화유산으로 등록된 고인돌, 장고분과 대형 옹관무덤 같은 특이한 고분, 역사시대의 성과 청자, 분청가마터 및 송광사, 운주사 같은 절에 이르기까지 다양하고도 귀중한 유적이 참으로 많다. 그러므로 전라남도에서 문화유산을 활용한 관광산업은 다른 고장들보다 매우 유리한 여건이며, 경쟁력이 충분히 있는 분야라고 하겠다.

앞에서 이 땅에 가장 먼저 자리잡았던 구석기인들이 남긴 문화유산의 현황을 살펴보고, 여러 가지 보존 방안 및 '지층전시관'이나 '선사공원' 등으로 활용하는 방안을 제시하였다. 특히 활용 방안의 현실화는 유적 발굴책임자와 경영학, 관광학, 디자인, 건축 등 관련 분야의 여러 전공자, 지방자치단체의 행정가 및 지방의회의원 등으로 구성된 위원회를 만들어 종합 대책을 세울 때 바람직한 결과를 얻을 것으로 생각한다.

순천 죽내리유적이 '지층전시관'으로, 그리고 월평유적이 '선사공원'으로 꾸며지면, 기존의 전시관이나 공원 등과는 색다른 생동감 있는 명소로 부각될 것이다. 그리고 인근의 주암호, 고인돌공원, 송광사, 낙안읍성 등과 어울려 매우 훌륭한 관광자원이 될 뿐 아니라, 우리들 마음의 고향으로 문화민족의 긍지를 높여줄 것으로 기대된다.

제2장

순천 월평유적군과 구석기인의 길

I. 머리말

한국의 대학박물관은 1960년대 이래 주로 고고학, 고미술사, 민속 등에 관한 학술조사로 우리 역사와 문화의 발달을 보여주는 수많은 유물들을 수집, 연구, 전시해왔다. 이를 통해 귀중한 학술자료의 소장은 물론 실물교육에 크게 이바지해 왔다. 그러나 대학설치령 준칙에서 박물관이 제외되고, 최근에는 신자유주의의 확산으로 대학박물관의 인력과 예산은 더욱 축소되는 어려운 처

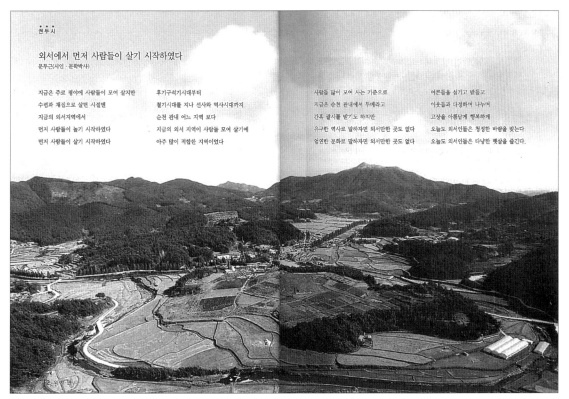

권두시

외서에서 먼저 사람들이 살기 시작하였다
문두근(시인 · 문학박사)

지금은 주로 평야에 사람들이 모여 살지만
수렵과 채집으로 살면 시절엔
지금의 외서지역에서
먼저 사람들이 놀기 시작하였다
먼저 사람들이 살기 시작하였다

후기구석기시대부터
철기시대를 지나 선사와 역사시대까지
순천 관내 어느 지역 보다
지금의 외서 지역이 사람들 모여 살기에
아주 많이 적합한 지역이었다

사람들 많이 모여 사는 기준으로
지금은 순천 관내에 두메라고
간혹 괄시를 받기도 하지만
유구한 역사로 말하자면 외서만한 곳도 없다
엄연한 문화로 말하자면 외서만한 곳도 없다

어른들을 섬기고 받들고
이웃들과 다정하게 나누며
고장을 아름답게 행복하게
오늘도 외서인들은 청정한 바람을 맞는다
오늘도 외서인들은 다냥한 햇살을 즐긴다.

〈사진 1〉 외서면지의 권두시 (2014)

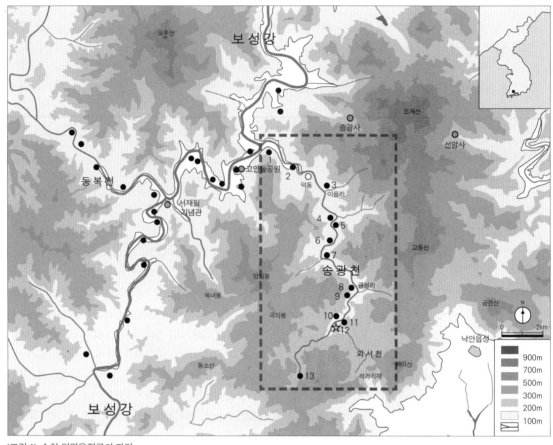

〈그림 1〉 순천 월평유적군의 자리
1. 우산리 곡천 2. 덕산리 죽산 3. 이읍리 이읍 4. 이읍리 인덕 5. 장안리 장동 6. 구룡리 오룡 7. 구룡리 영봉 8. 금성리 금성 9. 금성리 평지들 10. 월암리 구암 11. 월암리 외록골 12. 월암리 월평 13. 반용리 가용

지가 되었다.

일상적으로 해온 업무도 감당하기 어려운 상황에서 문화상품의 개발 같은 새로운 영역을 개척하기란 매우 힘든 일이다. 그렇지만 대학박물관이 원천 자료를 갖고 있는 경우라면 어느 누구보다도 활용 방안 제시에 적임자라고 생각된다. 한 예로 전곡리유적을 조사하고 연구해온 한양대학교는 그 성과를 구석기축제로 활용하면서 대중의 뜨거운 호응을 얻고 마침내 세계적인 구석기박물관을 건립하는 견인차가 되었다(배기동 2017).

필자는 조선대 박물관이 지난 20여 년에 걸쳐 조사하고 연구해온 월평유적군을 활용하여 일반 시민들이 즐길 수 있는 방안으로 무엇이 좋을지에 대해 모색하고 고민해 왔다. 순천시 관내에는 송광사, 마로산성, 낙안읍성 같은 문화유산과 순천만국가정원 같은 자연유산이 풍부하지만, 호남 역사와 문화의 시원을 체감할 수 있는

문화재로는 월평유적이 단연 으뜸이다. 그리고 월평유적군을 품고 있는 송광천변은 구석기시대의 지형이 거의 변하지 않았으며, 수변보호구역으로 지정되어 청정한 환경을 유지하고 있다. 게다가 외서면 주민들은 유적보존회를 결성하여 유적 관리와 안내 등의 자원봉사를 하여 왔으며, 최근 간행된 외서면지에 "외서에서 먼저 사람들이 살기 시작하였다"는 권두시를 싣는 등 월평유적이 지역민의 자긍심을 고취하는 훌륭한 문화자산이라는 확신을 가지고 있다(외서면지 편찬위원회 2014, 사진 1).

이와 같은 여건에서 호남 인류사의 시원을 담고 있는 유적과 맑고 깨끗한 환경을 소재로 프로그램을 만든다면, 현대인들이 역사와 문화의 시작을 탐험하는 시간여행을 하면서 지친 몸과 마음도 치유하는 일석이조의 효과를 거둘 것으로 기대된다. 필자는 여기서 송광천을 따라 분포하는 월평유적군의 조사 내용과 의미, 현상 등을

정리하고, 그것을 구석기시대와 문화의 기본 주제들에 접목하여 구성한 체험학습 프로그램 '구석기인의 길'을 소개하고자 한다.

II. 순천 월평유적군

월평유적군이란 보성강의 지류인 송광천변에 분포하는 13개의 구석기유적들을 가리킨다(그림 1). 그것들은 국가사적 제458호로 지정된 순천 월평유적, 발굴 조사된 우산리 곡천, 덕산리 죽산, 월암리 외록골유적, 그리고 지표조사로 알려진 이읍리 이읍, 이읍리 인덕, 장안리 장동, 장안리 오룡, 구룡리 영봉, 금성리 금성, 금성리 평지들, 월암리 구암, 반용리 가용유적이다. 13개의 유적 중 조사 내용이 소략한 것들은 제외하고 9개의 유적에 대해 간략하게 소개한다.

1. 곡천유적 (사진 2)

송광천의 최하류에 있는 유적으로 주암댐의 수위가 보통이면 유적의 상부만 볼 수 있다. 유적의 규모는 중형급이며 천이 유적의 동, 북, 서측을 U자형으로 흐른다. 충북대학교 발굴단이 1986년 11~12월에 지석묘를 발굴하던 중 뗀석기를 발견하였다(이융조 와 1988a). 이듬해에

구석기문화층을 본격적으로 조사한 결과, 2개의 문화층이 드러났는데 아래층은 중기구석기, 위층은 후기구석기시대로 보고되었다(이융조 와 1988b). 좀돌날몸돌과 밀개가 후기구석기시대를 대표한다. 신평리 금평유적(임병태·최은주 1987 ; 임병태·이선복 1988)과 함께 호남에서 최초로 발굴된 구석기유적이라는 점에서 의의가 크다.

2. 죽산유적 (사진 3)

곡천유적에서 상류 쪽으로 1.5km 정도 거리에 있으며, 평상시에 유적의 일부가 잠겨있으나 갈수기에는 전경을 볼 수 있다. 이 유적은 두 개의 언덕이 니은자처럼 이어진 안쪽에 위치하며, 문화층의 범위가 도로 위쪽의 지석묘를 발굴한 지점부터 도로 아래쪽까지 매우 넓어 중형급에 속한다.

고려대학교 박물관에서 1987년 8월에 지석묘를 발굴하던 중 유문암제 좀돌날몸돌과 좀돌날몸돌의 선형을 발견하였다(지동식·박종국 1988). 이를 계기로 1988년에 구석기문화층을 발굴하여 슴베찌르개와 좀돌날 등을 찾았다(이선복 과 1990).

한편, 1990년대 중반 이후 최근까지 진행된 조선대학교 박물관의 지표조사에서 찍개, 주먹도끼, 주먹찌르개, 주먹대패, 여러면석기 등의 몸돌석기들과 돌날, 밀개, 홈날, 톱니날, 뚜르개 등이 수습되었고, 2m가 넘는 두터운 퇴적 단면에서 상부 토양쐐기를 포함하는 암갈색찰흙층과 그 아래 적갈색찰흙층이 잘 남아있으며, 거기서 뗀석

<사진 2> 곡천유적

〈사진 3〉 죽산유적

〈사진 4〉 인덕유적

기도 확인되었다. 그래서 후기구석기보다 앞서는 문화층도 존재함을 알게 되었다(이기길 과 2015).

3. 인덕유적 (사진 4)

이 유적은 장안천이 송광천에 합류하는 지점의 건너편에 있으며, 송광천이 U자형으로 감싸 흐른다. 1995년 여름에 조선대 박물관의 지표조사로 발견되었다(이기길 1997a). 천을 향해 내려오는 산줄기의 완만한 기슭을 비스듬히 깎아 밭을 만들면서, 그리고 유적의 길가를 따라 농수로를 만드는 공사로 인해 다량

의 유물이 드러났다. 유적의 범위는 밭을 지나 도로 건너편까지 이어질 것으로 추정되며 규모는 소형급이다. 수습된 유물은 유문암제 돌날몸돌과 규암제 몸돌, 긁개, 밀개, 홈날, 톱니날, 뚜르개, 등손잡이칼(backed knife) 등 다양하다.

4. 장동유적 (사진 5)

이 유적은 산줄기의 끝자락인 완만한 언덕에 위치하며 소형급이다. 송광천이 U자형으로 감싸 흐르고, 인덕유적이 바로 천 건너편에 있다. 인덕유적의 전경 사진을

〈사진 5〉 장동유적

〈사진 6〉 영봉유적

찍으려고 올라갔다가 규암제 몸돌과 모룻돌, 긁개, 밀개, 홈날, 톱니날, 뚜르개 등의 뗀석기를 발견하였다. 언덕의 길가 쪽에는 지석묘가 모여 있고, 안쪽에는 요즘에 조성된 작은 무덤이 있다. 구석기시대에는 살림터로, 청동기시대에는 묘지로, 그리고 현대에는 밭으로 경작되고 있고 묘지로도 이용되고 있다.

5. 영봉유적 (사진 6)

1995년 5월, 가족들과 낙안읍성으로 나들이를 가던 필자는 길가의 갈색찰흙층에서 홈날을 발견하였다. 이를 계기로 조선대 박물관은 보성강유역 구석기유적에 대한 학술지표조사를 계획하였고, 이후 월평유적을 포함하여 70여 개의 구석기유적을 찾아내는 성과를 거두었다.

우뚝 솟아있는 언덕과 그 아래 충적대지의 세 면을 송광천이 디귿자 모양으로 감싸 흐르는 이 유적은 마치 월평유적을 보는 듯한 느낌을 주는데, 규모는 월평유적보다 작은 소형급이다. 영봉교회에서 언덕으로 올라가는 흙길의 여기저기에서, 그리고 언덕에 무덤을 조성하면서 파낸 흙에서도 석기들을 수습하였다. 양질의 유백색 석영암으로 제작된 몸돌과 격지, 긁개, 홈날 등이 있다.

〈사진 7〉 금성유적

〈사진 8〉 평지들유적

6. 금성유적 (사진 7)

이 유적은 죽산유적처럼 산줄기가 니은자로 꺾인 모습이며, 그 둘레를 송광천이 U자형으로 흐른다. 유물은 아래쪽 언덕과 오른편 안쪽의 비탈면에서 발견되었으며, 분포 범위가 상당히 넓어 대형급에 속한다. 발견 당시 밭으로 경작되고 있었는데, 아래쪽의 길고 완만한 언덕은 비닐하우스가 여러 동 건축되면서 원 지형이 평평하게 깎이는 등 많이 훼손되었다.

퇴적층의 단면에서 현 지표 아래 약 1m 깊이, 즉 황갈색찰흙층과 갈색찰흙층의 경계 부근에 석기들이 가로로 박혀있었다. 원추형의 유문암제 좀돌날몸돌, 유백색 양질규암제 긁개, 밀개, 홈날, 톱니날, 뚜르개, 등손잡이칼

등이 수습되어 후기구석기시대 후반에 남겨진 문화층으로 판단된다.

7. 평지들유적 (사진 8)

유적은 동쪽으로 완만하게 비탈진 언덕에 있으며 송광천이 U자형으로 흐른다. 유적의 규모는 중형급이다. 여기서 석영암제 주먹도끼와 주먹대패, 양질의 유백색 석영암제 긁개, 밀개, 홈날, 톱니날 그리고 유문암제 석기 등이 수습되었다. 현재 밭으로 경작되고 있으며, 아래쪽에 큰 상석의 지석묘가 자리하고 있다.

〈사진 9〉 외록골유적

〈사진 10〉 월평유적

8. 외록골유적 (사진 9)

2006년 봄, 순천 벌교-주암간 도로건설구간에 속한 외록골에서 양질의 유백색 석영암제 뗀석기가 발견되어 조선대 박물관이 2006년 11~12월에 발굴하였다(이기길 2009a). 소형급인 이 유적은 북서쪽으로 뻗은 좁고 긴 언덕 위에 있으며, 그 양옆은 마치 새가 날개를 펼친 모양으로 능선이 뻗어내려 아늑한 입지이다. 북서쪽으로 약 170m 거리에 송광천이 흐른다. 발견 당시 유적은 밭으로 부쳐지고 있었다.

조사 결과, 구석기시대의 뗀석기, 청동기시대의 송국리형 집자리 4기와 철기시대의 집자리 6기가 드러났다. 그러나 각 문화층의 상부는 상당히 훼손되어 유구의 경우 바닥면과 움의 일부만 남아있었고, 유물도 훼손된 것이 많았다.

뗀석기는 양질의 유백색 석영암으로 만든 몸돌, 격지, 긁개, 밀개 등 30여 점이 수습되었다. 돌감의 종류는 월평유적의 출토품과 같고, 밀개의 형태는 아주 흡사하여 마치 한 공장에서 만든 것 같은 인상이다. 청동기시대의 유물로는 간돌검, 간돌활촉, 달도끼(환상석부), 간돌가락바퀴, 골아가리구멍무늬그릇(구순각목문공열토기), 그리고 철기시대의 유물로는 쇠뿔잡이시루, 화분꼴그릇, 작은단지, 경질찰문토기, 흙그물추가 있다.

9. 월평유적 (사진 10)

이 유적은 고동산 자락의 낮은 언덕에 있으며, 그 세

면을 외서천과 송광천이 감싸 흘러 마치 해자로 둘러싸인 성과 같은 모습이다. 문화층의 범위는 2만여 평으로 송광천변에서 알려진 유적 가운데 가장 크며, 현재 천 안쪽의 173,080m²가 문화재(국가사적 제458호) 보호구역으로 지정되었다.

월평유적은 1995년 7월에 처음 발견되었으며, 1998년, 2001년, 2005년의 학술발굴을 통해 중요한 자료들이 확보되었다. 약 2m 두께의 퇴적 속에 모두 5개의 문화층이 차례로 잘 남아있으며, 맨 위의 제4문화층, 제3문화층과 중간문화층에서 모두 13,974점의 유물이 찾아졌다. 각 문화층의 토양을 시료로 잰 방사성탄소연대와 광여기형광연대는 42.65ka~10,840년전으로 보고되었다. 층위, 절대연대, 유물의 형식 연구를 통해 제3, 4문화층은 후기구석기 후반, 중간문화층은 후기구석기시대 전반에 속하는 것으로 밝혀졌다(이기길 2014b).

서로 붙는 석기들, 몸돌과 격지, 돌날몸돌, 좀돌날몸돌, 망치, 모룻돌, 슴베찌르개와 나뭇잎모양찌르개, 좀돌날, 새기개, 다양한 밀개와 뚜르개, 홈날, 톱니날, 그리고 갈린 자갈은 구석기인들의 석기제작기술을 비롯하여 사냥기술, 가죽 가공과 옷 짓기, 식량의 가공 등을 복원할 수 있는 자료들이다. 또한 규슈산 흑요석으로 만든 격지는 바다 건너 일본열도와 원거리교류를 하고 있었음을 보여준다. 도구 이외에 돌등잔 모양 석기는 라스코동굴에서 발견된 돌등잔을 연상시킨다. 이처럼 월평유적은 후기구석기인들이 오랜 동안 수없이 찾아와 살다간 종갓집 같은 보금자리(base camp)였다.

III. 구석기인의 길

송광천이 흐르는 외서면과 송광면 일대는 산과 언덕 그리고 시냇물을 낀 좁은 들판으로 이뤄진 땅 모습이 구석기시대 이래 거의 변함없이 잘 보존되어 있다. 18.5km에 걸쳐 유적들이 점점이 분포하는 이곳은 구석기인들이 옮겨 다니며, 채집, 사냥, 천렵으로 마련한 식량으로 배를 채우고, 짐승의 가죽을 가공하여 옷을 지어 입었으며, 막집을 지어 쉬었고, 다른 무리들과 교류하여 새로운 정보나 물자를 나누며 수만 년 이상 살았던 흔적을 지니고

있다.

잘 보존된 자연환경과 더불어 구석기시대의 풍부한 물질자료를 간직한 월평유적군은 21세기의 현대인들이 청정한 환경의 소중함은 물론 구석기시대로의 시간여행을 즐길 수 있는 아주 적절한 문화유산으로 평가된다. 이와 같은 이점을 최대한 살린 체험프로그램, '구석기인의 길'을 다음과 같이 일곱 개의 코스로 구성해보았다(그림 2).

1. 제1코스 : 곡천유적–호남 인류사 연구의 시작

광주에서 '고인돌공원'을 지나 송광천의 하류를 가로지르는 곡천교를 건너면 망향각이 세워져 있다. 이 망향각의 오른편에는 날씨에 따라 물에 잠겼다 드러났다 하는 곡천유적이 있다. 이 유적은 금평유적과 더불어 호남에서 최초로 발굴된 구석기시대 유적이라는 학사적 의미를 지닌다. 곡천유적이 있는 송광천 하류는 월평유적군의 구석기인들이 더 넓은 세상으로 나아가거나 보성강변의 구석기인들과 교류하는 마당이었을 것이다. 여기를 '구석기인의 길'의 시점으로 하여 호남의 구석기 연구가 어떻게 시작되었고 이후 어떻게 전개되어 오늘에 이르렀는지를 소개한다.

2. 제2코스 : 죽산유적–선호한 환경과 입지

망향각에서 호젓한 길을 걸어 송광천을 거슬러 올라가면 죽산유적에 이른다. 그 사이사이에 빙하기와 간빙기의 털코끼리(맘모스), 쌍코뿔이(소), 칼날이호랑이(검치호), 하이에나 같은 멸종동물과 빙하기의 식물상에 관한 설명판을 배치하여 구석기시대 자연환경을 학습하게 한다. 여기에 털코끼리를 사냥하는 구석기인 같은 조형물을 만들어 놓으면 더 좋을 것이다.

죽산유적이 시작되는 언덕의 중간쯤에 소나무가 서 있는 무덤에서 유적의 전경을 조망하기 좋다. 배산임수형인 죽산유적은 도구를 만들고 채집, 사냥, 천렵으로 살았던 구석기인들이 선호한 환경과 입지를 아주 잘 보여주는 좋은 사례이다.

유적의 전체 모습을 본 뒤, 동쪽으로 걸어 내려가 섬처럼 솟아있는 언덕에 이르면 오른편에 어른의 키보다 높

'구석기인의 길'

- 전체 16.1㎞
- 소요시간(휴식없이) 4시간 20분

1코스 : 곡천유적
- 호남 인류사 연구의 시작

2코스 : 죽산유적
- 구석기시대의 자연환경 이해
- 구석기인이 선호한 환경과 입지

3코스 : 덕동마을 앞
- 돌감 찾기와 도구 제작

4코스 : 장동유적
- 할아버지의 죽음과 무덤쓰기

5코스 : 영봉유적
- 축제로 만나는 구석기문화
- 살림 모습의 재현

6코스 : 평지들유적
- 사냥과 채집
- 막집만들기

7코스 : 월평유적
- 보금자리의 입지와 규모
- 유적공원과 박물관

〈그림 2〉 구석기인의 길

은 지층단면이 있다. 이것은 명갈색, 암갈색, 적갈색 찰흙층으로 구분되는 갱신세의 퇴적이며, 뗀석기들이 거기서 발견되어 호남의 유구한 역사와 발전 과정을 마주할 수 있다.

3. 제3코스 : 덕산리 덕동마을 앞 송광천변-석기 만들기 (그림 3)

마실 물이나 식량이 되는 물고기, 그리고 좋은 석재가 모두 존재하는 곳은 바로 하천변이다. 나무가 우거진 산이나 풀이 무성한 들판에서는 운이 좋더라도 한두 가지

만 존재한다. 이런 까닭에 물가의 양지바른 언덕에서 구석기유적이 흔히 발견되는 사실을 수긍할 수 있으며, 월평유적군도 그런 보기의 하나이다.

죽산유적을 지나 덕산리 덕동마을의 송광천변에 이르면 여울과 모래밭, 그리고 자갈들을 볼 수 있다. 여기서 석기의 감으로 적당한 돌을 골라 깨뜨려본다. 단단하면서 날카로운 날이 생기는 돌은 어떤 종류인지, 또 원하는 대로 석기를 완성한다는 것이 결코 쉽지 않다는 것을 깨닫게 될 것이다. 구석기인들이 구분했던 돌의 종류는 암석학, 돌을 깨뜨리는 힘에 대한 인식은 물리학의 출발점이 되었을 것이다.

4. 제4코스 : 장동유적-구석기인의 무덤과 저승관 (그림 3)

구석기가 발견된 장동유적에는 청동기시대의 지석묘군이 남아있고, 21세기의 무덤이 조성되어 있다. 그런즉 이곳을 구석기인의 무덤쓰기와 저승관에 대해 알아보는 장소로 활용하면 적절할 것이다. 여기서 후기구석기시대의 유명한 무덤인 러시아의 숭기르(Sungir)유적, 이탈리아의 아레네 칸디데(Arene Candide)유적을 소개하고, 부장품을 만들어보는 체험활동을 한다 (사진 11). 이를 통해 구석기인들이 죽은 이에게 보낸 애도의 마음과 장례용품을 만드는 데 들인 정성과 노력을 조금이나마 느껴보는 것이 가능할 것이다.

5. 제5코스 : 영봉유적-축제로 만나는 구석기문화 (사진 11)

이동생활을 하던 구석기인들은 정보와 물자의 교류,

그리고 결혼 상대의 물색 같은 중대한 문제를 해결하기 위해 축제와 같은 만남의 장을 마련하였을 것이다. 여러 무리들이 모여 벌이는 축제는 넓은 장소여야 했을 것이다. 송광천변의 유적들 가운데 영봉유적은 언덕 아래 충적대지가 매우 넓은 편이어서 대중을 상대로 한 축제를 개최하는 장소로 적절하지 않을까 싶다. 충적대지는 논과 밭으로 경작되고 있어 추수가 끝난 가을이 축제의 시기로 적당할 것이다.

이 축제는 ① 구석기 식당, ② 뗀석기 그리기, ③ 좋은 석재 감별, ④ 석기 제작과 사용, ⑤ 동굴벽화 그리기, ⑥ 구석기시대의 사냥 체험, ⑦ 구석기인의 옷 짓기, ⑧ 막집과 화덕자리 만들기, ⑨ 구석기시대의 채집 체험, ⑩ 구석기시대의 음악 감상, ⑪ 구석기인들의 치레걸이 만들기, ⑫ 구석기시대의 장례 재현, ⑬ 구석기 소재 영화 상영, ⑭ 구석기 전문가와의 대화 등 다양한 내용으로 꾸밀 수 있다.

〈그림 3〉 구석기인의 생활과 문화 (Tosello, G., 2005 ; Svoboda, J. A., 2010)

6. 제6코스 : 평지들유적-사냥과 채집, 그리고 막집 만들기 〈그림 3〉

현재 밭으로 경작되고 있는 평지들유적은 넓고 완만하여 사냥과 채집활동을 체험해보기에 적당하다. 여기서 구석기시대 사냥 도구의 하나인 창에 대해 학습하고 창 던지기를 해본다. 먼저 월평유적, 신북유적, 하가유적에서 보고된 슴베찌르개와 나뭇잎모양찌르개에 대해 설명해준다. 이어서 찌르개(창끝) 만드는 시범을 보이고 자루에 묶어 창을 완성한다. 이후 멧돼지, 사슴 등의 그림이 붙은 표적에 창을 던져 명중시키는 놀이를 한다. 이 놀이를 통해 사냥이 녹록치 않은 생업활동이었음을 이

해하게 될 것이다.

채집 활동을 체험하기 위해 우선 이 지역에서 채취할 수 있는 식물성 식량에 대해 학습하고, 주민들이 절기별로 어떤 종류를 어디에서 얻는 지에 대해 소개한다. 다음 단계는 바구니와 나무막대기 모양의 뒤지개(호미로 대체 가능)를 갖고 쑥, 도라지, 감자, 고구마 등을 캐거나 밤이나 도토리를 줍는 체험을 한다.

다음에는 막집 짓기 체험이다. 참가자들에게 나뭇가지, 가죽, 짚, 끈 등을 주고 서로 협동하여 막집을 지어보게 한다. 그리고 참가자들이 스스로 돌을 주워서 집 안이나 바깥에 화덕자리를 만들게 한다. 끝으로 화덕자리에 불을 지피고 감자나 고구마를 익혀 먹는다.

〈사진 11〉 구석기축제 (석장리박물관 2016)

7. 제7코스 : 월평유적-보금자리의 이해

월평유적은 일상생활용 도구들이 다량 나온 곳이며 문화층의 범위가 2만여 평에 이르는 초대형급의 유적이다. 마치 공장처럼 석기를 제작한 원산지유적이 아닌데도 다량의 유물이 나오는 것은 오랜 동안 구석기인들이 자주 찾아와 살았던 보금자리이기 때문이다. 유적의 규모나 기능을 고려할 때 여기서 축제를 개최하는 것이 어울리겠지만, 유적 내에서 행사를 할 경우 문화층의 훼손이 불 보듯 훤하기 때문에 곤란하다.

현 상황에서는 문화해설사의 인솔 아래 탐방로를 따라서 유적을 답사하는 것이 최선이다. 먼저 건너편의 구암유적에서 월평유적의 원경을 본 뒤, 시냇물을 건너고 논두렁을 지나 유적 안으로 들어간다. 이어서 유적 안의 각 지점에서 조사된 성과에 대해 설명을 듣는다. 그리고 정상에 올라 주위를 돌아보며 구석기인들이 보금자리로 선호한 입지와 조건이 어떠한지 느껴본다. 끝으로 유적보존회원들과 유적의 과거, 현재와 미래에 대한 주민들의 기억과 입장, 바람에 대해 들어보는 대화의 시간을 가짐으로써 '문화재는 누가의 소유인가'라는 문제에 대해 생각해본다.

펼쳐지는 '구석기인의 길' 프로그램의 가장 큰 취지는 구석기인들이 갱신세의 자연환경 속에서 어떠한 기술과 방식, 그리고 지혜와 정신으로 살아남았는지를 간접 경험하면서, 나와 문화의 뿌리와 시작을 되돌아보고 나아갈 방향을 모색해보는 것이다. 그런즉 '구석기인의 길'은 고향으로 가는 길이자 미래로 이어지는 길이라고 하겠다.

그런데 이 프로그램의 무대가 되는 송광천변은 2015년부터 '송광천 하천재해 예방사업'이라는 미명 아래 원래의 자연스런 모습이 무참하게 파괴되고 있다. 유구한 세월 동안 산간의 좁은 골짜기를 따라 생명수처럼 힘차게 흘러온 송광천은 군데군데 기반암을 깎아 기묘한 조

〈사진 12〉 아름다운 송광천

Ⅳ. 맺음말

호남에서 인류가 구석기시대부터 살았던 사실이 바로 송광천변의 월평유적군에서 처음 확인되었다. 크고 작은 13개의 유적들은 이동하며 살던 구석기인들이 목적과 처지에 따라 다양한 적소를 잘 활용하여 생존했음을 보여주는 점에서도 매우 소중하다. 송광천변을 무대로

〈사진 13〉 파괴된 송광천

〈사진 14〉 외서초교의 '선사에서 미래로' 특색교육활동

각품으로 만들었고 여기저기 작은 여울과 자갈, 모래밭을 만들어 놓아 아기자기하고 아름다우며 조화로웠다(사진 12). 그러나 공사로 인해 파헤쳐진 송광천은 이제 구석기시대의 문화유산과는 어울리지 않는 21세기의 한 강변 같은 몰골이 되었다(사진 13).

한편, 월평유적과 이웃해 있는 외서초교는 조선대 박물관과 협력하여 월평유적지 가치를 활용한 특색교육활동으로 '선사에서 미래로'라는 프로그램을 시행하고 있다. 그 내용은 1년간 구석기시대의 사냥과 채집, 막집과 불, 장례, 구석기 트레킹, 유적 발굴, 유적지 보존 등에 대해 학습하는 것이다. 그런 학습의 하나로 초등학생들은 월평유적을 답사한 한국대학박물관협회의원들을 맞아 구석기인들의 사냥 행위를 주제로 한 〈Old Stone Intro-Ending〉이라는 곡을 연주하였다(사진 14). 사냥의 긴박함을 생동감 넘치게 전해주는 음악을 들으며, 미래의 주역인 어린이들이 월평유적에서 살았던 구석기인들의 생각과 마음을 오늘에 되살리고 있구나 하는 대견함과 희망을 선사받았다.

대학박물관은 문화유산의 보존과 활용에 나름 다각도의 노력을 기울이고 있지만, 그 진가가 실현되기까지 현실의 장벽은 높고도 견고하다. 문화유산이 가깝게는 지역 주민과 지방자치단체, 넓게는 국가와 국민의 자산이고 자긍심이라는 점에서 관계자들의 진지한 협의 속에 보다 근본적이고 구조적인 해법이 강구되어야 할 것이다.

제3장

일본 구석기유적의 보존과 활용

I. 머리말

구석기시대는 지금으로부터 아주 오래 전이어서 오늘의 우리와는 직접 이어지지 않는다고 흔히들 생각한다. 그렇지만 이후의 신석기, 청동기, 철기시대 등 각 시대에서 앞 단계의 기술이 이어지고 발전된 면모를 잘 볼 수 있다. 조선시대 성벽의 육면체 돌도 직접떼기로 다듬은 것으로 그 뿌리는 구석기시대의 기술에 닿아 있다.

기술뿐만 아니라 말에도 그런 예들이 적지 않다. '차돌이'는 사람이 단단한 차돌(석영암)처럼 튼튼하게 오래 살기를 바랐던 소망이 담긴 것인데, 철기시대에 돌보다 더 단단하고 강한 쇠가 발명되자 이전의 차돌이에 쇠를 더한 '돌쇠'라는 이름이 지어진 것이다. 또 자동차의 운전을 "차를 몬다 또는 끌고 간다"라고도 표현하는데, 이것은 자동차 이전에 그 역할을 했던 것이 소나 말이었기 때문이다.

이런 점에서 우리는 옛 분들의 경험과 지식이 사라지지 않고 이어져 왔음을 깨닫게 된다. 그래서 인류 문화의 출발점이며 모태인 구석기시대 유적의 보존과 활용은 우리의 뿌리를 확인하고 널리 알리는 마당을 마련하는 뜻 깊은 일이라고 하겠다. 이런 까닭에 선진국에서는 중요한 구석기유적을 보존하고 나아가 박물관이나 유적공원 같은 역사교육장과 관광자원으로 활용하고 있다.

여기서는 일본 구석기유적의 보존과 활용을 대표하는 '이와주쿠(岩宿) 문화자료관', '피리카(美利河) 구석기문화관', '흑요석 체험뮤지엄', '스이초엔유적공원(翠鳥園 遺跡公園)', '노지리코(野尻湖) 나우만코끼리(ナウマンゾウ) 박물관', '토미자와 유적보존관'에 대해 살펴볼 것이다.

II. 대표 사례

1. 이와주쿠 문화자료관(岩宿 文化資料館)

군마현(群馬縣)에 있는 이와주쿠유적은 일본의 역사가 조몬시대보다 오래된 구석기시대부터였다는 사실을 처음으로 입증한 커다란 의미를 지니고 있다(사진 1). 이런 유적을 아이자와 타다이로(相澤忠洋)라는 아마추어 고고학자가 발견하였다는 점도 놀라운 사실이다(岩宿文化資料館 編 1992).

1946년 가을에 아이자와씨는 이와주쿠 언덕을 자르고 낸 길에서 석기를 발견하였다. 그 석기는 관동롬층이라고 하는 붉은 흙속에서 나왔는데, 그때까지 일본에서는 1만 년 이전의 토양은 격심한 화산 활동에 의해 쌓인 것이어서 사람이 살 수 있는 환경이 아니었고, 따라서 롬층 속에서 인류의 유물이 발견될 리 없다고 생각하고 있었다.

그러나 1949년에 아이자와씨로부터 이런 얘기를 전해 들은 세리자와 조스케(芹澤長介)씨는 그 중요성을 직감

〈사진 1〉 이와주쿠유적과 문화관

〈그림 1〉 이와주쿠유적의 조사지점과 문화자료관, 광장, 돔의 위치

〈사진 2〉 이와주쿠 1문화층의 석기

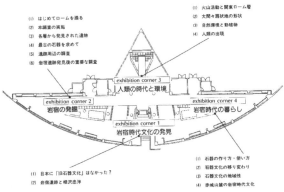

〈그림 2〉 이와주쿠 문화관 전시실 도면

하고 당시 메이지대 조교수였던 스기하라 쇼스케(杉原莊介)씨에게 알렸다. 이렇게 해서 그 해 9월 메이지대학 고고학연구실에 의해 이와주쿠유적의 시굴조사, 10월의 발굴조사가 이루어졌다.

길의 북쪽인 A지점을 조사한 결과 관동롬층에서 2개의 문화층이 확인되었다. 하층의 흑색띠에서 발견된 일부 갈린 돌도끼(마제석부)와 나이프형석기를 주체로 한 석기군을 '이와주쿠 1석기문화'(사진 2), 상층의 나이프형석기와 찌르개형석기를 중심으로 한 석기군을 '이와주쿠 2석기문화'라고 부르고 있다. A지점의 맞은편인 B지점은 아이자와씨가 처음으로 석기를 주운 장소이지만 조사에서는 돌조각 1점이 나왔을 뿐이다. A지점에서 북서로 100m쯤 떨어진 C지점의 관동롬층에서는 유물이 나오지 않았다(그림 1).

그 뒤, 1970년과 1971년에 토호쿠대학 고고학연구실이 '이와주쿠 1석기문화'보다 더 오래된 석기군을 확인하려는 목적에서 B지점, C지점, 그리고 새로 D지점을 설정해 발굴을 하였다. 그 결과 '이와주쿠 0문화'로 이름 붙여진 규암제 석기군이 보고되었지만, 학계의 평가는 엇갈려 현재 논쟁 중에 있다.

1979년에 국가사적이 된 이와주쿠유적은 보존정비가 진행되었다. 특히 B지점의 보존정비사업의 하나로 카사카케초(笠懸町) 교육위원회에서 1987년 주차장 예정지를 발굴하였는데, 관동롬층에서 석기가 나왔다. 메이지대학이 발굴한 석기군과 층위를 바로 연결하기는 어렵지만, 이와주쿠 2석기문화에 가까운 석기들이 200점쯤, 그리고 하층에서 이와주쿠 1석기문화에 가까운 석기들이 20여 점 나와, 지금까지 발견된 석기군의 추가 자료로서뿐 아니라 유물의 분포가 평면상으로 확인되었다는 중요

〈사진 3〉 이와주쿠 A지점

〈사진 4〉 아이자와씨 흉상과 이와주쿠 돔

〈사진 5〉 이와주쿠 돔의 내부 모습

〈사진 6〉 이와주쿠 문화관 전시 모습

〈사진 7〉 이와주쿠인의 광장

한 의미를 지닌다.

이와주쿠유적은 처음 발굴조사된 A지점의 보존(사진 3), 지층 보호와 관찰 겸 영상실로 쓰이는 '이와주쿠 돔'(사진 4, 5), 전시시설인 '문화자료관', 구석기시대의 집과 식생을 복원한 '이와주쿠인의 광장', 자료관 주변의 공원화 사업의 하나인 '어린이 놀이광장' 등으로 정비되었다(岩宿文化資料館 編 1996).

'이와주쿠 돔'은 B지점의 지층 단면을 보호하고 관찰할 수 있도록 만들어진 것으로, 최대높이가 5m이고 지름이 16.2m인 62평 규모의 반구형이다. 여기서는 이와주쿠유적을 소개하는 영상물을 상영하고 있다. 돔의 옆에는 이 유적을 처음 발견한 아이자와씨가 석기를 살펴보고 있는 모습의 흉상을 세워 그를 기리고 있다(사진 4).

'문화자료관'은 1992년 10월에 개관되었는데, 대지 면적이 3,138평이고 건평은 368평이다. 이것은 상설전시실, 기획전시실, 전망실, 체험학습실과 준비실, 사무실과 학예원실, 자료실, 촬영실, 수장고, 기타 등으로 되어 있다(그림 2). 이 중 상설전시실의 전시 내용을 간단히 살펴보자 :

전시실은 날개를 편 형상인데, 중앙에는 유적 발견자와 조사자에 관한 내용을, 왼편의 앞쪽은 이와주쿠 석기를 진열하였고, 중앙과 뒷벽에는 기후, 동식물 등의 자연환경 및 이와주쿠유적의 지층과 석기를 전시하였다. 중앙 뒤편에는 털코끼리 복제품을 중심으로 그 좌우 벽에 갱신세의 동물상과 인류의 발달상을 부조로 표현하였다(사진 6). 오른편 뒷벽에는 관동롬층과 석기 편년, 석기 만들기와 관련된 돌감과 도구 및 제작과정 등을 전시하였고, 중앙에는 환상 블록, 앞쪽에는 일본열도의 구석기문화와 구석기시대의 함정 사냥에 관한 전시를 하였다.

'이와주쿠인의 광장'은 1,227평의 규모이다(사진 7). 그 가장자리에 후기구석기 늦은 시기의 집들인 우크라이나 메지리치유적의 털코끼리뼈로 만들어진 집, 독일 게나스도레프유적의 막집과 프랑스 팡스방유적의 막집을 3/4~2/3 크기로 줄여 복원 전시하였다. 집 뒤로는 빙하기의 나무를 심어 당시의 자연환경을 느끼게 하였다. 그리고 중앙은 구석기시대에 관한 체험이나 행위를 할 수 있는 마당으로 활용되고 있다.

2. 피리카 구석기문화관

피리카유적은 약 20만m²나 되는 광대한 후기구석기유적으로 홋카이도(北海道) 이마카네초(今金町) 아자피리카(字美利河) 228-1번지에 위치하며 후지리별천(後志利別川)의 지류인 피리카베쓰천의 왼쪽에 있는 완만한 언덕

〈사진 8〉 피리카유적의 발굴 모습

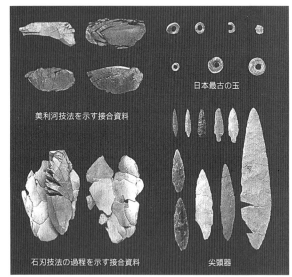

日本最古の玉

美利河技法を示す接合資料

石刃技法の過程を示す接合資料　　尖頭器

〈사진 9〉 국가 중요문화재

〈사진 10〉 피리카 구석기문화관

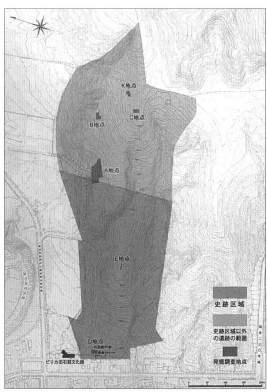

〈그림 3〉 피리카유적의 범위와 사적지정 구역 및 조사 지점

史跡区域

史跡区域以外の遺跡の範囲

発掘調査地点

〈그림 4〉 피리카 구석기문화관 도면

일대에 있다(사진 8). 이 유적은 피리카댐의 건설을 계기로 1978년에 발견되었으며, 지금까지의 발굴조사에서

2만~1만 년 전에 걸친 구석기시대의 석기가 19만 점이나 나왔다.

1983년에 A와 B지점이 발굴조사 되었다(그림 3). A지점에서 나온 석기들을 통해 시대의 변천을 더듬어볼 수 있고, 또한 석기를 만든 장소와 불을 지폈던 장소가 잘 남아 있음이 밝혀졌다. A지점의 석기 중에는 길이가 33cm로 일본열도에서 가장 큰 찌르개와 구석기시대의 희귀한 치레걸이인 감람석제 구슬이 있는데, 이것들을 포함한 163점의 석기가 1991년 국가의 중요문화재로 지정되었다(사진 9).

피리카유적은 후기구석기시대에서 신석기 초기에 걸친 일본열도의 역사를 이해하는 데 중요한 유적이라는 점에서 1994년에 전체의 절반쯤 되는 99,090m²(30,027평)이 국가 사적으로 지정되었다. 이후 사적정비의 목적으로 D와 E지점을 발굴하였고, 2003년에 '사적 피리카'라는 이름으로 문을 열었다.

'사적 피리카'는 87평의 '피리카 구석기문화관'과 24평의 '석기제작터 전시관(石器製作跡)'으로 구성되어 있다. 이처럼 전시관의 총규모가 110평 정도로 작은 까닭은 피리카유적이 아직 충분히 조사되지 않아서 보존과 향후 발굴조사를 염두에 두었기 때문으로 보인다.

구석기문화관은 87평의 작은 규모이지만, 체험학습실, 영상실, 도서실이 함께 갖추어져 있어 유적을 설명하고 출토품의 전시와 체험학습의 기능을 하고 있다(사진 10. 그림 4). 전시실에는 국가 중요문화재로 지정된 163점의 유물을 중심으로 구석기인이 어느 길로 피리카에 왔으며, 무슨 석기를 사용하였고, 석기의 만듦새는 어떠한가 등을 전시하고 있다(사진 11). 그리고 '석기제작터 전시관'에는 D지점에서 발견된 석기 집중지점의 출토 상황을 그대로 재현하여서, 구석기인들이 돌감을 많이 갖고 와 여러 가지 도구를 만든 모습을 생생하게 보여주고 있다(사진 12, 13).

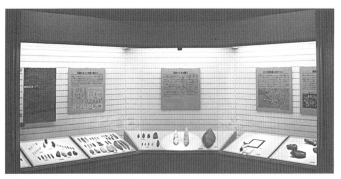
〈사진 11〉 피리카 구석기문화관 전시실

〈사진 12〉 피리카 석기제작터 전시관

〈사진 13〉 피리카 석기제작터 전시관 내부

3. 흑요석 체험뮤지엄

나가노현(長野縣) 나가토마치(長門町)의 흑요석 원산지는 약 27만 년 전의 분화로 생긴 것으로, 후기구석기인들이 여기에 와서 흑요석을 가져가거나 석기를 만들었

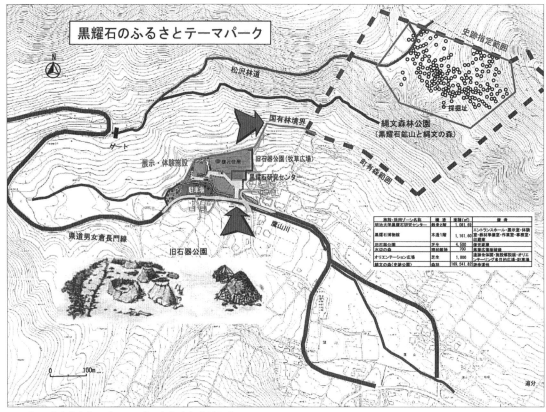

〈그림 5〉 타카야마와 호시쿠소토게유적의 정비 및 활용안

고, 조몬시대에는 흑요석을 채굴하
였다. 그래서 이 산기슭에는 타카야
마(鷹山)유적군이라고 부르는 석기
공장과 같은 원산지 유적들이 분
포하고, 호시쿠소토게(星糞峠, 별똥
재) 부근에는 흑요석 채굴 구덩이가
200개 가까이 남아있다(그림 5. 大竹
幸惠 2004).

타카야마유적은 아마추어 고고
학자인 코다마 시노부(兒玉司農武)씨
가 1955년 발견하였고, 여러 지점을
발굴하여 알려졌다. 그 뒤 1984년
에 스키장 개발을 계기로 메이지대
학 고고학연구실에서 제1지점 M유

〈사진 14〉 메이지대학 흑요석 연구센터

적을 발굴하게 되었고, 그 결과 유물의 방대함과 흑요석
원산지유적이라는 중요성 때문에 건설 계획을 크게 변
경해서 유적의 전면 보존으로 방향을 바꾸었다(大竹幸惠
2002).

메이지대학 고고학연구실은 1986년부터 5년간 유적
의 분포조사를 하였고 이어서 발굴조사와 측량조사를
하여, 흑요석이 나오는 상황, 지리 환경, 유적 분포면적
을 파악하였다. 그 결과 타카야마천에서 가져온 흑요석

〈사진 15〉 나가토 흑요석체험뮤지엄

〈사진 16〉 박물관 전시 갤러리

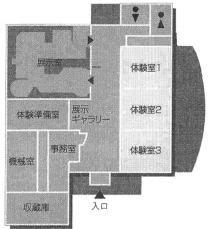

〈그림 6〉 박물관 도면

〈사진 17〉 흑요석 채굴구덩이 이전 전시

으로 석기를 만든 구석기시대의 유적군과 호시쿠소토게 일대에 분포하는 조몬시대의 흑요석 광산의 전모가 드러났다.

1992년에는 학술조사연구를 계속하고 구체적인 보존과 활용 계획을 세우려고 지역의 의회와 주민대표, 행정담당자, 연구자로 이뤄진 '타카야마유적군의 보존과 활용 협의회'가 결성되었다. 같은 해 주민 참가형의 보급 활동으로 '원시 고대의 낭만 체험'이라는 프로그램을 만들었는데, 폐교된 초등학교의 교육관을 개조한 약 190평에 지역의 발굴자료를 전시하고, 그 자료를 소재로 한 체험학습 교재의 작성과 체험지도가 지역주민에 의해 진행되는 내용이다. 또 하나는 지역 어린이들을 대상으로 한 '타카야마유적교실'로 발굴 참가, 유적 주변의 자연 조사, 동굴탐사 등의 프로그램이다.

1997년에는 16.9ha의 국유림을 매입하였고, '타카야마유적군의 조사와 연구의 촉진, 자연환경과 유적군 전체의 역사적 환경의 보존, 그리고 그 활용과 보급 공개'를 목적으로 '타카야마유적 보존과 활용 프로젝트팀'을 꾸려《흑요석의 고향과 창생(蒼生) 사업》이란 책자를 만들었다.

2000년에는 그 지역에 337평 규모의 '메이지대학 흑요석 연구센터'를 설립하여 계속적인 조사연구 체제를 구축하였으며(사진 14), 드디어 2001년 1월 29일에는 '호시쿠소토게 흑요석 원산지 유적'으로 국가사적이 되었다. 나아가 2004년 9월에는 나가토마을 주민들에 의해 '흑요석 체험뮤지엄'이 개관되었다(長門町敎育委員會 編, 2004).

흑요석 체험뮤지엄은 1,632평의 땅위에 세워진 388평의 건물로, 전시실(68평), 사무실(18평), 체험실(73평), 체험준비실(22평), 수장고(22평)로 구성되어 있다(사진 15~17. 그림 6). 먼저 전시실을 보면, 도입부에는 타카야마에서 후기구석기~조몬시대에 걸친 흑요석 사용의 역사를 소개하고 있으며, 맞은편에는 호시쿠소토게 채굴 구덩이를 이전 복원하여 현실감 있는 전시를 하고 있다. 다음은 흑요석이 유리질로서 투명하거나 다양한 색깔의 아름다운 종류임을 부각시킨 칸이다. 그 다음은 다양한 석기들이 오늘의 어떤 연장에 해당되는지, 흑요석으로는 어떻게 석기를 만들며, 석재인 흑요석의 유통은 어떠했는지를 전시하고 있다. 다음은 타카야마유적군의 초창기 연

구자인 코다마 시노부씨의 생전 모습과 남긴 기록, 수집한 유물 등이 진열된 장이다. 맨 끝에는 흑요석에 대한 자료를 검색하고, 최신의 연구보고를 소개하거나 흑요석을 체험할 수 있는 흑요석 연구실이 자리잡고 있다.

전시실을 나오면 맞은편에 체험실이 있다. 평소 셋으로 구분되어 체험학습 등의 소규모 모임실로 쓰이지만, 큰 모임이 있을 때는 하나로 터서 쓸 수 있는 공간이다. 전시실과 체험실 사이는 로비이면서 작은 갤러리로도 쓰인다. 사무실 앞에는 작은 박물관 상점을 꾸며 기념품을 살 수 있게 하였다.

4. 스이초엔 유적공원(翠鳥園 遺跡公園)

이 유적은 1990년에 오사카부(大阪府) 하비키노시(羽曳野市)의 시가지 조성 중 발견된 약 2만 년 전의 유적으로, 여기서 2만점 이상의 많은 석기가 발굴되었다(사진 18). 그 가운데 300여 점의 나이프형석기가 포함되어 있으나, 거의가 석기제작 시 나오는 부스러기나 조각돌, 실패품들이다. 쓰인 돌감은 니조산(二上山) 주변에 많은 사누카이트(안산암의 한 가지)로 깨어지면 날카로운 날이 생기는 유리질의 돌이다. 이 돌은 유적까지 5km쯤 운반된 것으로 보고되었다(高野學 2001).

석기들은 유적의 군데군데에 사방 1~2m 크기의 무리를 이루며 38개나 드러났는데, 서로 겹치지 않게 분포하며 2, 3개가 나란히 있는 모양이다. 그 중에는 약 50점의 석기가 50cm 정도의 범위에서 나온 예, 3,000점 이상의

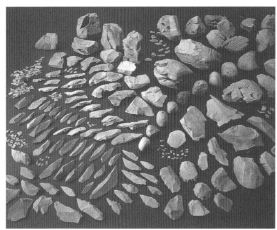

〈사진 18〉 스이초엔유적에서 발굴된 석기들

〈사진 19〉 스이초엔유적의 석기 출토 모습

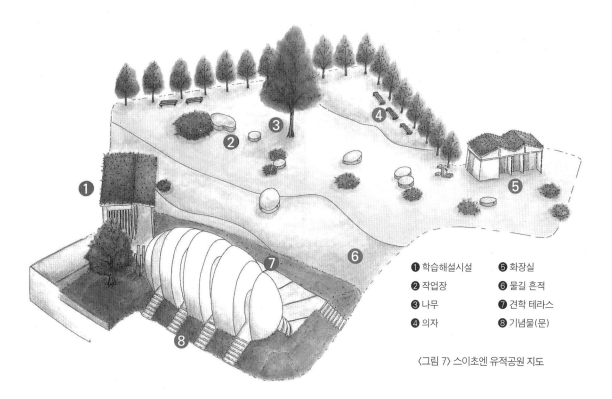

❶ 학습해설시설   ❺ 화장실
❷ 작업장   ❻ 물길 흔적
❸ 나무   ❼ 견학 테라스
❹ 의자   ❽ 기념물(문)

〈그림 7〉 스이초엔 유적공원 지도

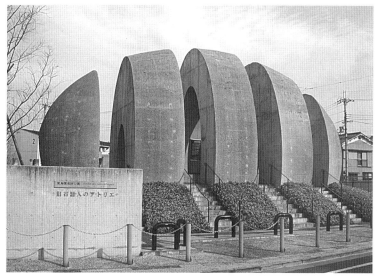

〈사진 20〉 스이초엔 유적공원의 문

석기가 3m 범위로 넓게 분포하며 드러난 예도 있다.

집중부에는 몸돌, 격지, 부스러기 등이 장소에 따라 20cm 정도의 두께로 퇴적되어 있지만, 대부분 석기가 만들어질 때의 모습을 그대로 유지하고 있다(사진 19). 따라서 석기가 흩어진 양상으로 보아 제작자의 앉은 위치를 알 수 있거나 작업의 순서를 복원할 수 있는 예도 있어,

제작자의 행위를 자세히 읽어낼 수 있다.

3천 점 이상의 많은 석기들이 나온 큰 작업터도 그 분포 상태로 보아 제작자의 위치는 한 곳이었고, 몸의 방향이나 자리를 바꾼 흔적은 보이지 않는다. 한 곳의 작업장은 한 사람이 반나절이나 하루 정도 작업했던 결과라고 해석되어, 아마도 몇 사람이 단 기간에 집중해서 석기를 만들던 장소로 추정된다. 석기 중에는 많은 접합자료와 원석의 상태까지 알 수 있는 예들이 있어, 제작기술의 자세한 복원은 물론, 제작자 간의 석재 분배까지도 밝혀내는 것이 가능하다.

이 유적은 발굴 후 역사교육장으로 활용하고자 1998년 5월 24일에 '스이초엔 유적공원-구석기인의 아뜨리에-'로 문을 열었는데, 일본에서도 이와 같은 구석기시대 유적공원은 처음이다(그림 7. 羽曳野市教育委員會 1996 ; 辻 葩學 1998).

유적공원의 면적은 568평이다. 공원 입구
는 높이가 7m, 폭이 14m나 되는 커다란 알
모양의 콘크리트제 기념물이다(사진 20). 이
것은 석기를 제작할 때 깨어낸 사누카이트
모양으로, 멀리서도 사람의 눈을 끄는 공원
알림용이다. 그 사이를 지나 안으로 들어서
면, 센서가 감지하여 사누카이트로 석기를
만들 때 나는 소리가 울린다. 발밑에는 출
토된 모습대로의 석기복제품이 광섬유에
받쳐져 떠 있다. 이것은 구석기의 세계로 유
혹하는 시간여행의 문이다.

콘크리트제 기념물을 지나 유적 전체가
보이는 조망대에 서면 석기제작터가 점점이
분포하는 모습을 볼 수 있다. 거기에는 사
진과 지도를 만들어 넣은 도기 설명판이 있
는데, 유적 발굴의 장면과 석기제작터의 존
재, 이상산에서 가져온 돌감인 사누카이트
의 특징과 그것을 썼던 유적의 분포 등이
설명되어 있다. 또 손으로 만져볼 수 있는
유적입체모형과 사누카이트 원석, 각종의
사누카이트제 석기의 실험제작품도 있고,
돌의 세계를 직접 느낄 수 있다(사진 21).

그리고 앞에 있는 작은 건물은 전시장
과 비디오 기기를 둔 학습해설 시설이다(사
진 22). 전시장에는 붙는 석기들을 바탕으로
석기제작이 자세히 복원되는 과정을 사진
패널에 설명하고 있다. 또 접합 자료에서
알 수 있는 석기제작 방법을 삽화와 입체
모델로 순서대로 볼 수 있다.

비디오 해설은 글이나 모형으로 알리기
어려운 정보를 전하고, 다른 시설의 문자
정보를 보충하려는 목적이다. 구석기유적
에서는 고분이나 절터처럼 확실한 유구를
보기 어렵고 유물도 주로 석기에 한정되기
쉬워서, 유적의 설명이나 거기서 추정된 것
을 영상으로 만들어 설명하는 방식을 택하
였다. 여기서는 '스이초엔유적의 발굴', '뗀
석기 만들기', '구석기시대의 하비키노' 등
세 가지 제목의 6분짜리 해설비디오를 21인
치 플라스마 디스플레이로 골라 보는 것이

〈사진 21〉 유적 설명판

〈사진 22〉 비디오 영상기와 자판기

〈사진 23〉 석기제작터 재현

〈사진 24〉 사진 설명판

〈사진 25〉 도기로 제작된 설명판

〈사진 26〉 석기제작터 복원전시

가능하다.

학습해설 시설을 나오면, 석기제작터가 점점이 분포하는 유구복원 지역이다(사진 23). 약 2만 년 전의 석기제작 흔적을 생생하게 재현하려고 석기들의 출토 상황을 모형이나 도기판으로 구워 붙인 실물 크기의 수직사진, 입체모형 등을 저마다 상황에 맞춰 제자리에 설치하였다(사진 24).

수지성(樹脂性)의 모형은 내구성이 있는 도료로 칠하고, 강화 유리로 보호하였다. 도제 입체모형은 출토 상태의 사진과 실측도에 근거하여 점토판을 깎아 만든 것으로, 도기의 독특한 질감으로 표현된 석기들을 손으로 만져서 확인할 수 있다(사진 25). 또 제작자의 자리를 알 수 있는 석기제작터에는 도기로 만든 사누카이트 원석과 망치를 그 장소에 놓아두었다. 여기에 손을 대면 구석기인과 하나가 되는 제작자의 눈으로 아뜨리에의 체감이 가능할 것이다(사진 26).

그 밖에 화장실 지붕은 사누카이트가 있는 이상산을 모방하였고, 주택가의 공원으로서 시민의 휴식에 도움이 되고자 벤치를 두고 녹색이 풍부한 경관으로 꾸몄다.

5. 노지리코 나우만코끼리(野尻湖 ナウマンゾウ) 박물관

1948년 가토(加藤松之助)씨가 나가노현(長野縣) 노지리코(野尻)에서 코끼리의 어금니를 발견한 이래, 1962년부터 40년 이상 노지리 호수 바닥의 발굴이 이어졌다(사진 27. 그림 8). 여기서 발견된 79,000여 점의 화석과 유물은 초등학생과 중학생을 포함하여 전국에서 모인 2만 명 이상의 사람들이 발굴한 것이다(野尻湖ナウマンゾウ博物館 編 2003).

동물화석으로는 나우만코끼리, 야베큰사슴, 시카사슴, 갈색곰 등이 있는데, 그 중 대부분은 나우만코끼리와 야베 큰사슴이다. 나우만코끼리는 다 컸을 경우 무게가

5톤쯤으로 추정되고, 야베큰사슴은 일본의 빙하시대를 대표하는 짐승으로 뿔은 물갈퀴 모양이며 안이 비어 있다.

이 화석들과 함께 코끼리 발자국들도 많이 발견되었고, 또 석기와 뼈뿔연장도 함께 찾아졌다. 이런 점에서 노지리 호수는 약 4만년 전에 나우만 코끼리를 사냥하던 곳으로 생각되고 있다.

1973년의 제5차 발굴 뒤 그 때까지의 출토품을 현지에 두고자 박물관 건설의 필요성이 제기되어, 1984년 7월 1일에 노지리 호숫가에 박물관이 세워졌다. 1996년에는 전시를 새롭게 하고, 관 이름도 '노지리호수 나우만코끼리 박물관'으로 바꿨다(사진 28, 29). 여기서 일본 빙하시대의 자연과 인류의 문화가 어떤 모습이었는지 만나볼 수 있다.

전시실에 들어서면 나우만코끼리와 야베사슴이 실물 크기로 복원되

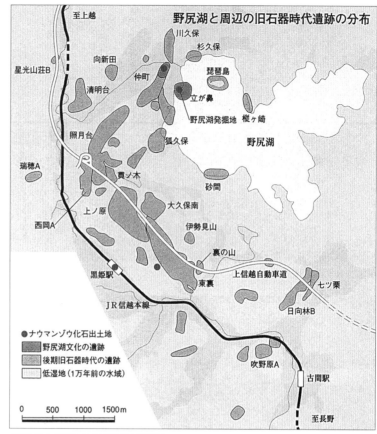

〈그림 8〉 노지리호수 둘레의 구석기유적

〈사진 27〉 노지리호수

〈사진 28〉 노지리호수 나우만코끼리 박물관

〈사진 29〉 나우만코끼리 모형

〈사진 30〉 야베사슴 박제품

〈사진 31〉 나우만코끼리의 뼈화석과 상아

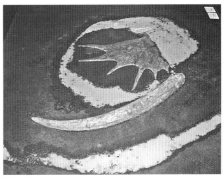

〈사진 32〉 달(나우만코끼리의 상아)과 별(야베사슴의 넓적뿔)

어 있다(사진 30). 나우만코끼리는 어깨까지
의 키가 2.8m, 야베사슴은 약 1.7m나 된다.
이어서 나우만코끼리의 이빨화석이 수십 개
진열되어 있고, 그 옆 장에는 나우만코끼리
의 머리뼈와 상아, 팔과 다리뼈, 등뼈 등 각
부위의 뼈화석들이 전시되어 있다(사진 31).

다음 전시실에는 노지리코의 지층을 떠
서 퇴적층의 양상과 유물 출토 지점 및 연
대를 설명하고 있고, 코끼리의 발자국 화석
도 전시하고 있다. 가운데는 나우만코끼리
의 상아와 야베사슴의 뿔이 이웃해 나와 이
른바 '달과 별'이란 별칭이 붙은 유명한 화
석이 전시되어 있다(사진 32). 그리고 노지리
호수에서 발견된 석기와 뼈 및 뿔 연장이 진
열되어 있으며, 이 연장들이 노지리 호수에
서 나우만코끼리를 사냥하고 해체하는 데
쓰인 것으로 설명되어 있다. 끝자리에는 후
기구석기시대의 시기별 석기갖춤새가 전시
되어 있다.

〈그림 9〉 토미자와유적의 어느 날

6. 땅속의 숲박물관(地底の森ミュージアム)

센다이시(仙台市)에 자리한 토미자와(富澤)
유적은 초등학교를 짓는 과정에서 발견된
유적으로 1987년과 1988년에 발굴되었으
며 그 면적은 약 5,000m²(1,515평)이다. 겉흙
아래 1m 깊이에는 근세~야요이시대의 논
이 중첩되어 있고, 그 밑에는 니탄층이 두껍
게 퇴적되어 있으며, 그 아래 조몬시대의 큰
구덩이나 나무 흔적이 확인되었다. 조몬시
대층으로부터 약 2m 아래에서 나무들이 포
함된 검은 층이 드러났는데, 절대연대와 꽃
가루분석을 통해 약 2만 년 전의 빙하기 층
으로 밝혀졌으며, 그 아래층에서 AT가 포
함된 백색의 화산회가 발견되었다. 지금까
지 주변의 약 10곳에서 구석기시대의 삼림
유적이 확인되어, 주로 침엽수로 이뤄진 습
지림이 널리 분포하였음을 알 수 있다(仙台
市富澤遺跡保存館 編 1996).

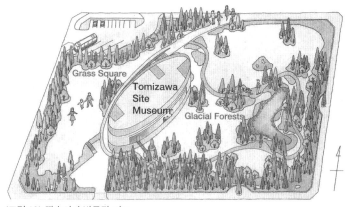

〈그림 10〉 땅속의 숲박물관 지도

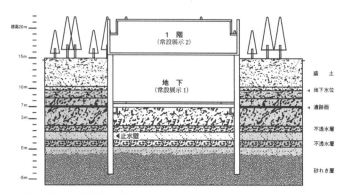

〈그림 11〉 땅속의 숲박물관의 구조

〈사진 33〉 땅속의 숲박물관 전경

〈사진 34〉 땅속의 숲박물관 상설전시1실

히 마지막 빙하기의 자연환경을 복원할 수 있는 장점 때문에 발굴된 상태를 그대로 보존하며 그곳에 타원형의 3층짜리 전시관을 지었고, 건물 밖에는 2만 년 전의 빙하시대 식물들로 정원을 꾸며 1996년 11월 2일에 문을 열었다. 그리고 '땅속(地底)의 숲(森)박물관'이나 토미자와유적 보존관으로 부르고 있다(사진 33. 그림 10, 11).

전시관의 지하층은 나무들이 드러난 모습과 캠프의 흔적 등을 볼 수 있는 상설전시1실로, 한쪽 벽에 대형 스크린을 설치하여 빙하기의 숲과 비슷한 오늘날의 침엽수림 장면을 3분쯤 슬라이드로 비쳐 생동감을 더하였다. 그리고 중간에 스크린을 달아 '2만 년 전의 어느 날'이란 제목으로 사냥꾼들이 여기에 와서 머물다 간 내용의 7분짜리 영상물을 보여주어 관람객들이 2만 년 전의 자연과 사람의 이야기를 잘 이해할 수 있게 하였다(사진 34).

1층에는 상설전시2실, 기획전시실, 전망라운지, 연수실, 사무실과 학예원실 등이 자리한다. 상설전시2실은 도입부와 두 개의 전시실로 이뤄져 있다(사진 35. 그림 12). 도입부에는 빙하기인 2만 년 전까지 인류의 진화와 퍼짐을 설명하고, 빙하기에 대해 소개하고 있다. 첫 번째 전시실은 중앙에 구석기인이 머물렀던 캠프를 복원하고, 둘레는 화덕자리로 알 수 있는 것, 석기 만들기, 석기의 사용 등의 소제목으로 관련된 내용을 자세히 전시하였다. 두 번째 전시실은 가운데 토미자와유적에서 드러난 식물화석을 진열하였고, 가장자리는 화석, 사슴의 똥으로 알 수 있는 내용을 다루고 있다. 3층에는 관람객들이 선인들의 유물을 직접 만들어보며 그들의 애씀과 생각을 느껴볼 수 있는 체험실이 자리한다.

전시관을 나오면 그 동쪽에 2만 년 전인 빙하기의 토미자와 숲을 복원한 야외전시장이 있는데, 고고학과 옛

여기서 드러난 나무의 종류와 사슴의 똥 화석, 그리고 불땐자리와 그 둘레에서 찾아진 석기들을 근거로 "사슴이 숲으로 찾아오는 이른 봄의 늦은 오후, 소수의 구석기 사냥꾼들이 여기에 와서 조금 높은 자리에 캠프를 치고 석기를 만들었고, 저녁을 먹은 뒤 불을 피우고 잠을 잤으며, 다음날 아침 이곳을 떠나갔다"는 이야기가 가능하다(그림 9). 그리고 마지막 빙하기인 2만 년 전은 연평균 기온이 지금보다 7~8도 낮았으며, 토미자와 늪지에는 주로 가문비나무, 전나무와 낙엽송 등의 침엽수들이 자라고 있었다.

이처럼 토미자와유적은 2만 년 전의 숲과 사람이 머문 흔적을 함께 유지하고 있는 세계 최초의 예라고 한다. 특

〈사진 35〉 상설전시2실

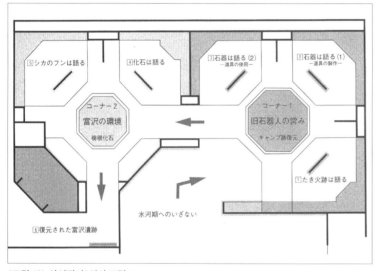

〈그림 12〉 상설전시2실의 도면

식물학(palaeobotanical)의 검토를 거쳐 옛 지형 그대로 그리고 같은 종류의 식물들로 과거의 숲을 복원하였다. 즉 초지와 늪지에 아한대에서 자라는 64종류의 나무와 식물을 심어, 관람객들이 빙하시대 토미자와 숲의 분위기를 느낄 수 있게 하였다.

Ⅲ. 맺음말

앞에서 일본의 구석기유적들이 그 성격에 따라, ① 이와주쿠유적처럼 일본 구석기문화 연구의 발상지인 점을 부각시킨 예, ② 피리카유적처럼 충분히 조사되지 않았기에 유적의 보존을 최우선으로 하고 전시는 최소한으로 한 예, ③ 타카야마유적처럼 흑요석 원산지를 강조하는 흑요석 체험뮤지엄의 예, ④ 스이초엔유적처럼 석기공방을 실감케 하는 유적공원으로 조성된 예, ⑤ 노지리코유적처럼 갱신세의 동물화석을 중심으로 전시한 예, ⑥ 토미자와유적처럼 나무화석의 출토 모습을 그대로 보존하며 2만 년 전의 숲으로 복원한 예 등을 보았다.

이렇듯 일본은 구석기시대의 유적을 역사교육자원과 문화관광자원으로 활용하여, 국민들이 자국의 역사와 문화에 자긍심을 느끼게 하는 한편, 외국인들에게 자신들의 역사와 문화를 널리 선전하는 마당으로 삼고 있다. 이런 결과는 유적의 보존과 정비 그리고 활용에 대해 전문가로 구성된 '보존정비위원회'가 처음부터 끝까지 주된 역할을 하기 때문이다. 피리카유적의 경우는 고고학, 제4기학, 조경학 등의 전공자 7명과 지방의회 교육분과위원장, 사회교육위원회위원장, 문화재보호위원회위원장, 자치회장, 관광협회장, 교장회회장 각 1인 등 13명으로, 호시쿠소토게 흑요석 원산지유적은 고고학자 5명, 이화학자와 지질학자 각 1명 등 7명으로 짜여져 있다.

현재 우리나라의 구석기유적 가운데 박물관이 세워졌거나 계획 중인 곳은 모두 5곳이다. 양구 상무룡리유적의 발굴 결과를 중심으로 구성된 '양구선사박물관'만이 관람객을 맞고 있을 뿐이고, 공주 석장리와 단양 수양개유적은 개관 준비 중에 있다. 그리고 연천 전곡리와 순천 월평유적은 박물관과 유적공원을 추진 중이다. 그런데 이 유적들의 박물관 건립이나 유적공원화 과정에서 가장 큰 문제는 그 유적을 찾아내고 발굴한 고고학자를 포함한 전문가의 의견이 제대로 반영되지 않은 채 기본계획이 세워지고 건물이 완공되는 점이다. 그런 탓에 보호해야 할 유적을 오히려 파괴하거나 또는 유적의 성격을 잘 담아내지 못한 박물관이 세워지고 있다.

이런 부작용의 근본 원인은 행정기관의 '담당공무원' 손에서 유적정비와 활용에 관한 '기본설계'나 '실시설계' 등을 일반 공사 용역처럼 시행할 수 있는 제도상의 미비 때문이다. 여기에 유적의 성격을 제대로 모르는 설계사무소나 건축학 교수 등이 무모하고 안이하게 뛰어드는 비양심까지 가세하고 있다. 그러다보니 정작 그 방면의 전문가는 형식적인 자문만 하게 되는 어처구니없는 상황이 되어 있다. 그런데 최근 전곡리유적의 선사공원과 박물관 건설에 전문들이 중심이 된 추진위원회가 구성되어, 방향을 제시하고 감리 기능을 하게 되었다고 하니 참으로 다행스럽다.

또 하나의 문제는 흔히 박물관이나 유적공원의 운영에 관리인원만 있으면 된다는 발상이다. 그렇게 운영되는 박물관의 경우 몇 년이 지나도 개관 당시의 모습이어

서 마침내는 관람객의 발길이 뜸한 고물 창고나 다름없게 된다. 오히려 빠르게 변화하는 시대 조류에 발맞춰 새로운 관점으로 재해석한 역사와 문화를 컴퓨터 등 최신 기자재를 통해 최신 기법으로 보여주고 알려줘야 관람객을 불러 모을 수 있고, 제대로 된 온고지신(溫故知新)의 마당이 될 수 있다. 박물관이나 유적공원 등에서 이런 일을 해낼 사람이 바로 '학예직원'이다.

일본의 예를 보면 이미 개관 전에 학예실이 조직되어 전시, 사회교육 등의 업무를 준비하며, 개관 후에도 학예직은 특별전시를 기획하고, 체험학습을 비롯한 사회교육을 담당하며, 나아가 그 지역의 발굴조사까지 맡고 있다. 그래서 늘 새로운 호기심의 박물관으로 거듭 나 관람객들이 다시 찾아오는 박물관이 되고 있는 것이다.

잘 알다시피 문화유산은 우리뿐 아니라 세계인이 공유하고 후손에게 물려줘야 할 자산이다. 그러나 우리의 현실은 문화유산 관련 사업들을 담당공무원이 일반 공사용역처럼 처리할 수 있는 엉성한 제도 때문에 막대한 국고가 낭비되고, 문화유산이 파괴와 훼손을 당하는 일이 빈번하다. 이제라도 일본을 비롯한 선진국의 문화유산 정비 제도와 사례를 타산지석으로 삼아야 할 것이다.

참고문헌

한글 문헌

강창화, 2006.《제주 고산리 신석기문화 연구》(영남대학
교 대학원 문화인류학과 박사학위논문).

강창화, 2008.〈제주 고산리 초기신석기문화의 형성과 전
개〉《남해안지역의 신석기문화》pp. 27~47 (한국신
석기학회).

강창화, 2011.〈제주도 고고학 발굴과 그 성과〉《제주의
역사와 최신 연구 성과》pp. 1~24 (한국대학박물관
협회).

강창화·김종찬, 2008.〈제주도 신석기문화 연구의 성과
와 전망〉《한국신석기연구》16, pp. 1~33.

강창화·오연숙, 2003.《제주 고산리유적》(제주대학교
박물관).

건설교통부·한국수자원공사, 2002.《우리 ㄱ람 길라잡
이-우리 강을 한 눈에-》.

高橋豊·하인수·小畑弘己, 2003.〈형광X선분석에 의한 동
삼동·범방유적 출토 흑요석 산지추정〉《한국신석
기연구》6, pp. 83~99.

고금님·이종화·심진수·신정옥·조용선, 2017.《임실 갈
마리 해평유적-임실 제2농공단지 조성 부지 문화재
발굴조사-》(전라문화유산연구원).

고동순·홍성학, 2007.〈양양 오산리유적 최하층 출토 토
기에 대한 예찰〉《강원고고학보》9, pp. 27~68.

고재원, 2013.〈유물로 본 제주도 고산리문화〉《한·일 초
기 신석기문화 비교연구》pp. 1~22 (한국신석기학

회·九州繩文硏究會).

고재원, 2014.〈고산리식토기의 분류와 편년〉《한국 신석
기시대 토기와 편년》pp. 188~204.

곽장근·조인진·노승은·전상학, 2002.《김제 석담리유
적》(군산대학교 박물관).

곽장근·조인진·조명일·방민아·오학수·정원기·김은
희·김태영·강혁·신소미·정상열, 2009.《김제 반월
리, 김제 석담리 봉의산, 김제 장신리》(군산대학교
박물관·한국농어촌공사 금강사업단).

橘昌信, 1999.〈九州島における後期舊石器時代成立期の石器
群〉《수양개와 그 이웃들》4, pp. 51~64.

국립공주박물관 편, 2005.《금강의 구석기문화》.

국립나주문화재연구소, 2006.《호남고고학 문헌목록》.

국립대구박물관 편, 2008.《인류의 여명-동아시아의 주
먹도끼-》.

국립전주박물관, 1998.《전주·완주 일부지역 유적지표조
사보고》.

국립제주박물관 편, 2011.《국립제주박물관》.

국립지리원, 1996.《진안 1 : 50,000 지형도》.

군산대학교 박물관, 2006.《장수 오산권역 농촌마을 종
합개발사업 문화재지표조사보고서》.

김건수·최미노·김진, 2002.《익산 신막유적》(호남문화
재연구원).

김경주·방문배·현승룡·박재현·김동국·박경민·고은경,
2014a.《제주 고산리유적(본문)》(제주문화유산연
구원).

김경주·방문배·현승룡·박재현·김동국·박경민·고은경, 2014b.《제주 고산리유적(도판)》(제주문화유산연구원).

김경칠·윤정국·왕준상·백명선, 2013.《담양 화방리 물구심리들유적》(영해문화유산연구원).

김경칠·정일·한미진, 2007.《무안 도원·농장유적》(전남문화재연구원).

김규정·곽스도, 2013.《완주 옥정유적》(전북문화재연구원).

김규정·김상규·정재영, 2012.《임실 대곡리유적》(전북문화재연구원)

김규정·김상규·권정혁·곽스도, 2013.《전주 원장동유적》(전북문화재연구원·전북개발공사).

김명진, 2010.《한국 구석기 고토양층 석영에 대한 시분해 광자극 냉광의 물리적 특성과 연대결정》(강원대학교 물리학과 대학원 박사학위논문).

김명진, 2014.《순천 월평 구석기유적 연대측정 결과-퇴적층 시료-》(네오시스코리아 방사선기술연구소).

김명진·이용주, 2014.〈제주 고산리유적 토기의 고고과학적 연구〉《제주 고산리유적(본문)》pp. 393~434 (제주문화유산연구원).

김미란·고금님·차상민·주동훈, 2013a.《김제 상동동유적》(전라문화유산연구원).

김미란·고금님·차상민·주동훈, 2013b.《김제 순동유적》(전라문화유산연구원).

김미란·김진·안효성·송은영·장기재, 2012.《익산 쌍정리 구석기유적》(전라문화유산연구원).

김미란·박영민·고금님·윤용환·정인숙·차상민, 2012.《완주 덕동유적》(전라문화유산연구원).

김상태, 1998.〈상무룡리Ⅱ유적의 좀돌날석기〉《과기고고연구》4, pp. 7~26.

김상태, 2015.〈서귀포 생수궤유적의 조사 성과와 과제〉《제주도의 구석기연구 현황과 성과》pp. 15~24 (한국구석기학회·국립제주박물관).

김상태·신영호·오연숙, 2012.《서귀포 생수궤유적》(국립제주박물관).

김선기·조상미, 2006.《익산 천동지구 시굴조사보고서-2004년 봄마무리 경지정리예정지역》(원광대학교 박물관).

김선주, 2007.《홍천 백이유적의 주먹대패 연구》(조선대학교 대학원 사학과 석사학위논문).

김수아, 2006.《순천 월평 후기구석기유적의 밀개 연구》(조선대학교 대학원 사학과 석사학위논문).

김원룡·배기동, 1983.〈서울대학교 조사〉《전곡리유적 발굴조사보고서》pp. 3~173 (문화재관리국 문화재연구소).

김은정, 2002.《전남지역의 좀돌날몸돌 연구-1990년대 이후의 유물을 중심으로-》(조선대학교 대학원 사학과 석사학위논문).

김은정, 2005.〈동북아시아의 좀돌날몸돌 연구 동향〉《한국구석기학보》12, pp. 31~55.

김은정, 2010.〈한반도의 '아라야(荒屋)형 새기개' 기초 연구〉《중앙고고연구》7, pp. 1~39.

김은정, 2016a.〈대전 용산동유적 슴베찌르개 석기군의 양상〉《호남문화재연구》21, pp. 5~26.

김은정, 2016b.〈진안 진그늘유적 슴베찌르개의 제작과 사용에 대하여〉《호남고고학보》53, pp. 4~25.

김정환·이인기, 1973.《용담도폭》(국립지질광물연구소).

김정배, 2002.〈일본 칸토우(關東)지역의 세석기문화〉《한국구석기학보》5, pp. 75~97.

김정빈·이헌종·박영석·조규성·양동윤·이혜연, 2006.〈나주 장동리지역에 분포하는 제4기층에 대한 테프라 지질연대〉《한국구석기학보》14, pp. 35~50.

김종찬, 2009.〈월평유적의 방사성탄소연대(AMS) 측정〉《순천 월평유적-2005년 제3차 발굴-》pp.155~156 (조선대학교 박물관).

김주용·양동윤·이윤수, 2002.〈화순 도산유적의 제4기지질 조사 및 자연과학 분석〉《화순 도산유적》pp. 93~123 (조선대학교 박물관·전남대학교 박물관).

김주용·양동윤·홍세선·남욱현·이헌종·이진영·김진관·오근창, 2005.〈영산강 하류와 삼포강 합류부 일대 제4기지질 연구〉《제4기학회지》19, pp. 1~17.

김주용·양동윤·홍세선·오근창, 2004.〈월평유적의 지형과 제4기 지질 분석〉《순천 월평유적-2001년 2차 발굴-》pp. 122~133 (조선대학교 박물관).

김주용·이기길·양동윤·홍세선·남욱현·이진영, 2004.〈남한 제4기퇴적층 분포 및 형성과정 고찰〉《한국구석기학보》10, pp. 1~23.

김주용·이헌종, 2004.〈GIS 기법을 이용한 한국 영산강 하류 구석기유적 분포특성 연구〉《선사와 고대》20, pp. 173~192.

김진영·송장선, 2012.《보성 도안리 석평유적》(마한문화연구원).

김환일·육심영, 2007.《대전 용산동 구석기유적》(중앙문화재연구원).

남도문화재연구원, 2004a.《문화유적 분포지도-전남 강진군-》.

남도문화재연구원, 2004b.《해남 신덕·관춘·동해지구 밭 기반 정비사업 지구 내 문화유적 지표조사보고》.

大竹憲昭, 2004.〈日本列島における舊石器時代の磨製石斧〉《동북아시아의 후기구석기문화와 장흥 신북유적》pp. 125~135 (조선대학교 박물관).

木崎康弘, 2003a.〈後期舊石器時の變遷と薄片尖頭器の評〉《舊石器人의 生活과 遺蹟》pp. 743~773.

木崎康弘, 2004.〈細石器文化の傳播〉《수양개와 그 이웃들》9, pp. 209~216 (明治大學博物館).

대한문화재연구원, 2009a.《함평 2·3지구 하천환경정비 사업 실시설계용역 지표조사》.

대한문화재연구원, 2009b.《광주-완도 고속도로(광주~나주 간)건설사업 문화유적 지표조사 보고서》.

대한문화재연구원, 2009c.《삼호 아산지구 제1종지구 단위계획 수립용역 지표조사》.

동신대학교 문화박물관, 2003.《문화유적 분포지도-전남 함평군-》.

동신대학교 문화박물관, 2004.《345kv 신강진-광양 간 T/L 건설공사 구간 내 문화유적지표조사보고》.

동신대학교 문화박물관, 2007.《곡성 옥과 체육시설 조성사업부지 내 문화재 지표조사보고》.

목포대학교 박물관, 1999.《문화유적 분포지도-전남 영암군-》.

목포대학교 박물관, 2002.《문화유적 분포지도-전남 해남군-》.

목포대학교 박물관, 2003.《영산강 산이 2-2공구 및 금호 2-1공구 영산강 내부 개답공사 지역 문화유적 지표조사보고》.

목포대학교 박물관, 2004.《무안 현경면 해운리·양학리 밭 기반 정비사업 지역 내 문화유적 지표조사보고》.

목포대학교 박물관, 2006.《문화유적 분포지도-전남 무안군-》.

문화재 보존관리지도, http://intranet.gis-heritage.go.kr.

박근태, 2009.〈신석기시대 초창기 단계의 석기 검토-제주도를 중심으로-〉《고고광장》5, pp. 1~29.

박근태, 2011.〈제주도 신석기시대 석기 검토〉《한국신석기연구》21, pp. 43~83.

박근태, 2012.〈신석기시대 초창기 단계의 문화양상〉《한국 신석기문화의 양상과 전개》pp. 9~56.

박근태, 2015.〈제주 고산리유적 석기의 문화적 위치와 성격〉《제주도의 구석기연구 현황과 성과》pp. 29~49 (한국구석기학회·국립제주박물관).

박근태·강창룡·윤중현, 2010.《제주 강정동유적》(제주문화유산연구원).

박성권, 2016.《우리나라 후기구석기시대 말기 석기 문화의 전개양상 연구》(목포대학교 대학원 고고인류학과 석사학위논문).

박성진, 1998.《임진-한탄강지역의 구석기시대 몸돌 연구-지표채집 석기를 중심으로-》(단국대학교 대학원 석사학위논문).

박성탄, 2009a.《영산강유역 중기-후기구석기시대 과도기 석기제작기법 연구-1차 생산물의 분석을 중심으로-》(목포대학교 대학원 고고인류학과 석사학위논문).

박성탄, 2009b.〈전북 고창 해안지역 신발견 구석기유적의 분포 및 성격〉《현장고고》1, pp. 84~94.

박성탄, 2012.〈전남지역 구석기유적 석기제작기법의 변화와 다양성〉《현장고고》3, pp. 22~36.

박성탄·이헌종, 2014.〈우리나라 후기구석기시대 석기제작 기술체계의 또 다른 다양성 : 남원 화정동유적을 중심으로〉《역사학연구》55, pp. 1~26.

박수현·전형민·이창승·오대종·김신혜, 2016.《장성 월정리유적 Ⅱ》(호남문화재연구원).

박영민·김미란·고금님·장지현·김진·박춘규·차상민·정인숙·이종화, 2015.《임실 외량유적》(전라문화유산연구원).

박영민·김진·이경희·심진수·안효성·차상민·장효진, 2015.《남원 방산리·신덕리유적》(전라문화유산연구원).

박영철, 1992.〈한국의 구석기문화-유적의 현황과 편년 문제-〉《한국고고학보》28, pp. 5~130.

박영철, 2002.〈경남지역 구석기문화〉《우리나라의 구석기문화》pp. 263~284 (연세대학교 출판부).

박영철, 2005.〈파주 장산리유적 출토 대형 PIC을 통하여

본 한국구석기 편년 context에 관한 재검토〉《수양
개와 그 이웃들》10, pp. 115~126.

박영철·서영남, 2004. 〈밀양 고례리 및 진주 집현 장흥리
유적〉《영남고고학 20년 발자취》pp. 15~30 (영남고
고학회).

박용안, 1992. 〈한국 황해(서해)의 플라이스토세 후기 및
홀로세(현세)의 해수면 변동과 기후〉《제4기학회지》
6, pp. 3~19.

배기동, 1989. 《전곡리(1986년도 발굴조사 보고)》 (서울
대학교 박물관).

배기동, 1999. 《금파리 구석기유적》 (국립문화재연구소).

배기동, 2002. 〈전곡리 구석기유적의 조사 성과와 문제
점〉《2002 전곡리 구석기유적 기념 국제학술세미나》
pp. 22~29 (연천군·한양대학교 문화재연구소·한국
구석기학회).

배기동, 2004. 〈호남지역의 구석기고고학의 성과와 전망〉
《밖에서 본 호남고고학의 성과와 쟁점》pp. 15~21
(호남고고학회).

배기동, 2017. 《전곡 구석기유적과 축제》 (학연문화사).

배기동·최재호, 1991. 〈전곡리 5지점 발굴조사 보고서〉
《보성강 한탄강유역 구석기유적 발굴조사보고서》
pp. 235~286 (문화재관리국 문화재연구소).

배기동·고재원, 1992. 《전곡리 구석기유적 발굴조사보고
서》 (한양대학교 문화인류학과).

배기동·김대일, 2004. 〈파주 금파리 구석기유적〉《제5회
학술대회 발표집》pp. 67~74 (한국구석기학회).

배기동·홍미영·이한용·김영연, 2001. 《전곡 구석기유적
－2000-2001 전면 시굴조사보고서－》 (한양대학교
문화재연구소).

배기동·이선복·유용욱·김대일·김기룡, 2005. 《파주 가
월리·주월리 구석기유적》 (한양대학교 문화재연구
소·서울대학교 고고미술사학과).

복민영, 2014. 《한국 남서부지역 출토 주먹도끼 연구》 (전
북대학교 대학원 고고문화인류학과 석사학위논문).

복민영, 2015. 〈한국 남서부지역 출토 주먹도끼 연구〉《호
남고고학보》49, pp. 5~41.

서영남·김혜진·장용준, 1999. 〈경남 밀양시 고례리유적
후기구석기문화〉《영남지방의 구석기문화》pp. 47~
63 (영남고고학회).

서인선, 2004. 《석장리유적 출토의 좀돌날계열 유물 연
구》 (연세대학교 대학원 석사학위논문).

서인선, 2015. 〈석장리유적 돌날과 좀돌날 제작의 기술학
적 재검토－돌감, 제작방법과 떼기기술을 중심으
로－〉《한국구석기학보》31, pp. 54~83.

석장리박물관, 2010. 《또 다른 세상으로－구석기인들의
죽음과 매장－》.

성춘택, 1998. 〈세석인 제작기술과 세석기〉《한국고고학
보》38, pp. 27~62.

성춘택, 2001. 〈석기 이론 연구와 한국 구석기〉《한국구석
기학보》4, pp. 1~15.

성춘택, 2002. 〈구석기시대〉《한국고고학강의》pp. 27~
50 ((주)사회평론).

성춘택, 2004. 〈한국 후기구석기유적의 시간 층위 재고〉
《한국상고사학보》46, pp. 5~30.

성춘택, 2006a. 〈한국 구석기시대 석기군 구성의 양상과
진화 시론〉《한국상고사학보》51, pp. 5~41.

성춘택, 2006b. 〈한국 후기구석기문화 유형론〉《한국고
고학보》59, pp. 4~37.

성춘택, 2015. 〈석장리유적 발굴과 구석기고고학의 과제
와 전망〉《한국구석기학보》31, pp. 30~53.

小畑弘己, 2004c. 〈日本列島および周邊地域からみた韓國の
後期舊石器文化〉《동북아시아의 후기구석기문화와
장흥 신북유적》pp. 109~124 (조선대학교 박물관).

손동혁, 2012. 《강원지역 후기구석기시대 말기의 석기문
화 연구》 (목포대학교 대학원 고고인류학과 석사학
위논문).

손보기, 1970. 〈석장리의 새기개·밀개 문화층〉《한국사연
구》5, pp. 1~46.

손보기, 1973. 〈석장리의 후기구석기시대 집자리〉《한국
사연구》9, pp. 15~57.

손보기, 1989. 〈상무룡리에서 발굴된 흑요석의 고향에 대
하여〉《상무룡리》pp. 781~796 (강원대학교 박물관).

손보기, 1993. 《석장리 선사유적》 (동아출판사).

松藤和人, 1997. 〈A Cultural Exchange between Kyushu
Island and the Korean Peninsula in Upper Paleo-
lithic Period〉《수양개와 그 이웃들》2, pp. 109~126
(충북대학교 박물관).

松藤和人, 2001. 〈日本의 舊石器文化－朝鮮半島와의 接點을
찾아서－〉《한국구석기학보》3, pp. 57~70.

송미진·오병욱·김문국·전명훈·김민정, 2012. 《무안 둔

전·두곡유적》(전남문화재연구원).

송미진·오병욱·이지영·김빛나·송혜영, 2012.《나주 도민동·상야유적》(전남문화재연구원).

송은영, 2008.《전북지역 후기구석기시대 격지석기연구-출토 양상과 제작기법을 중심으로-》(전북대학교 대학원 고고문화인류학과 석사학위논문).

순천대학교 박물관, 1992.《순천시의 문화유적》.

순천대학교 박물관, 2000.《문화유적 분포지도-광양시-》.

순천대학교 박물관, 2003a.《문화유적 분포지도-고흥군-》.

순천대학교 박물관, 2003b.《문화유적 분포지도-여수시-》.

신숙정, 2011.〈신석기시대 연구의 성과와 전망〉《한국 신석기문화 개론》pp. 11~59.

安蒜政雄, 2010.〈日本列島からみた湖南地域の舊石器時代と文化〉《빛나는 호남 10만년》pp. 128~149 (조선대학교 박물관).

安蒜政雄, 2014.〈東アジア舊石器研究からみた月坪遺跡の位相〉《국가사적 월평유적의 학술 가치와 창조적 활용》pp. 25~38 (조선대학교 박물관).

안효성, 2008.《장수 침곡리 구석기유적의 석기연구》(전북대학교 대학원 고고문화인류학과 석사학위논문).

어해남, 1994.〈우리나라 구석기시대 석기 재료의 특성에 대하여〉《조선고고연구》pp. 31~35 (사회과학출판사).

연세대학교 박물관 편, 2001.《한국의 구석기》(연세대학교 출판부).

오대종, 2014.〈장성 월정리유적Ⅱ〉《2013·2014 호남지역 문화유적 발굴조사 성과》pp. 81~93 (호남고고학회).

오병욱, 2008.《장흥 신북 후기구석기유적 새기개 연구》(조선대학교 대학원 사학과 석사학위논문).

오병욱, 2012.〈무안 둔전구석기유적의 성격〉《전남 고고》6, pp. 6~31.

오병욱, 2014.〈나주 도민동 구석기유적의 성격〉《전남 고고》7, pp. 8~37.

오타니 카오루, 2008.〈일본 능주형(稜柱形) 좀돌날 석기군의 작업 공정-도요미이나리미네(十余三稻荷峰)유적 출토 흑요석 석기군을 중심으로-〉《한국구석기학보》18, pp. 55~77.

외서면지 편찬위원회, 2014.《외서면지》.

원광대학교 마한·백제문화연구소, 1998.《문화유적 분포지도-익산시-》.

원광대학교 마한·백제문화연구소, 2000.《익산 영등동유적》.

원광대학교 마한·백제문화연구소, 2002.《익산 율촌리 분구묘》.

원광대학교 마한·백제문화연구소, 2007.《문화유적 분포지도-무주군-》.

유은정, 2014.《화순 도산유적의 중기구석기시대 문화층의 찍개 연구》(조선대학교 대학원 사학과 석사학위논문).

유창선·윤정현, 2006.《군산 내흥동유적 Ⅱ》(충청문화재연구원).

유환수·김용준·박배영, 1993.《괴목도폭 지질보고서》(한국자원연구소).

윤덕향, 2003.〈용담댐 수몰지구의 발굴성과와 과제〉《용담댐 수몰지구의 고고학》pp. 8~13 (호남고고학회).

윤용현, 1990.《화순 대전 구석기문화의 연구》(청주대학교 대학원 사학과 석사학위논문).

은종선, 2015.《호남지역 구석기시대유적 출토 망치석기 연구-MIS 3~MIS 2 시기 유적을 중심으로-》(전북대학교 대학원 고고문화인류학과 석사학위논문).

은종선, 2015.〈호남지역 구석기시대 망치돌 연구-MIS 3~MIS 2 시기 유적을 중심으로-〉《한국구석기학보》34, pp. 78~110.

이기길, 1993.〈전남의 구석기문화〉《동방학지》81, pp. 39~69.

이기길, 1997a.〈보성강유역에서 새로 찾은 구석기유적 예보〉《한국고고학보》37, pp. 7~62.

이기길, 1997b.〈광주 매월동유적〉《광주 치평동유적-구석기·갱신세층 시굴조사 보고서-》pp. 73~87 (조선대학교 박물관·광주광역시 도시개발공사).

이기길, 1998.〈한국 전남 순천 죽내리 구석기유적〉《호남고고학보》8, pp. 121~133.

이기길, 2000.〈전남지방 구석기시대 유적의 보존과 활용〉《한국구석기학보》2, pp. 66~82.

이기길, 2001a.〈호남 내륙지역의 구석기문화〉《호남고고학보》14, pp. 27~50.

이기길, 2001b.〈새로 밝혀진 영광군의 선사와 고대 문화-서해안 고속도로 건설구간의 발굴 자료를 중심으로-〉《선사와 고대》16, pp. 73~94.

이기길, 2001c.〈진안 진그늘 선사유적 조사 개요〉《한국농경문화의 형성》pp. 131~154 (한국고고학회).

이기길, 2002a.《순천 월평유적-1998년 1차 발굴-》(조선대학교 박물관).

이기길, 2002b.《화순 도산유적》(조선대학교 박물관·전남대학교 박물관).

이기길, 2004a.〈진안 진그늘유적 구석기문화층의 성격과 의미〉《호남고고학보》19, pp. 5~23.

이기길, 2004b.〈순천 월평 후기구석기유적의 성격-2001년도 조사를 중심으로-〉《한국구석기학보》9, pp. 1~17.

이기길, 2004c.〈장흥 신북유적의 발굴 성과와 앞날의 과제〉《동북아시아의 후기구석기문화와 장흥 신북유적》pp. 31~38 (조선대학교 박물관).

이기길, 2006.《호남 구석기 도감》(조선대학교 박물관).

이기길, 2007.〈한국 서남부와 일본 큐슈의 후기구석기문화 비교 연구〉《호남고고학보》25, pp. 5~43.

이기길, 2008a.〈화순 도산 구석기유적의 제2차 발굴조사 개요〉《국가 형성에 대한 고고학적 접근》pp. 147~164 (한국고고학회).

이기길, 2008b.〈화순 모산리 도산유적-영산강유역 최고의 석기군-〉《한국고고학저널》pp. 12~15 (국립문화재연구소).

이기길, 2008c.〈임실 하가유적의 발굴과 성과〉《양식의 고고학》pp. 137~154 (한국고고학회).

이기길, 2009a.《순천 외록골유적》(조선대학교 박물관).

이기길, 2009b.〈임실 가덕리 하가유적-한·일 후기구석기문화 교류의 새로운 증거〉《한국고고학저널》pp. 12~15 (국립문화재연구소).

이기길 편저, 2010.《빛나는 호남 10만년》(조선대학교 박물관).

이기길, 2011a.〈진안 진그늘유적의 슴베찌르개 연구-제작기법, 형식, 크기를 중심으로-〉《한국상고사학보》73, pp. 5~30.

이기길, 2011b.〈현생인류의 찌르개 제작을 위한 아틀리에〉《한국고고학저널》pp. 156~157 (국립문화재연구소).

이기길, 2012a.〈한국 후기구석기시대 석기군의 종류와 성격〉《호남고고학보》41, pp. 5~34.

이기길, 2012b.〈한·일간 문화교류를 보여주는 후기구석기시대의 타임캡슐〉《한국고고학저널》p.19 (국립문화재연구소).

이기길, 2014a.〈일본 토호쿠(東北)지방 슴베찌르개의 연구〉《고문화》83, pp. 7~30.

이기길, 2014b.〈월평유적, 사적 지정 10주년에 이르기까지〉《국가사적 월평유적의 학술가치와 창조적 활용》pp. 17~24 (조선대학교 박물관·월평구석기유적보존회).

이기길, 2015.〈제주도에서 보고된 좀돌날석기의 연구-제작기법과 연관된 형태와 크기를 중심으로-〉《한국구석기학보》32, pp. 70~99.

이기길·김은정, 1999.〈장성군의 고고유적〉《장성군의 문화유적》pp. 119~184 (조선대학교 박물관·장성군).

이기길·김선주, 2001.〈벌교-주암간 1공구 도로건설공사 구간 내의 구석기유적〉《벌교-주암간 (1공구) 도로건설공사 구간내 문화유적지표조사보고서》pp. 25~35 (전남문화재연구원).

이기길·김명진, 2008.〈장흥 신북유적의 연대에 대하여-방사성탄소연대에 근거한 편년-〉《호남고고학보》29, pp. 5~24.

이기길·김선주·최미노, 2003.《영광 마전·군동·원당·수동유적》(조선대학교 박물관).

이기길·김수아, 2009.《순천 월평유적-2005년 3차 발굴-》(조선대학교 박물관).

이기길·김은정, 2009.〈화순 도산유적 연장(제3차)발굴 보고〉《제10회 한국구석기학회 학술대회 발표집》pp. 119~130.

이기길·최미노·김은정, 2000.《순천 죽내리유적》(조선대학교 박물관·순천시청·익산지방국도관리청).

이기길·김은정·김수아, 2005.〈순천 월평 제3차 발굴의 성과〉《제6회 한국구석기학회 학술대회발표집》pp. 35~42.

이기길·김은정·김수아, 2008.〈임실 하가유적의 제3차발굴과 성과〉《제9회 한국구석기학회 학술대회발표집》pp. 41~51.

이기길·차미애·김수아, 2008.《임실 하가유적-2006년 제1차 발굴-》(조선대학교 박물관·호남문화재연구원).

이기길·김은정·김수아, 2010.〈임실 하가유적 4차 발굴의 성과〉《2009·2010 호남지역 문화유적 발굴성과》pp. 17~28 (호남고고학회).

이기길·김은정·김수아, 2011a.〈임실 하가 유적 5차조사〉《제11회 한국구석기학회 정기학술대회 발표집》

pp. 89~99.

이기길·김은정·김수아, 2011b. 〈임실 하가유적 5차 조사〉《2010·2011 호남지역 문화유적 발굴조사 성과》 pp. 9~16 (호남고고학회).

이기길·최미노·이동영·이윤수, 1997.《광주 치평동유적 -구석기·갱신세층 시굴조사 보고서-》(조선대학교 박물관).

이기길·김은정·오병욱·차미애, 2007. 〈화순 도산·대우기유적의 2차 조사와 새로운 성과〉《제8회 한국구석기학회 학술대회 발표집》pp. 137~159.

이기길·임성춘·이강희·김수아, 2015.《순천 월평유적군(群)을 활용한 '구석기인의 길' 개발》(조선대학교 박물관·전라남도).

이기길·김은정·김선주·윤정국·김수아, 2004.《순천 월평유적-2001년 2차 발굴-》(조선대학교 박물관).

이기길·김은정·오병욱·김수아·차미애, 2006. 〈임실 하가 구석기유적의 조사와 성과〉《제7회 한국구석기학회 학술대회 발표집》pp. 111~123.

이기길·김은정·오병욱·김수아·차미애, 2008.《장흥 신북구석기유적》(조선대학교 박물관).

이기길·安蒜政雄·이헌종·배기동·佐川正敏·佐藤祐輔·홍미영·박명도·신희권, 2014.《국가사적 월평유적의 학술가치와 창조적 활용》(조선대학교 박물관).

이기길·이동영·전희영·박상진·최성자·차대웅·김종중, 1995.《광주 산월·뚝뫼·포산유적》(조선대학교 박물관).

이기길·이융조·공수진·천권희·최삼용·최복규·박영철·H. Kato·S. Kogai·G. Medvedev·E. Rogovskoi·N. I. Dozov·E. V. Artem'ev·V. P. Chekha·王幼平·小畑弘己·大竹憲昭, 2004.《동북아시아의 구석기문화와 장흥 신북유적》(조선대학교 박물관·전라남도·신북구석기유적보존회).

이동영, 1996. 〈한반도 문화유적 지층의 지질학적 특징〉《古文化》49, pp. 239~260.

이동영·김주용, 2000. 〈지층과 퇴적 분석〉《순천 죽내리유적》pp. 279~290.

이민성·박봉순·백광호, 1989.《순천도폭 지질보고서》(한국동력자원연구소).

이상균, 1997. 〈섬진강유역의 구석기문화〉《선사와 고대》9, pp. 3~17.

이상만·김형식, 1996.《복내도폭 지질보고서》(국립지질조사소).

이상석, 2015.《우리나라 구석기시대 돌날석기문화 연구》(목포대학교 대학원 고고인류학과 석사학위논문).

이선복, 2000. 〈구석기고고학의 편년과 시간층위 확립을 위한 가설〉《한국고고학보》42, pp. 1~22.

이선복, 2004.《파주 장산리 구석기유적 시굴조사보고서》(서울대학교 박물관).

이선복, 2012. 〈On Some "Early Palaeolithic" Evidence of Japan-A Personal Observation-〉《한국구석기학보》26, pp. 49~63.

이선복·강현숙·이교동·김용하·성춘택, 1990. 〈신평리 금평·덕산리 죽산 후기구석기유적〉《주암댐 수몰지역 문화유적 발굴조사 보고서Ⅶ》pp. 21~76 (전남대학교 박물관).

이선복·강현숙·이교동·이상희·김용하·신정원·성춘택, 1990.《옥과구석기유적》(서울대학교 박물관).

이선복·이교동, 1993.《파주 주월리·가월리 구석기 유적》(서울대학교 고고미술사학과·경기도).

이영덕·김은정, 2011. 〈담양 병풍산 수습 구석기시대 유물〉《호남문화재연구》10, pp. 99~105.

이영덕·송은영·장기재, 2011.《고창 증산 구석기유적》(호남문화재연구원).

이영문, 1991. 〈전남 동부지역의 고고학적 특성〉《남도문화연구》3, pp. 1~31.

이영문, 1994. 〈한국고고학에서의 전남의 선사고고학〉《문화사학》1, pp. 213~235.

이영철·최미노, 2004.《나주 용호 구석기유적》(호남문화재연구원).

이영철·이혜연, 2007.《화순 사창유적》(호남문화재연구원·지원건설).

이영철·최미노·이정아, 2006.《나주 방축·상잉유적》(호남문화재연구원).

이영철·장명엽·이혜연, 2006.《고흥 한동유적 : 구석기문화층》(호남문화재연구원).

이영철·박태홍·박성탄, 2013.《나주 신도리 신평유적 Ⅰ지구》(대한문화재연구원).

이영철·이혜연·문지연, 2015.《순천 복다리 신기유적》(대한문화재연구원).

이영철·박성탄·이정현, 2016.《나주 촌곡리 본촌유적》

(대한문화재연구원).

이영철·최미노·김영희·유향미, 2005.《담양 중옥리 유적》(호남문화재연구원).

이영철·이혜연·이정아·이정현, 2017.《장흥 신북 구석기유적》(대한문화재연구원).

이영철·권혁주·곽명숙·이혜연·김영희, 2011.《익산 다송리 상마유적》(대한문화재연구원).

이영철·박성탄·권혁주·최은미·임지나, 2011.《나주 부덕동 금계·대기동 기동유적》(대한문화재연구원).

이영철·권혁주·이혜연·문지연·나혜림, 2016.《나주 동수동유적》(대한문화재연구원).

이영철·박태홍·곽명숙·박성배·신원재·이혜연·최은미, 2012.《남원 천사동유적》(대한문화재연구원).

이영철·권혁주·이혜연·문지연·이정아·박성탄·한광휘, 2015.《순천 대곡리 도롱유적》(대한문화재연구원).

이윤수, 2000. 〈석재 분석〉《순천 죽내리유적》pp. 291~300 (조선대학교 박물관).

이윤수, 2002. 〈자연환경〉《화순 도산유적》 17~23 (조선대학교 박물관).

이윤수, 2004. 〈월평유적의 석재 산지추정과 규질암석기 분석〉《순천 월평유적-2001년 2차발굴-》pp. 134~141 (조선대학교 박물관).

이융조, 1985. 〈단양 수양개 구석기유적 발굴조사 보고〉《충주댐 수몰지구 문화유적 연장 발굴조사보고서》pp. 101~252 (충북대학교 박물관).

이융조, 1989. 〈단양 수양개 후기구석기시대의 배모양 석기의 연구〉《고문화》 35, pp. 3~77.

이융조·윤용현, 1990. 〈우산리 곡천 구석기유적〉《주암댐 수몰지역 문화유적 발굴조사 보고서Ⅶ》pp. 77~139 (전남대학교 박물관).

이융조·윤용현, 1992.《화순 대전 구석기시대 집터 복원》(충북대학교 선사문화연구소).

이융조·우종윤, 1997. 〈수양개유적의 발굴과 의미〉《수양개와 그 이웃들》2, pp. 77~107.

이융조·공수진, 2002. 〈수양개유적의 슴베 연모에 대한 새로운 연구〉《한국구석기학보》6, pp. 11~24.

이융조·하문식·조상기, 1988. 〈사수리 대전 고인돌〉《주암댐 수몰지역 문화유적 발굴조사 보고서Ⅳ》pp. 221~279 (전남대학교 박물관).

이융조·우종윤·하문식, 1988b. 〈우산리 곡천 구석기유

적〉《주암댐 수몰지역 문화유적발굴조사보고서Ⅴ》pp. 63~124 (전남대학교 박물관).

이융조·우종윤·공수진, 1999. 〈수양개 슴베 연모의 고찰〉《수양개와 그 이웃들》4, pp. 1~36.

이융조·우종윤·공수진, 2000. 〈단양 수양개 Ⅰ지구의 최근 발굴성과〉《수양개와 그 이웃들》5, pp. 1~27.

이융조·우종윤·공수진, 2001. 〈단양 수양개 Ⅰ지구 출토 밀개〉《수양개와 그 이웃들》6, pp. 1~30.

이융조·이석린·하문식·우종윤, 1988a. 〈우산리 곡천 고인돌〉《주암댐 수몰지역 문화유적 발굴조사 보고서Ⅱ》pp. 23~121 (전남대학교 박물관).

이일갑·노재헌·김동규·민지현, 2011.《제주 삼화지구유적》(동양문물연구원).

이재경, 2008.《대구 월성동 777-2번지 유적(Ⅰ)-구석기-》(경상북도문화재연구원).

이지영·김경미·이헌종·송장선, 2008.《곡성 오지리유적》(마한문화연구원).

이창승, 2008.《전북지역 몸돌석기 연구-최근 조사 성과를 중심으로-》(전북대학교 대학원 고고문화인류학과 석사학위논문).

이창승, 2011. 〈전북지역 후기구석기시대 석재 선택과 사용〉《호남문화재연구》10, pp. 5~28.

이창승, 2012. 〈완주 갈산리유적의 후기구석기시대 석기 공방〉《호남문화재연구》13, pp. 89~102.

이창승, 2014. 〈만경강 유역 후기구석기시대 유적의 지층과 편년-석기구성과 석재 사용을 중심으로-〉《한국구석기학보》29, pp. 49~67.

이창승, 2016a. 〈만경강 유역 구석기유적의 지층형성 환경 연구〉《건지인문학》15, pp. 265~300.

이창승, 2016b. 〈BP 36,000~30,000년 만경강 유역 구석기유적의 분포와 성격〉《건지인문학》17, pp. 229~254.

이창승·송은영, 2007. 〈전북 임실 섬진강유역 유적 조사 성과〉《제8회 한국구석기학회 학술대회 발표집》pp. 161~187.

이청규·강창화·고재원·오연숙, 1998.《제주 고산리유적》(제주대학교 박물관).

이헌종, 1997. 〈榮山江流域 新發見 구석기유적군〉《호남고고학보》5, pp. 103~147.

이헌종, 1998a. 〈영산강유역 구석기유적의 분포와 연구방법 : 나주 동강면 신발견 유적을 중심으로〉《지방사

와 지방문화》 1, pp. 189~219.

이헌종, 1998b. 〈완도의 선사유적과 유물〉《도서문화》 16, pp. 37~61.

이헌종, 1998c. 〈우리나라 구석기시대 자갈돌석기전통의 보수적 성향에 대한 시고〉《경희대학교사학》 22, pp. 1~14.

이헌종, 1999b. 〈우리나라 세형돌날문화의 편년, 그 상한과 하한〉《嶺南地方의 舊石器文化》 pp. 7~119 (영남고고학회).

이헌종, 1999c. 〈동북아시아 후기구석기시대의 기술격지에 대한 연구〉《고문화》 54, pp. 61~86.

이헌종, 2000a. 〈함평 장년리 당하산 구석기유적의 문화적 성격〉《한국구석기학보》 2, pp. 1~15.

이헌종, 2000b. 〈동북아시아 중기구석기문화 연구〉《한국상고사학보》 33, pp. 7~48.

이헌종, 2000c. 〈압해도 선사유적의 신발견〉《도서문화》 18, pp. 1~28.

이헌종, 2001. 〈전남 서해안 도서지역의 구석기시대 석기문화와 주거 체계〉《호남고고학보》 14, pp. 51~80.

이헌종, 2002a. 〈호남지역 후기구석기시대 석기문화의 주요 특징에 대한 고찰〉《호남고고학보》 16, pp. 5~24.

이헌종, 2002b. 〈우리나라 자갈돌석기전통의 보수성과 지속성에 대한 연구〉《한국상고사학보》 38, pp. 27~52.

이헌종, 2002c. 〈우리나라 후기구석기 최말기와 신석기로의 이행기 문화적 성격〉《전환기의 고고학 I》 pp. 9~62 (학연문화사).

이헌종, 2004a. 〈우리나라 후기구석기시대 측면몸돌과 돌날석기문화와의 기술적 맥락에 대한 연구〉《고문화》 63, pp. 65~82.

이헌종, 2004b. 〈우리나라 후기구석기시대의 편년과 석기의 기술형태적 특성의 상관성 연구〉《한국상고사학보》 44, pp. 5~22.

이헌종, 2004c. 〈우리나라 서남해안 일대의 구석기시대 유적 분포와 문화적 성격에 대한 고찰〉《한국구석기학보》 9, pp. 19~45.

이헌종, 2006. 〈Study of the Chronology on Paleolithic in Youngsan River Region〉《선사와 고대》 25, pp. 221~247.

이헌종, 2008a. 〈곡성 오지리유적과 후기구석기 후기의 돌날석기문화 연구〉《역사학연구》 33, pp. 1~22.

이헌종, 2008b. 〈서남해안 도서지역 고고학연구와 연구 방법론〉《도서문화》 32, pp. 89~122.

이헌종, 2009. 〈동북아시아 현생인류의 등장과 사냥도구의 지역 적응에 대한 연구〉《한국구석기학보》 20, pp. 23~42.

이헌종, 2015a. 〈우리나라의 돌날과 세형돌날문화의 기원과 확산 연구〉《한국구석기학보》 31, pp. 57~115.

이헌종, 2015b. 〈우리나라 후기구석기문화 '공존모델'의 특징과 문화복잡성 연구〉《한국구석기학보》 32, pp. 36~69.

이헌종·신숙정, 1999. 〈다산리 구석기 시굴보고〉《무안 인평 고분군》 (목포대학교 박물관).

이헌종·이혜연, 2005. 〈우리나라 후기구석기시대인의 흑요석에 대한 전략적 활용에 대한 고찰〉《지방사와 지방문화》 8-1, pp. 7~34.

이헌종·이혜연, 2006a. 《완도 군외-남창 간 도로 확·포장공사구간 내 문화유적 시·발굴조사 보고》 (목포대학교 박물관).

이헌종·이혜연, 2006b. 〈영산강 중·상류지역 구석기시대의 문화적 성격 연구〉《선사와 고대》 24, pp. 3~28.

이헌종·송장선, 2009. 《송월동 도시개발사업 나주 송월동유적 I - 구석기시대》 (목포대학교 박물관).

이헌종·장대훈, 2010. 〈우리나라 후기구석기시대 현생인류의 석기제작 복합인지체계 연구 - 정장리유적 접합석기를 중심으로-〉《한국상고사학보》 67, pp. 5~24.

이헌종·장대훈, 2011. 〈우리나라 후기구석기시대 슴베석기의 기능과 도구복원 연구〉《한국구석기학보》 23, pp. 103~120.

이헌종·장대훈, 2012. 〈영산강·서남해안지역 구석기 고고학과 제4기 지질학적 성과 및 문화 연구〉《지방사와 지방문화》 15, pp. 7~39.

이헌종·손동혁, 2012a. 〈동아시아 태평양연안 일대의 후기구석기시대 말기 다박리면 대각선 새기개 연구〉《한국구석기학보》 25, pp. 39~58.

이헌종·손동혁, 2012b. 〈바이칼지역 후기구석기시대 세형돌날문화의 기술·형태적 특성과 주변지역과의 비교 연구〉《한국시베리아연구》 20-1, pp. 25~64.

이헌종·송장선, 2013. 〈전남지역 구석기시대 여러면석기의 기술형태적 특징과 기능 연구〉《한국구석기학보》 27, pp. 19~44.

이헌종·이상석, 2014. 〈우리나라 돌날몸돌 제작기술체계의 특징과 변화 시고〉《한국구석기학보》 29, pp. 21~48.

이헌종·이상석, 2015. 〈후기구석기시대 돌날제작기법에 관한 실험고고학적 접근 – 연질망치와 경질망치의 직접타격법을 중심으로-〉《야외고고학》 24, pp. 5~35.

이헌종·이상석, 2016. 〈후기구석기시대 돌날석기문화 경질·연질망치 제작기법의 고고학적 증거와 기술변화 연구〉《야외고고학》 27, pp. 63~88.

이헌종·노선호·호용수, 2002. 《무안 피서리 구석기유적》 (목포대학교 박물관).

이헌종·노선호·이혜연, 2004. 《나주 당가·촌곡리 구석기유적》 (목포대학교 박물관).

이헌종·김정빈·정철환, 2006. 《영산강유역의 구석기고고학과 4기지질학》 (학연문화사).

이헌종·정철환·박성탄, 2010a. 〈무안 피서리구석기유적의 지질·고고학적 특성〉《제4기학회지》 24, pp. 13~21.

이헌종·송장선·정철환, 2010b. 〈나주 송월동 구석기 유적의 재퇴적과정 연구〉《호남고고학보》 35, pp. 5~22.

이헌종·김선영·문경오, 2016. 〈고고문화유산을 통한 컬포츠 활용 및 지역문화 인재양성 시론〉《지방사와 지방문화》 19-2, pp. 71~107.

이헌종·손동혁·권건곤, 2016. 〈북중국 세형돌날문화의 특징과 우리나라와의 문화적 상관성 연구〉《한국구석기학보》 33, pp. 54~81.

이헌종·김정빈·장대훈·이혜연, 2006. 〈우리나라 서남해안 일대의 신발견 구석기유적 분포와 유적 점거의 규칙성에 대한 시고〉《한국구석기학보》 13, pp. 9~26.

이헌종·정철환·심영섭·장대훈, 2009. 〈나주 복암리 구석기유적 고토양층 생성과정과 문화층의 의미 연구〉《도서문화》 33, pp. 289~318.

이헌종·김주용·양동윤·김동빈·홍미영·이혜연, 2003. 〈영산강유역 하류 신발견 구석기유적군〉《한국구석기학보》 8, pp. 67~98.

이형우, 2001. 〈석재와 거리에 따른 영국 전기구석기 유물의 고찰〉《한국상고사학보》 34, pp. 21~52.

이형우, 2002. 〈화순지역의 구석기문화의 특성 – 최근 지표 채집된 유물을 중심으로-〉《한국구석기학보》 6, pp. 131~150.

이형우, 2004. 〈침곡리 구석기 문화의 복원과 이해〉《한국구석기학보》 10, pp. 51~66.

이형우, 2007. 〈포인트형 석기의 기능적 변화에 대한 이론적 고찰 – 후기구석기와 전환기를 중심으로-〉《호서고고학》 16, pp. 1~24.

이형우, 2010. 〈만경강 유역의 구석기 문화〉《한국구석기학보》 21, pp. 39~69.

이형우, 2011. 〈수치분석을 통한 한반도 주먹도끼 대칭성 연구〉《사회과학연구》 35-2, pp. 277~316.

이형우, 2013. 〈호남 구석기 연구 – 약사와 전망-〉《호남고고학회 20년, 그 회고와 전망》 pp. 14~24 (호남고고학회).

이형우·안효성, 2006. 《전주 사근리유적》 (전북문화재연구원).

이형우·송은영, 2008. 《전주 봉곡 구석기유적》 (호남문화재연구원).

이형우·이영덕, 2000. 〈익산지역의 구석기 유적 – 지표채집유물을 중심으로-〉《호남고고학보》 12, pp. 7~46.

이형우·이창승·송은영, 2009. 〈전북 임실 구석기문화 – 최근 확인된 지표조사지역을 중심으로-〉《한국구석기학보》 19, pp. 19~44.

이형우·안효성·이창승·송은영·차상민·이경희, 2005. 《장수 침곡리 구석기유적》 (전북대학교 박물관).

이형우·이창승·송은영·차상민·한송이·김혜경, 2009. 《전주 장동유적 1》 (전북문화재연구원).

이혜연, 2007. 《우리나라 후기구석기시대 흑요석제 석기 연구》 (목포대학교 대학원 고고인류학과 석사학위논문).

이혜연, 2010. 〈한반도 후기구석기시대 흑요석제 석기의 기술형태적 연구〉《현장고고》 2, pp. 4~23.

이혜연, 2012. 〈전북지역 구석기시대 석기의 기술형태학적 특성 연구〉《현장고고》 3, pp. 4~21.

임병태·이선복, 1988. 〈신평리 금평 구석기〉《주암댐 수몰지역 문화유적 발굴조사 보고서V》 pp. 23~62 (전남대학교 박물관).

임병태·최은주, 1987. 〈신평리 금평 지석묘〉《주암댐 수몰지역 문화유적 발굴조사 보고서I》 pp. 331~391 (전남대학교 박물관).

장대훈, 2007. 《거창 정장리유적 구석기시대 석기제작소 연구》 (목포대학교 대학원 고고인류학과 석사학위논문).

장대훈, 2016. 《우리나라 후기구석기시대 사냥기술과 인지능력에 관한 연구》(목포대학교 대학원 고고인류학과 박사학위논문).

장명엽·윤세나, 2013.《남원 봉대고분군 - 봉대 봉계사지 -》(호남문화재연구원).

장용준, 2001.〈후기구석기 중엽의 박리기법 연구〉《한국구석기학보》 4, pp. 43~64 .

장용준, 2002.〈우리나라 찌르개(첨두기) 연구〉《한국구석기학보》 6, pp. 37~46.

장용준, 2004.〈한반도와 일본 구주지역의 후기구석기문화의 교류 - 슴베찌르개(박편첨두기)를 중심으로 -〉《한·일 교류의 고고학》 pp. 9~48.

장용준, 2005.〈공주 석장리유적의 중·후기 문화층의 검토〉《금강의 구석기문화》 pp. 177~202 (국립공주박물관).

장용준, 2006.《한국 후기구석기의 제작기법과 편년 연구 - 석인과 세석인유물상을 중심으로 -》(부산대학교 대학원 박사학위논문).

장용준, 2007a.《한국 후기구석기의 제작기법과 편年 연구》(학연문화사).

장용준, 2007b.〈한반도와 일본 九州지역의 후기구석기문화의 교류 : 슴베찌르개(剝片尖頭器)를 중심으로〉《한국상고사학보》 58, pp. 5~37.

장용준, 2009.〈후기구석기시대 각추상석기의 연구〉《한국민족문화》 33, pp. 289~337.

장용준, 2010.〈일본 나이프형석기의 비판적 검토 - 연구사와 용어를 중심으로 -〉《한국고고학보》 74, pp. 118~144.

장용준, 2013.〈한국 구석기시대 흑요석연구의 현황과 과제〉《한국구석기학보》 28, pp. 16~60.

장용준, 2015.〈한국과 일본 출토 석인과 세석인의 비교 연구〉《한국구석기학보》 31, pp. 116~155.

장호수, 1995.〈동아시아의 좀돌날몸돌 석기제작기술〉《박물관기요》 10, pp. 39~52 (단국대학교 중앙박물관).

전남대학교 박물관, 1996.《곡성군 문화유적 학술조사》.

전남대학교 박물관, 2001.《문화유적 분포지도 - 전남 담양군 -》.

전남대학교 박물관, 2002.《문화유적 분포지도 - 화순군 -》.

전남문화재연구원, 2002.《벌교-주암간 도로개설구간 1공구 문화유적 지표조사보고서》.

전북대학교 문화인류학과 BK21사업단, 2008.《임실 섬진강유역 구석기유적 지표조사 보고서》.

전북대학교 문화인류학과 BK21사업단, 2011.《만경강 유역의 구석기유적 지표조사보고서 - 익산천을 중심으로 -》.

전북대학교 박물관, 2003.《문화유적 분포지도 - 순창군 -》.

전북대학교 박물관, 2004.《문화유적 분포지도 - 남원시 -》.

전북대학교 박물관, 2006.《문화유적 분포지도 - 완주군 -》.

전북문화재연구원, 2006.《임실 00부대 이전사업 문화재 지표조사보고서》.

전영래, 1977.〈선사시대 고고학적 고찰〉《임실군지》 pp. 61~76.

전주대학교 박물관, 2007.《문화유적 분포지도 - 진안군 -》.

전주역사박물관, 2005.《전주 문화유적 분포지도》.

전주역사박물관, 2007.《문화유적 분포지도 - 임실군 -》.

정보현, 2016.《임실 하가 후기구석기유적의 돌날 제작기법 연구》(조선대학교 대학원 사학과 석사학위논문).

정영화, 1983.〈영남대학교 조사〉《전곡리유적 발굴조사보고서》 pp. 175~331 (문화재관리국 문화재연구소).

정영화, 2002.〈한국 구석기문화 연구의 과제와 전망〉《우리나라의 구석기문화》 pp. 285~300 (연세대학교 출판부).

정철환·이헌종, 2006.〈나주 장동리 용동 구석기유적 플라이스토세 퇴적층에 대한 화분연구〉《한국구석기학보》 13, pp. 1~7.

정철환·이헌종·임현수·김정빈, 2005.〈전라남도 무안군 피서리지역 제4기퇴적층에서 산출된 포자·화분연구〉《한국지구과학회지》 26, pp. 597~602.

정혜경·이헌종·Dergacheva M. I, 2012.〈고고학 자료와 휴무스 자료 분석을 이용한 당가 구석기유적의 고환경 복원〉《한국구석기학보》 21, pp. 3~19.

제주역사문화진흥원, 2011.《제주 고산리 선사유적지 종합기본계획》.

조남철·강형태·정광용, 2006.〈미량성분 및 스트론튬(Sr) 동위원소비를 이용한 한반도 흑요석제석기의 산지추정〉《한국상고사학보》 53, pp. 5~21.

조선대학교 박물관, 1999.《장성군의 문화유적》.

조선대학교 박물관, 2007.《임실 하가유적 제2차 발굴조사 약보고서》.

早田勉, 2000. 〈竹内里におけるテフラ分析結果〉《순천 죽내리유적》pp. 301~306 (조선대학교 박물관).

早田勉, 2002. 〈月坪遺跡におけるテフラ分析結果〉《순천 월평유적-1998년 1차 발굴-》pp. 223~227 (조선대학교 박물관).

佐川正敏·佐藤祐輔, 2014. 〈日本仙台市地底の森ミュージアムと月坪遺跡の未来〉《국가사적 월평유적의 학술가치와 창조적 활용》pp. 51~64 (조선대학교 박물관·월평유적보존회).

지동식·박종국, 1988. 〈덕산리 죽산 지석묘〉《주암댐 수몰지역 문화유적 발굴조사 보고서Ⅲ》pp. 23~74 (전남대학교 박물관).

차미애, 2007.《진안 진그늘유적 후기구석기시대 석기의 공간분포 연구》(조선대학교 대학원 사학과 석사학위논문).

차미애, 2010. 〈구석기시대 유적의 공간분포 연구를 위한 시론-유물 분포단위에 대하여-〉《한국구석기학보》22, pp. 21~34.

차상민, 2014.《절대연대를 통한 전북지역 후기구석기시대 유적의 편년 검토-방사성 탄소연대측정 결과와 유물군을 중심으로-》(전북대학교 대학원 고고문화인류학과 석사학위논문).

清水宗昭, 2010. 〈박편첨두기와 그 문화〉《수양개와 그 이웃들》15, pp. 209~219.

최무장·이상균, 2002. 〈송천동 후기구석기유물에 대한 고찰〉《한국선사고고학보》9, pp. 67~91.

최미노, 2001a.《순천 죽내리 구석기유적의 붙는 석기 연구-1문화층을 중심으로-》(조선대학교 대학원 사학과 석사학위논문).

최미노, 2001b. 〈죽내리유적 구석기 1문화층의 붙는 석기 연구〉《한국구석기학보》3, pp. 25~40.

최미노, 2004. 〈나주 용호 구석기유적의 성격〉《한국구석기학보》10, pp. 67~81.

최미노, 2007. 〈화순 사창 구석기유적 조사 개보〉《한국구석기학보》15, pp. 43~56.

최복규, 1989. 〈강원대학교 조사〉《상무룡리》pp. 39~479 (강원대학교 박물관).

최복규, 1993. 〈홍천 하화계리 중석기시대 유적의 조사연구〉《박물관기요》9, pp. 5~68 (단국대학교 중앙박물관).

최복규, 2004. 〈홍천 하화계리Ⅲ 구·중석기유적 조사연구〉《제5회 한국구석기학회 학술대회 발표집》pp. 27~32.

최복규·유혜정, 2005.《포천 화대리 쉼터 구석기유적》(강원고고학연구소).

최복규·안성민·유혜정, 2004.《홍천 하화계리Ⅲ-작은 솔밭 구·중석기유적》(강원문화재연구소·한국인삼공사).

최복규·최삼용·최승엽·이해용·차재동, 2001.《장흥리 구석기유적》(도서출판 산책).

최성락·이헌종, 2001.《함평 장년리 당하산유적》(목포대학교 박물관).

최성락·정영희·김병수·김세종, 2009.《나주 이룡유적》(목포대학교 박물관).

최옥주, 2014.《화순 도산유적 중기구석기시대의 격지 연구》(조선대학교 대학원 사학과 석사학위논문).

충청문화재연구원, 2003.《군산 내흥동유적 발굴조사 현황》.

하인수, 2001.《해운대 신시가지 조성지역 내 佐洞·中洞 구석기유적》pp. 15~121 (부산광역시립박물관).

한글학회 엮음, 1998.《한글 땅이름 전자사전》(나모인터랙티브).

한성욱·김진희·이수경·김민근, 2014.《장동 다목적회관 건립사업부지 내 문화재 표본조사보고서》pp. 1~24 (민족문화유산연구원).

한수영·노미선·송공선·조희진, 2009.《김제 산치리·양청리·라시리유적》(호남문화재연구원).

한수영·이창승, 2013.《전주 중동 구석기유적》(호남문화재연구원).

한수영·김미령·이창승, 2013.《익산 서두리2·보삼리유적》(호남문화재연구원).

한수영·이창승·차인국·송종열·김미령·오대종·김신혜, 2014.《완주 갈산리유적》I·Ⅱ (호남문화재연구원).

한수영·송종열·차인국·이진희·이창승·김미령·오대종·김신혜, 2014.《완주 신풍유적 I》(호남문화재연구원).

한창균, 2000. 〈대전 월드컵경기장 건립지역의 구석기유적)《전국역사학대회-역사학과 지식정보사회-》 pp. 251~256 (역사학회).

한창균, 2002. 〈대전 용호동 구석기유적〉《동북아세아 구석기연구》 pp. 163~171 (한양대학교 문화재연구소).

한창균, 2003. 〈한국 구석기유적의 연대 문제에 대한 고찰-절대연대 측정결과와 퇴적층의 형성시기에 대한 검토를 중심으로-〉《한국구석기학보》 7, pp. 1~39.

한창균, 2010. 〈호남지역의 구석기유적 발굴 20년〉《빛나는 호남 10만년》 pp. 108~127 (조선대학교 박물관).

한창균·홍미영·김기태, 2003.《광주 삼리 구석기유적》 (기전문화재연구원).

한창균·김근완·유기정·허세연·전일용·서대원·구자진, 2003.《대전 노은동-대전 세계배체육장 건립지역-》 (한남대학교 중앙박물관·대전광역시 종합건설본부).

호남고고학회, 1997.《호남고속철도 일부 구간(광주-정읍간) 문화유적 정밀지표조사 보고서》.

호남고고학회, 2001.《호남지역의 구석기문화》.

호남문화재연구원, 2001.《광주 우회도로 확장공사 실시 설계 중 문화유적 지표조사보고》.

호남문화재연구원, 2005a.《완주군 이서면 이문리 산정마을 개간사업 문화유적 지표조사보고서》.

호남문화재연구원, 2005b.《장성 동화 전자종합농공 단지 조성공사 문화유적 지표조사보고서》.

호남문화재연구원, 2017.《국도 17호선 순천 황전 죽내 교차로 등 2개소 교차로 개선공사 문화재 발굴(시굴)조사 학술자문회의 자료집》.

홍성수·김남호, 2011. 〈포천 중리 늘거리 유적 1지점 발굴조사 개보〉《제11회 한국구석기학회 정기학술대회 발표집-한반도 중부내륙지역의 구석기양상-》 pp. 37~43.

홍미영·김종헌, 2008.《남양주 호평동 구석기유적》 (경기문화재단 기전문화재연구원).

홍미영·니나 코노넨코, 2005. 〈남양주 호평동유적의 흑요석제 석기와 그 사용〉《한국구석기학보》 12, pp. 1~30.

홍미영·김기태·홍성수·김종헌·윤승희, 2002. 〈남양주시 호평동 구석기유적 발굴조사 개보〉《제26회 한국고고학대회》 pp. 137~153.

황용훈·신복순, 1989. 〈경희대학교 발굴〉《상무룡리》 pp. 481~660 (강원대학교 박물관).

황용훈·신복순, 1994. 〈죽산리 구석기유적 발굴조사보

고〉《보성강·한탄강유역 구석기유적 발굴조사보고서》 pp. 3~61 (문화재관리국 문화재연구소).

Danhara, T., Bae, K., Okada, T., Matsufuji, K. and Hwang, S., 2002. 〈What is the real age of Chongokni Palaeolithic site?〉《동북아세아 구석기연구》 pp. 77~115 (한양대학교 박물관).

Kim, J.Y. and Yang D.Y., 2002. 〈Quaternary Formation, Environment and Chronology of Some Palaeolithic Site of South Korea〉《한국 구석기학보》 6, pp. 165~180.

Nagaoka, S., Danhara, T., Itaya T., Sakuyama, T., Watanabe, M., Bae, K., Matsufuji, K., 2006. 〈Stratigraphy and age of Quaternary basaltic lavas in the Chongok Basin, Korea〉《전곡리 구석기유적의 형성과 연대에 관한 새로운 진전》 pp. 5~6 (한양대학교 문화재연구소).

Naruse, T., Matsufuji, K., Danhara, T., Hayashida, A., Yu, K., Yum J. and Shin, J., 2003. 〈Loess-Paleosol sequence in Chongokni Palaeolithic site〉《전곡리유적의 지질학적 형성과정과 동아세아구석기》 pp. 142~156 (한양대학교 문화재연구소).

Naruse, T., Matsufuji, K., Danhara, T., Watanabe, M., 2006. 〈Significance of Korean loess-paleosols in relation to the chronology of paleollith and the reconstruction of the paleo-climate〉《전곡리 구석기유적의 형성과 연대에 관한 새로운 진전》 pp. 13~14 (한양대학교 문화재연구소).

| 영어 문헌 |

Aubarbier, J.-L., and Binet, M., 1997. *The Paths of Prehistory in Perigord* (Editions Ouest-France, Rennes).

Bae, C.J. and Bae, K.D., 2012. The nature of the Early to Late Paleolithic transition in Korea : Current perspectives, *Quaternary International* 281, pp. 26~35.

Bae, K.D., 2010. Origin and patterns of the Upper Paleolithic industries in the Korean Peninsula and movement of modern humans in East Asia, *Quaternary International* 211, pp. 103~112.

Bahn, P.G., 1997. *Journey through the Ice Age* (Weidenfeld &

Nicolson).

Bellwood, P., 2013. *First Migrants : Ancient Migration in Global Perspective* (Wiley Blackwell).

Bronk Ramsay, C., 2009. Bayesian analysis of radiocarbon dates, *Radiocarbon* 51 (1), pp. 123~147.

Denda, Y. Sakaki, T., Kanomata, Y., Akoshima, K. and Yanagida T., 2012. Studies of the Late Palaeolithic Culture in the Mogami River Basin vol.2. The Kamino-A site Report of the third term excavation, *Bulletin of the Tohoku University Museum* 11, pp. 1~194.

Bordes, F., 1981. *Typologie du Paleolithique Ancien et Moyen* Vol. 1. (C.N.R.S).

Brézillon, M., 1983. *La Dénomination des Objets de Pierre Taillée* (Paris).

Cho, N.C., Kim, J.C., Kang, H.T., 2010. Provenance study of obsidian artifacts excavated from Palaeolithic sites on the Korean Peninsula, In : Kuzmin, Y.V., Glascock, M.D. (Eds.), *Crossing the Straits : Prehistoric Obsidian Source Exploitation in the North Pacific Rim*.

Derevianko A.P., Petrin V.T., Ryubin E.P., 2000. The Kara-Bom site and the characteristics of the Middle to Upper Paleolithic transition in the Altai, *Archaeology, Ethnololgy and Anthropology of Eurasia* N. 2(2), pp. 33~52.

Gorbarenko, S.A., Southon, J.R., 2000. Detailed Japan Sea Paleoceanography during the last 25 kyr : constraints from AMS dating and del18O of planktonic foraminifera, *Palaeogeogr. Palaeoclimatol. Palaeoecol* 156, pp. 177~193.

Gore, R., 2000. People Like Us, *National Geographic* vol. 198, no.1, pp. 90~117.

Gratuze, B., 1999a. Description of the procedures for LA-ICP-MS analysis at Orleans, France, *Int. Assoc. Obsidian Study*. Bull. 23, p. 18.

Gratuze, B., 1999b. Obsidian characterization by laser ablation ICP-MS and its application to prehistoric trade in the Mediterranean and the Near East : sources and distribution of obsidian within the Aegean and Anatolia. J., *Archaeological Science* 26, pp. 869~882.

Inizan, M.-L., Reduron-Ballinger, M., Reduron-Ballinger, H, and Tixier, J., 1999. *Technology and Terminology of Knapped Stone* (Nanterre : CREP).

Johanson, D., amd Edgar, B., 1996. *From Lucy to Language* (Weidenfeld & Nicolson).

Kil, Y., Shin, H.-S., Oh, H.-Y., Kim, J.-S., Choi, M.-S., Shin, H.-J., Park, S.-C., 2011. In-situ trace element analysis of clinopyroxene on thin section by using LA-ICP-MS, *Geosci. J.* 15, pp. 177~183.

Kim, J. C., 2014. The Paektusan volcano source and geochemical analysis of archaeological obsidians in Korea, In : Ono, A., Glascock, M.D., Kuzmin, Y.V., Suda, Y. (Eds.), *Characterization and Provenance Studies of Obsidian in Northeast Asia*, pp. 167~178.

Kim J.C., Kim D.K., Youn M., Yun C.C., Park G., Woo H.J., Hong M.Y., Lee G.K., 2007. PIXE Prevenancing of Obsidian Artefacts from Paleolithic Site in Korea, *Indo-Pacific Prehistory Association Bulletin* 27, pp. 122~128.

Kuzmin, Y.V., 2010. Crossing mountains, rivers, and straits : a review of the current evidence for prehistoric obsidian exchange in Northeast Asia, In : Kuzmin, Y.V., Glascock, M.D. (Eds.), *Crossing the straits : Prehistoric Obsidian Source Exploitation in the North Pacific Rim* pp. 137~153.

Kuzmin, Y.V., Glascock, M.D., 2014. The neutron activation analysis of volcanic glasses in the Russian Far East and neighbouring Northeast Asia : a summary of the first 20 years of research, In : Ono, A., Glascock, M.D., Kuzmin, Y.V., Suda, Y. (Eds.), *Characterization and Provenance Studies of Obsidian in Northeast Asia*. pp. 85~93.

Kuzmin, Y.V., Popov, V.K., Glascock, M.D., Shackley, M.S., 2002. Sources of archaeological volcanic glass in the Primorye (Maritime) Province, Russian Far East, *Archaeometry* 44, pp. 505~515.

Lee, E., Kim, S., Nam, S., 2008a. Paleo-Tsushima water and its effect on surfacewater properties in the East Sea during the Last Glacial Maximum : revisited, *Quaternary International* 176-177, pp. 3~12.

Lee, G.K., 2002. Recent Investigation of Palaeolithic Sites in the Jeolla Province(Southwestern Korea) and their

Significance, *Archaeology, Ethnology & Anthropology of Eurasia* 2(10), pp. 46~58.

Lee, G.K., 2006. Lithic Technology and the Transition from the Middle to Upper Paleolithic in Korea, *Archaeology, Ethnology & Anthropology of Eurasia* 4(28), pp. 31~37.

Lee, G.K., 2012. Characteristics of Paleolithic Industries in Southwestern Korea during MIS 3 and MIS 2, *Quaternary International* 248, pp. 12~21.

Lee, G.K., 2015. The characteristics of Upper Paleolithic industries in Korea. In : Kaifu, Y., Izuho, M., Goebel, T., Sato, H., Ono, A. (Eds.), *Emergence and Diversity of Modern Human Behavior in Paleolithic Asia* pp. 270~286 (Texas A&M University Press).

Lee, G.K. and Kim, J.C., 2015. Obsidians from the Sinbuk archaeological site in Korea–Evidences for strait crossing and long-distance exchange of raw material in Paleolithic Age–, *Journal of Archaeological Science : Reports* 2, pp. 458~466.

Lee, G.K. and Sano, K., 2016. Functional and morphometric analyses of tanged points from Jingeuneul site in Korea, In : Morisaki, K., Sano, K., Izuho, M., Sato, H. (Eds.), *The 8th Meeting of the Asian Palaeolithic Association Symposium : Variability, Similarities and the Definition of the Initial Upper Palaeolithic across Eurasia* p. 65.

Lee, H.J., 2002. Middle Paleolithic Studies on the Korean Peninsula, *Archaeology, Ethnology & Anthropology of Eurasia* 2(10), pp. 87~104.

Lee, H.J., 2003. The Middle to Upper Paleolithic Transition and the Tradition of Flake Tool Manufacturing on the Korean Peninsula, *Archaeology, Ethnology & Anthropology of Eurasia* 1(13), pp. 87~104.

Lee, H.J., 2010. Preliminary Consideration of Complexity of Culture Lines of the Upper Paleolithic in Korea. In : Lee, Y.J. and Woo, J.Y. (Eds.), *The 15th International Symposium : Suyanggae and Her Neighbours* pp. 197~203.

Lee, H.W., 2010, Projectile Points and their Implications, *Archaeology, Ethnology & Anthropology of Eurasia* 3(38), pp. 41~49.

Lee, H.W., 2013a. The Persistence of Mode 1 Technology in the Korean Late Paleolithic, *Plos One* 8(5), pp. 1~17.

Lee, H.W., 2013b. Current Observations of the Early Late Paleolithic in Korea, *Quaternary International* 316, pp. 46~58.

LEE, Y.J., KONG, S.J., 2006. Suyanggae Paleolithic Site -Characteristics and Meaning in Korean Paleolithic Culture, *The 11th International Symposium : Suyanggae and her neighbours*, pp. 21~30.

Lumley, de H., Lee Y.J., Park, Y.C., Bae, K., 2011. *Les industries du Paléolithique ancien de la Corée du Sud dans leur contexte stratigraphique et paléoécologique* (C. N. R. S).

Matsufuji, K., 2004. Hakuhen-sentoki and the Neighbours -People with Stemmed Points crossed over the Tsushima Channel-, In : Lee, Y.J. and Ambiru, M. (Eds.), *The 9th International Symposium : Suyanggae and Her Neighbours* pp. 203~208.

Meiji University Museum, ed., 2004. Stone tools and Industry of Suyanggae Paleolithic site, *The 9th International Symposium: Suyanggae and Her Neighbours* pp. 9~150.

Ohata, M., Yasuda, H., Namai, Y., Furuta, N., 2002. Laser ablation inductively coupled plasma mass spectrometry(LA_ICP_MS) : comparison of different internal standardization methods using laser induced plasma(LIP) emission and LA-ICP-MS signals, *Anal. Sci.* 18, pp. 1105~1110.

Ono, A., Yamada, M., 2012. The Upper Palaeolithic of the Japanese Islands : an overview, *Archeometriai Mühely* pp. 219~228.

Ono, A., Glascock, M.D., Kuzmin, Y.V., Suda, Y. (Eds.), 2014. *Methodological Issues for Characterization and Provenance Studies of Obsidian in Northeast Asia* (Archaeopress, Oxford).

Piel-Desruisseaux J.-L., 1986. *Outils Préhistoriques : Forme, fabrication, utilisation* (Paris : Masson).

Popov, K. Vladimir, Glascock, D. Michael, Kuzmin, V. Yaroslav, and Grebennikov, V. Andrei, 2004. Geochemistry of volcanic glasses and sources of archaeological obsidian of the Russian Far East, In

: Ambiru, M. Yajima, K., Sasaki, K., Shimada, K., and Yamashina, A. (Eds.), *Obsidian and Its Use in Stone Age of East Asia* pp. 41~42 (Meiji University Center for Obsidian and Lithic Studies).

Popov, V.K., Sakhno, V.G., Kuzmin, Y.V., Glascock, M.D., Choi, B.K., 2005. Geochemistry of volcanic glasses of the Paektusan volcano, *Dokl. Earth Sci.* 403, pp. 254~259.

Renfrew, C., Dixon, J.E., Cann, J.R., 1968. Further analysis of near eastern obsidian, *Proc. Prehist. Soc* 34, pp. 319~331.

Rollinson, H., 1993. *Using geochemical data : evaluation. presentation, interpretation* (Prentice Hall, Pearson).

Sample, L. L. and Mohr A., 1964. Progress Report on Archaeological Research in the Republic of Korea, *Arctic Anthropology* 2(1), pp. 99~104 (University of Wisconsin Press).

Sano, K., Hong, H., Zhang, S., Yoshitaka, K., Kaoru, A. and Yanagida, T., 2013. Study on impact fractures observed on backed knives from the Takakurayama site, Yamagata, *Bulletin of the Tohoku University Museum* 12, pp. 45~76.

Schick, K.D. & Toth, N., 1993. *Making Silent Stones Speak - Human Evolution and the Dawn of Technology* (London : Weidenfeld and Nicolson).

Seong, C., 2007. Late Pleistocene microlithic assemblages in Korea, In : Kuzmin, Y.V., Keates, S.G., Shen, C. (Eds.), *Origin and Spread of Microblade Technology in Northern Asia and North America* pp. 103~114 (Archaeology Press).

Seong, C.T., 2008. Tanged points, microblades and Late Palaeolithic hunting in Korea, *Antiquity* 82, pp. 871~883.

Seong, C.T., 2009. Emergence of a Blade Industry and Evolution of Late Palaeolithic Technology in the Republic of Korea, *Journal of Anthropological Research* 65, pp. 417~451.

Serizawa, C., 1999. *Paleolithic Sites in Japan excavated by C. Serizawa 1949~1999* (Tohoku Fukushi University).

Sohn, Pow-key, 1968. Grattoir-caréné Discovered at Sŏkchang-ni, Korea, *Tongbang Hakchi* 9, pp. 125~138.

Svoboda, J. A., 2010, *Dolní Věstonice-Pavlov* (Regional Museum in Mikulov).

Tosello, G., 2005. *Prehisto Art –Illustrateur depuis 950,000 ans-* (Néo Typo, Besançon).

Tsutsumi, T., 2010. Prehistoric procurement of obsidian from sources on Honshu Island (Japan), In : Kuzmin, Y.V., Glascock, M.D. (Eds.), *Crossing the straits : prehistoric obsidian source exploitation in the north Pacific Rim* pp. 27~55.

Weaver, K.F., 1985. The Search for Our Ancestors, *National Geographic* vol. 168, no. 5, pp. 560~623.

Westgate, J.A., Perkins, W.T., Fuge, R., Pearce, N.J.G., Wintle, A.G., 1994. Trace-element analysis of volcanic glass shards by laser ablation inductively coupled plasma mass spectrometry : application to tephrochronological studies, *Appl. Geochem.* 9, pp. 323~335.

| 중국어 문헌 |

葉祖康 編, 1983.《中國古人類》(香港博物館).

李憲宗, 1998d.〈韓国舊石器晚期的地質編年〉《垂楊介及她的隣居們》pp. 98~109 (科學出版社).

王幼平, 2000.《舊石器時代考古》(文物出版社).

裴文中 等, 1958.《山西 襄汾縣 丁村 舊石器時代 遺址 發掘報告》(科學出版社).

王建 等, 1994.〈丁村 舊石器時代 遺址群 調査發掘簡報〉《文物季刊》1994-3.

| 일본어 문헌 |

會田容弘, 2011.〈笹山原遺跡No.16第11次發掘調査〉《東北日本の舊石器文化を語る会豫稿集》25, pp. 83~95.

會田容弘, 2012a.〈2011(平成23)年度文化学科考古学發掘實習報告：会津若松市笹山原遺跡No.16第11次發掘調査〉《文化学科(資格課程) 報告集》14, pp. 36~67 (郡山女子大学短期大学部文化学科).

會田容弘, 2012b.〈笹山原遺跡No.16第12次發掘調查〉《東北日本の舊石器文化を語る会豫稿集》26, pp. 79~88.

麻生優 編著, 1985.《泉福社洞穴の發掘記録》(築地書館).

安蒜政雄, 1979.〈石器の形態と機能〉《日本考古学を学ぶ》2, pp. 17~39 (東京: 有斐閣).

安蒜政雄, 2004.〈日本列島の後期舊石器時代と地域性〉《第9回 国際学術会議 수양개와 그 이웃들》pp. 217~221 (明治大學博物館).

安蒜政雄, 2005.〈剝片尖頭器, 湧別技法, 黒耀石: 日本海を巡る舊石器時代の回廊〉《考古学ジャーナル》527, pp. 3~4.

安蒜政雄, 2009.〈環日本海舊石器文化回廊とオブシデイアン・ロード〉《駿台史學》135, pp. 147~167.

安蒜政雄, 2010.《舊石器時代の日本列島史》(学生社).

安蒜政雄, 2013.《舊石器時代人の知恵》(新日本出版社).

稲原昭嘉, 1986.〈剝片尖頭器に關する一考察〉《舊石器考古学》32, pp. 33~54.

李隆助・安蒜政雄 編, 2004.《第9回 国際学術会議 수양개와 그 이웃들》(明治大学博物館).

岩﨑新輔・杉原重夫・金成太郎, 2009.〈鹿児島県出水市、上場遺跡における黒耀石製遺物の原産地推定〉《明治大学博物館研究報告》14, pp. 13~42.

岩宿文化資料館 編, 1992.《岩宿時代》(群馬県: 朝日印刷工業株式会社).

李起吉, 2001.〈韓國順天竹內理遺跡の舊石器文化〉《舊石器考古学》62, pp. 9~22.

李起吉, 2002.〈韓國西南部の舊石器文化 – 代表遺跡と編年 –〉《九州舊石器》6, pp. 3~23.

李起吉, 2003a.〈順天竹內里遺跡の石材と石器製作技術について〉《Stone Sources》2, pp. 89~95.

李起吉, 2003.〈韓國西南部における舊石器時代人たちの活動について〉《舊石器人たちの活動をさぐる–日本と韓國の舊石器研究から–》pp. 23~42.

李起吉, 2005.〈韓國の後期舊石器時代について–西南部地域を中心として–〉《環状集落–その機能と展開をめぐって》pp. 1~9 (日本舊石器学会).

李起吉, 2006.〈韓半島の細石刃石器文化について〉《考古学ジャーナル》540, pp. 15~18.

李起吉, 2011.〈舊石器時代の韓・日交流–新資料を中心として–〉《考古学ジャーナル》618, pp. 27~31.

李起吉, 2014.〈日本東北地域出土のスンベチルゲ(剝片尖頭器)の研究–製作技法、型式、大きさ、年代を中心に–〉《Bulletin of the Tohoku University Museum》No.13, pp. 13~20.

伊藤建, 2003.〈石器經濟活動の空間配置と石器遺物集中部分析〉《舊石器人たちの活動をさぐる–日本と韓國の舊石器研究から–》pp. 271~278.

李憲宗, 2004.〈榮山江中流村谷理地域の後期舊石器時代初期の技術形態的特徴について〉《Stone Sources》4, pp. 91~99.

Lee, H. J., 2006.〈Role of Obsidian in Upper Paleolithic Korea〉《黒曜石文化研究》4, pp. 183~191.

大竹憲昭, 2002.〈野尻湖遺跡群と石斧〉《最古の磨製石器–岩宿時代Ⅰ期石斧の謎–》pp. 27~30 (笠懸野岩宿文化資料館).

大竹幸恵, 2002.〈黒耀石原産地遺跡群の保存と活用–長野縣鷹山遺跡群での取組み–〉《黒耀石文化研究》1, pp. 61~67.

大竹幸恵, 2004.《黒耀石の原産地を探ろ–鷹山遺跡群–》(新泉社).

大谷薫, 2009.〈韓半島における先史時代の黒耀石利用〉《駿台史学》135, pp. 117~146.

小熊博史, 2003.〈新潟県荒沢遺跡出土の赤色顔料とその利用形態〉《舊石器考古学》64, pp. 1~8 (舊石器文化談話会).

小畑弘己, 2001.〈朝鮮半島舊石器時代遺跡地名表〉《海峡を越えて–原の辻以前の先史時代の人と交流–》pp. 77~192 (龍田考古会).

小畑弘己, 2003a.〈朝鮮半島の細石刃文化〉《日本の細石刃文化–細石刃文化研究の諸問題–》pp. 210~231.

小畑弘己, 2003b.〈朝鮮半島における後期舊石器時代初頭の文化〉《後期舊石器時代のはじまりを探る》pp. 80~96 (日本舊石器学会 設立準備委員会).

小畑弘己, 2003c.〈九州阿蘇地域における黒曜石の産状と利用〉《黒曜石文化研究》2, pp. 9~22.

小畑弘己, 2004a.《中部更新世~完新世初期の日韓石器文化の基礎的研究–日韓両地域における舊石器文化形成過程の比較研究–》(熊本大学埋藏文化財調査室).

小畑弘己, 2004b.〈九州および朝鮮半島における石刃技法と石材〉《石刃技法の展開と石材環境》pp. 7~12 (日本舊

石器学会).

小畑弘己, 2005. 〈削片系細石刃技法の分布圏と日本列島〉《考古学ジャーナル》527, pp. 10~13.

小畑弘己・絹川一徳, 2003. 〈ユーラシア大陸の前・中期舊石器：朝鮮半島〉《前・中期舊石器問題の檢証》pp. 474~483 (日本考古学会).

加藤晋平・鶴丸俊明, 1991. 《石器入門事典》(東京: 柏書房).

鹿又喜隆・村田弘之・梅川隆寛・洪惠媛・柳田俊雄・阿子島香・鈴木三男・井上巖・早瀬亮介・小原圭一, 2015. 《九州地方における洞穴遺跡の研究-長崎縣福井洞穴第三次發掘調査報告書-》(東北大學大學院文學研究科考古學研究室・東北大學總合學術博物館).

木崎康弘, 1988. 〈九州ナイフ形石器文化の研究：その編年と展開〉《舊石器考古学》37, pp. 25~43 (舊石器文化談話会).

木崎康弘, 2000. 〈薄片尖頭器の出現と九州石槍文化〉《九州舊石器》4, pp. 109~124.

木崎康弘, 2003b. 〈九州地方における後期舊石器時代初頭の文化〉《後期舊石器時代のはじまりを探る》pp. 8~15 (日本舊石器学会 設立準備委員会).

木崎康弘, 2005. 〈ナイフ形石器文化の展開と剝片尖頭器〉《考古学ジャーナル》527, pp. 5~9.

絹川一徳, 2003. 〈長原遺跡における石器遺物集中部の分析〉《舊石器人たちの活動をさぐる-日本と韓國の舊石器研究から-》pp. 65~90.

金正培, 2005a. 〈韓國の舊石器時代と遺跡〉《考古学ジャーナル》527, pp. 14~19.

金正培, 2005b. 《韓國の舊石器文化》(東京: 六一書房).

舊石器文化談話会 編, 2001. 《舊石器考古学辭典-増補改訂版》(東京: 学生社).

栗島義明, 2003. 〈石材環境から見た移動と領域〉《舊石器人たちの活動をさぐる-日本と韓國の舊石器研究から-》pp. 301~319.

佐川正敏・鈴木雅 編, 2006. 《日向洞窟遺跡西地區出土石器群の研究I-繩文時代草創期の槍先形尖頭器を中心として石器製作址の樣相-》pp. 1~136 (六一書房).

佐藤宏之, 1992. 《日本舊石器文化の構造と進化》(柏書房).

佐野勝宏・鹿又喜隆・傳田惠隆・阿子島香, 2011. 〈山形県舟形町高倉山遺跡第2次發掘調査〉《東北日本の舊石器文化を語る会豫稿集》25, pp. 74~82.

佐野勝宏・鹿又喜隆・洪惠媛・川口亮・張思熠・阿子島香・柳田俊雄, 2012. 〈山形県舟形町高倉山遺跡第3次發掘調査〉《東北日本の舊石器文化を語る会豫稿集》26, pp. 69~78.

清水宗昭, 1973. 〈剝片尖頭器について〉《古代文化》25(11), pp. 375~382.

清水宗昭, 2000. 〈剝片尖頭器の系譜に關する豫察〉《九州舊石器》4, pp. 95~107.

杉原敏之, 2003. 〈九州北部地域の細石刃文化〉《日本の細石刃文化I-日本列島における細石刃文化-》pp. 321~367.

杉原重夫・小林三郎, 2004. 〈自然科学分析による考古学的遺物の研究〉《明治大学人文科学研究所紀要》55, pp. 1~83.

趙哲濟, 2006. 《舊石器の層位攪亂をもたらす最終氷期の乾裂凍結割れ目の形成機構に關する比較研究》((財)大阪市文化財協會).

芹澤長介・須藤隆 編, 2003. 《荒屋遺跡-第2・3次發掘調査報告書-》(東北大学文学部考古学研究会).

仙台市富澤遺跡保存館 編, 1996. 《地底の森ミュージアム常設展示案内》.

高野学, 2001. 〈翠鳥園遺跡の發掘調査-發見から資料整理まで-〉《復元! 舊石器人》1, pp. 1~6.

高橋義介・菊池強一, 1999. 《峠山牧場I遺跡A地區發掘調査報告書》(岩手県文化振興事業團埋藏文化財センター).

高橋章司, 2003. 〈翠鳥園遺跡における遺跡構造研究〉《舊石器人たちの活動をさぐる-日本と韓國の舊石器研究から-》pp. 91~113.

橘昌信, 2004. 〈ナイフ形石器文化の登場〉《第9回 國際学術会議 수양개와 그 이웃들》pp. 193~202 (明治大学博物館).

辻萜学, 1998. 〈翠鳥園遺跡の公園整備〉《舊石器考古学》57, pp. 102~103.

中川和哉, 2005. 〈新刊紹介：順天月坪遺跡 Vol.2〉《舊石器考古学》66, pp. 87~88.

長門町教育委員会 編, 2004. 《星糞峠黒耀石原産地遺跡整備基本方針》.

日本考古学会 編, 2003. 《前・中期舊石器問題の檢証》(日本考古学会).

日本舊石器学会 編, 2010. 《日本列島の舊石器時代遺跡-日本

舊石器(先土器・岩宿)時代遺跡のデータベース》.

野尻湖ナウマンゾウ博物館 編, 2003.《ナウマンゾウの狩人を
　　　まとめて》.

萩原博文, 1996.〈西南日本後期舊石器時代後半期石器群構
　　　造變容〉《考古学研究》43-3(171), pp. 62~85.

羽石智治・会田容弘・須藤隆, 2004.《最上川流域の後期舊石
　　　器文化の研究 1:上ミ野A遺跡第1・2次發掘調査報告書》
　　　(東北大学大学院文学研究科考古学研究室).

羽曳野市教育委員会, 1996.《翠鳥園遺跡保存整備基本設計
　　　報告書》.

朴英哲, 2000.〈韓國中南部出土の舊石器時代尖頭器(Point
　　　types)の分類と檢討〉《舊石器考古学》59, pp. 43~52.

朴英哲・徐姈男/小畑弘己 譯, 1998.〈韓國密陽古禮里舊石器
　　　遺跡の發掘調査概要〉《舊石器考古学》57, pp. 83~90.

北海道帶広市教育委員会, 1998.《帶広・川西C遺跡》.

洪美瑛/金恩正 訳, 2014.〈黒曜石と朝鮮半島の舊石器時代〉
　　　《季刊考古学》126, pp. 92~93.

松藤和人, 1987.〈海を渡った舊石器:剝片尖頭器〉《花園史
　　　学》8, pp. 8~19.

松藤和人, 2003.〈東アジアと日本列島の舊石器文化〉《舊石器
　　　人たちの活動をさぐる−日本と韓國の舊石器研究から−》
　　　pp. 43~53.

Matsufuji, K., 2004.〈Origin of the Upper Paleolithic in
　　　Northeast Asia〉《日本列島における島後期舊石器文化の
　　　始原に關する基礎的研究》pp. 11~35.

松藤和人, 2004.〈Hakuhen-sentoki and the Neighbors-
People with Stemmed Points Crossed Over the
Tsushima Channel〉《第9回 国際学術会議 수양개와 그
이웃들》pp. 209~216 (明治大學博物館).

宮田榮二, 2006.〈剝片尖頭器の柄の着裝痕と使用痕〉《宮崎
　　　考古》20, pp. 12~20 (宮崎考古学会).

宮田榮二, 2007.〈剝片尖頭器と三稜尖頭器の出現及び展開〉
　　　《九州舊石器》11, pp. 11~24.

森先一貴, 2007.〈角錐狀石器の廣域展開と地域間變異−西南
　　　日本後期舊石器時代後半期初頭の構造變動論的研究−〉
　　　《舊石器研究》3, pp. 85~109.

安田忠市・神田和彦, 2011.〈地藏田遺跡:舊石器時代編〉(秋
　　　田市教育委員会).

安田忠市・神田和彦・鹿又喜隆, 2013.《下堤G遺跡:舊石器
　　　時代編》(秋田市教育委員会).

柳田俊雄, 2013.〈日本列島の東北地方と九州地方の後期舊石
　　　器時代石器群の比較研究〉《Bulletin of the Tohoku
　　　University Museum》12, pp. 25~44.

山田哲, 2003.〈爐址周邊における遺物分布の檢討〉《舊石器
　　　人たちの活動をさぐる−日本と韓國の舊石器研究から−》
　　　pp. 137~148.

吉留秀敏, 1997.〈剝片尖頭器〉《九州舊石器》3.

吉留秀敏, 2002.〈九州における剝片尖頭器の出現と展開〉《九
　　　州舊石器》6, pp. 61~75.

吉留秀敏, 2004.〈九州地域の樣相〉《中四國地方舊石器文化
　　　の地域性と集團關係》pp. 99~108..

호남 구석기문화의 탐구
출 전
———

제1부 연구사

〈호남 구석기문화의 조사와 연구 성과-1986~2016-〉《호남고고학보》55, 4~31쪽, 2017년.

제2부 호남을 대표하는 구석기유적

1장 〈韓國順天竹內理遺跡の舊石器文化〉《舊石器考古學》62, 9~22쪽, 2001년.
5장 〈진안 진그늘유적 구석기문화층의 성격과 의미〉《호남고고학보》19, 5~23쪽, 2004년.

제3부 구석시시대의 석기 연구

1장 "Lithic Technology and the Transition from the Middle to Upper Paleolithic in Korea" *Archaeology, Ethnology & Anthropology of Eurasia* 28, pp. 31~37, 2006년.
2장 〈순천 죽내리유적의 돌감과 石器 만듦새〉《수양개와 그 이웃들-제7회 국제학술회의-》, 205~226쪽, 2002년.
3장 〈진안 진그늘유적의 슴베찌르개 연구: 제작기법, 형식, 크기를 중심으로〉《한국상고사학보》37, 5~30쪽, 2011년.
4장 〈韓半島の細石刃石器文化について〉《考古學ジャーナル》540, 15~18쪽, 2006년.
5장 〈제주도에서 보고된 좀돌날석기의 연구-제작기법과 연관된 형태와 크기를 중심으로-〉《한국구석기학보》32, 70~99쪽, 2015년.

제4부 한반도와 일본열도의 석기군과 교류

1장 〈한국 후기구석기시대 석기군의 종류와 성격〉《호남고고학보》41, 5~34쪽, 2012년.
2장 〈한국 서남부와 일본 큐슈의 후기구석기문화 비교 연구〉《호남고고학보》25, 5~43쪽, 2007년.
3장 〈日本東北地域出土のスンベチルゲ(剝片尖頭器)の研究-製作技法、型式、大きさ、年代を中心に-〉《Bulletin of the Tohoku University Museum》No.13, 13~20쪽, 2014년.
〈일본 토호쿠(東北)지방 슴베찌르개의 연구〉《고문화》83, 7~30쪽, 2014년.
4장 〈舊石器時代の韓・日交流-新資料を中心として-〉《考古學ジャーナル》618, 27~31쪽, 2011년.
5장 "Obsidians from the Sinbuk archaeological site in Korea-Evidences for strait crossing and long-distance exchange of raw material in Paleolithic Age" *Journal of Archaeological Science: Reports 2*, pp. 458~466, 2015년. (김종찬과 공저)

제5부 유적의 보존과 활용

1장 〈전남지방 구석기시대 유적의 보존과 활용〉《한국구석기학보》2, 66~82쪽, 2000년.
3장 〈구석기유적의 보존과 활용-일본의 예를 중심으로-〉《문화유산의 본존과 활용》, 131~159쪽, 2008년.

지은이 **이 기 길** (李起吉)

1957년 서울에서 태어남
1980, 1985, 1994년 연세대학교 사학과 문학사, 문학석사, 문학박사
1985년 서울시립대학교 박물관 학예연구사
1987년 연세대학교 박물관 연구원
1991년~현재 조선대학교 사학과 교수 겸 박물관 학예실장, 관장
2014~2015년 한국제4기학회 회장
2015~2016년 호남고고학회 회장
2017년~현재 한국구석기학회 회장

| 주요 발굴유적 |
순천 월평유적(국가사적 제458호)
순천 죽내리유적(전라남도기념물 제172호)
장흥 신북유적(전라남도기념물 제238호)
화순 도산유적
진안 진그늘유적
임실 하가유적

| 주요 논저 |
2001. 〈호남 내륙지역의 구석기문화〉《호남고고학보》 14.
2011. 〈舊石器時代の韓日交流−新資料を中心として−〉《考古學ジャーナル》 618.
2012. "Characteristics of Paleolithic Industries in Southwestern Korea during MIS 3 and MIS 2" *Quaternary International* 248.
2012. 〈한국 후기구석기시대 석기군의 종류와 성격〉《호남고고학보》 41.
1995. 《우리나라 신석기시대의 질그릇과 살림》 (백산자료원).
2002. 《전남의 선사와 고대를 찾아서》 (편저, 학연문화사).
2006. 《호남 구석기 도감》 (조선대학교 박물관).
2010. 《빛나는 호남 10만년》 (편저, 조선대학교 박물관).

호남 구석기문화의 탐구

이기길 지음

2018년 8월 24일 초판 1쇄 발행

펴낸이 오일주
펴낸곳 도서출판 혜안

등록번호 제22-471호
등록일자 1993년 7월 30일

주소 [04052] 서울시 마포구 와우산로 35길3(서교동) 102호
전화 3141-3711~2 **팩스** 3141-3710
E-Mail hyeanpub@hanmail.net

ISBN 978-89-8494-612-5 93910
값 36,000 원

* 이 책은 조선대학교 인문학연구원의 지원을 받아 간행되었음.